큰수레총서 9
대중선 · 셋째권

육조법보단경
六祖法寶壇經

육조혜능선사 술 ｜ 학담(鶴潭) 해의

큰수레

▌『육조법보단경』을 수정 발간하며 ▐

☐ 육조단경은 중국 종파불교에서 매우 특이한 위치를 갖고 있는 문헌이다. 한 선사의 어록에 부처님의 말씀을 뜻하는 경(經)이라는 이름을 붙인 것부터가 쉽게 납득하기 어려운 점이다.

물론 단경을 편찬하고 뒤에 그를 찬(贊)하는 후학들의 여러 글에서는 대감혜능선사(大鑑慧能禪師)가 '부처님의 심인[佛心印]'을 전한 분이고 그의 가르침이 '여래의 원돈의 가르침[圓頓教]'과 다르지 않기 때문에 단경(壇經)이라 한다고 하였다. 그러나 이는 여래 입멸 이후 인도불교에서도 그 유래가 없는 일이라 할 것이니 이는 불교를 정치권력이 국가통합의 이념으로 활용했던 중국 국가불교의 특성과 그 정치적 영향력 때문이 아닌가 생각한다.

인도불교에서 용수(龍樹) 마명(馬鳴) 같은 대보살들의 저작도 그 이름을 논(論)이라 하였지 붇다의 교설이 아닌 문헌을 경이라 한 예는 없다. 동아시아 한문불교권에서 큰 성사의 어록이나 경전주석서에 논(論)의 이름을 붙인 것은 천태지자선사의 마하지관(摩訶止觀)을 대정혜론(大定慧論)이라고 부르고 원효성사의 금강삼매경소(金剛三昧經疏)를 금강삼매경론(金剛三昧經論)이라 일컬으며, 그밖에 천태관심론(天台觀心論) 달마이입사행론(達摩二入四行論)같이 논(論)의 이름으로 유포된 몇 안되는 문헌들이 그 예에 속할 것이다.

동아시아불교사에서 선종의 주도권이 달마남종(達摩南宗)으로 굳어진 이후 선종을 표방하는 여러 종파들은 다 임제종 조동종처럼 조계혜능 문하 오가종파선(五家宗派禪)의 이름을 쓴다. 그러나 우리 불교에서만 고려조 이래 오가종파선의 원류인 조계선(曹溪禪)의 이름을 써왔다.

  우리 불교에서 혜능선이 오가 종파선의 원류로 존중되어오고 혜능선사의 어록인 이 법보단경의 판각이 꾸준히 이어져왔으나, 단경에 대한 제대로 된 주석서가 발간되지 않은 것은 왜인가. 그리고 조선 세종조 한글창제 이후 능엄경 금강경이 언해(諺解)되었지만 왜 이 법보단경은 언해본이 발간되지 않고 오히려 영가집(永嘉集)이나 현수법장의 반야심경약소(般若心經略疏)가 발간되었을까.

  필자는 이 법보단경을 번역하고 주석하면서 여러 판본들 사이의 문장의 차이점, 선문파 마다 모순을 안고 있는 법통주의적 주장들을 보면서 고려 선사들도 비록 조계선을 표방하면서도 법보단경이 안고 있는 이러한 큰 사상사적인 모순점들과 판본의 상이한 부분들에 쉽게 응답하기 어려웠을 것임을 느끼게 된다.

  당조 선종의 주도권 싸움은 단순히 불교종파끼리의 이론적 실천적 논쟁이 그 중심이 된 것이 아니라 당황실의 국가권력과 선문파와의 결합이 판단의 중심에 놓여 있었다.

  당조 이전 남북조 시기의 선문은 삼론 법화 능가를 의지하는 교관이 성행했는데 남조에서는 삼론 중심의 좌선법이 성행했고, 북조에서는 능가선류가 능가선법을 전승했으며, 남북 선종 모두는 남악천태의 선문에 깊은 영향을 받고 있었다. 수대의 중국통일시기에는 천태선문이 선종의 중심이었다. 그러다가 당조(唐朝)에 들어 유심불교가 부각되면서 선종에는 달마 북종(北宗)과 남종(南宗), 우두종(牛頭宗), 천태선문(天台禪門)의 국청선문과 옥천선문이 병립하였으나 당 현종시기 하택신회(荷澤神會)의 육조현창운동(六祖顯彰運動) 이래로 달마남종이 선종의 중심적인 위치를

차지하였다.

　달마선문에서도 처음 제도불교의 중심에 선 문파는 신수 혜안의 북종이었고 그뒤 하택이 남종의 법통을 확립하였지만 하택 이후 마조 황벽의 선종이 국가불교의 중심이 되면서 다시 하택신회를 지해종사로 평가절하하는 작업이 진행되고 선종은 조계문하 오가선이 주류를 형성하였다.

　개괄적으로 살펴본 바처럼 혜능선사가 단어(壇語)를 설할 그때는 아직 달마남종의 사상적 권위가 확립되기 이전이며 혜능이 이은 동산법문(東山法門)은 실은 사조도신(四祖道信) 이래 천태선문의 깊은 영향을 받아 내려온 선문이었다.

　우리가 채택하고 있는 종보본(宗寶本) 단경과 우리나라에서 고려조 이래로 주로 판각되어온 덕이본(德異本) 단경은 혜능선에서 남악회양 청원행사선사 중심의 법통설이 자리잡은 뒤에 편집된 판본들이다. 그러므로 단경의 판본에는 후대에 형성된 선문의 법통설에 의해 각색된 종파적 주장들이 많이 반영되어 있고 단경성립과 전수의 객관적인 상황들은 제대로 나타나지 않고 있다.

　혜능선사에 대한 현창운동을 벌여 혜능선사어록을 단경으로 부각시켜 편찬해낸 이는 하택신회선사이다. 혜능현창의 최대공로자인 하택신화선사가 도리어 지해종사(知解宗師)로 비판되는 후대 문헌을 번역하고 해석하면서 필자는 늘 중국 종파불교의 법통주의에 객관적이고 비판적인 생각을 유지하려고 노력하였다.

　전문적인 학자가 아니므로 본격적인 문헌비판까지는 이르지 못하고 있지만, 선문의 여러 종파들의 주장을 균형있게 서술하면서 천태선문과 동산법문, 남종과 북종, 하택선과 천태선을 상호 유기적인 연관 관계로 파악함으로써 교조적 종파주의를 넘어서는 데 힘을 기울였다.

문헌은 후대 사람들의 요구와 필요에 의해 끝없이 첨삭되고 가필된다. 그러므로 문헌비판이 없이 문헌에 나온 말 그대로를 신봉하는 것은 진리 탐구에 가장 배치되는 태도이다.

단경에는 제자과들의 문답에서 연기론적 세계관에 배치되는 단견(斷見), 상견(常見)에 대한 혜능선사의 비판이 자주 등장한다. 그럼에도 단경 곳곳에는 주관관념론이나 색심이원론으로 받아들여질 수 있는 혜능선사의 여러 법문들 또한 등장한다. 과거 많은 이들이 단경을 선수행의 지남으로 삼고 단경을 읽어왔지만 동아시아불교사에서 단경이 갖는 사상적 권위에 눌려 아무도 그 문제를 제대로 거론하지 못했다. 우리 불교에서는 보조지눌선사가 덕이본 단경의 발문을 쓰면서 남양혜충선사를 인용하여 그 편향되는 구절을 지적하는데 그쳤다.

본서는 종파주의적 시각에 대한 비판은 물론 자성(自性)과 몸[身]에 관한 비연기론적 표현이나 선(禪)과 정토, 공덕(功德)과 복덕(福德)에 관한 혜능선사의 법문가운데 오해될 수 있는 구절을 과감히 지적하여 그에 대한 중도적 견해를 밝혔다.

돈황본 단경을 예로들어 판본에 반영된 종파주의적 시각을 살펴보자. 돈황본 단경은 바로 하택신회선사의 문파에서 편집한 맨처음 단경의 판본이며 혜능선사의 사상적 정통제자로 하택신회선사를 확정한 문헌이다. 돈황본 단경 가운데 신회선사를 혜능선의 정통으로 예언하는 다음 구절이 나온다.

상좌법해가 앞에 나와 말했다.

'대사여, 대사께서 가신 뒤 가사와 법을 마땅히 어떤 사람에게 부치려 합니까.'

대사가 말했다.

'법은 곧 부치어 마쳤으니 너는 묻지 말라. 내가 입멸한 뒤 20여년 뒤에 삿된 법이 시끄럽고 어지러워 나의 종지를 미혹케 하면 어떤 사람이 세상에 나와 몸과 목숨을 아끼지 않고 불교의 옳고 그름을 판정하여 종지를 수립할 것이니, 곧 나의 바른 법이다. 그러므로 옷은 마땅히 전하지 않은 것이다.

上座法海向前言 大師 大師去後 衣法當付何人

大師言 法卽付了 汝不須問 吾滅後二十餘年 邪法僚亂 惑我宗旨 有
人出來 不惜身命 定佛教是非 竪立宗旨 卽是吾正法 衣不合傳

위에서 이십여년 뒤 '불교의 옳고 그름을 판정함〔定佛教是非〕'이란 하택신회선사가 '남종의 종지로서 선종의 옳고 그름의 판정하는 논〔南宗定是非論〕'을 지어 혜능선사를 육조(六祖)로 현창함을 말한 것이다.

지금 한국불교의 선가에서는 육조혜능을 이어 신회문파가 주도적으로 참여해 편집한 이 논황본 단경을 혜능의 가르침에 가장 가까운 유일한 판본이라 교조적으로 믿는 이들이 많이 있다. 그러면서 다시 돈황본 단경이 선종 7조로 내세우는 하택신회를 정통 조사문정(祖師門庭)의 독수(毒樹)와 같이 혐오하는 극단적인 모순점이 드러나고 있다.

역사는 돌고 도는 것인가. 북종 신수선문을 극단화된 논리로 비판하여 혜능을 육조로 현창하고 자신을 선종 7조로 내세웠던 하택신회선사가 다시 단경의 교조적 신봉자들에 의해 종문(宗門)의 역적 취급을 받고 있으니 이는 도대체 어떻게 받아들여야 하는가.

한 선사를 조계선의 유일한 정통제자요 적자라고 높이 떠 받듦과 종문의 이단이요 한갓 지해종도(知解宗徒)일뿐이라고 낮춰보고 내리깎음 속에 국가불교의 정치적 영향력이 깊이 끼어있다면 높여 받듦과 내리깎음이 둘에 모두 다 취할 것이 없는 것이다. 또한 종파의 법통을 절대화하는 극단화된 편가름과 종파선에 대한 교조적 시각은 결코 선(禪)의 건강한 비판정신과는 아주 다른 것이니, 비판하되 살려내고 추앙하되 우상화하지 않는 정신이야말로 불교적인 비판정신의 모습이라 할 것이다.

필자의 본 단경 해석에서는 그 누구도 우상화하지 않으며 어느 주장도 교조적 시각에 의해 재단되지 않는다. 오직 옳고 그름, 낮고 못함의 끝없는 다툼 속에서 반야중도의 외짝 눈(一隻眼)만을 활짝 열어 보일 것이다.

혜능선사의 뜻을 환히 밝혀내되 남악(南嶽) 천태(天台) 양 성사의 뜻이 또한 현창될 것이며 북종신수선사가 비판되고 점검되되 신수선사 또한 동산법문 오조홍인의 뛰어난 제자로 존중되며 육조현창운동의 주역으로서 지해종도가 되어버린 하택신회선사 또한 객관적인 평가를 받을 것이다.

그러나 남악, 천태, 혜능, 신수, 하택, 홍주 등 선문의 여러조사를 본서가 이끌어 보이고 그 분들의 뜻을 현창하지만 그들은 모두 불심인(佛心印)과 여래의 원돈교(圓頓敎)를 따르는 여래의 제자이며, 여래의 원돈교(圓頓敎)는 제법실상(諸法實相)이며, 반야의 큰 지혜이다. 그러므로 저 열반경의 가르침처럼 오직 반야의 큰 지혜를 의지하고 법을 의지할 뿐, 사람을 의지하지 않아야 비로소 여러 선문조사의 은혜를 알고 또한 방편으로 세운 가풍 안에서 그들의 치우침과 넘침을 알 것이니 반야 안에서 우리는 무엇을 시비하고 그 누구를 우상화할 것인가.

오직 가야할 크고 곧은 해탈의 한 길만이 우리에게 있을 뿐이다.

❑ 우리나라 불교에서 간화선풍(看話禪風)이 소개되어 들어온 고려조 이래 맨처음 간화선을 체계적으로 천명하고 제창한 저술은 보조지눌선사의 간화결의론(看話決疑論)이다. 필자는 1993년 간화결의론 해석서인 『간화결의론과해』를 저술하여 발간한 바 있다. 이 책은 우리불교에서 최초의 간화결의론 주석서이자 간화선 입문서의 성격을 지닌 책이었으나 선원에 앉아있는 선류(禪流)들이나 선학자들에 의해 크게 주목받지 못했다. 그렇게 되지 못하게 하는 요인의 저변에는 한국불교 선가의 일부에서 제기되고 유포되어온 하택(荷澤), 보조(普照)에 대한 극단의 혐오감이 깊이 깔려있다. 그러나 특정문헌과 사람에 대한 비판은 도그마화된 자기주장이 근거가 되어서는 안 되며 모든 비판은 객관성과 합리성을 지닐 때만 건강하고 바른 비판이 될 수 있다.

필자의 이 육조법보단경해의 또한 조계선을 표방해온 한국불교 선종의 오랜 흐름 속에서 최초라 할 수 있는 단경해석서이다.

용성진종선사(龍城振鍾禪師)의 단경 우리말 번역이 효시가 되어 탄허화상(呑虛和尙) 광덕화상(光德和尙)의 번역이 있었지만, 사상사적 시각과 종안(宗眼)을 가지고 육조단경을 해석한 책은 본서가 처음이다.

본서가 발간되고 몇 년 뒤 나는 대학에서 불교학을 전공하는 어느 젊은 선학자가 쓴 우리나라의 단경번역 판본에 관한 논문을 읽은 일이 있다. 그때 그 논문은 필자의 이 해석서를 논하면서 선(禪)에 관한 필자의 사상적 관점이나 단경을 풀이하는 시각에 관해서는 그 어떤 학문적 관심도 보이지 않았다. 다만 남악회양선사(南嶽懷讓禪師)가 혜능조사를 만나 문답하는데 '무슨 물건이 이렇게 왔는가〔甚磨物恁磨來〕'를 묻는 조사의 첫 물음에, 어쩔 줄 모르다가 9년째가 돼서야〔經八年〕 '한 물건이라 말해도 곧 맞지 않습니다〔說似一物卽不中〕'고 대답했다는 필자의 풀이 글을 두고, '어느 문헌에 의거해 그렇게 말했는가'에만 강한 의혹을 제기하고 있었다.

곧 그 논문의 저자는 강단학파답게 『단경』이 제시하는 돈오의 종지나 필자의 돈오선에 대한 견해와 선종사를 보는 눈에는 관심이 없었고 '그런 말이 어디에 나오는가'에만 깊은 관심을 보이고 그에 대해 아주 답답한 심정을 토로하고 있었다.

그 글을 접하고서 나는 본 단경을 수정 보완할 때 반드시 그에 대한 근거를 제시하리라 다짐했지만 10년이 넘는 세월이 흘러버렸다.

다시 해의(解義)의 글을 점검하면서 여러 곳에 오자와 문리가 고르지 못한 곳, 몇 군데 한문번역에 문제가 있는 곳을 찾아 다시 수정 보완하였으며, 남악회양선사에 관한 기록은 '남악단전기(南嶽單傳記)'의 구절을 뽑아 주(註)로써 처리하였다.

젊은 선학자의 지적은 문헌적 근거에 관한 단순한 것이었지만, 실은 남악회양선사는 동아시아 선종사를 기술하는데 열쇠가 될 수 있는 많은 의문점을 안고 있는 선사이다.

영가현각선사와 남악회양선사는 모두 천태선문(天台禪門) 출신의 선사들로서 대감혜능선사의 제자로 편입된 선사들이다. 두 선사는 천태선문의 양 문파인 옥천천태(玉泉天台)와 국청천태(國淸天台)의 문인들로서 회양선사는 옥천사 홍경선사(弘景禪師)의 제자이며 영가선사는 국청선문 천궁혜위선사(天宮慧威禪師)의 제자로서 모두 동학(同學)인 탄연(坦然: 회양선사)과 좌계(左溪: 영가선사)의 권유로 조계혜능을 만났다.

선종의 법통설로는 모두 대감혜능(大鑑慧能)의 제자로 기술되고 있지만 영가선사는 영가집(永嘉集)을 저술하여 천태지관법문을 천명하였으며, 회양선사는 혜능선사를 만난 뒤 남악혜사선사의 주석도량인 반야사(般若寺)의 옛터에 들어가 도량을 복원하고, 그곳에 머물러 일생을 마쳤다.

특히 회양선사는 천태홍경선사에게서 출가하여 선(禪)과 율(律)을 배운 뒤 북종혜안선사를 모시고 지내다 뒤에 대감혜능선사를 만나 불심인을 인가받았지만 혜사선사를 추모하여 다시 남악산에 들어가게 된다.

회양선사가 천태선문 북종 남종을 거쳐 남악산에 복귀하는 수행과정은 당시 주요 선문 문파 전체를 회양선사가 섭렵하고 있음을 나타낸다. 특히 마지막 남악산의 복귀로 인해 그를 남악회양이라 이름부르는 것은 그의 사상적 기조가 남악천태에 뿌리 두고 있음을 말한다.

그러나 회양선사가 비록 천태선문에서 출발하여 남악혜사선사의 반야사(般若寺)에 복귀했지만 천태, 북종, 남종 여러 선지식을 참방하는 과정과 대감혜능의 제자로 편입되는 과정은 천태에서 북종, 북종에서 남종으로의 선종의 주도권 변화를 그대로 반영하고 있다.

덕이본 종본본 단경에 회양선사가 혜능선사를 15년을 좌우에서 모셨다고 되어있다. 하지만 그것을 뒷받침할 다른 어떤 문헌적 근거도 보이지 않으며, 혜능 입적 시 주변을 지켰던 제자들이 법해(法海) 신회(神會) 등 초기 단경 편집자들일 뿐 남악회양 청원행사의 이름은 전혀 보이지 않은 점을 보아서도 15년 시봉설은 그 근거가 매우 희박한 이야기라 할 것이다.

나는 1995년도 본 육조법보단경해의를 발간하면서, 그해 추석 무렵 중국을 방문하여 광동성 광주시(廣州市)의 광효사(光孝寺)와 남악산의 복엄사(福嚴寺) 소관의 남화사(南華寺)를 참배하였다.

광효사는 옛날 인종화상이 열반경을 강설하다 노행자를 만나 계단을 만들어 혜능선사를 출가해드린 절로서, 지금 그 절 마당에는 혜능선사 출가 당시의 머리털을 모신 발탑(髮塔)이 있고 계단(戒檀)이 있던 자리에는 보리수가 자라고 있다.

광효사를 떠나 남악형산(南嶽衡山)을 찾으니 혜사선사의 옛도량 반야사(般若寺)는 지금 복엄사(福嚴寺)라는 이름의 절로 존속해 있으며, 도량이 한창 복구공사중이었다. 복엄사 밑으로 한 500미터 쯤 되는 곳에 조동조정(曹洞祖庭)인 남대사(南台寺)가 있다. 이 절은 혜사선사가 광주 대소산(大蘇山)에서 남악산으로 처음 들어왔을 때 해인선사(海印禪師)가 머물던 곳으로 혜사와 해인 두 선사는 서로 만나자마자 곧바로 인가하였다 한다. 이 도량에 나중 석두희천선사가 머물러 지금 그 도량을 조동종선문에서 조동선(曹洞禪)의 조정(祖庭)으로 모시고 있다. 복엄사와 남태사 그 중간 오솔길로 200미터 쯤 올라가면 그 유명한 혜사선사(慧思禪師)의 삼생 영골(三生靈骨)을 모신 삼생탑(三生塔)이 있다. 삼생탑 옆에 절은 없지만 중추절 무렵 탑에는 지역주민과 참배객이 바친 향화(香火)가 끊이질 않고 있었다.

복엄사 바로 뒤 언덕 옛날 혜사선사가 반야경을 강설했다는 그 자리가 곧 마경대(磨鏡台)이다. 이곳에서 회양은 좌선하던 마조도일(馬祖道一)에게 기왓장 가는 것을 보여 그를 깨닫게 했으므로 그곳을 마경대라 한다. 마경대는 반야사 옛 도량의 경내지로서 옛절의 축대가 남아있는 언덕 밑에 남악빈관이란 작은 호텔이 서있다. 나는 그곳을 참배하며 마경대 언덕에 '선종칠조 남악회양선사 최승륜탑(禪宗七祖南嶽懷讓禪師最勝輪塔)'이 서 있는 것을 보았다.

처음 그탑을 보고 나는 왜 혜사선사의 옛 도량에 회양선사의 탑이 서있는가를 매우 의아스럽게 여겼으나, 나중 회양선사가 옥천천태 홍경선사의 제자였다는 사실을 알고 그 의심이 풀렸으며 회양선사를 남악회양이라 한 까닭을 알게 되었다.

선종사의 주류가 되었던 달마남종 오가선(五家禪)은 법통적으로 모두 마조도일(馬祖道一) 석두희천(石頭希遷) 두 선사의 문손들이고 두 선사는 모두 남북조 당시 혜사선사와 해인선사가 머물던 반야사(般若寺)와 남대사(南台寺)에 머물렀다. 이렇게 보면 오가선은 법통의 인맥으로는 조계산 혜능선사의 문손들이지만 지리적으로는 모두 남악산에 그 뿌리를 두고 있음을 알 수 있다. 나는 남악산 반야사 옛터를 찾아가 혜사선사의 삼생탑과 회양선사의 최승륜탑을 참배하고서 중국 선종사에 대한 일대 시각교정을 하게 되었다.

형양에서 남화사가 있는 소관(昭關)으로 밤열차를 타고 찾아가 남화사

도량을 참배하였다. 남화사는 혜능선사가 고향집을 절로 만든 옛 국은사(國恩寺) 절이 오늘의 남화사이다. 남화사 대웅전에는 가운데 불상이 모셔져 있고 그 좌우에 혜능선사의 육신상뿐 아니라 감산덕청선사(憨山德淸禪師), 단전선사(丹田禪師)의 육신상이 함께 모셔져 있었다.

감산선사는 명말(明末)의 고승으로서 남화사의 주지가 되어 도량을 크게 중수한 선사이다. 바로 이 덕청선사의 육신상이 혜능선사와 같이 모셔져 있는 것을 보고서 중국 자체에서는 대감혜능선사를 존중하되 다른 훌륭한 선사들과 같은 한 분의 뛰어난 선사로 모신다는 생각이 들었다.

지나친 교조화 우상화는 결코 한 선사의 가풍의 계승과 사상과 수행의 전승과는 아무런 관계없는 일이다.

하물며 조계선(曹溪禪)을 표방하면서도 조계혜능에 대한 교조화된 시각만 있었지 조계선의 본질에 대한 정확한 연구와 성찰이 없었던 우리 불교를 생각해보면 사뭇 안타까운 생각만 들 따름이다.

우리는 돈오(頓悟) 그러면 대감혜능선사(大鑑慧能禪師)를 떠올리고 점수(漸修) 그러면 대통신수선사(大通信秀禪師)를 떠올리는데 어찌 원돈교와 여래선에 없던 돈오가 갑자기 혜능에 의해서 새롭게 제창되었을 것인가. 그것은 불교정신 선적 실천정신의 시대적 강조점이었다고 볼 수 있으니, 조계혜능을 통해 혜능을 넘어설 때만 우리는 과거의 전통을 통해 미래의 새로운 실천정신을 발양해갈 수 있을 것이며, 새로운 문명의 흐름 속에서 선적 구원의 길을 제시할 수 있을 것이다.

❑ 혜능선사 당시에는 아직 달마남종이 선종의 독점적 지위를 가진 종

파로 기술되지 못하고, 달마북종 남종 우두종 천태 옥천문과 국청문이 병립해 있을 때이다.

그리고 혜능을 따르는 뒷대 문손들에 의해 육대전의설(六代傳衣說)이 표방되고 있을 뿐 조사선(祖師禪)이 불교와 다른 특화된 선으로 표시되고 있지도 않았다.

당시 돈오선은 여래의 원돈제(圓頓制) 원돈교(圓頓敎) 돈교법문(頓敎法門)과 같은 뜻으로 쓰이고 있었다. 영가선사의 중도가에서는 '원돈교에는 사람의 분별하는 뜻이 없다〔圓頓敎勿人情〕'고 쓰고 있으며, '여래의 원돈제를 통달하지 못하여 이승으로 정진하면 도의 마음 없는 것이다〔不達如來圓頓制 二乘精進勿道心〕'라고 말하고 있다.

그러므로 후대 오가종파선이 형성된 뒤의 법통주의적 시각과 조사선과 여래선을 둘로 나누는 시각을 가지고 역사를 거슬러 혜능선을 판단하고 재단하는 것은 결코 온당하지 않다.

선(禪)과 교(敎)의 관계에 있어서 특히 문제되는 점은 돈오선(頓悟禪)의 가풍과 교외별전(敎外別傳) 불립문자(不立文字)를 동일시하는 입장이다.

그러나 '경전의 가르침을 의거하는 것〔藉敎〕'과 돈오선은 결코 배타적인 뜻이 아니니 여래의 문자는 문자를 통해 반야와 실상에 복귀하도록 가르치기 때문이며, 말과 뜻을 통해 말과 뜻이 공한 '부사의법계(不思議法界)' 깨쳐 들어가도록 하기 때문이다. 교외별전(敎外別傳) 불립문자(不立文字)의 가르침은 언어문자를 취하지도 않고 버리지도 않는 선종의 종지를 드러내기 위해 세워진 방편설의 뜻이니, 이는 문자를 국집하여 깨달음에 나아가지 못하는 문자법사(文字法師) 송문법사(誦文法師)의 병폐를 깨기 위한 가르침이다.

그러므로 단경은 문자를 없애고 반야에 나아가려는 자들의 병폐를 공(空)을 집착하는 무리들이라고 통렬히 비판하고 있다. 단경은 이렇게 말한다.

공을 집착하는 사람은 경을 비방하면서 바로 문자를 쓰지 않는다 말하나, 이미 문자를 쓰지 않는다고 말한다면 사람들은 마땅히 말하지도 않아야 한다. 그것은 다만 이 말하는 것도 바로 문자의 모습이기 때문이다. 또 바로 문자를 세우지 않는다고 말하나, 이 세우지 않는다〔不立〕는 두 글자도 또한 문자인 것이니, 대개 이런 사람은 남이 말하는 것을 보고 곧 그를 비방하여 '문자에 집착한다'고 말한다.

너희들은 반드시 알라. 스스로 헤매이는 것은 오히려 그럴 수 있지만 또 부처님 경전까지 비방할 것인가. 반드시 경을 비방하지 말아야 하니 이러한 자는 그 죄장이 헤아릴 수 없다.

執空之人有謗經 直言不用文字 旣云不用文字 人亦不合語言 只此語言 便是文字之相 又云 直道不立文字 卽此不立兩字 亦是文字 見人所說 便卽謗他言著文字

汝等須知自迷猶可 又謗佛經 不要謗經 罪障無數

이처럼 조사선(祖師禪)의 조종(祖宗)이라 할 수 있는 법보단경에서는 언어문자를 버리고 반야를 구함이 실은 문자의 모습에 착함이자 공(空)을 집착함이라고 비판하고 있다. 그런데도 오늘날 조사선(祖師禪)의 이름으

로 경전의 문자를 비방하고 경전에서 보인 원돈의 가르침(圓頓敎)과 돈오
선을 둘로 보는 것은 무슨 일인가.

　불교의 반야정신 선(禪)의 정법안장은 언어문자의 모습을 무너뜨리지
않고 언어문자가 주는 환상과 언어의 닫혀진 모습을 뛰어넘는 길이다. 이
처럼 '거짓이름을 무너뜨리지 않고 실상을 드러내는〔不壞假名而顯實相〕'
반야의 산 눈(活眼)을 잃어버린 채 돈오(頓悟)라는 말 자체, '교 밖〔敎外〕'
이라는 말을 국집하는 것은 것이야말로 실은 언어문자에 집착함이 되는
것이다. 또한 이는 언어문자의 잊는 모습에 빠져 언어문자를 두려워하는
것으로서 조사선 돈오선의 뜻을 전혀 모르는 자들의 태도이다.

　중도의 바른 눈을 뜬 자가 어찌 여래의 문자반야를 무너뜨리고 따로
여래의 큰 지혜와 부사의법계를 구할 것인가. 오히려 종일 경의 문자를
대해도 한 글자도 보지 않는 이가 실은 손에 경책을 쥐지 않고도 '대천세
계에 가득한 경〔大千經卷〕'을 펼쳐보는 눈 밝은 사람인 것이다.

　또 돈오와 점수의 문제를 살펴보자. 혜능조사가 제창한 돈오선은 점수
문의 닦는 모습을 깨기 위해 방편으로 세워진 바 돈오선이 아니다. 그처럼
닦음을 깨기 위한 돈오선은 통교(通敎)의 방편문 가운데 돈오선이니 참된
돈오선은 닦음〔修修〕과 닦지 않음〔不修〕을 한 때에 같이 막고 같이 세울
수 있는 돈오선이다. 이러한 돈오선은 '제일의실단(第一義悉壇)'에서 말하
는 돈오선이고, '사람의 분별이 끊어진 원돈의 가르침〔圓頓敎勿人情〕'에서
보이는 돈오선인 것이다.

　그러므로 혜능조사가 보인 중도문의 돈오선은 저 점수문을 다만 깨뜨
리고 미워하는 돈오선이 아니라 닦음과 닦지 않음, 깨침과 못 깨침이 모두

공한 곳에 서서 중생의 근기와 병통에 따라 '닦되 닦지 않음[修而不修]'과 '닦지 않되 닦음[不修而修]'을 마음대로 굴려 쓸 수 있는 돈오문인 것이다.

그런데도 요즈음 한국불교는 어찌 이리 점수라는 말을 들으면 신경질적인 반응을 보이며 '오직 단박 깨치는 법을 전한다[唯傳頓法]'는 말을 가지고 점수를 혐오하고 꺼려하는 가풍이 성행하는가.

점수를 미워하고 꺼려하는 것은 아직 점차 닦음에 닦는 모습이 공한 줄 모르기 때문이고 '나고 사라지는 인연이 곧 공함'을 모르기 때문이니 그는 또한 돈오의 참뜻도 모르는 것이다.

참으로 돈오의 뜻을 아는 자는 '나고 사라지는 인연의 모습'을 버리거나 미워하지 않는 자이며, '점차 닦는다[漸修]'는 말을 꺼려하지 않는 자이다. 점수와 돈오에 대한 이러한 나의 생각을 아무에게도 검증받지 못하다 어느 날 나는 점수와 돈오에 관한 남양혜충선사(南陽慧忠禪師)의 다음 법어를 보고 큰 기쁨을 얻었다.

어느 날 남양혜충선사에게 점차 행함과 단박 깨침의 뜻을 물으니 혜충선사는 말했다.

'점차 행함을 말하면 항상함에 돌아가 도에 합치함이요, 단박 깨침을 논하면 자취를 남기지 않음이다.'

國師道 語漸也 返常合道 論頓也 不留朕迹

　참으로 통쾌하면서도 치우침이 없어서 그 교화의 문이 넓고 넓은 말씀
이다. 혜충선사는 단박 깨침을 세우되 점차 행함을 버리지 않고 점차 행하
되 끝내 도에 합치하여 자취 없음에 돌아가니 그는 부정해도 실로 깨뜨림
이 없고 세우되 실로 세움이 없다. 그러므로 혜충의 돈오선은 닦음〔修〕과
깨침〔悟〕을 모두 막고 모두 살리는 돈오이다. 그런데도 요즈음 돈오를 말
하면 모든 닦음〔修〕과 모습〔相〕을 쓸어 없애는 뜻으로 그 돈오를 주장하니
어찌 오늘날은 혜충선사와 같이 깊고도 넓은 안목 갖춘 선지식이 보이지
않는가.
　비연기론적 세계관이 조사선과 돈오의 이름으로 포장되어 나타나는 시
대불교의 폐풍을 보고 있노라면 저 남양혜충선사가 당대 선풍을 지켜보
며 탄식했듯, ‘괴롭다 우리 종은 망하는구나〔苦哉 吾宗喪矣〕’를 다시 외치
지 않을 수 없다.
　그렇다면 모든 죽은 말귀를 살려 산 말귀가 되게 하는 새로운 활구선의
돌파구는 없는 것인가. 병 나음이 병 되어짐의 길을 뒤집어 걷는 길이듯
활구의 길은 활구를 죽은 말귀로 되게 한 현실을 뒤집어 밟아가는 길이니
모든 산 말귀를 죽은 말귀로 만드는 시대적인 요인은 무엇인가.
　나는 그에 대해 언교(言敎)의 연기적 실상에 대한 치우친 이해, 종파주
의, 교조화된 법통주의, 화두(話頭)에 대한 신비화가 오늘날 산 말귀의 참
선을 죽은 말귀가 되게 하는 근본요인이라고 본다.
　그러므로 우리는 조사선 돈오선의 이름에 가려서 도리어 정법안장을 잃
어버리고 있는 이 시대 불교의 한 복판에 다시 ‘어떤 것이 불법의 바른 뜻인
가’를 묻는 오늘의 현성공안(現成公案)을 새롭게 제시하지 않을 수 없다.

옛 조사는 '그대가 여래선은 보았지만 조사선은 꿈에도 보지 못했다'고
하였지만 이 시대 우리는 다시 '그대는 조사선은 보았지만 여래선은 꿈에
도 보지 못한 자가 되려는가'를 되묻지 않을 수 없다.

저 수능엄경(首楞嚴經)은 우리에게 가르치지 않는가.

'이루 돌려보낼 수 있는 것은 스스로 네가 아니거니와 돌려보낼 수 없는
것은 네가 아니고 무엇인가〔諸可還者 自然非汝 不可還者 非汝而誰〕.'

그처럼 선(禪)에는 선하는 모습〔禪相〕도 없어서 이루 돌려보낼 수 있는
모습 있는 것은 선의 본질이 아니거니와 이루 돌려보낼 수 없는 선의 본질
은 참으로 무엇인가. 돌려보낼 수 있는 것은 돌려보낼 수 없음을 떠나 따
로 있는 것인가.

우리 새롭게 지금의 산 말귀를 살피고 또 살필〔看話〕일이다.

불기 2550년(2006) 중추절, 대승사 수자의삼매당(隨自意三昧堂)에서
용성진종선사문손(龍城震鍾禪師門孫)
학담(鶴潭)

① 불교의 핵심 실천인 선(禪)과 중국에서 종파로서 형성된 선종(禪宗)은 그대로 하나도 아니고 서로 다름도 아니다. 선종은 선(禪)을 붇다의 심인[佛心印]이며 깨달음에 이르게 하는 직절근원(直截根源)의 길이라 말하고 있으므로 선(禪)과 다름이 아니지만, 중국불교에서 한 종파로서의 선종은 다른 종파와의 차별성을 강조하기 위한 종파적 특색과 종파 이데 올로기를 안고 있기 때문에 선(禪) 자체 그대로는 아니다. 종파적 특색은 늘 깨달음에 이르기 위한 방편의 의미를 가질 때만 타당한 것이므로 종파적 특색이 절대화되는 것은 선의 본질에 어긋나는 것이며, 나아가 깨달음의 본질을 등질 위험성을 안게 되는 것이다.

그러나 수행의 차별성과 여러 종사(宗師)들의 다양한 가풍(家風)이 깨달음에 이르기 위한 방편의 의미를 가질 때는, 서로 다른 종(宗)의 특수성은 그 방편의 차별성 때문에 배척될 수 없으며, 방편의 차별성은 중생의 병통에 따른 교화의 방편으로 긍정되어야 한다.

한국불교에서 대표적 수행승단이며 1600여년 전통교단인 조계종(曹溪宗)을 종도들은 선종(禪宗)이라고 자기규정하고 있는데, 그렇게 규정되는 선종은 중국불교나 일본불교와 다른 우리만의 종파적 특수성을 갖고 있다.

중국불교에서 당조 이후 종파로서의 자기 정체성을 갖게 된 선종은 중국에서 형성된 화엄종(華嚴宗), 법상종(法相宗), 율종(律宗), 밀종(密宗) 등 여러 종 가운데 한 종의 의미를 갖고 있다. 일본불교의 종파는 중국불교에 그 역사적 연원을 두지만, 중국 종파불교와 다른 일본불교 고유의 자기 특색을 띄고 있으니, 선을 표방하는 임제종, 조동종과 정토종, 일련

종 등 여러 종파가 모두 비예산 최징선사(最澄禪師)를 비조로 하여 형성
되어 왔다. 곧 일본 종파불교의 대체적 흐름은 천태선(天台禪), 달마선(達
摩禪), 원돈계(圓頓戒)와 진언밀종(眞言密宗)의 사종상승(四種相承)을 표
방한 최징의 회통불교에서 임제, 조동, 정토, 일련 등의 여러 종파가 분기
되어온 것이다. 그에 비해 우리 불교는 삼국 이래 중국불교의 다양한 종파
가 들어와 고려조에 조계(曹溪)·천태(天台) 양종(兩宗)의 선(禪)과 계
율·법성·법상·열반·원융의 오교(五敎)가 함께 전승되어오다 제종이
선종(禪宗)으로 회통되는 과정을 겪어왔다.

곧 일본불교는 회통불교에서 종파불교로 전개되어 왔다면, 한국불교는
국가불교의 영향 아래서 다양한 종파가 선(禪) 한 종〔一宗〕으로 회통되어
왔기 때문에 중국과 일본에서의 선종은 정토종, 교종에 대한 선종의 성격
을 띤다면, 한국불교의 선종은 선·교(禪·敎), 현·밀(顯·密), 난행·이
행(難行·易行)의 여러 법을 선(禪) 한 글자로 회통한 선종인 것이다.

이러한 한국불교 선종의 종파적 특색은 우리 불교의 고유한 역사적 전
승과정을 반영하고 있을 뿐더러, 선종의 선(禪)이 교상(敎相)과 계상(戒
相)을 뛰어넘되 교학과 율학을 아우르지 않을 수 없는 불교실천의 자기모
습을 그대로 보여주고 있다.

불교가 계·정·혜 삼학으로 요약한 실천의 근본방향에서 보면 정학
(定學)은 혜학과 계학에 대한 정학이 아니라, 정학이면 계학이 되고 정학
이면 곧 혜학이 되는 그러한 정학(定學)인 것이다. 이렇게 보면 선종의
종파적 전통을 창조적으로 계승 발전시키는 것은 옳되, 선(禪)을 종파이
데올로기의 틀 안에 가두거나 선종을 교종에 대한 선종, 율종에 대한 선종

으로 한정하는 것은 옳지 않다. 이는 곧 진정한 선이란 교가 아니되 교
아님도 아니며, 일이 아니되 일 아님도 아니며, 만행이 아니되 만행을 능
히 일으키는 선 아닌 선으로 표시되어야 하기 때문이다.

② 『육조단경』에는 불교의 보편적 실천인 선(禪)이 한 종파의 종지로
특화되는 과정이 반영되어 있으며, 중국선에 있어서 달마 문하〔達摩禪門〕
와 천태 문하〔天台禪門〕의 가풍, 그리고 달마 남종(南宗)과 북종(北宗)의
종풍이 서로 겹치고 갈라지는 모습이 드러나고 있다.

혜능선사에 대한 육조현창운동을 통해 돈오선풍을 불심종의 정통으로
천명한 하택신회선사는 혜능의 선풍을 『유마경』과 천태 『마하지관』
의 표현 그대로 '번뇌를 조복하지 않음에도 머물지 않고, 조복함에도 머물
지 않음〔不住不調伏 不住調伏〕'이라 정의하고 있다. 그렇다면 혜능의 돈오
선은 원돈지관(圓頓止觀)인 '단박 깨달아 앎 가운데 단박 행함〔頓中頓〕'의
가풍을 새롭게 천명하고 있다 할 수 있고, 점수선으로 규정된 신수선사가
천태선의 근본도량인 형주 옥천사를 근거로 하고 있음은 그의 점수가풍
이 천태 삼종지관(三種止觀) 가운데 점차지관(漸次止觀)과 무관하지 않음
을 보인다.

천태선과 달마선의 맨처음의 접점은 사조 도신선사(四祖 道信禪師)다.
도신선사는 천태문하 지개선사(智鍇禪師)의 여산 대림정사에서 지관을
수습한 뒤, 기주 쌍봉산에서 능가선문(楞伽禪門)과 법화선문(法華禪門)을
회통하여 동산법문(東山法門)을 개창하니, 오조홍인 육조혜능에 이르도
록 『금강경』 독송과 좌선을 겸수하는 반야삼매(般若三昧)가 동산법문

의 가풍으로 전승된다.

『단경』에는 혜능의 돈오선과 신수의 점수 가풍의 대결 속에서 북종에 대한 혜능선사의 달마 남종의 정통성 확보가 그대로 불심종의 정통성 확보로 전개되면서 중국불교에서 선종의 독립으로 귀결되어감이 극명하게 드러나고 있다.

또한 『단경』에는 형주 옥천사에서 천태 문하 홍경선사에게서 출가하여 수업하던 남악회양이 혜능조사에게 귀의하고, 천태지관법문에서 불심종을 통달한 영가현각이 혜능에게 인가받아 혜능의 제자로 이름이 올라 있는 것을 보면, 선을 종지로 하는 여러 수행그룹의 상호교류 속에서 혜능선사의 종풍을 중심으로 당시 사상계가 재편되고 있음이 나타나고 있다.

혜능선의 역동성은 만법을 취해 막힘이 없되 만법을 버리지 않으며, 함이 있음[有爲]을 다하지 않고 함이 있음에 나아가 함이 없음[無爲]을 구현한다.

그러므로 혜능선사가 제창한 선풍은 결코 계학(戒學)과 이원화되지 않으며, 세상을 향한 윤리적 실천과 분리되지 않는다. 그것은 『단경』이라는 이름 자체가 계단(戒壇)에서 대중에게 무상계(無相戒)를 주며 설한 법어라는 데서 단적으로 드러난다. 또한 『단경』 안에서 혜능선사는 불립문자(不立文字)라는 말을 곡해하여 경전을 비방하는 허물을 통렬히 비판하고 있으니, 혜능의 선은 선의 이름으로 경전의 언교를 무너뜨리지 않는다.

혜능선사는 삼귀의계를 설하면서 법・보・화 삼신(法・報・化 三身)이 내 생활 속에 일체됨을 밝히고, 법신은 지혜의 머뭄 없는 바탕이고,

보신은 머묾 없되 허무가 아닌 지혜이며, 화신은 머묾 없는 바탕에서 남이 없이 일어나는 해탈의 작용임을 말한다. 이는 삶의 머묾 없는 바탕〔體〕과 해탈의 작용〔用〕은 늘 둘이 없음을 보인 가르침이다. 그렇다면 선(禪)은 곧 바라밀행 그대로의 삼매〔卽行之定〕에 다름 아니며, 선(禪)은 여래 해탈의 활동이 언어적으로 표현된 경전의 가르침〔敎〕과도 이원화될 수 없는 것이니, 이러한 종풍은 나중 임제선(臨濟禪)의 전체전용(全體全用)의 가풍으로 다시 구성된다.

이처럼 조계 혜능선의 종풍은 삼매(三昧)와 바라밀행(波羅蜜行)의 둘 아님을 주창하는 동적인 선(禪)이며, 종파적으로는 오종(五宗)의 연원이자 달마·천태 두 선문을 융회한 회통적 선풍이다.

그럼에도 오종 가운데 한 종만으로 한국불교 선종사를 기술하려 한다면, 그것은 조계선의 포괄적 가풍을 우리 스스로 제약하는 일이며, 선(禪)과 교(敎), 선(禪)과 행(行)을 이원적으로 나누려 하는 것은 '육도만행이 당체 가운데 두렷함(六度萬行體中圓)'을 표방하는 종문(宗門)의 바른 눈〔正眼〕이 될 수 없을 것이다.

필자가 『육조단경』의 새로운 해석에 뜻을 내게 된 것은 오가칠종(五家七宗)의 원류인 조계선(曹溪禪)의 본질에 대한 바른 이해가 선과 바라밀행을 둘로 보거나 선의 이름으로 경전을 배척하는 말폐의 선풍을 시정할 수 있으리라는 한가닥 믿음에서였다.

아울러 본인은 『단경』 해석에 과거의 평면적 문구 해석과 달리 역사적 방법을 함께 도입함으로써, 혜능선 자체가 동산법문(東山法門)의 계승이며, 동산법문의 시조인 사조도신이 중국에서 능가경류의 선풍과 삼론·

법혀 계열의 선풍을 종합한 선사임을 밝혀내고자 하였다.

그리하여 선종이 갖는 종파로서의 여러 가지 특성들과 우리가 절대시하는 선의 법통이 역사의 소산임에 착안케 하여, 종파불교의 전통을 창조적으로 계승하되 종파주의에 떨어짐이 없이 급변해가는 문명사의 격랑 속에서 대중의 요구와 시대의 변화에 조응하는 창조적 선풍을 진작토록 하는 데 뜻을 두었다.

③ 최근 한국불교 선류(禪流)들 사이에서 일어나고 있는 선사상에 관한 몇 가지 입장차이는, 일부 선객들이 잘못 곡해하고 있듯이 단순히 태고·임제 법통설을 주장하는 선류와 보조선을 정통으로 내세운 선류간의 법통 싸움이거나, 정통 종문(宗門)의 선 수행자와 교가(教家) 사이에 벌어지는 사상의 대결이 아니다.

기존의 지나치게 절대화된 법통주의적 역사관과 수행론의 교조화에 대한 비판은 결코 선(禪)에 대한 도전으로 매도될 수 없다. 그것은 오히려 선(禪)이라는 하나의 종지를 들면 교(教)를 아우르고 만행(萬行)을 아우르는 한국불교 선종의 역사적 특징을 확인하는 일이며, 선의 고요함이 변화 그대로의 고요함이며 선의 고요함이 지혜와 창조적 행의 바탕임을 새롭게 확인하는 사상작업일 뿐이다.

오가칠종의 원류인 혜능선사의 『단경』은 선의 고요함이란 움직임을 떠나 따로 얻는 고요함이 아니라 움직임에 나아가 움직임 그대로의 고요함임을 이렇게 말한다.

만약 참으로 움직이지 않음 찾으면
움직임 위 움직이지 않음 있나니
가만히 움직이지 않음이 바로
움직이지 않는 선이라고 한다면
무정물은 부처의 성품이 없네.
참으로 움직이지 않음이란 곧
능히 모든 모습을 잘 분별하되
제일의에 움직이지 않는 것이니
다만 이와 같이 바른 견해 지으면
이것이 곧 진여의 작용이 되리.

若覓眞不動　動上有不動
不動是不動　無情無佛性
能善分別相　第一義不動
但作如此見　卽是眞如用

위 혜능선사의 가르침은 세속제〔俗諦〕가 인연으로 있기에 곧 공하므로, 세속제를 떠나지 않고 바로 진제(眞諦)라는 중도적 세계관이 그대로 생활상에서 선(禪)과 행(行), 징(靜)과 동(動)이 둘 없는 중도적 실천으로 구성된 것이다.

혜능선사의 위 가르침에 의하면 선은 결코 변화와 활동을 떠나 따로 적정을 찾는 일이 아니라, 변화 속에서 변화가 곧 변화 아님을 요달하여 역사운동 속에서 참된 삶의 평화를 구현하고, 변화가 변화 아니되 변화 아님도 아님을 살펴서 선의 고요함을 떠나지 않고 삶의 창조적 변화를 이끌어가는 일이다.

그렇다면 시대의 변화와 역사의 조류 앞에 등 돌리고 변화 너머의 닫혀진 적멸성에 기어들어가거나 과거의 낡은 전통으로 퇴행하는 일은 선의 참모습이 될 수 없는 것이다. 그러나 또한 변화의 참모습을 요달하여 변화에 주인이 되지 못하고 변화에 매몰되어 역사의 흐름에 휩쓸려가거나 변화를 따라잡기 위해 발버둥치는 것도 선의 참모습이 아니다.

우리가 한국불교에서 조계종의 주된 수행의 전통을 선종이라 정의한다면, 우리가 내세우는 선(禪)은 팔만장경이 담고 있는 다양한 언어적 실천과 무수한 방편 그리고 불교의 역사적 전통을 회통하고 있는

하나인 종지(宗旨)로서의 선이다. 그렇다면 그 하나[一]는 결코 한량 없는 다양성 위에 홀로 있는 하나가 아니라, 모든 다양성의 귀결처이자 다양성을 일으키는 토대로서의 하나가 되어야 한다.

이처럼 우리가 내세우고 있는 바 선(禪)이라는 한 종지의 교조화, 독단화를 우려하는 시각은 결코 선종의 교종화이거나 선종의 순일성을 잡다한 것과 섞어버리는 일이 아니다. 그것은 선(禪)을 다양한 언어적 실천의 귀속처이자 문자반야의 행을 일으키는 머뭄 없는 토대로서 정초하는 일이며, 우리가 표방하는 선종(禪宗)으로 하여금 한국불교의 유구한 사상적 전통을 총화하면서 미래사회의 격동하는 변화와 다양성을 대응하는 지혜의 힘으로 서게 하는 일이다.

그리고 그것은 앞에서 이미 지적한 바처럼 결코 선(禪)의 본질을 왜곡시키는 일이 아니라 오히려 선과 교, 선과 행이 이원화될 수 없는 선의 자기본질을 확인하는 일이다.

　본 『육조단경』의 첫 번역은 필자가 주변의 공부인들과 더불어 13회째 진행해온 선 수련모임 가운데 네번째 모임에서 강의를 위해 준비된 것이었다. 이 번역본을 토대로 『단경』 해석서의 발간을 기획한 것은 끝없이 독단의 대결로 치닫는 현금 선에 관한 한국불교 수행자 사이의 입장 차이에 옳게 응답하기 위해서였다.

　본 『육조단경』 해석서의 집필과정은 선정과 지혜에 단박 돌아가지 못하고 문자의 찌꺼기만을 탐착하는 이론불교가 바른 불교가 아닐 뿐더러, 선의 이름으로 경전을 부정하고 선의 이름으로 만행을 부정하는 가풍이 선의 자기모습이 아니라 말폐에 떨어진 치우친 선풍임을 확인시켜 주었다.

　본 『육조법보단경해의』에서 사용한 판본은 『단경』 판본 중 맨끝에 편집된 종보본 『단경』이다. 그러나 본서는 『단경』의 가장 오래된 판본인 돈황본 『단경』의 중요부분을 인용함으로써 『단경』 편집을 둘러싸고 드러나고 있는 조계 이후 각 문파의 입장을 전체적으로 살피고자 하였다.

　그리고 본 해석서는 『단경』 이전의 선서인 남악혜사선사(南嶽慧思禪師)의 『대승지관(大乘止觀)』, 『제법무쟁산매행문(諸法無諍三昧行門)』, 천태(天台)의 『마하지관(摩訶止觀)』과 『단경』 이후 구성된 『선문염송』을 『단경』 해석에 함께 인용함으로써 중국불교에서 선사상과 선 수행관의 변천을 유기적으로 이해할 수 있게 하였다.

　이 한 권의 책은 많은 경전 언어와 조사어록, 선서 등을 인용하고 있다.

그러나 언교(言敎)의 인용과 사용은 결코 문자의 혹에다 또 혹을 더하는 일이 아니다. 오히려 본서는 문자를 통해 문자에 걸림 없는 반야에로의 복귀를 말하고 있으며, 선의 이름 밑에 선의 본질을 배반하거나 불교의 기본원리를 거역하는 중생의 갖가지 허위의식을 지적함으로써 선정과 지혜가 둘 없는〔定慧不二〕선의 자기 본질을 새롭게 천명하려 하고 있다.

곧 본서에서 경교 속의 갖가지 문자반야를 인증함이란 바로 말과 말 아님을 넘어 언어로써 언어상이 적멸한 삶의 실상을 현전하고자 함에 그 뜻이 있다.

그렇다면 본 『육조법보단경해의』를 펼쳐 첫 페이지에서 끝 페이지에 이르도록 한 글자도 보지 않는 이가 곧 손에 경권을 쥐지 않고도 법계에 가득한 경을 늘 읽게 될 것이다.

이제 한 송으로 돈오선풍을 천명하신 혜능조사의 법은에 보답하며 이 법공양의 인연이 법계에 회향되어 선풍진작(禪風振作)의 새로운 계기가 이루어질 것을 발원한다.

> 是無是兮當無當　境智雙遮亦雙照
> 讀者於此若承當　擔槲直入千萬峰

> 그렇다 함에 실로 그렇다 함 없음이여
> 그에 맞는 바에도 실로 맞음이 없으니
> 경계와 마음 모두 막고 모두 비추네.
> 눈에 경을 대하고 앉아 글 읽는 이가
> 여기에서 보고 들음 없는 뜻 깨쳐 안다면

주장자 짚어지고 천만봉에 바로 들리.

禪非文字非非字　經中言說本無言
禪者如是達文字　卽見門外讀書人

선은 문자 아니되 문자 아님도 아니며
경 가운데 말씀에도 말이 없음이여
좌복 위에 앉아서 삼매 닦는 선객이
이와 같이 문자의 참모습을 깨치면
문 밖에서 글 읽는 이 바로 보리라.

　　　　佛紀 2539年 仲秋節 中國 湖南省 衡山에 올라
　　　　　南嶽思大禪師의 三生塔에 參拜하고
　大鑑慧能禪師의 근본도량인 曹溪山 南華禪寺로 길을 떠나며
　　　　　　　학담(鶴潭) 合掌

▌차 례▐

제1부
육조단경과 혜능대사에 관한 기록들

제1장 육조단경 여러 판본의 서문과 발문

『단경』은 말이 간단하되 뜻이 풍부하며, 이치
가 밝고 일[事]이 갖추어져 있으며, 모든 붇다의
한량없는 법문을 갖추어서 그 낱낱 법문이 한량
없는 묘한 뜻을 갖추고, 낱낱의 묘한 뜻이 모든
붇다의 한량없는 묘한 이치를 드러내준다.
이는 바로 '미륵의 누각[彌勒樓閣]' 가운데이며
곧 '보현보살의 털구멍[普賢毛孔]' 가운데이니,
이 가운데 잘 드는 이는 선재동자가 한 생각에 공
덕을 원만히 하여 보현보살과 평등해지고 모든
붇다와 평등해진 것과 같다.

－고균비구 덕이 육조단경 서문에서－

1. 육조단경의 여러 판본

혜능선사의 『단경』을 자의적으로 첨삭한 것에 대해 강하게 비판한 남양혜충선사(南陽慧忠禪師)의 기록(『경덕전등록』 권 28)을 보더라도 『육조단경』은 편집과정에서 많은 가필이 있었음을 알 수 있으며, 전승의 계보에 따라 그 내용에 차이가 있음을 볼 수 있다.

『육조단경』의 이본을 계통별로 보면 1〉돈황본(敦煌本) 2〉혜흔본(惠昕本) 3〉설숭본(契崇本)의 세 가지로 크게 나눌 수 있는데, 설숭본은 지금 그 원본을 발견할 수 없지만, 덕이본(德異本)과 종보본(宗寶本)이 설숭본에 토대하고 있다. 『육조단경』 이본(異本)에 대해 간략히 고찰하면 다음과 같다.

1) 돈황본(敦煌本)

돈황본은 현재까지 알려진 가장 오래된 『단경』으로 내제(內題)는 『남종돈교 최상승마하반야바라밀 육조혜능대사 어소주대범사 시법단경 일권(南宗頓敎 最上乘摩訶般若波羅蜜 六祖慧能大師 於韶州大梵寺 施法壇經一卷)』이며, 제목에 '겸수무상계 홍법제자 법해집기(兼受無相戒 弘法弟子 法海集記)'라고 편집자의 이름이 부기되어 있다.

이 제목을 보면 『단경』은 '남종의 돈교법문인 『최상승마하반야바라밀경』의 종지를 달마 아래 육조인 혜능대사가 소주 대범사의 계단에서 설법한 단어(壇語)'인 것이다. 다만 혜능선사가 '계단에서 설법한 말씀'이라는 뜻의 단어(壇語)를 『단경』이라 한 것은 선사가 천명한 남종돈교의 선지(禪旨)가 원돈교인 『최상승마하반야바라밀경』의 뜻과 다름이 없으므로 경(經)이라 한 것이다. 그러나 인도에서 용수(龍樹) 마명(馬鳴) 같은 대보살들의 저작도 논(論)이라고 하는데 혜능선사의 단어(壇語)를 경(經)이라고 한 것은 중국인들이 중국조사의 가르침을 붇다의 말씀처럼 숭상한 대표적 예라 할 것이다.

『단경』은 부기에서 알 수 있는 바처럼 소주 자사 위거(韋據)의 요청에 따라 혜능선사가 대범사에서 행한 계단의 법문을 문인 법해(法海)가 기록한 것이다. 위의 내제를 보면 『단경』이 처음 편집될 무렵에는 혜능선사를 중심으로 한 돈오선의 가풍은 선종의 이름을 독점적으로 사용하지 못하고, 신수선사의 달마 북종에 대한 남종(南宗)으로 그 종의 이름이 불려졌다. 『단경』의 편집은 이후 달마선문에서 북종선에 대한 남종의 정통성을 확정시켰을 뿐 아니라, 달마 남종을 불심종(佛心宗)의 정통으로 확립시켜준 계기를 이루었다.

돈황본 『단경』은 현재 대영박물관 소장으로 1922년 일인(日人) 야부끼 게이끼(失吹慶輝)가 발견하였고, 스즈끼 다이세쓰(鈴木大拙)와 우이 하쿠주(宇井伯壽) 등에 의해 교정되었다.

우리나라에서는 이 교정본을 토대로 1987년 해인사 성철선사(性徹禪師)가 현토 번역한 돈황본 『단경』이 발간된 바 있다.

돈황본 『단경』은 대개 8세기 중엽 성립된 것으로 추정되는데, 이것을 계승한 『단경』으로 일본 비예산 천태종승 원인(圓仁 794~864)이 847년에 나라에 바친 『입당구법성교목록(入唐求法聖教目錄)』 가운데 『조계산 제육조 혜능대사설 견성돈교 직료성불결정무의 법보기단경일권(曹溪山 第六祖 慧能大師說 見性頓教 直了成佛決定無疑 法寶記壇經一卷)』이 있다.

또 돈황본에 가까운 판본으로 무착도충(無着道忠 1653~1774)이 엮은 『육조법보단경생초추(六祖法寶壇經生苕추)』 가운데 고려 고간본인 『조계산 제육조사 혜능설 견성돈교 직료성불 결정무의법석 사문 법해집(曹溪山 第六祖師 慧能說 見性頓教 直了成佛 決定無疑法釋 沙門 法海集)』의 이름이 나온다.

그 밖에 돈황본을 1071년경 서하어로 번역한 『단경』이 있다.

혜능선사가 입적할 때 『단경』의 편집자인 제자 법해와 문답하는 다음 대목은 다른 판본에는 없고 돈황본 『단경』에만 있다.

　　상좌인 법해가 앞으로 나와 여쭈었다.

　　"대사여, 대사께서 가신 뒤에 가사와 법을 누구에게 부치시겠습니까?"

　　대사가 말씀하셨다.

　　"법은 곧 부쳤으니 너희들은 반드시 물을 것이 없다. 내가 떠난 뒤 이십여 년에 삿된 법이 시끄러워 나의 종지를 어지럽게 할 것인데, 어떤 사람이 나와 몸과 목숨을 아끼지 않고 불교의 옳고 그름을 판정하여 종지를 세울 것이니 이것이 곧 바른 법이다. 그러므로 가사는 마땅히 전하지 않는다."

　　上座法海向前言 大師 大師去後 衣法當付何人 大師言 法卽付了 汝不須問 吾滅後二十餘年 邪法撩亂 惑我宗旨 有人出來 不惜身命 定佛敎是非 竪立宗旨 卽是吾正法 衣不合傳

　　가사의 전승에 대한 법해의 물음에 대해 혜능선사는 불법의 바른 종지를 드날릴 이에게 이미 법을 부쳤으니, 가사는 따로 전하지 않는다고 말한다. 위와 같은 혜능선사의 말씀 가운데 이십여년 뒤 나의 종지를 세울 자가 바로 『남종정시비론(南宗定是非論)』을 써서 돈오선의 법통을 확립한 하택신회선사를 뜻한다면, 돈황본 『단경』은 남종의 법통을 육조혜능 – 하택신회로 파악한 이들의 편집임을 알 수 있다.

　　이에 비해 덕이본과 종보본에서는 하택에게 법을 부친다는 기록이 보이지 않고, 돈황본에 없는 남악회양, 청원행사의 기록이 등장하며, 하택신회가 지해종사(知解宗師)가 될 것이라는 하택에 대한 비판적인 문구가 등장한다. 이렇게 보면 덕이본 등 후세의 『단경』 판본은 선종의 중심이 남악회양(南嶽懷讓) – 마조도일(馬祖道一), 청원행사(靑原行思) – 석두희천(石頭希遷)이 양대 문파로 형성된 뒤의 사상적 기류와 법통주의를 반영하고 있는 판본이라 할 것이다.

2) 혜흔본(惠昕本)

혜흔본의 원문은 전하지 않는다. 일본 경도 흥성사본에 붙은 혜흔의 서문에 의하면 이 책은 건덕 5년(967) 5월 혜흔이 광서성 나수산(廣西省 羅秀山) 사영탑원(思迎塔院)에서 『단경』의 저본을 두 권으로 나누고 내용을 11문으로 나누어 발간한 것이다. 항목을 나눈 대강은 대승사본, 흥성사본으로 계승된다.

3) 흥성사본(興聖寺本)

일본 경도 임제종 흥성사에 전해진 일본 최고의 오산판(五山版) 『단경』으로 표제(表題)와 내제(內題) 미제(尾題)가 모두 『육조단경』으로 되어 있다.

책의 끝에 법해(法海) – 지도(志道) – 피안(彼岸) – 오진(悟眞) – 원회(圓會)의 다섯 대로 이어지는 『단경』 전수 계보가 기록되어 있다.

1933년 영인본이 간행되었고, 1934년 스즈끼 다이세쓰(鈴木大拙)와 오꾸다 세이조우(奧田正造)에 의한 교정본이 간행되었으며, 우리나라에서는 나카라와 다가(中川孝) 교수 주해본을 1992년에 재번역하여 김영사에서 발간한 바 있다.

4) 대승사본(大乘寺本)

일본 석천현(石川縣) 금택시(金澤市)의 조동종 대승사에 소장된 판본으로 표제는 『소주조계산육조사단경(韶州曹溪山六祖師壇經)』으로 되어 있다. 권말에 도원서(道元書)라 적힌 것으로 보아 영평도원선사(永平道元禪師) 계열에서 필사해서 보관해온 것을 알 수 있다.

편제는 혜흔본계이지만 서천조통설에 관해서는 흥성사본과는 달리 서천 28조설을 취하고 있으며, 인종화상의 『열반경』 강설처에서 이루어진 '바람이 움직이는가, 깃발이 움직이는가'의 그 유명한 문답은 수록되어 있지 않다.

5) 설숭본(契崇本)

덕이본과 종보본의 모본이 되는 판본이지만 지금 그 원본을 볼 수 없다. 1056년 송 이부시랑 랑간(郎簡)의 『육조법보기서(六祖法寶記敍)』에 의해 이 판본의 존재가 알려졌는데, 당시 『단경』이 첨삭이 심해 「단경찬」을 지은 설숭(1007~1072)에게 정정을 부탁하니, 2년만에 조계고본(曹溪古本)을 얻어 교정하여 3권으로 간행하였다고 한다.

6) 덕이본(德異本)

고려조 이후 우리나라에서 간행된 『단경』 판본은 바로 이 덕이본이다.

이 판본은 중국 고산(鼓山)의 환산정응선사(皖山正凝禪師)의 후손인 송강(松江)의 고균비구 덕이(古筠比丘 德異)에 의해 1290년 교정된 판본으로 전체를 10장으로 나눈 1권본이다.

안의 제목은 『육조대사법보단경(六祖大師法寶壇經)』이며, 책의 끝에 실린 제목은 『육조선사법보단경(六祖禪師法寶壇經)』이다. 권 첫머리에 덕이의 서문과 법해의 약서(略序)가 첨부되어 있다.

조선조 간행(1703년 강희 12년간, 1883년 광서 9년간)의 덕이본 『단경』에는 보조지눌선사(普照知訥禪師)의 발문(1207 태화 7년 重刻 발문)이 첨부되어 있으니, 덕이가 서문을 쓴 1290년보다 80여년 앞선 고려본 고려 지눌 발문의 중각본이 있었음을 알 수 있다.

우리나라에서 이루어진 『법보단경』 간행사를 보면 1207년 지눌 중각본, 1300년 대덕(大德) 4년본, 1316년 연우(延祐) 3년본 등이 있었으며, 그 뒤 꾸준히 덕이본의 판각이 있었다.

우리나라 근세의 덕이본 『단경』에 대한 한글번역본으로는 용성진종선사(龍城震鐘禪師)가 『수심정로(修心正路)』와 합본해 간행한 우리말 『육조단경』과 화엄좌주 탄허화상의 『육조단경』, 광덕화상의 『법보단경』 등이 있다.

7) 종보본(宗寶本)

종보본은 본 『육조법보단경해의』가 채택하고 있는 판본으로서 덕이 본과 같이 설숭본계에 속하며, 원 지원(元 至元) 28년(1291) 남해풍번보은 광효사(南海風幡報恩光孝寺)의 종보에 의해 편집 간행되었다. 표제, 내제, 미제는 모두 『육조대사법보단경(六祖大師法寶壇經)』이며, 내용은 10장 으로 나뉘어진 1권본이다.

10장은 앞의 덕이본과 같지만 장의 이름과 편제는 부록에 나타난 바처 럼 약간 차이가 있다.

종보의 발문에 의하면 세 판본의 상이한 『단경』을 합해 교정하고, 제 자들이 법문을 묻는 기연 곧 청익기연(請益機緣)을 더했다. 종보본과 다 른 판본의 항목의 차이는 부록을 참고하길 바란다.

종보본의 명장판에는 덕이의 서문과 설숭의 「단경찬」이 첨부되어 있는 데, 다른 유포본에는 설숭의 찬문이 빠져 있다.

본 『육조법보단경해의』에 수록한 『단경』 원문은 1987년 대만판 『육조단경전주(六祖壇經箋註)』에 의거하고 있다.

2. 문인 법해가 찬한 육조법보단경약서〔門人法海撰六祖大師 法寶壇經略序〕

법해선사의 자(字)는 문윤(文允)이고 속성은 장씨이다. 단양(丹陽) 사람이라 하기도 하고, 곡강(曲江) 사람이라고도 한다. 학림사(鶴林寺)에서 출가하여 육조의 제자가 되었다. 천보년간(740~756)에 양주 법신율사(法愼律師)의 강석에 참예하였다. 혜능선사의 10대 제자에 포함되며 『단경』을 편집하여 후대에 전승하였다.

본 약서는 대사의 탄생·출가·오도·전법의 인연을 기록하고 있는데, 다른 판본에서는 육조대사 연기외기(緣起外記)라 하여 책의 끝에 붙이기도 하였다.

○ 대사의 이름은 혜능이다. 아버지는 노씨니 이름〔諱〕은 행도요, 어머니는 이씨니 대사를 당나라 정관 12년 무술(638) 2월 8일 자시에 낳으셨다. 그 때 백호의 광명이 허공에 오르고 기이한 향기가 방에 가득하더니, 새벽녘에 신이한 스님 두 분이 나와서 대사의 아버지에게 말하였다.

"밤에 낳은 아이만을 위해 이름을 지어두었으니, 위 글자는 혜(惠)라 하고 밑 글자는 능(能)이라 하십시오."

아버지가 말하였다.

"왜 혜능이라 이름합니까?"

그 스님이 말하였다.

"혜란 법으로써 중생에게 베풀어 줌이요, 능은 '붓다의 일〔佛事〕'을 지을 수 있음입니다."

말을 마치고 나가니 간 곳을 알지 못했다.

스님은 젖을 먹지 않고 밤이 되면 신인이 단이슬을 먹여 주었다. 이미 나이 들어 스물네 살 때 경을 듣고 도를 깨달아1) 황매에 가서 인가를 구하

---

1) 혜능이 나무를 팔러 왔다 객점에서 손님이 」 『금강경』 읽는 소리를 듣다 '마땅히 머무는 바 없이 그 마음을 내라(應無所住而生其心)'는 구절에서 마음이 열린 것을 뜻함.

였다. 오조께서 법의 그릇으로 여기어 가사와 법을 부쳐서 조사의 지위를 잇게 하시니, 때는 용삭 원년 신유년[2]이었다.

大師名惠能 父盧氏 諱行 母李氏 誕師於唐貞觀十二年戊戌二月八日子時 時毫光騰空 異香滿室

黎明有二異僧造謁 謂師之父曰 夜來生兒 專爲安名 可上惠下能也

父曰 何名惠能 僧曰 惠者 以法惠施衆生 能者 能作佛事 言畢而出 不知 所之

師不飮乳 遇夜神人灌以甘露 旣長 年二十有四 聞經悟道 往黃梅 求印可 五祖器之 付衣法 令嗣祖位 時 龍朔元年辛酉歲也

○ 남으로 돌아가 숨어지내기 16년, 의봉 원년 병자[3] 정월 8일에 이르러서 인종법사를 만났다. 인종이 깊은 뜻을 따져 논하고서 대사의 종지에 깨쳐 계합하였다. 이달 15일에 널리 사부대중을 모아서 대사를 위해 머리를 깎아주고, 2월 8일에 모든 이름있는 대덕들을 모아서 구족계[4]를 주니, 서경의 지광율사는 수계사가 되고, 소주의 혜정율사는 갈마가 되고, 형주의 통응율사는 교수사가 되고, 중천축의 기다라율사는 설계가 되고, 서국의 밀다삼장은 증계가 되었다.

그 계단[5]은 송조의 구나발타라삼장이 처음 세우시고 비를 세워 말했다.

"뒤에 마땅히 육신보살이 있어 여기서 계를 받을 것이다."

또 양나라 천감 원년[6]에 지약삼장이 서축국으로부터 바다를 건너와서

---

2) 용삭 원년 : 당 고종 12년 서기 661년이다. 이 때는 우리나라 원효, 의상과 동시대이니, 용삭 원년에 의상이 당에 들어왔다.

3) 의봉 원년 : 당 고종 27년이니 고구려가 패망한 지 8년 뒤가 된 해이다. 그 앞 해에 오조 홍인선사가 입적하였다.

4) 구족계(具足戒) : 비구가 지켜야 할 계. 구족계는 전계사(傳戒師), 갈마사(羯磨師), 교수사(敎授師)의 삼사(三師)와 칠증사(七證師)로써 작법하여 수계한다.

5) 계단 : 혜능이 구족계를 받은 광주 법성사 계단.

6) 천감 원년 : 양 무제 원년. 서기 502년으로 신라 지증왕 3년.

저 땅의 보리수 한 그루를 가져와 이 계단 가에 심고 미리 이렇게 적었다.

"뒤로 백 칠십년에 육신보살이 있어 이 나무 아래에서 상승을 열어 연설하여 한량없는 대중을 제도할 것이니, 그는 참으로 부처님의 심인〔佛心印〕7)을 전하는 법주(法主)이다."

대사는 이에 이르러 머리를 깍아 계를 받고 사부대중과 함께 바로 전한〔單傳〕법의 큰 뜻〔法旨〕을 열어 보이시니, 한결같이 옛날에 미리 적은 기록〔讖記〕과 같았다.

南歸隱遯 一十六年 至儀鳳元年丙子正月八日 會印宗法師 宗悟契師旨 是月十五日 普會四衆 爲師薙髮 二月八日 集諸名德 授具足戒 西京智光律師 爲授戒師 蘇州慧靜律師 爲羯磨 荊州通應律師 爲教授 中天耆多羅律師 爲說戒 西國蜜多三藏 爲證戒

其戒壇 乃宋朝求那跋陀羅三藏 創建立碑曰 後當有肉身菩薩 於此受戒 又梁天監元年 智藥三藏 自西竺國 航海而來 將彼土菩提樹一株 植此壇畔 亦預誌曰 後一百七十年 有肉身菩薩 於此樹下 開演上乘 度無量衆 眞傳佛心印之法主也

師至是 祝髮受戒 及與四衆 開示單傳之法旨 一如昔讖

○ 다음해 봄에 대사가 대중을 하직하고 보림(寶林)에 돌아가시니, 인종이 출가대중〔緇〕과 재가대중〔白〕으로 더불어 배웅하니, 배웅하는 자가 천여인이었다. 바로 조계에 이르시니 그 때 형주의 통응율사가 배우는 이 수백인과 함께 대사를 의지하여 머물렀다.

대사가 조계 보림에 이르러 절 건물이 매우 좁아서 대중을 받아들이지 못함을 보시고 넓히고자 하여 드디어 마을 사람 진아선을 보고 말씀하셨다.

"노승이 단월에게 나아가 방석 깔 만한 땅을 구하고자 하니 되겠느냐?"

---

7) 불심인(佛心印) : 붇다가 전한 법은 언어와 문자가 아니라 모습에서 모습을 떠난 법계의 실상이며 생각에서 생각을 떠난 진여의 참마음이니, 이를 열반의 묘한 마음〔涅槃妙心〕이라 하고, 붇다의 심인〔佛心印〕이라 한다.

선이 말씀드렸다.

"화상의 좌구가 얼마나 넓습니까?"

조사께서 좌구를 내어 보이시니 아선이 '그렇게 하십시요'라고 하였다. 조사께서 좌구를 한번 펴서 조계의 사경(四境)을 다 덮으니 사천왕이 몸을 나타내어 사방을 앉아 눌렀다. 지금 사찰 경내에 사천왕의 고개가 있으니 이로 인해 그렇게 이름한 것이다. 선이 말씀드렸다.

"화상의 법력이 넓고 크심을 알았으나, 다만 우리 고조의 분묘가 이 땅에 있으니 다음날 탑을 지으실 적에 다행히 남겨둘 것을 바라며, 나머지는 원컨대 다 버려서 영원히 절터〔寶坊〕를 삼겠습니다. 그러나 이 땅은 이에 산 용〔生龍〕과 흰 코끼리〔白象〕가 오는 맥이라 다만 하늘을 평평하게 해야지 땅을 평평하게 해서는 안됩니다."

절을 뒤에 세우실 때 한결같이 그 말을 의지하셨다. 스님이 경내에 노닐으시사 산과 물이 빼어난 곳에 문득 쉬어 그치시고 드디어 난야 열 세 곳을 이루시니, 지금은 화과원(花果院)이라 하는데 난야의 소속〔籍〕을 보림사의 사문(寺門)에 부쳤다.

次年春 師辭衆 歸寶林 印宗與緇白 送者千餘人 直至曹溪 時 荊州通應律師 與學人數百人 依師而住

師至曹溪寶林 覩堂宇湫隘 不足容衆 欲廣之 遂謁里人陳亞仙曰 老僧欲就檀越 求坐具地得不 仙曰 和尙坐具 幾許闊 祖出坐具 示之 亞仙 唯然 祖以坐具一展 盡罩曹溪四境 四天王現身 坐鎭四方 今寺境 有天王嶺 因玆而名 仙曰 知和尙法力廣大 但吾高祖 墳墓並在此地 他日造塔 幸望存留 餘願盡捨 永爲寶坊 然此地 乃生龍白象來脈 只可平天 不可平地 寺後營建 一依其言

師遊境內 山水勝處 輒憩止 遂成蘭若一十三所 今曰花果院 隸籍寺門

○ 그 보림도량은 또한 이보다 먼저 서국의 지약삼장이 남해로부터 조계 어구를 지날 때, 물을 움켜 마시고 향기로운 맛을 기이하게 여기어 그 문도에게 말하였다.

"이 물이 서천의 물과 다름이 없으니, 계곡 근원 위에 반드시 빼어난 곳이 있어서 난야를 삼을 만할 것이다."

그러고는 흐름을 따라 근원 위에 이르러 사방으로 돌아보니, 산과 물이 감아돌고 산봉우리가 기이하게 빼어났으므로 찬탄해 말하기를, '완연히 서천의 보림산과 같다'라고 하였다.

이에 조후촌에 사는 백성들에게 말하였다.

"이 산에 한 범찰을 세울 수 있을 것이니, 백 칠십년 뒤에 마땅히 위없는 법보를 여기에서 연설해 교화함이 있어서 도를 얻는 자가 수풀과 같을 것이니 마땅히 보림이라 이름하라."

때에 소주의 목사 후경중이 그 말로써 표(表)를 갖추어 임금에게 여쭈어 아뢰니, 임금[上]이 그 청을 옳게 여겨서 액호를 내리어 보림이라 하고 드디어 범궁을 이루어서 양나라 천감 3년에 낙성하였다.

茲寶林道場 亦先是西國智藥三藏 自南海 經曹溪口 掬水而飮 香美異之 謂其徒曰 此水與西天之水 無別 溪源上必有勝地 堪爲蘭若 隨流至源上 四顧 山水回環 峯巒奇秀 嘆曰 宛如西天寶林山也

乃謂曹侯村居民曰 可於此山 建一梵刹 一百七十年後 當有無上法寶 於此演化 得道者如林 宜號寶林

時韶州牧侯敬中 以其言 具表聞奏 上可其請 賜寶林爲額 遂成梵宮 落成於梁天監三年

○ 사찰 전각 앞에 못 한 곳이 있어서 용이 늘 그 사이에서 들고 나 숲의 나무들을 문질러 흔들더니, 하루는 그 큰 모습을 나타냄에 물결이 솟구쳐 오르고 구름과 안개가 어둡게 가리어 무리들이 모두 두려워하였다.

이에 대사께서 용을 꾸짖어 말씀하셨다.

"네가 다만 큰 몸만을 나타낼 줄 알고 작은 몸은 나타내지 못하는구나. 만약 신룡(神龍)이라면 마땅히 변화하여 작은 것으로써 큰 것을 나타낼 수 있고 큰 것으로써 작은 것을 나타낼 수 있어야 한다."

용이 홀연히 없어지더니 조금 있다가 다시 작은 몸을 나타내어 못 표면
에 뛰어 나오니 대사가 발우를 펴 시험해 말하였다.

"네가 또 노승의 발우 속에 들지 못하겠느냐."

용이 이에 헤엄쳐 떠올라 대사 앞에 이르므로 대사가 발우에 담으니
용이 움직일 수 없었다. 대사가 발우를 가지고 당에 올라 용을 위하여 법
을 설하시니 용이 드디어 뼈를 벗고 갔다. 그 뼈의 길이가 7촌이나 되고
머리와 꼬리, 뿔과 발이 모두 갖추어져 절안〔寺門〕에 전해져 내려온다.

대사가 뒤에 흙과 돌로 그 못을 메우시니 지금 전각 앞의 좌측에 철탑
이 있어 터를 누른 곳이 이것이다.

寺殿前 有潭一所 龍常出沒其間 觸撓林木 一日現形甚巨 波浪洶湧 雲霧
陰翳 徒衆皆懼

師叱之曰 爾只能現大身 不能現小身 若爲神龍 當能變化 以小現大 以大
現小也 其龍忽沒 俄頃復現小身 躍出潭面 師展鉢試之曰 爾且不敢入老僧
鉢盂裏 龍乃游揚至前 師以鉢舀之 龍不能動 師持鉢上堂 與龍說法 龍遂蛻
骨而去 其骨長可七寸 首尾角足皆具 留傳寺門

師後以土石 堙其潭 今殿前左側 有鐵塔鎭處是也

3. 사문 혜흔이 지은 육조단경서〔沙門惠昕述六祖壇經序〕

송나라 때 옹주는 지금 광서성 옹녕현(廣西省 邕寧縣)이며, 나수산 혜진선원은 지금 광서성 영복현(永福縣)의 동북 자리에 있다. 혜흔은 이 곳 나수산 혜진선원에서 『단경』을 정리하였는데, 혜흔에 관한 그 이상의 경력은 알려지지 않고 있다. 혜흔의 이 서문은 흥성사본 『단경』에 실려 있는 서문이다.

○ 원래 진여(眞如)의 불성[8]은 본디 사람의 마음에 있다. 마음이 바르면 모든 바깥 경계[9]가 침입하지 못하고, 마음이 삿되면 뭇 티끌이 쉽게 물들인다. 마음의 생각을 그칠 수 있으면 뭇 악이 스스로 없어지고, 뭇 악이 이미 없어지면 모든 선이 다 갖춰지니, 모든 선을 갖추려 하면 밖으로 구함을 빌 것이 아니다.

법을 깨친 사람은 스스로의 마음이 해가 세간을 두루 비침과 같이 온갖 것에 걸림이 없다. 그리고 성품을 본 사람은 비록 사람의 세상에 있더라도 그 마음이 자재하여 헤매어 어지러움이 없다.

그러므로 우리 육조대사는 널리 배우는 무리들을 위하여 견성의 법문을 바로 말씀하여 모두 스스로 깨쳐 깨달음을 이루도록 하였으며, 그 법문을 『단경』이라 이름하여 뒤에 배우는 이들에게 흘러 전했다.

原夫眞如佛性本在人心 心正則諸境難侵 心邪則衆塵易染 能止心念 衆惡自亡 衆惡旣亡 諸善皆備 諸善要備 非假外求 悟法之人 自心如日 遍照世間 一切無礙 見性之人 雖處人倫 其心自在 無所惑亂矣

---

8) 진여불성(眞如佛性) : 불성(佛性 ; buddhatā)은 때로 여래장(如來藏), 각성(覺性) 등으로 옮겨진다. 진여불성은 생멸하는 육체 안에 있는 불멸의 영혼이거나 모습 밖에 있는 절대의 성품이 아니라, 개체[我]도 공하고 개체를 이루는 여러 법(法)들도 공한 존재의 실상을 뜻한다.

9) 여러 경계[諸境] : 인식주체[六根]의 대상으로 주어지는 색(色), 성(聲), 향(香), 미(味), 촉(觸), 법(法)의 여섯 가지 경계[六境], 이 경계를 실체화하면 마음의 티끌이 되므로 육경(六境)을 육진(六塵)이라고도 한다.

故我六祖大師 廣爲學徒 直說見性法門 總令自悟成佛 目曰壇經 流傳後
學

○ 옛 판본의 글은 번다하여 펼쳐보는 무리들은 처음에는 기뻐하다가
나중에는 싫증내게 된다. 그래서 내가 정묘년 5월 23일 신해10)에 사영탑
원(思迎塔院)11)에서 책을 나누어 두 권으로 삼음에 모두 열한 문[十一門]
이었다. 이렇게 한 것은 뒤에 올 이들을 맞아 함께 불성(佛性) 보는 것을
귀하게 여긴 까닭이다.

古本文繁 披覽之徒 初忻後猒 余以太歲丁卯月 在鸑賓二十三日辛亥 於
思迎塔院 分爲兩卷 凡十一門 貴接後來 同見佛性者

---

10) 태세정묘 월재유빈 이십삼일 신해(太歲丁卯月在鸑賓二十三日辛亥) : 학계의 연구(鈴木大拙
의 『興聖寺六祖壇經解說』)에 의하면 태세정묘는 중서회사일력(中西回史日曆) 송사 태조본기
(宋史 太祖紀)에 의해 송나라 태조 건덕(乾德) 5년 23일로서 서력 967년 7월 3일임이 밝혀졌
다.
11) 사영탑원(思迎塔院) : 혜진선원의 부속 건물로 탑을 모시는 곳.

4. 혜흔본에 관한 조자건의 서문〔晁子健序文〕

기주군 주사 조자건이 자신의 7대조 문원공이 보던 『육조단경』을 판에 새겨 발간하면서 붙인 서문. 문원공이 보던 『단경』이란 혜흔이 편집 교정한 11품본을 말한다.

호적(胡適)은 '흥성사본의 원본은 남송(南宋) 소흥 23년(1153) 기주 간행본이고, 이 흥성사본의 원본은 문원공 조형이 16회 읽었다는 북송(北宋) 건덕 5년(967) 혜흔의 개정본이다'라고 고증하였다.

○ 자건(子健)이 칙명으로 촉나라에 들어간 뒤 형남에 다시 돌아왔을 때, 친족 아저씨의 사당에서 7대조 할아버지 문원공께서 보셨다는 필사본 『육조단경』을 보았다.

그 책 뒷장에 '나이 81세 열여섯번째 보았음'이라 쓰여 있었다. 게다가 구두점과 소제목과 문원공의 손때까지 모두 남아 있었다.

공께서는 태종 진종 인종의 3대를 공직에 봉사한 뒤 70세의 나이를 들어 자주 글을 올려 관직 해제를 구하여, 태자소보12)의 벼슬을 끝으로 퇴임하게 되니 나이는 84세였다. 그 도덕과 문장은 나라의 역사에 실려 있다.

공은 스무살에 높은 학자인 유우일을 찾아가 태어남과 옮겨감의 일〔生遷之事〕을 물으니, 유우일은 '사람은 늘 죽지 않는다'라고 하였다. 공이 놀라니 유우일은 '몸은 죽지만 성품은 옮겨가지 않는다'13)고 하였다. 공이

---

12) 태자소보(太子少保) : 태자의 교육 담당 관직.

13) 몸은 죽지만 성품은 옮겨가지 않는다(形死性不遷) : 본래 나고 죽음이 없음을 나타내고 있다. 그러나 '모습은 사라지나 성품은 사라지지 않는다(相滅性不滅)'고 하거나 '몸은 사라지나 정신은 사라지지 않는다(身滅神不滅)'고 하면 외도의 상견(常見)과 같게 된다. 곧 인연으로 일어나는 만법이 인연으로 일어나기 때문에 실로 남이 아니고, 인연으로 사라지는 만법이 인연으로 사라지기 때문에 실로 사라짐이 아닌 줄 깨칠 때만, 사라져 없어진다는 단견(斷見)과 사라짐 너머에 사라지지 않는 것을 찾는 왜곡된 절대주의(常見)를 넘어 남〔生〕과 남이 없음〔無生〕이 둘이 없는 중도(中道)를 실현할 수 있다.

비로소 그 말을 깨달았다. 이로부터 공은 뜻을 선관(禪觀)에 두고 나이 늙을수록 더욱 열성이었다.

공의 평생에 배운 바는 삼교에 두루 통함이었다. 문집 밖에 『소덕편(昭德編)』 3권, 『법장쇄금(法藏碎金)』 10권, 『도원집(道院集)』 15권, 『모지여서(耄智餘書)』 3권을 저술하였는데, 모두 이성(理性)을 밝혔다.

만년에는 오히려 『단경』을 읽었으니 부지런히 공부해감이 이와 같았다.

子健被旨入蜀 回至荊南 於族叔公祖位 見七世祖文元公所觀 寫本六祖壇經 其後題云 時年八十一第十六次看過 以至點句標題手澤具存 公歷事太宗眞宗仁宗三朝 引年七十累章求解禁職14) 以太子少保致仕 享年八十四 道德文章具載國史

冠歲過高士劉惟一 訪以生遷之事 劉曰人常不死 公駭之 劉曰形死性不遷 公始寤其說 自是留意禪觀 老而愈篤

公平生所學三教俱通 文集外著昭德編三卷 法藏碎金十卷 道院集十五卷 耄智餘書三卷 皆明理性 晚年尙看壇經 孜孜如此

○ 자건이 기춘군(蘄春郡)의 부책임자로 왔을 때 태수 고세유(高世史) 공을 만났는데, 그는 믿음 돈독하게 불법을 좋아하였다.

하루는 말이 문원공이 읽었던 『단경』에 미치자 고공은 기뻐 말하였다.

"이 고장은 육조가 오조에게서 가사를 받은 땅이니15)3), 이 경이 어찌 없을 수 있겠는가."

이에 문원공이 붙인 구두점을 따라 『단경』을 판에 새겨 간행하여 그

---

14) 금직(禁職) : 퇴직과 같은 뜻. 문원공은 만년에 공부상서와 집현원(集賢院) 학사, 예부상사에 이르러 태자소보를 끝으로 퇴직하였다고 한다.

15) 이 고장은 육조가 오조에게서 가사를 받은 땅이니(此乃六祖傳衣之地) : 기춘군은 오늘날 호북성 기춘현의 땅으로서 기춘군 황매산(黃梅山)은 혜능이 오조 홍인으로부터 가사를 전해 받은 곳이다.

전함을 넓혔다.

『단경』은 이렇게 말한다.

"뒷사람이 이 『단경』을 만나면 그것은 몸소 나의 가르침을 받은 것과 같다. 만약 『단경』을 잘 읽으면 반드시 성품을 보게 될 것이다."

그러므로 모든 중생이 함께 이 도(道) 깨치기를 바란다.

소흥 23년(1153) 6월 20일 우봉의랑 권통판 기주군주사 조자건 삼가 쓴 다.

子健來佐蘄春郡 遇太守高公世曳 篤信好佛 一日語及先文元公所觀壇經 欣然曰此乃六祖傳衣之地 是經安可闕乎 乃用其句讀 鏤版刊行 以廣其傳

壇經曰 後人得遇壇經 如親承吾敎 若看壇經 必當見性 咸願衆生 同證此 道

紹興二十三年六月二十日 右奉議郎權通判 蘄州軍州事晁子健 謹記

5. 존중이 쓴 소주조계산 육조사단경서(韶州曹溪山六祖師壇 經序)

복당(福唐) 장군산 융경암(隆慶庵) 비구 존중(存中)의 이 서문은 대승사본 『단 경』에 실린 서문이다. 서문을 쓴 정화 6년은 송 휘종 때로 서력 1116년이다. 본 서문 이 붙은 『단경』은 혜흔 편집의 2권 11품을 따르고 있으며, 일본 가나자와시[金澤 市] 조동종 대승사에서 소장해왔다.

○ 성품의 바탕은 비고 공하여 본래 이름과 모습이 없으나, 붇다와 조사 가 세상에 나오시어 바른 법으로 보이는 것은 중생이 허망하게 그 근본을 잃었기 때문이다.

그러므로 처음에 여섯 부처님이 계셨고 석가모니가 그를 이어 나오셨 다. 석가모니 부처님은 49년 동안 이끌어 교화하시고, 다시 뒤 오백세의 다툼만이 굳센 시대를 불쌍히 여기어 드디어 바른 법을 가섭에게 부치셨 다.

가섭은 금란으로 된 믿음의 옷을 받아 묘하게 밝은 붇다의 종성(種性) 이 사라지지 않게 하였다. 옷과 옷을 서로 받고 법과 법을 서로 이어서, 벌려 이은 조사의 지위가 서천에 28조[16]였다.

동토에는 바른 법이 달마로부터 비로소 일어나 이조가 북제에서 나오 고 삼조, 사조가 당대에 일어나며, 조계 육조는 옷과 법을 황매의 오조에 게서 받았다. 그 때 자사 소목 등이 대범사 계단(戒壇)에 육조를 청하여

---

16) 서천 28조(西天二十八祖) : 대승사 판본은 혜흔본계의 편제를 따르고 있으나, 조통설에 관해 서는 혜흔본과 다르다. 혜흔본이 과거 6불과 석가모니불을 포함하여 서천 28조를 말하고 있지만, 28조의 명단에 서로 차이가 있다. 사자존자 이후부터 살펴보면, 혜흔본이 23조 사자존 자 이후 24조 바사사다, 25조 우파굴다, 26조 바수밀다, 27조 승가라차, 28조 보리달마의 전승 을 말하고 있다면, 이 대승사본은 『전등록』 『조당록』과 같이 24조 사자, 25조 바사사다, 26조 불여밀다, 27조 반야다라, 28조 보리달마의 전승을 말하고 있다.

무상계(無相戒)를 받으니, 육조께서 마하반야바라밀의 돈법(頓法)을 설하셨다. 문인들이 그 말씀의 핵심을 기록하여 『단경(壇經)』이라 이름하였다.

性體虛空 本無名相 佛祖出興 示以正法者 良由衆生 妄失其本也

故初有六佛 而釋迦紹出焉 釋迦七七年導化 復憫後五百歲鬪諍堅固 遂以正法付迦葉 受金襴信衣 俾妙明之種性不滅也 衣衣相受 法法相承 列位西乾二十有八

東土正法 自達磨始興 二祖出于北齊 三四興于唐代 曹溪六祖得衣法於黃梅五祖 是時刺史韶牧等 請六祖於大梵戒壇 受無相戒 說摩訶頓法 門人錄其語要 命曰壇經

○ 대저 우리 조사가 가사를 삼경에 전하고 법을 받음에 목숨이 가는 실낱 같았으나, 이 경을 말씀하신 것은 곧 널리 출가승려와 재가대중에게 고하여, 말 아래 각기 본마음을 깨달아 현재에 붇다의 도를 이루게 하심이다. 그렇게 하신 것은 왜인가? 대개 이는 우리 조사가 한 때에만 바로 가르쳐 보이려 함[直指]이 아니고, 실로 뒷 세상 다툼이 굳센 때에 전하려 함이다.

지금은 여러 문의 가풍이 백 가지이며 아는 지견이 천 갈래라 눈을 부릅뜨고 눈섶을 치켜 올리며, 말을 찾고 옛 일을 들어 보이며, 뜻을 잊고 생각을 끊어서 얽어매는 줄이 없이도 스스로 묶이어 밝은 스승을 헐뜯어 욕하며 다툼을 어지러이 일으키니, 어찌 『단경』이 귀감삼을 만함을 알 것인가.

삼가 다시 간행하여 전하는 것은 배우는 이들이 그 근본 깨닫기를 바랄 뿐이다.

정화(政和) 6년 병신 원단(元旦) 복당(福唐) 장군산 융경암(隆慶庵) 비구 존중(存中)은 서문을 쓰다.

夫吾祖傳衣三更受法 命若懸絲 而說是經 則普告僧俗 令言下各悟本心

現成佛道者 何耶 蓋此非吾祖一時之直指 實欲傳乎後鬪諍之歲也

　　今則門風百種 解會千般 努眼撑眉 尋言擧古 忘情絶念 自縛無繩 詆毀明師 紛紜矛盾 豈知有壇經之可龜鑑者哉 謹再刊傳 庶幾學者悟其本焉

　　政和六年丙申元旦 福唐將軍山 隆慶庵比丘 存中序幷書

6. 고균비구 덕이찬 육조법보단경서(古筠比丘德異撰六祖法寶壇經序)

고균비구 덕이는 몽산덕이(蒙山德異)선사니, 남악 아래 21세로 환산정응(皖山正凝)선사의 법을 이었다. 강서성(江西省) 시양 사람으로 고균비구(古筠比丘) 전산화상(殿山和尙) 또는 휴휴암주(休休庵主)라 한다. 그의 교화시기는 원 세조때로서 고려의 고승들과 많은 교류가 있었다. 용성진종선사(龍城振鍾禪師)가 편찬한 『선문촬요』17)에 그의 법어가 실려 있다. 덕이선사는 『단경』의 고본을 구한 지 30여년만에 통상인(通上人)에게서 글을 얻어 오중(吳中)의 휴휴암에서 간행 유통하였다.

우리나라에서는 덕이본 발간 이전 고려 보조국사 지눌의 발문이 붙은 중각본이 있었고, 나중 조선조 간행본(1703년, 1883년)은 덕이본에 보조 발문이 첨부된 형태였다.

○ 묘한 도는 비고 그윽하여 이루 생각할 수 없고 말할 수 없으니, 말을 잊고 뜻을 얻어야 참으로 깨쳐 밝힐 수 있는 것이다.

그러므로 세존은 다자탑 앞에서 자리를 나누시고 영산회상에서 꽃을 들어 보이시니18), 마치 불을 불에 붙인 것과 같고 마음을 마음에 도장찍는 것과 같았다. 서쪽 인도에서 28대를 전해 보리달마(菩提達摩)에 이르니, 동으로 이 땅에 오시어 사람의 마음을 바로 가리켜 성품을 보아 깨달음을

---

17) 선문촬요(禪門撮要) : 우리 불교에서 선문촬요란 이름의 선서(禪書)를 발간한 선사는 용성진종선사다. 용성선사의 선문촬요는 선문의 주요 법문을 뽑아서 우리말로 번역해 발간한 책이다. 그 뒤 경허선사의 이름으로 선락원에서 발간한 책은 용성선사가 촬요한 선문의 한문본에 경허의 일대기 태고보우행장 삼삼조사 전법계를 붙여 발간한 것이며, 최근 수덕사 혜암(慧庵)화상의 이름으로 유포된 선문촬요는 용성의 선문촬요 그대로이다.

18) 삼처전심(三處傳心) : 부처님이 가섭에게 세 곳에서 불심인(佛心印)을 전한 것으로서 첫째 영산회상에서 꽃을 들어 보이심[靈山會上擧拈花]이고, 둘째 다자탑 앞에서 가섭과 자리를 나누어 앉으심[多子塔前分半座]이며, 셋째 나이란자라 강가에서 관 밖으로 두 발을 내 보이심[尼連河側槨示雙趺]이다.

이루게 하였다. 그 가운데 혜가대사(慧可大師)가 있어 먼저 말 아래 깨쳐 들어가 끝으로 세번 절을 올리고, 골수를 얻어 옷을 받고 조사를 이어 바른 종지를 열어 펼쳤다.

세 번 전해 황매산의 회상 가운데 이르니, 높은 스님 700인이 있었으나 오직 방아찧는 거사[負舂居士]가 한 게송으로 옷을 전하여 육대조가 되었다. 남쪽으로 숨은 지 여나믄 해가 되어 어느날 아침, 바람이 움직이는 것도 깃발이 움직이는 것도 아니라는 기틀로써 인종법사(印宗法師)의 바른 눈을 열어주니, 거사는 이로 말미암아 머리를 깍고 단(壇)에 올라 발타라삼장19)이 예언한 바에 응하여 동산법문(東山法門)20)을 열었다.

위사군이 법해선자(法海禪者)에게 명하여 그 말씀을 기록하여 이를 『법보단경(法寶壇經)』이라 불렀다.

妙道虛玄 不可思議 忘言得旨 端可悟明 故世尊分座於多子塔前 拈花於
靈山會上 似火與火 以心印心

西傳四七 至菩提達磨 東來此土 直指人心 見性成佛 有可大師者 首於言
下悟入 末上三拜得髓 受衣紹祖 開闡正宗

三傳而至黃梅會中 高僧七百 惟負舂居士 一偈傳衣 爲六代祖 南遯十餘
年 一旦 以非風幡動之機 觸開印宗正眼 居士由是 祝髮登壇 應跋陀羅懸記
開東山法門 韋史君 命海禪者 錄其語 目之曰法寶壇經

○ 대사는 오양(五羊)에서 비롯하여 조계(曹溪)에 이르도록 37년간 법을 설하니, 단이슬의 맛에 젖어 성인의 지위에 들어 범부를 벗어난 이는 그 숫자를 기록할 수 없다.

---

19) 발타라삼장(393~468) : 구나발타라(Guṇabhadra). 중인도 사람. 송 원가 12년(宋 元嘉 12, 435)에 중국에 와 『잡아함경』, 『승만경』 등 여러 경을 번역하였다. 법성사 계단을 창건하고 육신보살의 수계를 예언하였다.

20) 동산법문(東山法門) : 동산(東山)은 지금 호북성 황매현에 있는 기주 쌍봉산(蘄州 雙峯山)에 있는 한 산이다. 사조 도신선사가 여산 대림정사(大林精舍)에서 이 곳 쌍봉산으로 옮겨와 30년간 머물며 선불교를 제창한 뒤 도신의 제자 홍인이 쌍봉산의 동산인 풍무산(馮茂山)에 이주함으로써 사조도신, 오조홍인으로 이어지는 선불교를 동산법문이라 한다.

불심종(佛心宗)을 깨달아 행함[行]과 앎[解]이 서로 응하여 대선지식이 된 분은 이름이 『전등록』에 실려 있으나, 오직 남악회양선사와 청원행사선사가 모시고 계시기를 가장 오래하여 붙잡아 쥘 것 없음을 다 얻었다.21)

그러므로 마조, 석두를 내니 두 분은 기틀과 지혜가 두렷이 밝아 그윽한 가풍[玄風]을 크게 떨침에, 그 문하에서 임제(臨濟), 위앙(潙仰), 조동(曹洞), 운문(雲門), 법안(法眼)의 여러 선지식들이 우뚝 솟구쳐 나왔다.

오종의 선지식들은 도덕이 무리를 뛰어나고 집안 살림[門庭]이 험준하여 영특한 납자들을 열어 이끌어 뜻을 떨쳐 관문을 뚫게 하고 한 문에 깊이 들게 하니 다섯 물결[五派]이 근원을 같이 한다. 두루 풀무질해주고 망치질해주는 여러 선지식을 찾아보면 그 규모가 넓고 크나 오가(五家)22) 강요의 근원을 찾으면 모두 『단경』에서 나왔다.

大師始於五羊 終至曹溪 說法三十七年 沾甘露味 入聖超凡者 莫記其數 悟佛心宗 行解相應 爲大知識者 名載傳燈 惟南嶽青原 執侍最久 盡得無巴鼻 故出馬祖石頭 機智圓明 玄風大振 乃有臨濟 潙仰 曹洞 雲門 法眼諸公 巍然而出

道德超群 門庭嶮峻 啓迪英靈衲子 奮志衝關 一門深入 五派同源 歷遍爐錘 規模廣大 原其五家綱要 盡出壇經

○ 『단경』은 말이 간단하되 뜻이 풍부하며, 이치가 밝고 일[事]이 갖추어져 있으며, 모든 붇다의 한량없는 법문을 갖추어서 그 낱낱 법문이 한량없는 묘한 뜻을 갖추고, 낱낱의 묘한 뜻이 모든 붇다의 한량없는 묘한 이치를 드러내준다.

---

21) 남악회양과 청원행사 : 남악회양과 청원행사가 혜능선사를 곁에서 모시고 지냈다는 기록은 어디에도 없다. 그러므로 이 기록은 후대 형성된 법통설에 의거해 세워진 말로 보아야 한다. 특히 남악회양은 혜능선사를 만나 문답한 뒤 혜사선사를 추모하여 남악산으로 가 혜사선사의 옛 반야사 터에 도량을 일구어 그곳에서 수행하다가 생을 마쳤다.

22) 오가(五家) : 달마 아래 임제(臨濟), 위앙(潙仰), 조동(曹洞), 운문(雲門), 법안(法眼)의 다섯 갈래 선문을 지칭함.

이는 바로 '미륵의 누각〔彌勒樓閣〕'23) 가운데이며 곧 '보현보살의 털구 멍〔普賢毛孔〕'24) 가운데이니, 이 가운데 잘 드는 이는 선재동자가 한 생각 에 공덕을 원만히 하여 보현보살과 평등해지고 모든 붇다와 평등해진 것 과 같다.25)

아깝다! 『단경』은 뒷사람들이 너무 많이 줄이고 추려서 육조의 크고 온전한 뜻을 보지 못하게 되었다. 덕이(德異)가 어려서 일찍이 고본(古本) 을 본 뒤로 30여년을 두루 찾았으나, 요즈음 통상인(通上人)이 온전한 글 〔全文〕을 찾아 나에게 이르름을 만나 드디어 오중(吳中)의 휴휴선암(休休 禪庵)에서 발간하여 여러 뛰어난 수행자들과 함께 받아 쓰게 되었다.

오직 원하노니 이 책을 펴 눈을 들어 보는 이는 누구나 크고 둥근 깨달 음의 바다에 바로 들어가 붇다와 조사의 혜명을 이어 다함 없어지이다.

이것이 바로 나의 뜻과 원이 다 채워짐이다.

지원(至元) 27년 경인년(1290) 중춘(仲春)에 쓴다.

夫壇經者 言簡義豊 理明事備 具足諸佛無量法門 一一法門 具足無量妙 義 一一妙義 發揮諸佛無量妙理 即彌勒樓閣中 即普賢毛孔中 善入者 即同 善財 於一念間 圓滿功德 與普賢等 與諸佛等

惜乎 壇經爲後人 節略太多 不見六祖大全之旨

德異幼年 嘗見古本 自後 遍求三十餘載 近得通上人 尋到全文 遂刊于吳

---

23) 미륵누각(彌勒樓閣) : 화엄회상에서 선재동자가 선지식을 찾아 미륵에게 이르러 누각의 문을 열어주길 청하니, 미륵이 손가락을 튕겨 문을 열었다. 선재가 들어가니 문이 닫혔는데, 선재는 미륵의 누각이 한량없이 넓어 허공 같음을 보게 되었다.

24) 보현모공(普賢毛孔) : 선재동자가 문수사리 처소에서 삼매를 얻은 뒤 53번째로 보현보살을 친견하려고 일심으로 정진하여, 보현보살이 사자좌에 앉아 계셔 몸의 여러 털구멍에서 광명 의 구름을 놓는 것을 보았다. 선재가 그 구름을 보고 크게 기뻐함에 보현보살이 그 이마를 만져 법을 설하니 선재는 한량없는 삼매를 얻게 되었다.

25) 보현보살과 평등하고 모든 붇다와 평등함[如普賢等如諸佛等] : 선재의 선지식 참방은 법계를 깨달아 보현과 제불보살의 해탈경계를 똑같이 자재하게 굴려씀에 있다. 그러므로 화엄회상에 서 미륵은 선재에게 '오래잖아 모든 공덕 함께 갖추어 문수와 나와 똑같이 될 것이다'라고 수기한다.

中休休禪庵 與諸勝士 同一受用 惟願開卷擧目 直入大圓覺海 續佛祖慧命
無窮 斯余志願滿矣

　　　　　　　　　　　　　　至元二十七年庚寅歲仲春日　敍

7. 육조대사 법보단경 보조지눌 발문 (六祖大師法寶壇經普照 知訥跋文)

보조국사 지눌은 필생 『금강경』과 『육조단경』을 스승 삼아 수행하였다. 이 발문은 덕이본 『단경』 발간 이전 80년전의 판본에 붙인 글인데, 『단경』 안에 나타나고 있는 단상이견(斷常二見)에 떨어진 대목을 밝혀 학자의 잘못됨을 막아주고 있다.

곧 '진여자성(眞如自性)이 생각을 일으킬 뿐 육근이 생각을 일으키지 않는다'고 하거나, '몸은 사라지나 성품은 사라지지 않는다'고 한 대목은 혜능선사가 미혹한 중생의 기틀을 따라 이끌어 들이기 위해 짐짓 일으켜낸 말씀이거나 뒷대 단경 편집 자들의 잘못된 지견이 반영된 표현인 것이니, 이를 조사의 참뜻으로 알아서는 안 된다. 이 말이 방편인 줄 모르면 한 법 가운데 두 견해를 일으켜 바른 지견 잃어버리게 됨을 지적하였다.

○ 태화 7년(833) 12월에 결사 안의 도인(道人)인 담묵(湛默)이 한 권의 글을 지니고 방 가운데 이르러 말하였다.

"요즈음 『법보기단경』을 얻어 다시 발간하여 그 전함을 넓히려 하니, 스님께서는 그 책에 발문을 써 주십시요."

내가 기꺼이 대답해 말했다.

"이는 내가 종지로 하여 받들고 닦아 배우는 귀감이다. 그대가 그것을 새겨 유행하여 뒷세상에 길이 남게 하려하니 노승의 뜻에 매우 맞다. 그러나 여기에는 한 조각 의심이 있으니, 남양혜충국사(南陽慧忠國師)가 선객에게 한 다음과 같은 말씀이다.26)

---

26) 남양혜충선사어(南陽慧忠禪師語) : 『단경』의 첨삭에 관한 내용을 혜충의 『전등록』에서 자세히 인용하면 다음과 같다.

　　남양혜충국사가 어떤 선객에게 물었다.

"어디서 왔는가?"

"남방에서 왔습니다."

"남방에 어떤 선지식이 있는가?"

"선지식이 매우 많습니다."

"어떻게 사람들에게 보여주는가?"

저가 말했다.

"그 곳의 선지식들은 바로 배우는 이들에게 이렇게 가르칩니다.

'마음이 곧 부처이니 부처는 깨달음의 뜻이다. 너는 지금 보고 듣고 깨달아 아는 성품을 갖추었으니, 이 성품이 능히 잘 눈썹을 치켜올리고 눈을 껌뻑이게 한다. 가고 옴에 움직여 쓰며 온 몸에 두루하여, 머리를 때리면 머리가 알고 다리를 때리면 다리가 알므로 정변지(正遍知)라 한다. 이것을 떠나서는 따로 부처가 없다. 이 몸에는 나고 사라짐이 있지만 심성은 비롯없는 옛날부터 일찌기 나고 사라짐이 없었다. 몸이 나고 사라지는 것은 마치 용이 뼈를 바꿈과 같고 뱀이 허물을 벗음과 같으며 사람이 집을 벗어나는 것과 같으니, 몸은 덧없고 그 성품은 항상하다.'

남방 선지식들의 말씀하신 바는 대략 이와 같습니다."

혜충선사가 말했다.

"만약 그렇다면 저 선니외도와 다름이 없다. 저들은 말하기를 '나의 몸 가운데 한 신그러운 성품이 있어 이 성품이 능히 아픈 줄을 안다. 몸이 무너질 때 이 신그러운 성품이 나가버리니, 마치 집이 불타면 집주인이 나가는 것과 같아서 집은 덧없고 집주인은 항상하다'고 한다. 사실 이와 같다면 삿됨과 바름을 분간하지 못한 것이니 누가 옳은 자인가.

내가 전에 여러 곳을 다닐 때에도 이러한 경향을 많이 보았는데, 요즈음 들어 더욱 번성하고 있다. 삼백이나 오백 대중을 모아놓고 눈으로 흰 구름만 쳐다보는 자들이 '이것이 남방의 종지다'라고 말한다. 그들은 저 『단경』을 잡아 바꾸어버리며, 더러운 말을 보태어 섞고 성인의 뜻을 깎아 없애 뒤의 무리들을 어지럽게 하니, 어찌 언교(言敎)를 이룰 수 있겠는가. 괴롭다, 우리 종(宗)은 망하는구나.

만약 보고 듣고 깨달아 아는 것이 불성이라 한다면, 정명경은 마땅히 '법은 보고 듣고 깨달아 앎을 떠났다'고 말하지 않았을 것이다.

만약 '보고 듣고 깨달아 앎'을 행한다면 이는 보고 듣고 깨달아 아는 것이지 법을 구하는 것이 아니다."

南陽慧忠國師問禪客 從何方來 對曰 南方來

師曰 南方有何知識 曰 知識頗多

師曰 如何示人 曰 彼方知識直下示學人卽心是佛 佛是覺義 汝今悉具見聞覺知之性 此性善能揚眉瞬目 去來運用 徧於身中 捏頭頭知 捏脚脚知 故名正徧知 離此之外 更別無佛 此身卽有生滅 心性無始以來未曾生滅 身生滅者 如龍換骨 如蛇脫皮 人出故宅 卽身是無常 其性常也 南方所說大約如此

師曰 若然者 與彼先尼外道無有差別 彼云 我此身中有一神性 此性能知痛癢 身壞之時神則

'나는 요즈음 몸과 마음이 한결같아서 마음 밖에 나머지가 없다. 그러므로 온전히 나고 사라지지 않는다. 너희 남방에서는 몸은 바로 덧없지만 신그러운 성품은 항상하다고 한다. 그러므로 반은 나고 사라지며 반은 나고 사라짐이 아니다.'

또 말씀하셨다.

'내가 저번에 여러 곳에 돌아다닐 때 자주 이러한 경향을 보았는데, 요즈음 더욱 성해지고 있다. 그들은 저 『단경』을 잡아 이것이 남방의 종지라고 하여 더러운 말을 보태 섞고 성인의 뜻을 깎아 없애 뒤의 무리들을 어지럽게 한다.'

그대가 지금 얻은 바는 바로 본문이고 잘못된 기록〔沾記〕이 아니니, 국사의 꾸짖음을 면할 수 있을 것이다.

그러나 본문을 자세히 살펴보면 본문 가운데에도 또한 '몸은 나고 사라짐이 있으나, 마음은 나고 사라지지 않는다'는 뜻이 있다. 곧 글 가운데 '진여의 성품이 스스로 생각을 일으키는 것이요, 눈·귀·코·혀가 능히 생각함이 아니다'라고 한 말 등은 바로 국사가 꾸짖는 뜻이다.

마음 닦는 이들이 여기 이르러 의심하는 생각이 없지 않을 것이니, 어떻게 녹여 보내야 그들로 하여금 믿음을 깊게 하고 성인의 가르침으로 하여금 흘러 통하게 할 수 있겠는가?"

泰和七年十二月日 社內道人湛默 持一卷文 到室中曰 近得法寶記壇經 將重刻之 以廣其傳 師其跋之

予欣然對曰 此予平生宗承修學之龜鑑也 子其彫印流行 以壽後世 甚愜老僧意 然此有一段疑焉

南陽忠國師謂禪客曰 我此間 身心一如 心外無餘 所以 全不生滅 汝南方 身是無常 神性是常 所以 半生半滅 半不生滅

出去 如舍被燒 舍主出去 舍卽無常 舍主常矣 審如此者 邪正莫辯 孰爲是乎 吾比遊方 多見此色 近尤盛矣 聚却三五百衆 目視雲漢 云是南方宗旨 把他壇經改換 添糅鄙譚 削除聖意 惑亂後徒 豈成言敎 苦哉 吾宗喪矣 若以見聞覺知是佛性者 淨名不應云法離見聞覺知 若行見聞覺知 是則見聞覺知 非求法也

又曰 吾比遊方 多見此色 近尤盛矣 把他壇經云 是南方宗旨 添糅鄙談 削
除聖意 惑亂後徒

子今所得 正是本文 非其沾記 可免國師所訶 然細詳本文 亦有身生滅心
不生滅之義 如云眞如性 自起念非眼耳鼻舌 能念等 正是國師所訶之義

修心者到此 不無疑念 如何消遣 令其深信 亦令聖教 流通耶

○ 담묵이 말하였다.
"그렇다면 회통하는 뜻을 들을 수 있겠습니까?"
내가 말하였다.
"노승이 저번에 여기에 의지하여 마음으로 그 맛을 즐겨 싫증을 잊었
다. 그러므로 조사께서 잘 방편 쓰시는 뜻을 얻었으니 그것은 무엇인가?
조사는 회양(懷讓)이나 행사(行思)같은 이들을 위해서는 비밀히 심인(心
印)을 전하였고, 밖으로는 위거 등 도인과 재가 신도 천여 사람을 위해서
모습 없는 심지계〔無相心地戒〕를 설하셨다.

그러므로 한결같이 진리만을 말해 세속의 뜻을 거스를 수도 없고, 또
한결같이 세속만을 따라 진리를 어길 수도 없는 일이었다. 이에 반은 저
세속의 뜻을 따르고 반은 스스로 깨친 바를 일러 '진여가 생각을 내는 것
이지 눈·귀·코·혀가 능히 생각하는 것이 아니다'라는 등의 말씀을 하
여 승려와 재가신도들로 하여금 먼저 반드시 몸 가운데 보고 듣는 성품을
돌이켜 살펴 진여를 요달하게 한 뒤에, 바야흐로 조사의 몸과 마음이 한결
같은 비밀한 뜻을 보도록 한 것이다.

만약 이와 같이 좋은 방편이 없이 바로 몸과 마음이 한결같음을 말한다
면, 눈으로 몸에 나고 사라짐이 있는 것을 보기 때문에 출가하여 도를 닦
는 이들도 오히려 의혹을 내는데, 하물며 천여명의 세간사람들이 어떻게
믿어 받아들이겠는가.

이는 바로 조사께서 중생의 기틀을 따라 이끌어들이는 말씀인 것이니,
혜충국사가 남방의 불법의 병을 꾸짖어 깨뜨려줌은 무너진 기강을 다시
정돈하여 성인의 뜻을 붙들어 드러내 갚지 못할 큰 은혜를 갚았다고 말할

수 있는 것이다.

　우리들 먼 후손〔雲孫〕이 이미 비밀히 전해준 뜻을 몸소 받지 못했다면, 마땅히 이와 같이 '글로 드러내 전하는 문〔顯傳門〕' 가운데 있는 성실한 말씀을 의지하여 '자기 마음이 본래 붇다임'을 돌이켜 비추어, '아주 끊어져 없다는 견해〔斷見〕'와 '늘 있다는 견해〔常見〕'에 떨어지지 않으면 허물을 여읠 수 있을 것이다. 그렇지 않고 만약 마음은 나고 사라지지 않는다고 살피지만 몸에는 나고 사라짐이 있음을 보면, 곧 한 법 위에서 두 가지 견해를 내는 것이니, 성품〔性〕과 모습〔相〕27)을 융회하지 못하는 자이다.

　이로써 알라. 이 한 권의 신령한 글을 의지하여 뜻을 얻어 참구하면 아승지 먼 세월을 거치지 않고 빨리 보리(菩提)를 얻을 것이다.

　그렇다면 이 글을 새겨 인쇄해서 세상에 유행하여 큰 이익을 짓지 않을 수 있겠는가?"

　담묵이 '그렇습니다, 그렇습니다' 하니 이에 발문을 쓴다.

　默曰 然則會通之義 可得聞乎

　予曰 老僧曩者 依此經心 翫味忘歝 故得祖師 善權之意 何者 祖師 爲懷讓行思等 密傳心印外 爲韋據等道俗千餘人 說無相心地戒 故不可以一往談眞而逆俗 又不可一往順俗而違眞 故半隨他意 半稱自證 說眞如起念 非眼耳能念等語 要令道俗等 先須返觀身中見聞之性 了達眞如然後 方見祖師 身心一如之密意耳

　若無如是善權 直說身心一如則緣目覩身有生滅故 出家修道者 尙生疑惑 況千人俗士 如何信受 是乃祖師 隨機誘引之說也 忠國師 訶破南方佛法之病 可謂再整頹綱 扶現聖意 堪報不報之恩

　我等雲孫 旣未親承密傳 當依如此顯傳門誠實之語 返照自心 本來是佛

---

27) 성상(性相) : 모습은 인연으로 일어난 것이라 모습이 실로 모습 아닌 것이니, 모습이 모습 아님을 성품이라 한다. 그런데 모습이 모습 아님을곧 성품이라 했으므로 성품은 모습 밖에 따로 있는 성품이 아닌 것이니, 성품 또한 성품 아니다. 이와 같이 성품 아닌 성품과 모습 아닌 모습을 볼 때 『단경』이 보이는 바 '성품과 모습이 한결같음〔性相如如〕'의 뜻을 알게 될 것이다.

不落斷常 可爲離過矣

若觀心不生滅 而見身有生滅 則於一法上 而生二見 非性相融會者也

是知依 此一卷靈文 得意參詳則不歷僧祇 速證菩提 可不彫印流行 作大利益耶

默曰 唯唯 於是乎書

8. 육조대사 법보단경 종보 발문(六祖大師法寶壇經宗寶跋文)

원 지원 28년(元 至元 28 : 1291) 남해풍번보은광효사(南海風旛報恩光孝寺 : 현 廣州의 光孝寺로 옛날 인종화상과 문답하던 法性寺)에서 종보가 『단경』을 편집 간행하고 붙인 발문.

세 가지 판본을 얻어 교정하는 과정과 안찰사 운종룡(雲從龍)을 만나 판에 새기게 된 인연을 적고 있으며, 깨친 이의 언교는 문자인 반야이며 문자이되 심인을 그대로 전하는〔直傳心印〕 문자임을 말하고 있다.

○ 육조대사께서 옛날 평생 설하신 법은 모두 대승원돈(大乘圓頓)[28]의 뜻이었으므로 이를 이름하여 경(經)이라 하였다.

그 말은 가까우나 뜻은 멀고, 문장은 평이하나 뜻은 분명하여 외우는 이들이 각기 얻는 바가 있었다.

명교숭(明敎崇)[29]선사는 늘 기리어 말하기를 '타고난 기틀이 날카로운 이는 그 깊음을 얻고, 타고난 기틀이 무딘 이는 그 얕음을 얻는다'고 했으니 참으로 진실하도다, 그 말씀이여!

내가 처음 도에 들어 여기에 감동함이 있어서 『단경』의 세 가지 본〔三本〕을 이어 읽었는데, 본(本)들이 같지 않았고 판마다 서로 얻고 잃음이 있었으며, 판의 글자들도 이미 닳아 없어졌다. 그로 인해 『단경』의 한 본을 가져다 교정하여 틀린 곳은 바로 잡고 간략한 곳은 자세히 하고, 제자들이 법문을 물은 기연 부분을 다시 늘려 실으니, 배우는 이들이 거의 조계의 뜻을 다 얻을 만하게 되었다.

---

28) 대승원돈의 뜻[大乘圓頓之旨] : 혜능선사의 단어(壇語)를 경(經)이라 이름한 것은 혜능선사의 가르침이 대승의 원돈교(圓頓敎)와 다르지 않기 때문에 그렇게 이름한 것이다. 그러므로 중국 불교에서 조사의 가르침[祖敎]을 경교(經敎)와 다른 것으로 보려거나 경교보다 우월한 것으로 말하는 것은 조사의 가르침을 모를 뿐 아니라 부처님의 경교를 등지는 것이다.

29) 명교숭(明敎崇) : 『단경』을 편집하고 「단경찬」을 쓴 설숭(契崇)선사.

안찰사 운종룡(雲從龍)은 이 도에 깊이 나아갔는데, 하루는 산방(山房)을 지나다 내가 편집한 책을 보고 『단경』의 크게 온전함을 얻었다 말하고, 개탄하며 공인에게 명하여 판에 새기도록 하여 오로지 유통하여 조계의 한 물결로 하여금 끊어짐에 이르지 않게 하였다.

六祖大師平昔所說之法 皆大乘圓頓之旨 故目之曰經 其言近指遠 詞坦義明 誦者各有所獲

明敎嵩公 常讚云 天機利者得其深 天機鈍者得其淺 誠哉言也

余初入道 有感於斯 續見三本不同 互有得失 其板亦已漫滅 因取其本校讎 訛者正之 略者詳之 復增入弟子請益機緣 庶幾學者得盡曹溪之旨

按察使雲公從龍 深造此道 一日過山房 睹余所編 謂得壇經之大全慨然命工鋟梓 顓爲流通 使曹溪一派 不至斷絶

○ 어떤 사람은 이렇게 말한다.

'달마는 문자를 세우지 않고 사람의 마음을 바로 가르켜 성품을 보아 깨달음을 이루게 한다. 혜능 조사는 육세를 바로 전한 분이니 또 어찌 문자를 쓸 것인가.'

이에 대해 내가 말한다.

'이 경은 문자가 아니라 달마가 홀로 전하고 바로 가르킨 뜻이다. 남악, 청원 등 여러 큰 선사들이 일찍이 이 뜻으로 인해 그 마음을 밝히고, 이로써 마조(馬祖), 석두(石頭)30) 등 여러 제자의 마음을 밝혀주었다. 지금의 선종이 천하에 흘러 퍼진 것도 모두 이 뜻에 근본을 두니, 오늘 이후에도 어찌 이 뜻으로 인해 마음 밝히고 성품 보는 이가 없겠는가?'

묻는 이가 '그렇습니다, 그렇습니다'하며 다시 절하고 사죄하면서 '제가 어리석었으니 경 끝에 글을 써서 뒤에 올 이들을 가르쳐 주길 청합니다'라고 하였다.

---

30) 마조(馬祖), 석두(石頭) : 돈황본이 하택신회선사를 법통의 중심으로 내세우는 이들의 편집이라면, 남악회양의 제자인 마조와 청원행사의 제자인 석두가 등장하는 이 종보본은 남악·청원 양대계열이 선종의 중심으로 등장한 편집 당시의 시대조류를 반영하고 있다.

지원(至元) 신묘 여름에 남해의 석종보는 발문을 쓴다.

或曰 達摩不立文字 直指人心 見性成佛 盧祖六葉正傳 又安用是文字哉

余曰 此經非文字也 達摩單傳 直指之指也 南嶽靑原諸大老 嘗因是指以明其心 復以之明馬祖石頭諸子之心 今之禪宗 流布天下 皆本是指 而今而後 豈無因是指而明心見性者耶

問者唯唯 再拜謝曰 予不敏 請幷書於經末 以詔來者

至元辛卯夏 南海釋宗寶跋

제2장 혜능선사에 관한 기록들

크도다! 『단경』의 지으심이여. 그 근본이 바름
에 그 자취가 본받을 만하고, 그 씨앗이 참됨에
그 결과가 잘못되지 않으니, 앞 성인과 뒷 성인이
이와 같이 일어나 이와 같이 보이며 이와 같이 돌
아간다.
크고 넉넉함이여! 마치 큰 냇물이 흐름과 같고 허
공이 트여 통함과 같으며, 해와 달이 환히 밝음과
같고 모습과 그림자가 걸림 없음과 같으며, 큰 기
러기의 날아감에 차서가 있음과 같다.

-설숭 법보단경찬에서-

1. 탑을 지키는 사문 영도의 기록[守塔沙門令韜錄]

조사 재세시의 제자인 영도가 혜능선사 입적 후 탑에 모신 조사의 육신에 관해 남긴 기록이다. 이 기록을 통해 통일신라 당시 혜능선사의 목을 가져다 선종으로 신라 국가불교의 법통을 세우려는 시도가 있었음을 알 수 있다.

○ 조사께서 탑에 드신 뒤 개원(開元) 10년 임술 8월 3일 한밤중에 이르러 홀연히 탑 속에서 쇠줄을 끄는 것 같은 소리를 듣고 대중이 놀라 일어나 보니, 한 상주[孝子]가 탑 가운데로부터 달아났다. 살펴보니 조사의 목이 상했다. 도적의 일을 갖추어 고을에 알리니, 현령 양간(楊侃)과 자사 유무첨(柳無忝)이 소장[牒]을 얻어 닷새 동안 간절히 붙잡으려다가 석각촌에서 도적을 붙들어 소주(韶州)로 보내어 취조하니, '성은 장(張)이요 이름은 정만(淨滿)으로 여주 양현 사람이다. 홍주 개원사에서 신라 승려 김대비[31]의 돈 2만량을 받았는데, 그가 머리를 가져오도록 해 해동에 돌아가 공양하려 한다'고 하였다.

유수가 소장을 듣고 곧 형을 선고하지 않고 몸소 조계에 이르러 조사의 높은 제자[上足]인 영도에게 물었다.

"어떻게 처단해야 합니까?"

영도가 답했다.

"만약 나라의 법으로 논하면 이치가 반드시 죽여없애야 하지만, 다만 불교는 자비이므로 원수와 친함이 평등합니다. 하물며 저가 머리를 구해

---

31) 지금 중국 광동성(廣東省) 소관(昭關)의 남화사(南華寺)에는 육조대사의 진신(眞身)이 모셔져 있다. 그러나 우리나라에서는 김대비에 의해 육조의 정상(頂像)이 우리나라에 봉안되어 왔다고 믿고 있으니, 지금 경남 하동 쌍계사의 육조대사 정상탑이 조사의 목을 모신 탑이다. 정만의 난은 개원 10년(722)이고 쌍계사의 창건은 서기 723년이다. 쌍계사에는 사방에 눈이 쌓여 있는데 눈이 녹아 칡꽃이 만발한 곳이 있어 그 곳에 육조의 탑을 세웠다는 고사가 전해내려 온다.

공양하고자 하였다면 죄를 용서할 수 있을 것입니다."

유수가 아름답다 찬탄하며 '비로소 불문(佛門)이 넓고 큰 줄 알았다'고 하고 드디어 그를 놓아 주었다.

　師入塔後 至開元十年壬戌八月三日夜半 忽聞塔中 如拽鐵索聲

　僧衆驚起見 一孝子從塔中走出 尋見師頸有傷 具以賊事 聞於州 縣令楊侃 刺史柳無忝 得牒 切加擒捉五日 於石角村 捕得賊人 送韶州鞫問 云姓張名淨滿 汝州梁縣人 於洪州開元寺 受新羅僧金大悲錢二十千 令取六祖大師首 歸海東供養

　柳守聞狀 未卽加刑 乃躬至曹溪 問師上足令韜曰 如何處斷

　韜曰若以國法論 理須誅夷 但以佛敎慈悲 冤親平等 況彼求欲供養 罪可恕矣

　柳守嘉歎曰 始知佛門廣大 遂赦之

○ 상원(上元) 원년32) 숙종이 사신을 보내 가사와 바루를 청해 궐내에 돌아와 공양하였다.

영태(永泰) 원년 5월 5일에 이르러 대종(代宗)은 육조대사가 가사와 바루를 청하는 꿈을 꾸었다. 7일에 자사 양함에게 조칙을 내려 말했다.

"짐이 꿈에 선사께서 전해받은 가사와 바루를 청하여 조계로 돌려보내라 함을 감응하였다."

그러고는 진국 대장국 유숭경을 보내어 머리에 이어 보내시며, '짐이 이를 나라의 보배라 말하니, 그대가 본사에 법다이 모셔두고 오로지 승려 대중 가운데 몸소 종지를 받은 자들로 하여금 엄하게 지켜 보살펴 빠뜨려 떨어뜨리지 말게 하라'고 하셨다.

뒤에 혹 사람들이 훔쳐갔을 때에도 멀지 않아 모두 다시 얻었으니, 이런 일이 네 번이었다.

---

32) 상원 원년(上元元年) : 숙종 5년 서기 760년이니 혜능 입적 47년 뒤이고, 다음 영태 원년은 그 후 다시 5년이 되는 765년이며, 헌종 즉위는 806년이다. 이 때는 조사 멸후 94년이니 헌종의 시호에 대한 기록은 영도 이후에 첨가된 것으로 보여진다.

헌종(憲宗)이 대감선사(大鑑禪師)라 시호하고 탑을 원화영조(元和靈照)라 하였다.

그 나머지 일의 자취는 당 상서 왕유(王維)와 자사 유종원(柳宗元)과 자사 유우석(劉禹錫) 등의 비에 이어 실렸다.

탑을 모시는 사문 영도(令韜)는 기록한다.

上元元年 肅宗 遣使 就請師衣鉢 歸內供養 至永泰元年五月五日 代宗夢 六祖大師請衣鉢

七日 勅剌史楊緘云 朕夢感能禪師 請傳法袈裟 郤還曹溪 令遣鎭國大將 軍劉崇景 頂戴而送

朕謂之國寶 卿可於本寺 如法安置 專令僧衆 親承宗旨者 嚴加守護 勿令 遺墜

後或爲人偸竊 皆不遠而獲 如是者數四 憲宗諡大鑑禪師 塔曰元和靈照

其餘事蹟 係載唐尙書王維 剌史柳宗元 剌史劉禹錫等碑 守塔沙門令韜錄

2. 설숭 육조대사 법보단경찬(契嵩六祖大師法寶壇經贊)

종보본 명판 대장경에 설숭의 『육조대사 법보단경찬』이 실려 있다. 설숭(1007
~1072)은 송대 등주 심진(藤州 鐔津) 출신의 운문종(雲門宗) 스님으로서 관음명호
(觀音名號)를 날로 10만성을 외었다. 동산효총(洞山曉聰)선사의 법을 이었다. 선교일
치에서 더 나아가 유불일치(儒佛一致)를 주장하였고, 인종이 명교대사(明敎大師)라
시호하였다. 『육조단경』을 3권으로 편집하니, 이부시랑 랑간(朗簡)이 서문을 붙여
발간하였다.

○ 찬(贊)은 고함이니, 경을 펴내고 널리 고함이다.

『단경』은 지인(至人)이 그 마음을 펴내신 바다. 무슨 마음인가? 붙다
가 전한 묘한 마음이다.

크도다, 마음이여! 만물이 이를 의지해 비로소 변화하나, 청정하고 늘
같아서 범부인 듯하고 성인인 듯하며, 어두운 듯하고 밝은 듯하여[33], 그
있는 곳마다 스스로 얻지 못함이 없다. 성인은 밝다 말하고 범부는 어둡다
말하니, 어두운 것은 변함이요 밝은 것은 돌아옴이다. 변하고 돌아옴은
비록 다르나 묘한 마음은 하나이다.

맨 처음 석가모니 부처님은 이를 마하가섭에게 전하고, 마하가섭은 이
를 삼십 삼세에 서로 전하여 대감선사(大鑒禪師)에게 전했다. 대감은 이
를 전하여 다시 더욱 전했다.

이를 말하는 이들은 더욱 여러 갈래라 참으로 이름은 같으나 실제는
다르기도 하고, 참으로 뜻은 여러 가지나 마음은 하나이기도 하다. 마음을

---

33) 범연성연 유연현연(凡然聖然幽然顯然) : 탄허화상은 이 구절을 '범부도 그러하고 성인도
그러하며, 어두움에도 그러하고 밝음에도 그러하여'라고 새기고 있으나, 본서에서는 '범부인
듯하고 성인인 듯하며, 어두운 듯하고 밝은 듯하여' 라고 새긴다. 이는 '若凡然 若聖然'에서
若이 생략된 것으로 보아 이 마음이 움직여 범부가 되고 성인이 되고 밝음이 되고 어두움이
되므로, 그 어느 곳에서나 이 마음을 얻지 않을 수 없다고 본 것이다.

'몸의 기관인 마음〔血肉心〕'이라고도 하고 '헤아리는 마음〔緣慮心〕'이라고도 하며, '모아 일으키는 마음〔集起心〕'이라고 하고 '굳고 진실한 마음〔堅實心〕'이라고 하며, 심소(心所)의 마음 같으면 더욱 마음이 많으니, 이것은 바로 마음이라는 이름은 같으나 실제는 다른 것이다.

또 마음은 '참되고 한결같은 마음〔眞如心〕'이라고 하고 '나고 사라지는 마음〔生滅心〕'이라고 하며, '번뇌의 마음〔煩惱心〕'이라고 하고 '보디의 마음〔菩提心〕'이라고 하여 여러 경전에는 이와 비슷한 것이 아마 이루 셀 수 없음이니, 이것은 바로 뜻은 여러 가지나 마음은 하나인 것이다.

마음의 뜻에는 깨달음의 뜻〔覺義〕과 못 깨달음의 뜻〔不覺義〕이 있고, 마음의 가지에는 참마음〔眞心〕이 있고 망녕된 마음〔妄心〕이 있으니, 모두 바른 마음을 갈라 나눈 것이다.

이제 『단경』에서 말한 마음도 또한 뜻으로는 깨달음의 뜻이요, 마음의 갈래로는 실다운 마음이다.

그 옛날 성인께서 니르바나에 드시려 할 때 가섭에게 명하시어 교 밖〔敎外〕에 법의 요점을 전하시니, 그 뜻은 사람들이 자취에 걸려 근본에 돌아감을 잊으므로 참으로 뒷세상 사람들이 근본을 잡아 끝을 바르게 하려 함이다.

그러므로 『열반경』에서 "나에게 위없고 바른 법이 있으니 모두 마하가섭에게 부친다"라고 말씀하셨다.

하늘의 도〔天道〕는 쉬움〔易〕에 있고, 땅의 도〔地道〕는 간단함〔簡〕에 있으며, 성인의 도는 요점〔要〕에 있다. 요점이란 지극히 묘함〔至妙〕을 말함이니, 성인의 도가 요점으로써 한다면 그것은 곧 법계문(法界門)의 중추〔樞機〕가 됨이고 한량없는 뜻의 모임이 됨이며, 대승의 근본 바퀴〔樞輪〕가 됨이다. 이에 『법화경』은 "마땅히 알라. 이 묘한 법은 모든 부처님의 비밀한 요점이다"라고 어찌 말하지 않았는가?

『화엄경』은 또한 "적은 방편으로써 빨리 깨달음을 이룬다"고 어찌 말하지 않았는가?

요점이여, 그것은 성인의 도에 있어서 이롭고도 공덕이 참으로 큼이로

다.

그러므로 『단경』의 종지는 그 마음의 요점[心要]을 드높인다.

贊者告也 發經而溥告也 壇經者 至人之所以宣其心也 何心耶 佛所傳之
妙心也

大哉 心乎 資始變化而淸淨常若 凡然聖然 幽然顯然 無所處而不自得之

聖言乎明 凡言乎昧 昧也者 變也 明也者 復也 變復雖殊 而妙心一也 始
釋迦文佛 以是而傳之大龜氏(迦葉之性) 大龜氏相傳之三十三世者 傳諸大
鑒(六祖謚號) 大鑒傳之而益傳也 說之者抑亦多端 固有名同而實異者也 固
有義多而心一者也

曰血肉心者 曰緣慮心者 曰集起心者 曰堅實心者 若心所之心 益多也 是
所謂名同而實異者也

曰眞如心者 曰生滅心者 曰煩惱心者 曰菩提心者 諸修多羅 其類此者 殆
不可勝數 是所謂義多而心一者也

義有覺義 有不覺義 心有眞心 有妄心 皆所以別其正心也

方壇經之所謂心者 亦義之覺義 心之實心也 昔者聖人之將隱也 乃命乎龜
氏 敎外以傳法之要 意其人 滯迹而忘返 固欲後世者 提本而正末也 故涅槃
曰我有無上正法 悉已付囑摩訶迦葉矣

天之道存乎易 地之道存乎簡 聖人之道存乎要 要也者至妙之謂也 聖人之
道以要則爲法界之樞機 爲無量義之所會 爲大乘之椎輪

法華豈不曰當知是妙法 諸佛之秘要 華嚴豈不曰 以少方便 疾得菩提

要乎其於聖人之道 利而大矣哉 是故 壇經之宗 尊其心要也

○ 마음이여, 밝은 듯하고 어두운 듯하며, 공한 듯하고 신령한 듯하며,
고요한 듯하고 또렷한 듯하니, 어떤 것이 있음인가 아무 것도 없음인가?

이를 한 물건이라 하나 참으로 만물에 가득하고, 이를 만물이라 하나
한 물건에 통일되니, 한 물건이 만물과 같고 만물은 한 물건과 같다. 이를
생각할 수 있고 말할 수 있음이라 하나, 아주 생각할 수 없고 말할 수 없음
에 미쳐서는 천하는 이를 그윽히 앎[玄解]이라 하고, 이를 신그럽게 깨침

〔神會〕이라 하며, 이를 마주함을 끊음〔絶待〕이라 하고, 이를 말 없이 체달함〔默體〕이라 하며, 이를 가만히 하나에 통함〔冥通一〕이라 한다.

그 모두는 다 떠남이고 보냄이니 그 보냄마저 보낸다면, 또한 어찌 그 미묘함에만 이를 수 있겠는가. 그것은 과연 홀로 얻음이 됨이로다. 대저 지인(至人)과 닮은 사람으로서 뉘라서 그것을 이해할 수 있을 것인가. 미루어 이를 넓히면 가서 옳지 못함이 없고, 찾아 이를 심으면 마땅하지 않은 바가 없으며, 성품 증득하는 데 베풀면 보는 바가 지극히 가까우며, 마음 닦는 데 베풀면 가르키는 바가 지극히 바르며, 덕을 높여 미혹을 가리는 데 베풀면 참됨과 망녕됨이 쉽게 드러나고, 세상 벗어남에 베풀면 붇다의 도가 빨리 이루어지며, 세간을 구함에 베풀면 티끌번뇌가 쉽게 쉰다.

이는 『단경』의 종지가 널리 행하되 세상 사람들이 싫어하지 않는 까닭이니, 마음에 나아가 바로 부처〔卽心卽佛〕라 말하나 낮은 이들은 어찌 헤아려 알지 못하는가.

부러진 송곳으로 땅을 찾아 땅을 낮게 여기고, 세는 집구멍으로 하늘을 보아 하늘을 적게 여기나, 어찌 하늘 땅이 그러하겠는가. 그러나 백가(百家)들은 비록 잠깐 빼어남이 있더라도 같지 못하나, 지인(至人)은 통하여 꿰뚫었으므로 뭇 경에 합하여야 반드시 볼 수 있으며, 지인(至人)은 변하여 통하였으므로 명자(名字)로 된 가르침에 참여하지 않으면 헤아릴 수 없다.

그러므로 지인이 드러내 설법함에 조리가 있고 뜻이 있으며, 비밀하게 설법함에 머리도 없고 꼬리도 없으니, 타고난 기틀〔天機〕이 날카로운 이는 그 깊음을 얻고 타고난 기틀이 무딘 이는 그 얕음을 얻으니, 어찌 헤아려 볼 수 있으며 말할 수 있겠는가.

어쩔 수 없이 비유하여 말하면 원돈교(圓頓敎)이며 최상승(最上乘)이며, 여래청정선(如來淸淨禪)이며 보살장의 바른 종지〔菩薩藏正宗〕이다.

논하는 이들은 이를 현학(玄學)이라 하니 또한 자세하지 않은가.

천하 사람들은 이를 종문(宗門)이라 하니 또한 마땅하지 않은가.

心乎 若明若冥 若空若靈 若寂若惺 有物乎 無物乎 謂之一物 固彌於萬物 謂之萬物 固統於一物 一物猶萬物也 萬物猶一物也

此謂可思議也 及其不可思也 不可議也 天下謂之玄解 謂之神會 謂之絶待 謂之默體 謂之冥通一 皆離之遣之 遣之又遣 亦烏能至之微 其果然獨得與

夫至人之相似者 孰能諒乎 推而廣之則無往不可也 探而裁之則無所不當也 施於證性則所見至親 施於修心則所詣至正 施於崇德辯惑則眞妄易顯 施於出世則佛道速成 施於救世則塵勞易歇 此壇經之宗 所以旁行天下而不猒 彼謂卽心卽佛 淺者 何其不知量也

以折錐探地而淺地 以屋漏窺天而小天 豈天地之然耶 然百家者 雖苟勝之 弗如也 而至人 通而貫之 合乎群經 斷可見矣 至人 變而通之 非預名字 不可測也

故其顯說之 有倫有義 密說之 無首無尾 天機利者 得其深 天機鈍者 得其淺 可擬乎 可議乎 不得已況之則圓頓教也 最上乘也 如來之淸淨禪也 菩薩藏之正宗也

論者謂之玄學 不亦詳乎 天下謂之宗門 不亦宜乎

○ 『단경』은 '정혜(定慧)로 근본을 삼는다'고 말하니, 도에 나아가는 맨처음이다.

선정이란 고요함이고 지혜란 밝음이니, 밝음으로 살피고 고요함으로 편안케 한다. 그 마음을 편안케 해야 마음을 체달할 수 있고, 그 도를 살펴야 도를 말할 수 있다.

일행삼매(一行三昧)는 '법계가 모습을 하나로 함[法界一相]'을 말하니, 곧 만 가지 선이 비록 다르나 모두 일행(一行)에 의해서 바르게 됨이다. 모습 없음[無相]으로 바탕[體]을 삼는다는 것은 크나큰 계를 높임이요, 생각 없음[無念]으로 종지[宗]를 삼는다는 것은 크나큰 선정을 높임이며, 머뭄 없음[無住]으로 근본[本]을 삼는다는 것은 크나큰 지혜를 높임이다.

대저 계·정·혜(戒·定·慧)는 삼승(三乘)이 도를 통달하는 법이요,

묘한 마음〔妙心〕은 계·정·혜의 큰 바탕이니, 하나의 묘한 마음으로써 계·정·혜의 세 가지 법을 거느리므로 크다〔大〕고 한다. 모습 없는 계란 그 계가 반드시 바로 깨닫게 함이다. 네 가지 큰 서원이란 첫째 건너기를 원함이니 괴로움을 건너는 것이요, 둘째 끊기를 원함이니 괴로움의 원인을 끊음이며, 셋째 배움을 원함이니 해탈의 도를 배움이요, 넷째 이루기를 원함이니 니르바나를 이룸이다.

그러나 없애되 없애는 바가 없으므로 끊지 못하는 바가 없고, 도를 행하되 도 행하는 바가 없으므로 제도하지 못하는 바가 없다.

모습 없는 참회〔無相懺〕란 참회하되 참회하는 바가 아니며, 삼보에 귀의하는 계〔三歸戒〕란 그 하나됨에 돌아가는 것이니 하나란 삼보가 의지해 나온 곳이다.

마하반야를 설하는 것은 곧 그 마음의 지극히 바름〔至中〕을 말함이다. 반야란 성인의 방편이며 성인의 큰 지혜이니, 참으로 능히 고요하고 능히 밝으며 방편이 되고 실상이 됨에, 천하는 그 고요함으로써 뭇 악을 없앨 수 있고, 천하는 그 밝음으로써 뭇 선을 모을 수 있으며, 천하는 그 방편으로써 크게 함이 있게 되고, 천하는 그 실상으로써 크게 함이 없게 된다.

지극하다, 반야여! 성인의 도는 반야가 아니면 밝힐 수 없고 이룰 수 없으며, 천하의 일은 반야가 아니면 옳지 못하고 마땅하지 못하다. 지인(至人)이 하는 것은 반야로써 떨침이니 또한 멀리 흘러가지 않겠는가. 그러므로 '나의 법은 높고 높은 근기를 위해서 설한다'고 하신 것은 마땅한 것이다.

가벼운 것을 무겁게 쓰면 이기지 못하고, 큰 법〔大方〕을 작은 이에게 주면 지나치게 된다. 지금껏 말없이 전하여 부처주었다는 것은 비밀하게 설함이니, 비밀함이란 아무 것도 말하지 않는 어두운 깨달음〔暗證〕이 아니라 참되어 비밀함인 것이다. 이 법을 알지 못하고 번번이 비방하고 헐면 백겁천생에 부처의 종성을 끊는다고 말씀한 것은 천하 사람이 그 마음 잃음을 막아준 것이다.

壇經曰定慧爲本者 趣道之始也 定也者 靜也 慧也者 明也 明以觀之 靜以

安之 安其心 可以體心也 觀其道 可以語道也

一行三昧者 法界一相之謂也 謂萬善雖殊 皆正於一行者也 無相爲體者 尊大戒也 無念爲宗者 尊大定也 無住爲本者 尊大慧也 夫戒定慧者 三乘之達道也 夫妙心者 戒定慧之大資也 以一妙心而統乎三法 故曰大也 無相戒者 戒其必正覺也 四弘願者 願度度苦也 願斷斷集也 願學學道也 願成成寂滅也 滅無所滅故 無所不斷也 道無所道故 無所不度也 無相懺者 懺非所懺也 三歸戒者 歸其一也 一也者 三寶之所以出也

說摩訶般若者 謂其心之至中也 般若也者 聖人之方便也 聖人之大智也 固能寂之明之 權之實之 天下以其寂 可以泯衆惡也 天下以其明 可以集衆善也 天下以其權 可以大有爲也 天下以其實 可以大無爲也

至矣哉 般若 聖人之道 非夫般若 不明也 不成也 天下之務 非夫般若 不宜也 不當也 至人之爲 以般若振 不亦遠乎 我法 爲上上根人說者 宜之也 輕物重用則不勝 大方小授則過 從來默傳分付者 密說之謂也 密也者 非不言而闇證也 眞而密之也 不解此法而輒謗毁 謂百劫千生 斷佛種性者 防天下亡其心也

○ 크도다! 『단경』의 지으심이여. 그 근본이 바름에 그 자취가 본받을 만하고, 그 씨앗이 참됨에 그 결과가 잘못되지 않으니, 앞 성인과 뒷 성인이 이와 같이 일어나 이와 같이 보이며 이와 같이 돌아간다.

크고 넉넉함이여! 마치 큰 냇물이 흐름과 같고 허공이 트여 통함과 같으며, 해와 달이 환히 밝음과 같고 모습과 그림자가 걸림 없음과 같으며, 큰 기러기의 날아감에 차서가 있음과 같다.

묘하게 얻으면 근본[本]이라 하고, 미루어 쓰면 자취[迹]라 하며, 그 비롯하지 않음으로써 비롯하면 이를 원인[因]이라 하고, 그 이루지 않음으로써 이루면 결과[果]라 하니, 결과가 원인과 다르지 않음을 바른 결과라 하고, 원인이 결과와 다르지 않음을 바른 원인이라 한다.

자취[迹]가 반드시 근본[本]에 돌아가면 이를 '크나큰 씀[大用]'이라 하고, 근본이 반드시 자취에 돌아가면 이를 '크나큰 수레[大乘]'라 한다. 수레

〔乘〕란 성인이 도(道)를 말씀하심이요, '씀〔用〕'이란 성인이 가르침을 일으 킴이니, 성인의 도는 마음보다 지극함이 없고, 성인의 가르침은 닦음보다 지극함이 없다.

정신을 고루어 도에 들어감은 '한 모습의 지관〔一相止觀〕'보다 지극함이 없고, 선을 좇아 덕을 이룸은 '한 행의 삼매〔一行三昧〕'보다 지극함이 없으며, 온갖 계〔一切戒〕를 돕는 것은 '모습 없음〔無相〕'보다 지극함이 없고, 온 갖 정〔一切定〕을 바르게 하는 것은 '생각 없음〔無念〕'보다 지극함이 없으며, 온갖 지혜〔一切智〕를 통하는 것은 '머묾 없음〔無住〕'보다 지극함이 없다.

그리고 선을 내고 악을 없애는 것은 '모습 없는 계〔無相戒〕'보다 지극함이 없고, 도를 두텁게 하고 덕을 우러름은 '네 가지 큰 서원〔四弘誓願〕'보다 지극함이 없으며, 잘 허물을 살피는 것은 '모습 없는 참회〔無相懺〕'보다 지극함이 없고, 바르게 나아가는 것은 '삼귀의계(三歸依戒)'보다 지극함이 없다. 큰 바탕을 바르게 하고 큰 씀을 헤아리는 것은 '크나큰 반야〔大般若〕'보다 지극함이 없고, 큰 믿음을 내고 큰 도에 힘쓰는 것은 '크나큰 뜻〔大志〕'보다 지극함이 없으며, 천하 사람들이 이치에 깊이 사무치고 성품을 다하는 것〔窮理盡性〕은 '비밀히 전함〔默傳〕'보다 지극함이 없고, 마음에 허물이 없고자 함은 '바른 법 비방하지 않는 것〔不謗〕'보다 옳음이 없다.

선정과 지혜는 도를 시작하는 터전이요, 일행삼매는 덕의 실마리이며, 생각 없음의 종지는 해탈(解脫)을 말함이요, 머묾 없는 근본은 반야(般若)를 말함이며, 모습 없는 바탕은 법신(法身)을 말함이다. 모습 없는 계는 계의 으뜸이요, 네 가지 큰 서원은 원의 지극함이며, 모습 없는 참회는 참회의 지극함이다.

삼귀의계는 참으로 돌아갈 곳이요, 마하반야는 성인과 범부의 큰 모범이다. 높고 높은 근기를 위해 설함은 바로 설함이니, 말없이 전함은 전함의 지극함이요, 비방을 경계함은 계의 마땅함이다.

대저 묘한 마음은 닦아서 이룸이 아니요 깨쳐서 밝힘이 아니니, 본래 이루어져 있음이요 본래 밝아 있음이다. 본래 밝아 있음을 어리석어 모르는 자가 다시 밝힘으로 깨달음이라 하고, 본래 이루어져 있음을 등진 이가 다시 이룸으로 닦음이라 한다. 그러므로 닦지 않음으로써 닦아가니 이를 바른 닦음이라 하고, 밝히지 않음으로써 밝혀가니 이를 바른 깨달음이라 한다.

偉乎 壇經之作也 其本正 其迹效 其因眞 其果不謬 前聖也後聖也 如此起之 如此示之 如此復之 浩然沛乎 若大川之注也 若虛空之通也 若日月之明也 若形影之無礙也 若鴻漸之有序也

妙而得之之謂本 推而用之之謂迹 以其非始者 始之之謂因 以其非成者 成之之謂果 果不異乎因 謂之正果也 因不異乎果 謂之正因也 迹必顧乎本 謂之大用也 本必顧乎迹 謂之大乘也 乘也者 聖人之喩道也 用也者 聖人之起教也 夫聖人之道 莫至乎心 聖人之教 莫至乎修 調神入道 莫至乎一相止觀 軌善成德 莫至乎一行三昧 資一切戒 莫至乎無相 正一切定 莫至乎無念 通一切智 莫至乎無住 生善滅惡 莫至乎無相戒 篤道推德 莫至乎四弘願 善觀過 莫至乎無相懺 正所趣 莫至乎三歸戒 正大體裁大用 莫至乎大般若 發大信務大道 莫至乎大志 天下之窮理盡性 莫至乎默傳 欲心無過 莫善乎不謗

定慧爲始 道之基也 一行三昧 德之端也 無念之宗 解脫之謂也 無住之本 般若之謂也 無相之體 法身之謂也 無相戒 戒之最也 四弘願 願之極也 無相懺 懺之至也 三歸戒 眞所歸也 摩訶智慧 聖凡之大範也 爲上上根人說 直說也 默傳 傳之至也 戒謗 戒之當也

夫妙心者 非修所成也 非證所明也 本成也 本明也 以迷明者 復明 所以證也 以背成者 復成 所以修也 以非修而修之 故曰正修也 以非明而明之 故曰正證也

○ 지인(至人)은 가만히 그 위의를 드러내지 않고도 덕을 이루어 행함이 활발하며, 지인은 힘 없어서 지니는 바가 없는 것 같지만 도를 천하에 드러낸다.

대저 바른 닦음으로 닦고 바른 깨달음으로 깨닫는 것인데, 이에 닦음 없고 깨침 없고 원인이 없고 결과가 없다고 말하여, 뚫어감을 번거롭게 여기고 다투어 그런 말을 내어 지인의 뜻을 그르치게 한다.

슬프다! 계·정·혜를 놓아버리면 곧 아득하여 캄캄한 공(空)을 반드시 따르게 되니, 이렇게 되면 나도 어찌할 수 없다.

심하다! 함식(含識)은 마음에 빠지고 알음알이를 드날려 알음알이와 업이 서로를 타 여러 가지 메아리를 좇아 아예 쉬지 않는다. 그리하여 꼴이 되고 모습이 되어 사람과 사물이 함께 생겨나 하늘과 땅 사이에 어지러우니 이루 수를 셀 수 있겠는가. 사람으로 모습을 얻은 이는 참으로 무수한 삶들 가운데 하나일 뿐인데, 사람으로서 능히 깨침이란 또 그 얼마나 드문가.

성인은 이것을 생각하여 비록 여러 가지 뜻으로 열어 주지만 천하 사람들은 오히려 밝혀내지 못함이 있고, 성인은 이것을 구하기 위해 비록 여러 가지 방법으로 다스리지만 천하 사람들은 오히려 깨우치지 못함이 있다.

어질다 하는 이〔賢者〕는 지혜로써 어지럽고, 답지 않은 이들〔不肖者〕은 어리석음으로써 막히며, 답답한 사람들〔平平之人〕은 무기(無記)로써 어두우며, 나아가 사물에 느끼어 뜻을 발함에 미쳐서는 기뻐하고 화내고 슬퍼하고 즐거워하여 더욱 가리우는 것이 만 갈래라. 그 그릇됨이 밤에 길을 가면서 이르는 곳을 모르는 것과 같다.

또한 그가 성인의 말씀을 받아들여 곧 헤아리고 제멋대로 넓히는 것은 안개 속에 파묻혀서 멀리 바라봄과 같다. 그러므로 있다고 말하고 없다고 말하며, 있음도 아니고 없음도 아니라고 말하며, 있기도 하고 없기도 하다고 말하나, 바로 보지 못하므로 폐단이 굳어 이 몸이 다하도록 그것을 깨닫지 못한다.

바다는 물에 있는 것이지만 고기와 용의 죽고 삶이 바다에 있지만 물을 보지 못하고, 도가 사람의 마음에 있는 것이지만 그 사람은 날이 다하도록 도를 말하지만 마음을 보지 못한다.

슬프다! 마음이 참으로 미묘하고 깊고 멀어 밝히기 어렵고 다가갈 수 없는 것도 이와 같다.

至人暗然不見其威儀而成德爲行 藹如也 至人頹然若無所持而道顯於天
下也 蓋以正修而修之也 以正證而證之也 於此乃曰 罔修罔證 罔因罔果 穿
鑿叢脞 競爲其說 繆乎至人之意焉

噫 放戒定慧而必趣乎混茫之空則吾未如之何也 甚乎 含識溺心而浮識 識
與業相乘 循諸響而未始息也 象之形之 人與物偕生 紛然乎天地之間 可勝
數耶 得其形於人者 固萬萬之一耳 人而能覺 幾其鮮矣

聖人懷此 雖以多義 發之而天下猶有所不明者也 聖人救此 雖以多方 治
之而天下 猶有所不悍者也

賢者以智亂 不肖者以愚壅 平平之人 以無記惛 及其感物而發 喜之怒之
哀之樂之 盆蔽者萬端 曖然若夜行而不知所至 其承於聖人之言則計之博之
若蒙霧而望遠 謂有也 謂無也 謂非有也 謂非無也 謂亦有也 謂亦無也 以不
見而卻蔽 固終身而不得其審焉

海所以在水也 魚龍死生 在海而不見乎水 道所以在心也 其人終日說道而
不見乎心 悲夫 心固微妙幽遠 難明難溱 其如此也矣

○ 성인이 이미 이 세상에서 숨으신 지 백 세이기 때문에 비록 글로써
전하면 그 밝은 증험을 얻지 못한다. 그러므로 『단경』의 종지는 마음을
들어서 바로 보임에 천하 사람이 바야흐로 알면 곧 성명(性命)을 바르게
할 수 있으니, 마치 구름과 안개를 헤치고 푸른 하늘을 단박 봄과 같고,
태산에 올라 보는 바가 툭 트임과 같다.

왕씨가 세간의 책을 견주어 말하기를 '제나라가 한 번 변하면 노나라에
이르고, 노나라가 한 번 변하면 도에 이른다'고 하니, 이 말이 여기에 가깝
다.

『열반경』에 '녹야원에서부터 발제하에 이르기까지 그 중간 50년에
일찍이 한 글자도 설하지 않았다'고 함은 법이 문자가 아님을 보여 문자로
써 그 일러 보이신 뜻 찾으려 함을 막음이다.

'법을 의지하고 사람을 의지하지 말라'[34]고 함은 법은 참되고 사람은

---

34) 법을 의지하고 : 법을 의지하고 사람을 의지하지 말고[依法不依人], 뜻을 의지하고 말에

거짓되기 때문이며, '뜻을 의지하고 말에 의지하지 말라'고 함은 뜻은 실다웁고 말은 거짓되기 때문이며, '지혜에 의지하고 식(識)에 의지하지 말라'고 함은 지혜는 지극하고 식은 망녕되기 때문이며, '요의경에 의지하고 불요의경에 의지하지 말라'고 함은 요의경은 이치를 다하기 때문이다. 그러므로 보살이 이르신 바 곧 '대열반을 펴 말한다'는 것은 스스로 설하는 것이 경과 같음을 이른 것이요, 성인이 이르신 바 곧 '네 사람이 세상에 나와 바른 법을 보살펴 지닌다'고 한 것은 마땅히 깨달아 알 것을 마땅히 깨달아 안 것이다.

그러므로 지극한 사람은 근본을 미루어 그 끝을 바르게 하여 스스로 설하는 것이 경과 같으므로 지극한 사람이 경을 설하면 경과 같은 것이다. 또 뜻을 의지하고 요의경을 의지하므로 지극한 사람은 드러내 말하되 뜻에 합치하고 경에 합치하며, 법을 의지하고 지혜를 의지하므로 지극한 사람은 비밀히 설하되 자재하게 변화하고 걸림 없이 통하여 구차하게 막히지 않는다. 법이 문자가 아님을 보이므로 지극한 사람의 종지는 말없이 전함을 높인다.

성인은 피어나는 봄날[春]과 같아서 기꺼이 피어나고, 지극한 사람은 맑은 가을[秋]과 같아서 깨끗하게 이룬다. 성인은 명하시고 지극한 사람은 본받으니, 지극한 사람은 성인의 문에 기특하고 덕이 빼어나며 공이 높은이다.

대개 지극한 사람은 그윽함[微]에서 처음 일어나 스스로 세속의 문자를 알지 못한다 말하나, 그 지극함을 이루게 되면 한 자리의 설함을 당하여도 도를 드러내 세상을 건지며, 큰 성인이 말씀하신 것으로 더불어 신표처럼 꼭 들어 맞게 된다. 참으로 그윽한 덕과 높은 지혜는 나면서 앎이로되 그 법을 장차 스스로 나타내려고 문자 알지 못함을 보이셨도다.

돌아가신 지 거의 사백년에 법이 사해에 흘러 바름을 잊지 않고, 성현의

의지하지 말며[依義不依語], 지혜에 의지하고 식을 의지하지 말고[依智不依識], 요의경에 의지하고 불요의경을 의지하지 말라[依了義不依不了義]고 함은 열반경에서 가르친 바 수행자가 의지해야 할 네 가지 곳[四依]이다.

도를 살피는 자가 다시 삼십세토록 그 도를 구하여 더욱 공경하니, 큰 성인이 이르신 곳에 이르지 못했으면 하늘이 미워한 지 오래 됨이라 어찌 이와 같을 수 있겠는가.

내가 참으로 그 도를 어찌 다할 수 있겠는가.

다행히 모기와 등에가 바닷물을 마시면 또한 바닷물 맛에 함께 함이니, 감히 머리를 조아리고 널리 펴서 뒤에 배우는 이들에게 남겨둔다.

聖人旣隱 天下百世 雖以書傳而莫得其明驗

故壇經之宗 擧乃直示其心而天下 方知卽正乎性命也 若排雲霧而頓見太淸 若登泰山而所視 廓如也

王氏以方乎世書曰 齊一變 至於魯 魯一變 至於道 斯言近之矣 涅槃曰 始從鹿野苑 終至跋提河 中間五十年 未曾說一字者 示法非文字也 防以文字而求其所謂也

曰依法不依人者 以法眞而人假也 曰依義不依語者 以義實而語假也 曰依智而不依識者 以智至而識妄也 曰依了義經不依不了義經者 以了義經盡理而菩薩所謂卽是宣說大涅槃者 謂自說 與經同也 聖人所謂四人出世(卽四依也) 護持正法 應當證知者 應當證知

故至人推本以正其末也 自說與經同 故至人說經 如經也 依義依了義經 故至人顯說而合義也 合經也 依法依智 故至人密說 變之通之而不苟滯也 示法非文字 故至人之宗 尙乎默傳也

聖人如春 陶陶而發之也 至人如秋 濯濯而成之也 聖人 命之而至人效之也 至人固聖人之門之奇 德殊勳大也 夫至人者 始起於微 自謂不識世俗文字 及其成至也 方一席之說而顯道救世 與乎大聖人之云爲者 若合符契也 固其玄德上智生而知之 將自表其法而示其不識乎

歿殆四百年 法流四海而不忘乎正 考聖賢者 更三十世 求其道而益敬 非至乎大聖人之所至 天且猒之久矣 烏能若此也

予固豈盡其道 幸蚊虻 飮海 亦預其味 敢稽首布之 以遺後學者也

3. 당 왕유 육조능선사 비명(唐王維六祖能禪師碑銘)

왕유는 유마힐을 숭상하여 호를 유(維)라 하고 자(字)를 마힐(摩詰)이라 하였다. 태원사람으로서 당 개원 년간에 벼슬에 나아갔다. 왕유찬 혜능선사비명에는 제자로서 하택신회의 기록만이 나온다.

○ 있음을 버릴 것이 없으면 이것이 있음의 근원〔有源〕을 통달함이고, 공(空)에 머물 것이 없으면 이것이 공의 근본〔空本〕을 앎이다.

고요함을 떠나되 움직임이 아니고 변화를 타되 항상함을 쓰면, 백 가지 법에 있어도 얻음이 없고, 만 가지 것에 두루해도 위태롭지 않다.

노를 두들기며 바다에 가 보물을 찾는 이는 깨달음의 행을 알지 못하지만, 유마회상에서 꽃을 뿌리는 하늘 여인은 성문의 몸을 변화하니, 이는 곧 법은 본래 남이 없으나 마음을 인해 견해를 일으키므로 견해에 취할 것이 없으면 법은 곧 늘 한결 같음을 앎인 것이다.

세상의 지극한 사람〔至人〕도 여기에서 증득함이 있는 것이니, 샘이 없음을 얻되 샘을 다하지도 않으며, 함이 있음을 건너되 함 없음도 아닌 이는 오직 우리 조계선사뿐이로다.

無有可捨 是達有源 無空可住 是知空本 離寂非動 乘化用常 在百法而無得 周萬物而不殆

鼓枻海師 不知菩提之行 散花天女 能變聲聞之身 則知法本不生 因心起見 見無可取 法則常如 世之至人 有證于此 得無漏不盡漏 度有爲非無爲者 其惟我曹溪禪師乎

○ 선사의 세속 성은 노(盧)씨이며 아무 군(郡) 아무 현(縣) 사람이라지만, 이름이란 허망하여 실답지 못한 것이니 어떤 족성(族姓)의 집에 나신 것이 아니며, 법은 가운데도 없고 끝도 없으니 중국의 땅에 산 것이 아니

다.

앞 세상에 잘 익혀옴이 소꿉놀이에서 나타나고, 날카로운 근기가 어린 아이 때 마음 가운데서 발하였다. 그 몸을 사사로이 하지 않으심에 밭 갈고 나무 베는 이들과 한 무리 되었고, 참으로 그 도에 나아가심에 오랑캐의 땅에서 착한 행을 지었다.

나이 젊어서 황매(黃梅)의 홍인대사(弘忍大師)를 섬기는데 온힘을 다하고자 하여 방앗간에서 가만히 방아를 찧으시다가, 그 마음을 깨끗이 열어 방아 찧는 곡식 속에서 깨달음을 얻었다.

매번 홍인대사가 자리에 오르면 배우는 무리가 뜰에 가득하였다. 그 가운데는 삼승의 근기가 있었지만 한 소리의 법을 같이 들었다.

혜능선사는 묵묵히 가르침을 받았을 뿐 일찍이 남으로부터 배워 깨우친 것이 아니었으며[35], 물러나 자신을 살핌에 활짝 벗어나 내가 없었다.

그럼에도 목마른 사슴이 물 찾듯 집착하는 생각이 있으면 오히려 허공 가운데 새의 자취를 구하며, 유마회상 가운데 향적여래의 향기로운 밥을 소화하지 못하고, 법화회상 떨어진 옷을 걸친 장자의 아들처럼 하고서 모두들 당(堂)에 올라 조사의 방에 들었다고 말한다. 그리고 겨우 바닷물을 헤아리고 하늘을 엿보면서 황제의 구슬[36]을 얻었다 하며 법왕의 법의 도장 감히 받으려 한다.

홍인대사는 마음으로 혜능 홀로 얻었으나 겸양하여 떠들지 않음을 아셨으니 이는 '하늘이 무슨 말이 있었던가?', '성인과 어진 이를 내가 어찌 감당하겠는가?'라고 함과 같으며, 다시 공자가 '자공이여, 나와 너는 그와 같지 못하다'라고 말한 바와 같은 것이다.

대사는 임종에 드디어 비밀히 조사의 가사를 주시고 말씀하셨다.

"많은 이들은 홀로 어진 것을 싫어하고 사람들은 자신 드러내는 것을

---

35) 증불기여(曾不起予) : 기여(起予)는 깨우치다는 뜻의 상(商)과 같다.
36) 황제지주(黃帝之珠) : 『장자』에 황제가 적수의 북쪽에 놀러가 곤륜의 언덕에 올랐다가 남쪽으로 돌아오는 길에 현주(玄珠)를 잃어버렸다. 지(知)를 시켜 찾아도 찾지 못했고, 이주(離朱)를 시켜 찾아도 찾지 못했고, 끽후(喫詬)를 시켜 찾아도 찾지 못했으나, 상망(象罔)을 시켜 찾게 하니 상망이 현주를 찾았다. 이에 황제가 기이하다 찬탄하였다.

미워한다. 나는 이제 이 세상을 하직할 것이니 너는 떠나야 할 것이다."

선사가 드디어 미혹의 땅에 보배를 품고 다른 곳에 소리 울리지 않도록 숨 죽여 살았다.

중생을 정토로 삼아 평민들 속에 섞여 살아감에, 세상살이가 바로 제도의 문이었으니, 농사 짓고 장사하는 이들과 벗이 되어 이와 같이 16년을 살았다.

禪師俗姓盧氏 某郡某縣人也 名是虛假 不生族姓之家 法無中邊 不居華夏之地 善習表于兒戲 利根發于童心 不私其身 臭味于畊桑之侶 苟適其道 蹎行于蠻貊之鄕

年若干 事黃梅忍大師 願竭其力 卽安于井臼 素刈其心 獲悟于秭稗 每大師登座 學衆盈庭 中有三乘之根 共聽一音之法 禪師默然受敎 曾不起予 退省其私 逈超無我

其有猶懷渴鹿之想 尙求飛鳥之跡 香飯未消 弊衣仍覆 皆曰 升堂入室 測海窺天 謂得黃帝之珠 堪受法王之印

大師心知獨得 謙而不鳴 天何言哉 聖與仁豈敢 子曰賜也 吾與汝弗如 臨終 遂密授以祖師袈裟 而謂之曰 物忌獨賢 人惡出己 吾且死矣 汝其行乎

禪師遂懷寶迷邦 銷聲異域 衆生爲淨土 雜居止于編人 世事是度門 混農商于勞侶 如此積十六載

○ 남해에 인종법사가 있어 『열반경』을 강설하였는데, 선사가 그 자리 밑에서 강설을 듣다가 인종이 큰 뜻 물음을 인해 참된 상승의 법으로 대답하였다. 이미 인종이 선사의 물음에 대구할 수 없으므로 도리어 따라 법을 청해 묻고 '화신보살이 여기에 계시도다'라며 찬탄하였다.

몸의 육안에 가려진 범부들이 지혜의 눈을 열도록 하려고, 인종이 드디어 무리들을 거느리고 선사께서 참선하는 수행처에 모두 가 가사를 받들어 혜능선사의 몸에 걸쳐드리고 몸소 스스로 머리를 깎아드렸다. 여기에서 법의 비를 크게 일으켜 번뇌의 티끌을 널리 씻어주었다.

이에 선사는 사람들을 참음[忍]으로 가르쳐 말하되 '참음이란 남이 없음이니 남이 없어야 바야흐로 나 없음을 얻게 되고 비로소 초발심을 이루게 된다'고 하고, 이로써 가르침의 머리를 삼았다.

들어갈 바 없는 선정과 의지할 바 없는 지혜에 이르니, 큰 몸은 시방을 지나고 본디 깨쳐 있음은 삼세를 뛰어넘었다.

육근과 육진을 없애지 않으니 색을 없애고 공이 됨이 아니기 때문이며, 꾸며 짓는 행원을 이룸이 없으니 범부 그대로 성인을 이루기 때문이니, 발 들어 올리고 발 내림이 길이 도량에 있고, 이 마음과 이 뜻이 함께 성품의 바다에 돌아간다.

『법화경』「화성유품」에서 보배성에 가려는 상인은 피로하다 말하며 스스로 중간의 변화로 된 성에 쉬나, 「신해품」의 거지 자식도 의심치만 않으면 바로 보배 창고를 열게 된다.

만약 덕의 근본을 심지 않았으면 단박 깨쳐드는 문[頓門]에 들기 어려우니, 허공꽃에 망녕되게 매이는 미친 짓도 눈병 든 자의 허물일 뿐 일찍이 본래 밝은 지혜 해[慧日]의 허물이 아니다.

이에 경은 늘 찬탄해 말하되 '칠보보시를 강가강 모래수 세계와 같이 하고, 억겁 수행을 온 대지의 먹을 다 갈아 없애도록 한다 해도, 함이 없는 행과 걸림 없는 자비로 사생을 널리 건지고 삼계의 중생을 크게 덮어줌만 같지 못하다'라고 한다.

이미 선사의 도덕이 두루 온 세상을 덮고 이름이 널리 들리지만, 굴을 파 집을 짓고 풀을 걸친 사람들은 성인께 가기가 오래 되므로, 몸에 기름 바르고 귀를 뚫고 사는 미개한 곳에서 보배를 찾아 바다에 배를 타고 가기 해가 다하도록 하였다. 모두 눈을 씻고 용상의 자태를 보려 하여 고래가 사는 바다 어구37)에서 몸을 잊어버리며, 진리를 위해 집 밖에 서 있고 법을 듣기 위해 자리 앞에 앉아 있었다.

숲은 바로 전단이라 다시 잡된 나무가 없고, 꽃은 오직 담복이라 다른 향을 맡지 않으니, 모두 실다움으로써 돌아가고 많이들 허망한 집착을 떠

---

37) 고래가 사는 바다 어구[鯨鯢之口] : 선사가 머무는 소주가 남해 바닷가이므로 바다 어구라 한 것이다.

나게 되었다. 황제가 오래도록 생각하여 만 리를 달려와 머리털을 땅에 펴 받들어 맞이하고자 하고 손을 모아 절하기를 원하였다.

측천무후와 효화황제가 글을 보내 서울에 오기를 권유하였으나, 선사는 『장자(莊子)』의 글 가운데 '몸은 강호에 있으나 마음은 궁궐에 함께 한다'고 마여 궁궐을 떠난 자모(子牟)의 마음과 같이 감히 궁궐을 잊고, 여산 혜원공이 '호계를 벗어나지 않음'과 같이 참으로 사양하여 왕의 부름을 받들지 않았다. 드디어 왕이 백납 가사와 비단 전대 등을 보내 공양하였으니, 마치 『열자』에서 천왕이 두터운 예로써 환인(幻人)에게 옥으로 된 옷을 드리는 것과 같았다. 측천무후는 숙세의 인연으로 화신불께 금전을 시주하여 덕을 숭상하고 하시는 일을 귀하게 여기며 대(代)를 달리하되 부합됨을 같이 했다.

南海有印宗法師 講涅槃經 禪師聽于座下 因問大義 質以眞乘 既不能酬 翻從請益 乃歎曰 化身菩薩在此 色身肉眼凡夫 願開慧眼 遂領徒屬 盡詣禪居 奉爲掛衣 親自削髮 于是大興法雨 普灑客塵

乃敎人以忍 曰 忍者無生 方得無我 始成于初發心 以爲敎首

至于定無所入 慧無所依 大身過于十方 本覺超于三世 根塵不滅 非色滅空 行願無成 卽凡成聖 擧足下足 長在道場 是心是情 同歸性海 商人告倦 自息化城 窮子無疑 直開寶藏 其有不植德本 難入頓門 妄繫空華之狂 曾非慧日之咎

常歎曰 七寶布施 等恒河沙 億劫修行 盡大地墨 不如無爲之運 無礙之慈 弘濟四生 大庇三有

既而道德遍覆 名聲普聞 泉館卉服之人 去聖歷劫 塗身穿耳之國 航海窮年 皆願拭目于龍象之姿 忘身于鯨鯢之口 立于戶外 跌坐于林前

林是旃檀 更無雜樹 花惟薝蔔 不嗅餘香 皆以實歸 多離妄執 九重延想 萬里馳誠 思布髮以奉迎 願叉手而作禮

則天太后 孝和皇帝 並勅書勸諭 徵赴京城 禪師 子牟之心 敢忘鳳闕 遠公之足 不過虎溪 固以此辭 竟不奉詔 遂送百衲袈裟及錢帛等供養 天王厚禮獻玉衣于幻人 女后宿因 施金錢于化佛 尚德貴物 異代同符

○ 아무 해 어느 달 어느 날 가운데 이르러 홀연히 문인들에게 '나는 이제 떠나갈 것이다'라고 말씀하시니, 잠시 뒤 기이한 향내가 방에 가득하였고 흰 무지개가 땅에 드리웠다.

밥을 자시고 자리를 펴시고 목욕을 마친 뒤, 옷을 갈아 입으시고 손가락 튕길 사이도 남겨놓지 않고 물 흐르고 등이 타오르듯 금빛 몸이 길이 사라지니, 섶이 다하고 불이 사라짐과 같았다.

산이 무너지고 냇물이 마르며 새가 울고 원숭이가 눈물 지으니, 모든 사람들이 '인간에 안목이 없어졌다'고 하였다. 여러 군의 사람들이 슬피 우니 세상이 공허해졌다.

어느 달 어느 날에 신(神)을 조계에 옮기고 한 곳에 자리잡아 길상한 땅을 택하니, 좋은 땅을 가려주는 청오38)의 책을 기다리지 않고, 그 곳이 공덕의 숲으로 변하여 모두 학처럼 흰 빛을 이루었다.

슬프도다! 대사의 지극한 성품은 순일하시고 타고난 자태는 바르고 깨끗하여 백 가지 복됨으로 모습을 이루었으며, 갖가지 묘함이 마음에 모이니 거닐고[經行] 편히 쉼[宴息]이 모두 다 바른 삼매였으며, 웃으며 이야기하고 말하는 것에 일찍이 허튼 논란이 없었다.

그러므로 오천축에 수레의 자취를 더욱 거듭하게 하고, 백 개의 변방나라 등이 능히 머리 숙여 절하게 하며, 큰 뱀과 살무사의 독한 기운이 사라지고, 몽둥이를 던지고 활을 당기며 서로 미워하는 포악한 풍습이 바뀌었으며, 사냥하고 낚시질함이 모두 없어졌고, 미혹하게 취해 사는 이들이 잘못을 알게 되고, 많이들 고기를 끊고 사문의 음식을 본받게 되었으며, 그물을 모두 버리고 가사를 껴입게 되었으며, 길이 붇다의 법을 생각하여 왕의 교화를 실로 돕게 되었다.

至某載月日中 忽謂門人曰 吾將行矣 俄而異香滿室 白虹屬地 飯食訖而敷坐 沐浴畢而更衣 彈指不留 水流燈焰 金身永謝 薪盡火滅 山崩川竭 鳥哭猿啼 諸人唱言 人無眼目 列郡慟哭 世且空虛

---

38) 청오(青烏) : 청오경. 장사 지내고 집 짓는 법을 쓴 황제 청오의 책.

某月日 遷神于曹溪 安座于某所 擇吉祥之地 不待靑烏 變功德之林 皆成
白鶴

嗚呼 大師至性淳一 天姿貞素 百福成相 衆妙會心 經行宴息 皆在正受 談
笑語言 曾無戱論

故能五天重跡 百越稽首 修蛇雄虺 毒螫之氣銷 跳梁彎弓 猜悍之風變 畋
漁悉罷 蠱酖知非 多絶羶腥 效桑門之食 悉棄罟網 襲稻田之衣 永惟浮圖之
法 實助皇王之化

○ 제자 신회(神會)는 선사의 나이 이미 늙은 무렵에 스승을 만나, 성년
(成年)이 되어 도를 들었는데[39], 넓은 헤아림은 범부의 마음을 벗어나고,
날카로운 지혜는 오래 배운 이들을 뛰어넘었다.

비록 맨 끝에 스승께 공양하였지만 최상승을 즐겨하였으며, 선사께서
밝힌 바에는 그 옛날 사자비구존자에게 동자가 선세의 구슬을 다시 바치
는 원[40]과 비슷함이 있고, 세상 사람이 아직 알지 못함에 대해서는 오히려
초나라 때 화씨가 옥을 안고 가 왕께 바쳤다가 그 옥을 돌이라 함에 슬퍼
함과 같았다.

그리하여 내가 알도록 말씀하여 노래로 당부하였다.

게를 말한다.

---

39) 우사우만경 문도우중년(遇師于晚景 聞道于中年) : 신회선사가 나이 이미 늙은 무렵에 스승을
만났다고 풀이하면, 『단경』에 혜능선사가 신회 어린 사미[神會小師]라고 한 말과 서로 맞지
않으므로, 이 대목을 스승의 나이 이미 늙은 무렵에 신회가 혜능선사를 만난 것으로 풀이하고,
중년(中年)도 신회가 성년(成年)이 되어 법을 인정받은 시기를 기준한 것으로 본다.

40) 헌주지원(獻珠之願) : 『전등록』에 나오는 고사는 이렇다.
　　24조 사자존자가 제자를 구하는데, 한 장자가 그 아들을 데려와 물었다.
　　'이 아이의 이름은 사다인데, 날 때 왼손을 쥐고 나와 지금 자라서까지 끝내 펴지 못합니다.
　　바라오니 존자께서는 그 옛날의 인연을 보여 주십시요.' 존자께서 보고 손으로 만지며
　　'내 구슬을 돌려다오'라고 하니, 어린아이가 갑자기 손을 펴 구슬을 바쳤다. 대중이 놀라니
　　존자가 말했다.
　　'내가 전생에 승려였는데, 한 어린이가 이름이 파사였다. 내가 일찍이 서해 용왕의 재에
　　갔다가 구슬을 받아 맡겼는데, 지금 나의 구슬을 돌려준 것이니 참으로 이치가 그러한
　　것이다.'

弟子曰神會 遇師于晚景 聞道于中年 廣量出于凡心 利智踰于宿學

雖未後供 樂最上乘 先師所明 有類獻珠之願 世人未識 猶多抱玉之悲 謂

余知道 以頌見託

偈曰

○ 오온이 본래 공하고 육진은 있지 않은데

　중생이 잘못 헤아려 삼매를 알지 못하네.

　연꽃이 발 받들고 혹이 팔에 생기지만41)

·몸과 마음 떠나면 길흉 어디 있으리.

　지인은 달관하니 사물과 공 같아지고

　있음을 버릴 마음 없으니 어디서 공함 의지하리.

　삼계에 집착 않으면 팔풍도 부질 없으니

　이로써 지혜 더욱 날카롭게 하여가면

　드디어 바른 종지와 서로 통하게 되리.

　치우친 곳 사람들이 바른 법을 못 듣고서

　악한 무리 어울려서 착함 따로 일으키니

　참음을 가르쳐서 성냄을 끊게 하고

　자비로움 닦아서 죽임을 버리게 하니

　세계는 한 꽃이요 조종은 여섯 잎이네.

　보배 창고 크게 열어 옷 속 구슬 보여주니

　법의 참된 본바탕은 언제나 머무르나

　허망한 뜻 구르면 따라서 달라지네.

---

41) 연화승족 양류생주(蓮花承足 楊柳生肘) : 양류(楊柳)는 혹 [瘤]이니 위 글은 연꽃이 발을
받들고 혹이 팔꿈치에 생김이라 새길 수 있다. 연꽃이 발을 받듦[蓮花承足]은 길함이요, 혹이
팔에 생김[楊柳生肘]은 흉함이다.

　『장자』에 나오는 양류생주(楊柳生肘)에 대한 고사는 다음과 같다.

　'지리숙(支離叔)과 위개숙(渭介叔)이 명백(冥伯)의 언덕과 곤륜(崑崙)의 높은 곳을 보았는
데, 이 곳은 황제(黃帝)가 있던 곳이었다. 그런데 갑자기 혹[柳]이 그 팔꿈치에서 솟아나왔
다.'

움직임과 움직이지 않음 모두 뛰어넘고
갖춤과 갖추지 않음 두 가지 다 떠남에
나의 도는 이 같으나 도가 어찌 내게 있으리.
참된 도는 사생의 생활 속에 두루하여
여섯 갈래 중생세계 언제나 의지하니
샘이 있는 번뇌가 곧 거룩한 지혜요
문장과 글귀 속에 뜻의 자취 전혀 없네.
육십이종 외도들의 갖가지 견해와
외도 견해 깨기 위한 백팔 가지 비유에
모두 다 한 법도 얻을 바가 없으니
마땅히 얻음 없이 이와 같이 머물라.

五蘊本空 六塵非有 衆生倒計 不知正受
蓮花承足 楊柳生肘 苟離身心 孰爲休咎
至人達觀 與物齊功 無心捨有 何處依空
不著三界 徒勞八風 以慈利智 遂與宗通
愍彼偏方 不聞正法 俯同惡類 將興善業
敎忍斷嗔 修慈捨獵 世界一華 祖宗六葉
大開寶藏 明示衣珠 本源常在 妄轍遂殊
過動不動 離俱不俱 吾道如是 道豈在吾
道遍四生 常依六趣 有漏聖智 無義章句
六十二種 一百八喩 悉無所得 應如是住

제2부
육조단경 원문
우리말 옮김

설법과 참된 마음 함께 통하니
해가 저 허공에 있음과 같네.
오직 견성하는 법만 전달하나니
세간 뛰쳐 삿된 종지 깨뜨리도다.
법에는 단박과 점차의 차별 없지만
사람들의 어리석음과 깨달음에
더딤과 빠름의 차별 있나니
다만 이 견성하는 진리의 문은
어리석은 사람들이 알 수 없어라.
말하면 비록 만 가지가 벌어지나
모습 없는 이치에 합하고 보면
만 가지가 하나에 돌아가나니
번뇌의 어두운 집 가운데에
늘 지혜의 해 빛나게 하라.

- 단경 반야품의 게송 -

제 1 장 혜능선사의 행적과 법 받은 연유〔行由品〕

그 때 대사가 보림에 이르니 소주 위자사[이름: 璩]가 관료와 함께 산에 들어와, 대사가 성 가운데 대범사 강당에 나와 대중을 위해 진리의 인연을 열어 법을 설하시도록 청하였다

대사가 자리에 오르자 자사 관료 삼십여 명과 유가의 학자 삼십여 명, 남녀 승려와 일반 대중 천여 명이 함께 절하고 법요(法要)를 듣고자 하였다.

대사가 대중에게 말씀하셨다.

"선지식들이여,

보리(菩提)의 자기 모습 본래 깨끗하니

다만 이 마음을 쓰면 곧 깨달음을 이루어 마치리라."

"선지식들이여, 다시 혜능의 걸어온 자취와 법을 얻은 내력을 들으라. 나의 부친은 본관이 범양인데, 좌천하여 영남에서 떠돌다 신주(新州) 백성이 되었다. 이 몸이 불행하여 아버지가 일찍 돌아가시고 늙으신 어머님만 홀로 남게 되어 남쪽 바다로 오게 되었는데, 삶이 가난하고 어려워서 저자에 나무를 내다 팔았었다. 그 때 한 손님이 나무를 사서 묵고 있는 집[客店]에 보내도록 했는데, 그 손님은 나무를 거두어 가고 나는 돈을 챙겨 문 밖을 나서다 한 손님이 경 읽는 것을 보았다. 혜능이 경의 말씀을 한 번 듣고 마음이 활짝 깨치게 되어 물었다.

'손님께서는 무슨 경을 읽으십니까?'

'『금강경』이오.'

나는 다시 물었다.

'어디에서 이 경전을 얻어 오셨습니까?'

그 손님이 말했다.

'나는 기주 황매현 동선사에서 왔소. 그 절은 오조 홍인대사가 거기 계시어 교화하시는데 문인이 천여분이나 되오. 나도 그 모임 가운데 가서 절하고 이 경을 듣고 받아 왔소. 대사께서는 늘 승려나 일반대중에게 『금강경』만 받아지니면 스스로 성품을 보아 곧 깨달음을 이루어 마친다고 권하고 계시오.'

혜능이 말을 듣고 나니 오랜 옛날의 인연이 있었던지 한 손님이 은 열량을 혜능에게 주어 늙으신 어머님의 옷과 식량을 충당케 하고 곧 황매에 가서 오조스님께 절하도록 가르쳐 주었다.

혜능이 어머니를 편안히 모셔드리고 나서는 어머니를 하직하고 삼십여 일이 못되어 황매에 이르렀다. 오조께 절하니 혜능에게 물으셨다.

'너는 어디 사람이며 무엇을 구하고자 하는가?'

혜능이 대답했다.

'제자는 바로 영남 신주 백성인데 멀리서 와 스승께 절하는 것은 오직 붇다 되는 길을 구하는 것이요 다른 물건을 구함이 아닙니다.'

조사께서 말씀하셨다.

'너는 영남사람이고 또 오랑캐인데 어떻게 붇다가 될 수 있겠는가?'

혜능이 말했다.

'사람은 비록 남·북이 있지만 불성은 본래 남·북이 없습니다. 오랑캐의 몸은 화상과 같지 않지만 불성은 무슨 차별이 있겠습니까?'

조사께서 다시 함께 말씀하시려다 대중이 좌우에 모두 있는 것을 보시고는 대중을 따라 일하도록 하셨다.

내가 말했다.

'혜능이 화상께 여쭙니다. 제자의 자기 마음이 늘 지혜를 내서 자신의 참모습[自性]을 떠나지 않으면 곧 복밭인데, 무슨 일을 하라고 하시는지 잘 모르겠습니다.'

조사께서 말씀하셨다.

'저 오랑캐의 근성이 너무 날카롭구나. 너는 다시 말하지 말고 방앗간으로 가라.'

혜능이 물러나 후원에 가니 한 행자가 혜능에게 장작 패고 방아 찧는 일을 시켰다. 여덟달 남짓 지난 뒤 조사께서 하루는 혜능을 보고 말씀하셨다.

'내가 너의 견해가 쓸만하다고 생각했지만 몹쓸 사람들이 너를 해칠까 싶어 다시 너에게 말하지 않았는데, 그것을 네가 아느냐?'

혜능이 말씀드렸다.

'제자도 또한 스님의 뜻을 알므로 감히 스님의 방앞에 가지 않음으로써 사람들이 눈치채 알지 못하게 해왔습니다.'

조사께서 하루는 모든 문인을 불러 놓고 말씀하셨다.

'모두 오라. 내가 너희들에게 말하겠다. 세상 사람들에게는 나고 죽음의 일이 큰 것인데, 너희들은 날이 지나도록 복밭만을 구할 뿐 나고 죽음의 고통바다에서 벗어나기를 구하지 않는다. 자신의 참모습[自性]에 어리석으면 복도 어떻게 구할 수 있겠는가. 너희들은 각기 가서 스스로 지혜를 보아 자기 본마음의 반야를 가지고 각기 한 게송을 지어 나에게 가져와 보게 하라.

만약 큰 뜻을 깨달았으면 너희에게 가사와 법을 전하여 제육조를 삼겠다. 불처럼 빨리 가서 머뭇거리지 말라. 헤아리면 곧 맞지 않는다. 견성한 사람[見性之人]은 말 아래 바로 보는 것이니, 만약 이와 같은 자는 칼을 휘둘러대는 싸움터에서도 또한 보는 것이다.'

대중이 처분을 받고 물러나 번갈아 서로 말했다.

'우리 여러 사람들은 구태여 마음을 맑히고 뜻을 써서 게송을 지으려고 할 것이 없다. 화상에게 바친들 무슨 이익이 있겠는가. 신수상좌(神秀上座)는 지금 교수사(敎授師)이시니 반드시 이 분이 법을 받을 것이다. 우리들이 속여 게송을 짓는 것은 부질없이 힘만 들이는 것이다.'

여러 사람들이 말을 듣고 모두 게송 지으려는 마음을 쉬고 말했다.

'우리들은 나중에 신수 스님을 의지할텐데 무엇 때문에 번거롭게 게를 짓겠는가.'

신수는 생각했다.

'여러 사람들이 게를 바치지 않는 것은 내가 저들의 교수사이기 때문이다. 내가 반드시 게를 지어 화상께 바치리라. 게를 바치지 않는다면 화상이 어떻게 내 마음의 견해가 깊고 얕음을 아시겠는가. 내가 게를 바치는 뜻은 법을 구한다면 옳은 것이려니와 조사의 자리를 찾으면 잘못된 것이다. 도리어 범부의 마음과 같으니 성인의 자리를 뺏으려는 것과 무엇이 다르랴. 그렇지만 게를 바치지 않으면 끝내 법을 얻을 수 없으니 참으로 어렵고 어렵다.'

오조스님이 쓰시는 집앞에 세 칸의 복도가 있는데, 화공 노진을 청하여 능가경변상(楞伽經變相)과 오조혈맥도(五祖血脈圖)를 그려 전해 내려가며 여러 사람에게 공양하게 하였다.

신수는 게를 지은 뒤 게를 바치려고 조사의 방앞에 자주 건너갔으나 마음이 아득하고 온 몸에 땀이 흘러 바치지 못하고, 앞뒤로 나흘이 지나도록 열세 차례나 건너갔으나 게를 바치지 못했다.

이에 신수는 생각했다.

'게송을 바치는 것이 복도 밑에다 써 붙이는 것만 같지 못하겠다. 화상께서 지나다 보시고 홀연히 좋다 하시면 곧 내가 절을 하고 신수가 지었다 말씀드리고, 만약 감당할 수 없다 말씀하면 헛되이 산중에서 몇년을 남의 절만 받았으니 다시 무슨 도를 닦을 것인가.'

그날 밤 삼경에 남들이 알지 못하도록 스스로 등을 들고 남쪽 복도벽 사이에 게를 써 자신의 보는 바를 바쳤다.

게송은 이렇다.

몸은 바로 깨달음의 나무요
마음은 밝은 거울의 대와 같네.
때때로 부지런히 털고 닦아
티끌 먼지 일어나지 않도록.

신수가 게를 쓰고 나서 곧 방에 돌아오니 아무도 몰랐다.

신수가 다시 생각했다.

'오조께서 내일 게를 보시고 기뻐하시면 곧 내가 법에 인연이 있음이지만, 감당할 수 없다 말씀하면 이것은 내가 어리석음이라 지난 세상 업의 장애가 무거워 법을 얻을 수 없음이니, 성인의 뜻은 헤아릴 수가 없다.'

방 가운데서 이리저리 생각하며 불안하게 앉았다 누웠다 하니 어느새 오경이 되었다.

조사께서는 이미 신수가 문에 들어오지 못하고 자신의 참성품[自性]을 보지 못한 줄 아셨다. 하늘이 밝아올 때 조사는 노화공을 불러 남쪽 복도벽 사이에 그림을 그리도록 하셨는데, 홀연히 거기 붙은 게송을 보시고 화공에게 말씀하셨다.

'그림을 그릴 것이 없다. 수고롭게 너를 멀리서 오게 했구나. 경에 모든 모습이 다 허망하다 했으니, 이 게만 남겨 두어 사람들에게 외워 지니게 하라. 이 게를 의지해 닦으면 악도에 떨어지지 않고 큰 이익이 있을 것이다.'

문인들에게 향을 꽂고 예경케 하시며 이 게를 다 외우면 모두 참성품을 보게 될 것이라고 하므로 문인들이 게를 외우며 모두 훌륭하다고 찬탄하였다. 조사께서 삼경에 신수를 불러 방에 들게 하고 물으셨다.

'게는 네가 지었느냐?'

신수는 말했다.

'실로 신수가 지은 것입니다. 감히 조사의 자리를 함부로 구함이 아니오

니 화상께서는 자비로 보아 주십시오. 제자에게 적은 지혜라도 있습니까?'

조사는 말씀하셨다.

'네가 지은 이 게는 참성품을 아직 보지 못한 것이다. 다만 문밖에 이르렀을 뿐 문 안에 들지 못했으니, 이런 견해로 위없는 보리를 찾으면 깨쳐 얻을 수 없다.

위없는 보리[無上菩提]는 반드시 말 아래 단박 스스로 본마음을 알고 스스로 본래의 참성품[本性]을 보아야 한다. 그렇게 되면 생겨나지도 않고 없어지지도 않아서 그 어느 때나 생각 생각 만 가지 존재가 막힘 없음을 스스로 보아, 하나가 참됨에 온갖 것이 참되며 만 가지 경계가 스스로 한결 같으리니[萬境如如], 경계에 물듦 없는 한결같은 마음[如如之心]이 바로 참되고 실다움인 것이다.

만약 이렇게 보면 이것이 위없는 보리의 자기모습[菩提自性]이다. 너는 가서 하루 이틀 사유하여 다시 한 게송을 지어서 나에게 가져와 보이라. 너의 게가 문에 들어온 것이면 너에게 법과 가사를 부치겠다.'

신수가 절하고 나가서는 며칠이 지나도록 게를 짓지 못하자, 마음이 아득하고 정신이 불안함이 마치 꿈속에 있는 것 같아서 가거나 앉거나 즐겁지 않았다.

그리고 나서 이틀이 지나 한 어린 사미승이 방앗간을 지나면서 신수의 게송을 외웠다. 혜능이 한 번 듣고 본래의 참성품[本性]을 보지 못한 줄 곧 알았다. 비록 혜능은 가르침을 입지 못했으나 큰 뜻을 일찍 알아챘으므로 어린 사미승에게 물었다.

'외우는 것이 무슨 게입니까?'

어린 스님이 말했다.

'너 오랑캐는 모르고 있는가! 대사께서는 이렇게 말씀하셨다.

<세상 사람에게는 나고 죽음의 일이 크다. 가사와 법을 전해 부치고자 하니, 문인들로 하여금 게를 지어 보이게 해서 큰 뜻을 깨달았으면 가사와

법을 부처서 제육조를 삼으리라.>

이렇게 해서 신수상좌가 남쪽 복도 벽 위에 무상게(無相偈)를 써 붙여서 대사께서 사람들에게 이 게를 외우게 하시고, 이 게를 의지해 닦으면 악도에 떨어지지 않는다고 하셨다.'

혜능이 말했다.

'나도 또한 이 게송을 외워 오는 세상의 인연을 맺고 함께 부처님의 땅에 태어나고자 하오. 스님이여, 나는 방앗간에서 여덟달 남짓 있는 동안 조사가 계신 방앞에 일찌기 가보지 못했습니다. 제발 스님은 나를 게송이 붙여진 곳에 이끌어주어 게송에 절하게 해 주오.'

어린 스님이 게송 앞에 이끌어주므로 게송에 절하고 혜능이 말했다.

'혜능은 글을 모르니 제발 스님은 읽어주시오.'

그 때 강주에서 별가(別駕) 벼슬을 지낸 장일용이란 사람이 큰 소리로 게송을 읽었다. 혜능이 듣고 나서는 말했다.

'나한테도 한 게송이 있으니 별가께서는 써 주십시요.'

별가는 말했다.

'이 오랑캐야, 너도 게를 짓는다 하니 이런 일은 참으로 못보던 일이다.'

혜능이 별가를 깨우쳐 말했다.

'위 없는 보리를 배우고자 하면 처음 배우는 이를 가벼이 하지 말아야 하오. 가장 낮은 사람에게도 가장 높은 지혜가 있기도 하고, 가장 높은 사람에게도 지혜가 없기도 하오. 만약 사람을 가볍게 여기면 한량없고 끝없는 죄가 있을 것입니다.'

이에 별가가 놀래 말했다.

'그대는 게를 외우기만 하시오. 내가 당신을 위해 써주겠소. 당신이 법을 얻으면 먼저 반드시 나를 건져주시오. 이 말 잊지 마시오.'

혜능이 게를 읊었다.

깨달음에는 본래 나무가 없고
밝은 거울도 또한 대가 아니네.
본래 한 물건도 없으니
어느 곳에 티끌 먼지 일어나리오.

이 게를 쓰고 나니 대중이 모두 놀래 뜻밖의 일로 생각하지 않는 자가 없었다. 각기 서로 말했다.

'기이하다. 겉모습으로만 사람을 취해서 안되겠구나. 어떻게 해서 오랫동안 저 육신보살을 우리가 부려먹었단 말인가.'

조사께서는 뭇 사람들이 놀라 기이해함을 보시고 사람들이 해칠까 저어하시어 신으로 게송을 지워 버리시고 말씀하셨다.

'이 게송 또한 참모습 보지 못한 것이다.'

이에 뭇 사람들이 듣고 의심을 쉬었다.

다음날에 조사께서 가만히 방앗간에 이르러 혜능이 돌을 짊어지고 방아 찧는 것을 보고 말씀하셨다.

'도를 구하는 사람이 법을 위해 몸을 잊어버림이 마땅히 이와 같아야 하리.'

그리고는 곧 물으셨다.

'쌀은 잘 여물어 익었느냐?'

혜능이 말했다.

'쌀이 익은 지 오래지만 아직 체질을 못하고 있습니다.'

조사께서 지팡이로 방아를 세 번 내리치시고서는 가셨다. 혜능이 곧 조사의 뜻을 알고 삼경에 조사의 방에 드니, 조사께서 가사로 둘레를 가려 사람들이 보지 못하게 하고 『금강경』을 설해주셨다.

'마땅히 머무는 바 없이 그 마음을 내라'는 데 이르러 말 아래[言下] 온갖 모든 법[一切萬法]이 자신의 참성품 떠나지 않음을 크게 깨쳤다.

드디어 오조께 이렇게 말씀드렸다.

'어찌 자신의 참성품이 본래 스스로 깨끗함을 기약하며

어찌 자신의 참성품이 본래 나지 않고 사라지지 않음을 기약하며

어찌 자신의 참성품이 본래 스스로 갖춤을 기약하며

어찌 자신의 참성품이 본래 흔들려 움직임 없음을 기약하며

어찌 자신의 참성품이 능히 만 가지 법 냄을 기약하겠습니까?'

조사께서 내가 본래의 참성품 깨친 줄 아시고 혜능에게 이렇게 말씀하셨다.

'본마음을 알지 못하면 법을 배운다 해도 이익이 없다. 만약 스스로의 본마음을 알고 스스로의 본성품을 보면 곧 바로 대장부(大丈夫)며 하늘과 사람의 스승[天人師]이며 붇다[佛]라고 이름한다.'

삼경에 법을 받으니 사람들이 다 알지 못했다. 곧 돈교(頓敎)와 가사와 바루를 전하시면서 말씀하셨다.

'너를 제육대조로 삼으니 스스로 잘 보살펴 생각하여 널리 뭇 삶들을 건지고 미래에까지 흘러 넓혀서 끊어짐이 없도록 하라. 나의 게를 들으라.'

> 뜻 있는 이가 와 씨앗을 내리니
> 땅을 인해 열매가 도리어 나네.
> 뜻이 없으면 이미 씨앗 없으니
> 성품도 없고 또한 생겨남도 없다.

조사께서 다시 말씀하셨다.

'옛날 달마대사께서 처음 이 땅에 오셔서 사람들이 믿지 않으므로 이 옷을 전해 믿음의 바탕을 삼아 대대로 서로 이었지만, 법은 마음으로써 마음을 전해 모두 스스로 깨치고 스스로 알게 하는 것이다. 옛부터 부처님과 부처님이 오직 진리의 본바탕[本體]을 전하시며 스승과 스승이 머뭄

없는 본마음[本心]을 비밀히 부쳤으니, 옷은 다툼의 실마리라 너에게서 그치고 다시 전하지 말라. 만약 이 옷을 전하면 목숨이 가는 실낱과 같게 된다. 너는 어서 빨리 가거라. 사람들이 너를 해칠까 두렵다.'

혜능이 여쭈었다.

'어느 곳으로 가야 합니까?'

조사께서 말씀하셨다.

'회(懷)를 만나면 그치고, 회(會)를 만나면 숨으라.'

혜능이 삼경에 가사와 바루를 받아두고 말하였다.

'혜능은 본래 남쪽지방 사람이라 오래 이 산 길을 알지 못합니다. 어떻게 강 어구까지 빠져나갈 수 있습니까?'

오조께서 말씀하셨다.

'너는 걱정하지 말라. 내가 너를 바래다 주겠다.'

조사께서 바래 주시어 구강역(九江驛) 가에 곧 이르니 배 한 척이 있었다. 조사께서 혜능더러 배에 오르게 하시고 노를 잡고 몸소 저으셨다. 혜능이 말했다.

'화상께서는 앉으십시오. 제자가 노를 젓겠습니다.'

오조께서 말씀하셨다.

'내가 너를 건네주리라.'

혜능이 말했다.

'어리석을 때는 스승이 건네주지만 깨달았을 때는 스스로 건넙니다. 건넘이란 말은 비록 하나나 쓰이는 곳이 같지 않습니다. 혜능은 변방에 태어나서 말이 바르지 못했으나, 스님께서 법을 부치시어 깨닫도록 해주셨으므로 이제 제 힘으로 스스로 건너겠습니다.'

조사께서 말씀하셨다.

'그렇고 그렇다. 이 다음 불법이 너로 말미암아 크게 행할 것이다. 네가 간 지 삼년 뒤에 나는 세상을 떠나리라. 너는 이제 잘 가라. 힘써 남쪽으로

향하되 너무 빨리 말하려 하지 말라. 불법에 어려움[法難]이 일어날 것이다.'

혜능이 조사를 하직하고 발을 남으로 돌려 걸어가서 두 달 보름만에 대유령에 이르렀다.

수백명이 혜능의 뒤를 쫓아 와 가사와 바루를 뺐으려 하였다. 한 스님이 속성은 진(陳)이고 이름은 혜명(惠明)인데 출가 전에 사품장군이었다. 성격이 거칠지만 진실한 사람인데 뜻을 지극히 해서 가사와 바루를 찾으니 다른 대중보다 먼저 혜능에게 왔다. 혜능이 가사와 바루를 돌 위에 던지며 말했다.

'이 옷은 믿음을 나타내는데 힘으로 다투겠는가?'

혜능이 풀숲 속에 숨으니 혜명이 이르러 가사와 바루를 주워 가져가려 했으나 움직이지 않았다. 이에 혜명이 외쳤다.

'행자여 행자여, 나는 법을 위해 왔지 옷을 위해 온 것이 아닙니다.'

혜능이 나와서 반반한 돌 위에 앉으니 혜명이 절하고 말했다.

'행자는 저를 위해 법을 설해 주십시요.'

혜능이 말했다.

'그대가 이미 법을 위해 왔다면 모든 일거리를 다 쉬어버리고 한 생각도 내지 마시오. 내가 그대를 위해 말하겠소.'

잠자코 있다[良久] 혜명에게 말했다.

'선도 생각지 말고 악도 생각지 마시오. 바로 이러한 때에 어떤 것이 혜명 상좌의 본래 얼굴이오?'

혜명이 말 아래 크게 깨치고[言下大悟] 다시 물었다.

'위의 비밀한 말과 비밀한 뜻 밖에 도리어 다시 비밀한 뜻이 있습니까?'

혜능이 말했다.

'그대에게 말해준 것은 곧 비밀한 것이 아니오. 그대가 만약 돌이켜 비춘다면 비밀함은 그대 편에 있소.'

혜명이 말했다.

'혜명이 비록 황매에 있으나 자기의 참얼굴은 깨우치지 못했습니다. 이제 바른 지시를 받으니 물을 마심에 차고 더움을 스스로 앎과 같습니다. 이제 행자께서는 곧 혜명의 스승이십니다.'

혜능이 말했다.

'그대가 만약 이와 같다면 나는 그대와 함께 황매의 조사를 같이 스승으로 하겠소. 스스로 잘 보살펴 지니시오.'

이에 혜명이 또 물었다.

'이 뒤로 어느 곳으로 가야 할까요?'

혜능이 말했다.

'원(袁)을 만나면 곧 그치고, 몽(蒙)을 만나면 거기 사시오.'

혜명이 절하고 떠났다.

혜능이 뒤에 조계(曹溪)에 이르러 또 몹쓸 사람들에 쫓기게 되었다. 이에 사회현(四會縣)에서 그 어려움[難]을 피해 사냥꾼 가운데 15년을 지냈는데, 그 동안 사냥꾼들에게 상황에 맞춰 법을 설했다. 사냥꾼들이 늘 그물을 지키게 했는데 매번 산 목숨을 보면 모두 놓아주었다. 밥 때에는 나물을 고기 삶은 솥에 붙여 먹었다. 누가 묻게 되면 고기 가에 얹은 나물만을 먹는다고 대꾸하였다. 하루는 이렇게 생각했다.

'법을 펼 때가 되었으니 끝내 달아나 숨어 있을 것이 없다.'

드디어 광주 법성사(廣州法性寺)에 이르렀는데, 인종법사가 『열반경』 강의하는 것을 만나게 되었다.

그 때 바람이 불어 깃발이 펄럭이니 한 스님은 '바람이 움직인다.'고 하고, 한 스님은 '깃발이 움직인다.'고 하여 의론이 그치지 않았다. 혜능이 나와 말했다.

'바람이 움직이는 것도 아니고 깃발이 움직이는 것도 아니오. 당신들의 마음[心]이 움직인 것이오.'

　한군데 모인 대중이 놀라므로 인종이 윗자리로 이끌어 깊은 뜻을 밝혀 묻고서 혜능의 말이 간단하고 이치에 맞으며 문자에 말미암지 않은 줄 보았다.

　인종이 말했다.

　'행자는 정말 보통분이 아닙니다. 황매의 가사와 법이 남쪽으로 왔다고 오래도록 들어왔는데, 행자가 그 분이 아니십니까?'

　혜능이 말했다.

　'부끄럽습니다.'

　인종이 이에 제자의 예를 지어 전해온 가사와 바루를 대중에게 내보이기를 청하고 다시 물었다.

　'황매에서 부촉하실 때 어떻게 가르쳐 주셨습니까?'

　혜능이 말했다.

　'가르쳐 주심은 따로 없고 오직 참성품 보는 것[見性]만 논하고 선정 해탈을 논하지 않았습니다.'

　인종이 말했다.

　'왜 선정 해탈을 논하지 않습니까?'

　'이것은 두 법이므로 불법이 아니기 때문입니다.'

　인종이 또 물었다.

　'어떤 것이 불법의 둘 아닌 법입니까?'

　혜능이 말했다.

　'법사께서 『열반경』을 강의하여 불성을 밝게 보면 이것이 불법의 둘 아닌 법입니다. 그것은 『열반경』에서 고귀덕왕보살이 부처님에게 다음처럼 물음과 같습니다.

　네 가지 무거운 금계를 범하고 다섯 가지 큰 죄를 지은 자 그리고 일천제(一闡提) 등은 불성의 착한 뿌리가 끊어집니까?

　그 물음에 부처님은 이렇게 답변하셨습니다.

착한 뿌리에는 둘이 있으니 하나는 항상함이요 둘은 덧없음이다. 불성은 항상함도 아니고 덧없음도 아니니, 그러므로 끊어지지 않음을 둘 아님이라 한다. 착한 뿌리에 둘이 있으니 하나는 착함이요 둘은 착하지 않음이다. 불성은 착함도 아니고 착하지 않음도 아니니 이것을 둘 아님이라 한다. 온(蘊 ; skandha)과 계(界 ; dhātu)를 범부는 둘로 보지만, 지혜로운 이는 요달하여 그 참모습에 둘이 없으니 둘 없는 성품이 바로 불성이다.'

인종이 설함을 듣고 기뻐 합장하고 말했다.

'제가 경을 강의하는 것은 기와 조각과 같고 인자께서 뜻을 논함은 참 금과 같습니다.'

이에 인종이 혜능을 위해 머리를 깎아주고 스승으로 모시고자 하니 혜능이 드디어 보리수 밑에서 동산법문(東山法門)을 열게 되었다.

혜능이 동산에서 법을 얻고 쓰라린 고통을 다 받으면서 목숨이 가는 실과 같았으나, 오늘 사군 관료와 출가대중, 공부하려는 일반대중과 이렇게 한 모임에 같이 하였으니, 이것은 오랜 겁 동안의 인연 아님이 아닌 것이다. 또한 지난 생 가운데 여러 부처님께 공양하고 함께 착한 뿌리를 심어서 이제 비로소 위와 같은 돈교(頓敎)의 법 얻은 인연을 듣게 된 것이다.

가르침은 바로 앞 성인들의 전하신 바요, 혜능 스스로의 지혜가 아니니, 앞 성인의 가르침을 듣고자 하는 자는 각기 마음을 깨끗이 하여 듣고 각기 스스로 의심을 없애면 앞대 성인과 다름이 없게 될 것이다."

함께 모인 대중이 법을 듣고 기뻐하며 절하고 물러났다.

제 2 장 반야의 참뜻을 열어 보임 [般若品]

다음날 위사군이 다시 물으니 대사가 자리에 올라 대중에게 말씀하셨다.

"모두 다 마음을 깨끗이 해서 마하반야바라밀다를 생각하라."

다시 말씀하셨다.

"선지식이여, 보리반야인 지혜는 세상사람에게 본래 스스로 있는 것인데, 다만 마음이 어리석으므로 스스로 깨닫지 못한다. 반드시 큰 선지식의 가르쳐 이끔을 빌어 참성품을 보아야 한다.

마땅히 알라. 어리석은 사람과 지혜로운 사람의 불성에는 본래 차별이 없지만, 헤매임과 깨달음이 같지 않음으로 해서[迷悟不同] 어리석음이 있고 지혜로움이 있게 된 것이다.

내 이제 마하반야바라밀법을 설해서 그대들이 각기 지혜를 얻도록 하겠다. 지극한 마음으로 잘 들으라. 내가 너희를 위해 설하겠다.

선지식이여, 세상 사람들은 하루내내 입으로 반야를 부르되 자기 생활 속의 반야[自性般若]를 알지 못하니, 마치 밥을 말하지만 배부르지 않은 것과 같다. 입으로만 공함[空]을 말하면 만겁이 지나도 성품을 보지 못하여 끝내 이익됨이 없게 된다.

선지식이여, 마하반야바라밀은 바로 범어다. 여기 말로는 '큰 지혜로 저 언덕에 이르름[大智慧到彼岸]'이니, 이것은 반드시 마음으로 행하는 것이요 입으로 부르는 데 있지 않다. 입으로만 부르고 마음으로 행하지 않으면 헛깨비 같고 꼭두각시 같으며 이슬과 같고 번개불 같을 것이며, 입으로 부르고 마음으로 행하면 마음과 입이 서로 맞게 된다. 본래의 참성품[本性]이 바로 붇다라 자신의 참성품 떠나 따로 붇다가 없다.

무엇을 마하(maha)라 하는가? 마하란 크다는 뜻이다. 머뭄 없는 마음

[心量]이 넓고 커서 허공과 같이 끝이 없으며, 모남과 둥금, 크고 작음이 또한 없으며, 푸르거나 누르고 붉거나 희지도 않으며, 또한 위 아래와 길고 짧음이 없고, 성냄과 기쁨, 옳음과 그름, 선과 악, 머리와 꼬리도 없다. 모든 부처님의 국토가 다 허공과 같으니, 세상 사람의 묘한 성품[妙性]도 본래 공하여 한 법도 얻을 것이 없다. 그러므로 자기 성품의 참된 공[自性眞空]도 또한 이와 같다.

선지식이여, 내가 공하다고 말함을 듣고 곧 공에 집착해서는 안된다. 공부하는 데는 무엇보다 먼저 공에 집착하지 않아야 하니, 만약 마음을 텅 비워 고요히 앉아 있기만 하면 곧 아무것도 없이 텅 빔[無記空]에 떨어지게 된다.

선지식이여, 세계 허공이 만 가지 것의 빛깔과 모습을 머금을 수 있어 해와 달, 별자리, 산과 내, 큰 땅과 샘과 개울, 풀과 나무와 수풀, 착한 사람과 악한 사람, 좋은 법과 나쁜 법, 천당과 지옥, 온갖 큰 바다, 수미산과 같은 큰 산들이 모두 허공 가운데 있다. 세상 사람들의 삶의 모습이 공함[世人性空]도 또한 다시 이와 같아서 허공이 공하되 만 가지 것을 머금은 것과 같다.

선지식이여, 자신의 성품이 만 가지 법 머금을 수 있는 것이 바로 큼이다. 만 가지 법이 모든 사람의 성품 가운데[諸人性中] 있으니, 만약 모든 사람의 악함과 착함을 보더라도 다 취하거나 버리지 않으며 또한 물들어 집착하지 않아서 그 마음이 허공과 같음을 크다고 하므로 마하(mahā)라 한다.

선지식이여, 어리석은 사람은 입으로만 말하고 지혜로운 사람은 마음으로 행한다.

또 어리석은 사람이 있어 마음을 텅 비워 고요히 앉아 백 가지 생각하는 바 없음을 스스로 크다고 말하나, 이러한 무리들과는 함께 말하지 말 것이니 삿된 견해가 되기 때문이다.

선지식이여, 머묾 없는 마음[心量]이 넓고 커서 법계에 두루하니, 쓰면 곧 또렷하고 분명하다. 사물에 응해 씀에 곧 온갖 것을 알아, 온갖 것이 곧 하나요 하나가 곧 온갖 것이라, 오고 가는 것이 자유로워 마음 자체가 막힘이 없으면 이것이 바로 반야다.

선지식이여, 온갖 반야의 지혜가 모두 자신의 성품[自性]을 좇아 생기는 것이요 밖을 좇아 들어오는 것이 아니니, 뜻을 잘못 쓰지 않는 것을 참성품 스스로의 작용[眞性自用]이라 말한다.

하나가 참되면 온갖 것이 참되니, 마음으로는 큰 일을 헤아리되 작은 일도 실천하지 아니하여, 입으로만 하루내 공함을 말하고 마음 속에서 바른 행을 실천하지 않는 이런 짓을 하지 말라. 이것은 마치 보통사람이 스스로 나라의 왕이라 칭하나 끝내 그럴 수 없는 것과 같으니 나의 제자가 아니다.

선지식이여, 무엇을 반야(prajñā)라 하는가? 반야는 이쪽 말로 지혜이다. 어디서나 어느 때나 생각 생각 어리석지 않아서 늘 지혜를 실천하면 바로 반야행이니, 한 생각이 어리석으면 곧 반야가 끊어지고 한 생각이 지혜로우면 곧 반야가 생겨난다.

세상 사람들은 어리석고 헤매이므로 반야를 보지 못하니, 입으로는 반야를 말하나 마음속은 늘 어리석은데도 늘 내가 반야를 행한다 스스로 말하며, 생각 생각 공(空)을 말하나 참된 공[眞空]을 알지 못한다. 반야는 정해진 모습이 없어서 지혜로운 마음이 바로 이것이니, 이렇게 알면 반야의 지혜라 말한다.

무엇을 바라밀(pāramitā)이라 하는가? 이는 범어라 이쪽 말로는 '저 언덕에 이르름'이니, 뜻을 풀면 나고 사라짐을 떠나는 것이다. 모습 있는 경계에 집착하면 나고 사라짐이 일어나 물에 물결이 이는 것과 같으므로 이 언덕이라 하고, 모습 있는 경계를 떠나면 나고 사라짐이 없어서 물이 늘 통해 흐름과 같으므로 저 언덕이라 한다. 그러므로 나고 사라짐 떠나는 것을 바라밀이라 한다.

선지식이여, 어리석은 사람은 입으로만 부르므로 부를 때에 망녕되고 그릇됨이 있지만, 생각 생각 만약 행해가면 이것을 참성품[眞性]이라 말한다. 이 법을 깨닫는 이가 바로 반야법이요 이 행을 닦는 이가 바로 반야행이니, 닦지 않으면 곧 범부요 한 생각 닦아 행하면 자기 몸이 붇다와 같게 된다.

선지식이여, 범부가 붇다요 번뇌가 곧 보리니, 앞 생각이 어리석으면 곧 범부요 뒷생각이 깨달으면 곧 붇다며, 앞 생각이 경계에 집착하면 곧 번뇌요 뒷생각이 경계를 떠나면 곧 보리다.

선지식이여, 마하반야바라밀이 가장 높고 가장 위이며 가장 으뜸이니, 머뭄 없고 감도 없고 또한 옴도 없어서 과거·현재·미래의 모든 부처님이 모두 이 가운데서 나왔다.

마땅히 큰 지혜를 써서 오온의 번뇌 티끌을 깨뜨려라. 이처럼 수행하면 반드시 깨달음의 길을 이루어 세 가지 독[三毒 : 貪·瞋·痴]을 변화시켜 계·정·혜의 세 가지 배움[三學 : 戒·定·慧]을 이룰 것이다.

선지식이여, 나의 이 법문은 하나의 반야로 좇아 팔만사천 지혜를 낸다. 왜 그런가? 세상사람에게 팔만사천 번뇌 티끌이 있기 때문이니, 만약 번뇌 티끌이 없으면 지혜가 늘 나타나 자신의 참성품 떠나지 않게 된다[不離自性]. 이 법을 깨달은 자는 생각 없고 기억 없으며 집착 없어서 거짓됨과 헛됨을 일으키지 않는다. 스스로의 참되고 한결같은 성품[眞如性]을 써서 지혜로써 살펴 보아 온갖 것에 취하지도 않고 버리지도 않으니, 곧 이것이 '참성품 보아 깨달음을 이루는 길[見性成佛道]'이다.

선지식이여, 깊고 깊은 법계와 반야삼매에 들고자 하면 반드시 반야행을 실천하여 『금강반야경』을 외어 지니면 참성품을 보게 될 것이다. 마땅히 알라. 『금강반야경』을 외우는 공덕은 한량없고 끝이 없으니, 그것은 경 가운데 분명히 찬탄하였으므로 갖추어 다 말할 수 없다. 이 법문은 가장 높은 진리의 수레[最上乘]라 크게 지혜로운 사람을 위해 설하며 근기가 높은 사람을 위해 설함이니, 지혜와 근기가 작은 사람이 들으면 믿지 못하는 마음을 내게 된다.

왜 그런가? 비유하면 큰 용이 우리가 사는 이 염부제에 비를 내리면 도시와 마을이 모두 대추잎처럼 떠내려 가지만, 큰 바다에 비를 내리면 늘어나지도 줄어들지도 않는 것과 같다.

만약 크나큰 진리의 수레에 탄 사람[大乘人]과 가장 높은 진리의 수레에 탄 사람[最上乘人]이 이 『금강경』 설함을 들으면 마음이 열려 깨달아 알게 된다. 그러므로 알라. 본성품[本性]에 스스로 반야의 지혜가 있어서 스스로 지혜를 써서 늘 살펴 비추므로 문자를 빌지 않는다.

비유하면 빗물이 하늘에 있는 것이 아니라 원래 용이 비를 일으켜 모든 삶들과 모든 풀과 나무, 유정, 무정을 모두 다 적셔주며, 백개 냇물의 여러 흐름이 큰 바다에 들면 한 물, 한 몸으로 합치는 것과 같이 중생의 본성품인 반야의 지혜도 또한 이와 같다.

선지식이여, 근기가 작은 사람이 이 돈교(頓敎)를 들으면, 마치 뿌리가 튼튼하지 못한 풀과 나무가 큰 비를 맞으면 모두 넘어져 자라지 못하는 것 같아서, 근기가 작은 사람이 감당하지 못함도 또한 이와 같다.

원래 반야의 지혜가 있는 것은 크게 지혜로운 사람과 차별이 없는데 왜 법을 듣고도 스스로 깨닫지 못하는가. 삿된 견해의 장애가 무겁고 번뇌의 뿌리가 깊기 때문에 그러하니, 마치 큰 구름이 해를 덮어서 바람이 불지 않으면 햇빛이 나타나지 않음과 같다. 반야의 지혜 또한 크고 작음이 없지만, 온갖 중생이 자기 마음의 헤매임과 깨달음[迷悟]이 같지 않아서 마음을 헤매어 밖을 보고 수행하여 붇다를 찾으므로 자신의 참성품[自性]을 깨치지 못하니, 이것이 바로 작은 근기이다. 만약 돈교를 활짝 깨쳐 밖을 향해 닦는 것을 집착하지 않고, 다만 스스로의 마음속에 늘 바른 견해[正見]를 일으켜 번뇌 티끌에 물들지 않으면 이것이 참성품을 봄[見性]이다.

선지식이여, 안과 밖에 머물지 않고 오고 감이 자유로워 집착된 마음을 없애면 통달하여 걸림 없으니, 이러한 행을 닦을 수 있으면 『반야경』과 본래 차별이 없을 것이다.

선지식이여, 모든 경장과 문자로 된 대소승의 십이부경이 모두 사람으로 인해 두어진 것이며 지혜로 인해 바야흐로 세워진 것이니, 만약 세상사람이 없으면 만 가지 법이 본래 스스로 있을 수 없다.

그러므로 만 가지 법이 본래 사람으로부터 일어나며 모든 경전이 사람이 설함으로 인해 있게 된 것임을 알아야 한다. 사람 가운데 어리석음이 있고 지혜로움이 있으므로 어리석으면 작은 사람[小人]이 되고 지혜로우면 큰 사람[大人]이 되는데, 어리석은 사람이 홀연히 깨달아 그 마음을 열면 곧 지혜로운 사람과 다름이 없다.

선지식이여, 깨치지 못하면 붓다가 곧 중생이요, 한 생각 깨달을 때 중생이 바로 붓다다. 그러므로 만 가지 법이 모두 자기 마음[自心] 가운데 있는 줄 알아야 한다. 그런데 왜 자신의 마음 가운데서 참되고 한결같은 본 성품[眞如本性]을 단박 보지 못하는가.

『보살계경(菩薩戒經)』에서는 이렇게 말한다.

'나의 원래 근본 자기 성품이 청정하니 만약 자기 마음을 알아 참성품을 보면[見性] 깨달음의 길을 모두 이루게 된다[成佛道].'

또 『정명경(淨名經)』에서는 말한다.

'지금 바로 환히 깨치면 본래의 머묾 없는 마음을 얻게 된다.'

선지식이여, 나는 인화상(忍和尙) 계시던 곳에서 한번 듣고 말씀 아래 곧 깨쳐 참되고 한결같은 본성품[眞如本性]을 단박 보았다. 그러므로 이 교법을 유행시켜 바른 길 배우려는 사람들이 단박 보리를 깨쳐 각기 스스로 마음을 살펴 스스로 본성품을 보게 하려 한다. 만약 스스로 깨치지 못하면 반드시 최상승법(最上乘法)을 아는 큰 선지식이 바른 길 바로 보여줌을 찾으라.

이 선지식은 큰 인연이 있음이니 곧 뭇 삶들을 교화해 이끌어서 성품을 보도록 함이라, 모든 좋은 법이 이 선지식으로 인해서 일어날 수 있기 때문이다. 과거 · 현재 · 미래의 모든 부처님의 십이부경이 다 사람들 자신의 성품[人性] 가운데 본래 스스로 갖추어져 있지만, 스스로 깨치지 못하므로 반드시 선지식의 가르쳐 보임을 구해야 바야흐로 보게 된다.

만약 스스로 깨치는 자는 밖으로 선지식을 구할 것이 없다. 만약 다른 선지식을 의지해야만 해탈할 수 있다고 한결같이 집착하여 말하면 그것도 옳지 않다. 왜 그런가? 자신의 마음속에 선지식이 있어 스스로 깨치는 것인데, 삿되고 어리석은 생각을 일으켜 망녕된 생각으로 인해 뒤바뀌면 비록 밖의 선지식이 가르쳐 준다 해도 깨칠 수 없다.

만약 바르고 참된 반야를 일으켜 살펴 비추면 한 찰나 사이에 망녕된 생각이 모두 사라지니, 만약 자신의 참성품을 알아 한번 깨치면 곧 붇다의 땅[佛地]에 이르게 된다.

선지식이여, 지혜로 살펴 비추면 안과 밖이 밝게 사무쳐[內外明徹] 본래의 머뭄 없는 마음[本心]을 알게 된다. 만약 본마음을 알면 본래의 해탈이니 해탈을 얻으면 곧 반야삼매며 곧 생각 없음[無念]이다.

무엇을 생각 없음이라 하는가? 만약 온갖 법을 보더라도 그 마음이 물들어 집착하지 않으면 이것이 생각 없음이다. 쓰면 곧 온갖 곳에 두루하되 또한 온갖 곳에 집착하지 않고, 다만 본래의 머뭄 없는 마음[本心]을 깨끗이 하여 여섯 가지 식[六識]으로 여섯 문[六門 ; 六根]을 나오게 하되, 여섯 가지 객관 경계[六塵]에 물듦 없고 섞임 없으며 오고 감이 자유롭고 통해 씀에 막힘이 없으면 곧 반야삼매며 자재한 해탈[自在解脫]이니, 이것을 생각 없는 행[無念行]이라 한다.

만약 백 가지 것을 생각지 않고 마땅히 생각을 끊으려 하면 이것은 법에 묶임[法縛]이니 곧 치우친 견해[邊見]라 한다.

선지식이여, 생각 없는 법[無念法]을 깨친 이는 만 가지 법이 다 통하며,

생각 없는 법을 깨친 이는 모든 붇다의 경계를 보며, 생각 없는 법을 깨친 이는 붇다의 지위에 이른다.

선지식이여, 다음 대에 나의 법을 얻은 자로서 이 돈교법문을 가지고 견해를 같이 하고 행을 같이 하여 발원하고, 받아 지님을 부처님을 모시듯이 하여 이 몸이 다하도록 물러서지 않는 자는 반드시 성인의 자리에 들어갈 것이다. 그러므로 위로부터 비밀히 전해 부치심을 반드시 전하여 주어 그 바른 법을 숨기지 말라.

만약 견해를 같이 하지 않고 행을 같이 하지 않아 다른 법 가운데 있으면 전해 부치지 말라. 그 앞 사람을 손상시켜 끝내 이익이 없을 것이니, 어리석은 사람들이 알지 못하고, 이 법문을 비방하여 백겁 천생에 붇다의 씨앗[佛種]을 끊어버릴까 두렵다.

선지식이여, 나에게 한 모습 없는 노래[無相頌]가 있으니 각기 반드시 외워 집에 있든 출가하든 다만 여기에 의지해 수행하라. 만약 스스로 수행하지 않고 오직 나의 말만 기억하면 이익됨이 없을 것이다. 나의 노래를 들으라."

> 설법과 참된 마음 함께 통하니
> 해가 저 허공에 있음과 같네.
> 오직 견성하는 법만 전달하나니
> 세간 뛰쳐 삿된 종지 깨뜨리도다.
> 법에는 단박과 점차의 차별 없지만
> 사람들의 어리석음과 깨달음에
> 더딤과 빠름의 차별 있나니
> 다만 이 견성하는 진리의 문은
> 어리석은 사람들이 알 수 없어라.
> 말하면 비록 만 가지가 벌어지나

모습 없는 이치에 합하고 보면
만 가지가 하나에 돌아가나니
번뇌의 어두운 집 가운데에
늘 지혜의 해 빛나게 하라.

삿됨이 오면 번뇌가 따라 이르고
바름이 오면 번뇌가 없어지나니
삿되고 바름 함께 쓰지 않으면
깨끗하여 남음 없는 열반 이르리.
항상 밝은 보리의 본래 자성에
생각을 일으키면 허망함 되나
깨끗한 마음 망념 속에 있으니
다만 바르면 세 가지 장애 없으리.

세상 사람들 만약 도를 닦으면
온갖 것이 다 방해롭지 않을 것이니
늘 스스로 자신의 허물만 보면
바른 도와 언제나 서로 맞으리.

빛깔 있고 모습 있는 여러 무리에
스스로 바른 삶의 길이 있어서
서로 괴롭혀 방해하지 않나니
자기 길을 떠나 따로 길을 찾으면
이 몸이 다하도록 참 길 못보리.

물결처럼 흔들려 한 생 보내면

끝내 되려 스스로 뉘우치리니
참된 삶의 길과 진리 보려 한다면
바름을 행하는 것이 곧 길이니
스스로 바른 도의 마음 없으면
어둠 속에 헤매어 길을 못 보리.

참으로 바른 길 닦는 이라면
세간의 그름만을 보지 말지니
다른 이의 그름만을 보게 된다면
스스로 그르다 함이 잘못이 되니
남 그르고 나는 그르지 않다 하면
내가 남을 그르게 여기는 마음
도리어 스스로의 허물이 되네.
다만 그르게 여기는 마음 버리고
번뇌를 쳐 깨뜨려 없애 버리며
미움 사랑 마음에 걸리지 않으면
길이 두 발 펴고서 편히 누우리.

다른 사람 교화하려 생각한다면
반드시 좋은 방편 있어야 하니
저들이 의심 두지 않게 한다면
곧바로 자기 성품 드러나리라.
불법은 바로 세간 속에 있으니
이 세간을 떠나지 않고 깨치라.
세간을 떠나 따로 보리 찾으면
본래 없는 토끼 뿔을 찾음과 같네.

바른 견해 이 세간 벗어남이고
삿된 견해 세간 속에 헤매임이니
삿되고 바름 모두 쳐 없애버리면
보리자성 두렷이 드러나리라.
이 노래가 곧 돈교의 큰 법문이며
또한 진리의 배라 이름하나니
어리석게 이 법문을 받아 들으면
오래고 머나먼 겁 지나게 되고
깨달으면 바로 찰나 사이에 있네.

대사께서는 다시 말씀하셨다.

"이제 대범사에서 이 돈교(頓敎)의 법을 설했으니 널리 법계의 중생이 말 아래 단박 성품을 보아 깨달음을 이루기[見性成佛] 원할 뿐이다."

그 때 위사군과 관료, 출가대중과 일반대중이 함께 대사의 설하신 바를 듣고 깨닫지 않는 자가 없었으니, 모두 한 때에 절하고 이렇게 찬탄했다.

"참으로 거룩하도다. 어찌 영남에 성인이 나오시리라 생각이나 했겠는가."

제 3 장 대중의 의문에 답함〔疑問品〕

하루는 위자사가 대사를 위하여 큰 재회를 베풀었다. 재(齋)가 끝나자 자사가 대사를 청하여 법의 자리에 오르시게 하고는 관료와 선비, 일반 대중들과 함께 얼굴을 공손히 가다듬고 두 번 절하고 물었다.

"제자가 듣기에 화상의 설법은 이루 말할 수 없고 생각할 수 없습니다. 이제 적은 의문점이 있으니 큰 자비로 특별히 해설해 주소서."

대사께서 말씀하셨다.

"의문이 있으면 곧 물으시오. 내가 설해주겠소."

위공이 말했다.

"화상의 말씀하신 바가 달마대사의 종지(宗旨)가 아닙니까?"

대사께서 말씀하셨다.

"그렇소."

위공이 말했다.

"제자가 듣기에 달마대사께서 처음 양무제를 교화하실 때 무제가 달마께 다음처럼 물은 줄 압니다.

'내가 일생에 절을 짓고 여러 사람들을 승려로 만들었으며 이웃에 나누어주고 재를 베풀었는데 어떤 공덕이 있습니까?'

이에 달마께서는 '실로 공덕이 없다'고 하셨습니다. 제자가 이 이치를 통달하지 못하오니 화상께서는 말씀해 주십시요."

대사께서 말씀하셨다.

"실로 공덕이 없는 것이니 옛 성인의 말씀을 의심하지 마시오. 무제는 마음이 삿되어 바른 법을 알지 못했소. 절 짓고 여러 사람들을 승려로 만들며 이웃에 나누어주며 재를 베풀어 주니, 그것은 복 구함이라 말할 수 있으나 복을 가지고 공덕이라 해서는 안되오. 공덕은 법신(法身) 가운데 있지 복을 닦음에 있지 않소."

대사가 다시 말씀하셨다.

"참성품을 보는 것이 공(功)이요 평등함이 바로 덕(德)이니, 생각 생각 막힘없이 늘 본성품의 진실하고 묘한 작용[本性眞實妙用] 보는 것을 공덕이라 하오. 안의 마음을 겸손하게 낮춤이 공이요, 밖으로 예(禮)를 실천하면 바로 덕이며, 자신의 참성품[自性]이 만 가지 법 세워내는 것이 공이요, 마음의 본바탕이 생각을 떠나는 것[心體離念]이 바로 덕이며, 자신의 참성품 떠나지 않음이 공이며, 사물에 응해 쓰되 물들지 않음이 바로 덕이오.

만약 공덕의 법신을 찾으려 하면 여기에 의지해 그 공덕을 지어야 참된 공덕이 되오. 공덕을 닦는 사람이라면 그 마음이 곧 남을 가벼이 여기지 않고 늘 널리 공경함을 행하오. 마음이 늘 다른 사람을 가벼이 여기고 나를 내세우는 생각 끊어지지 않으면 스스로 공이 없게 되고, 자신의 생활이 허망하여 진실하지 못하면 스스로 덕이 없게 되니, 이는 나를 내세우는 생각 스스로 커져 늘 모든 이들을 가벼이 여기기 때문이오.

선지식이여, 생각 생각 사이가 없는 것이 공이요, 마음을 평등하고 곧게 쓰는 것이 바로 덕이며, 스스로 불성을 닦는 것이 공이요, 스스로 몸을 닦는 것이 덕이오.

선지식이여, 공덕은 자신의 참성품[自性] 안에서 보는 것이요, 널리 나누어 줌과 공양만으로 구하는 바가 아니오. 그러므로 복덕과 공덕은 서로 다른 것이니, 무제가 참 이치를 알지 못하였을 뿐 우리 조사에게 허물 있음이 아닙니다."

자사가 또 물었다.

"제자가 늘 스님들이나 일반대중이 아미타불을 불러 서방에 태어나려 발원하는 것을 보는데, 그 곳에 가 태어날 수 있는지 화상께서는 말씀해 주시어 의심을 깨뜨려 주십시오."

대사께서 말씀하셨다.

"사군은 잘 들으시오. 혜능이 함께 말하겠소. 세존께서 사위성 가운데 계시면서 서방정토를 말씀하여 중생을 이끌어 교화하셨는데, 경의 글에 분명히 서방정토가 여기서 멀지 않다고 하였소. 만약 모습을 논해 말한다면, 거리가 십만 팔천리 된다는 것은 곧 몸 가운데 열 가지 악[十惡]과 여덟 가지 삿됨[八邪 ; 生滅, 斷常, 一異, 去來]이니 그것으로 멀다고 말한 것이오.

멀다고 말한 것은 낮은 근기를 위함이요, 가깝다고 말한 것은 높은 근기를 위함이니, 사람에는 두 종류가 있지만 법에는 두 가지가 없소. 어리석음과 깨달음에 다름이 있어서 견해에 더디고 빠름이 있으니, 어리석은 사람은 부처님을 불러[念佛] 저 정토에 태어나려 하지만, 깨달은 사람은 스스로 그 마음을 깨끗이 하오.

그러므로 부처님은 '그 마음이 깨끗함을 따라 부처님의 땅이 깨끗하다'고 말씀하셨소. 사군이여, 동방사람도 다만 그 마음이 깨끗하면 곧 죄가 없고, 비록 서방사람이라도 마음이 깨끗하지 못하면 또 허물이 있게 되는 것이오. 동방사람은 죄를 지으면 부처님을 불러 서방에 나기를 구하지만, 서방사람이 죄를 지으면 부처님을 불러 어느 나라에 나기를 바랄 것이오.

어리석은 범부들은 자신의 성품[自性]을 사무쳐 알지 못하고 몸 가운데 정토를 알지 못하여 동쪽을 원하고 서쪽을 원하지만, 깨친 사람은 있는 곳마다 한 가지오. 그러므로 부처님은 '머무는 곳을 따라 늘 편안하고 즐겁다'고 말씀하셨소.

사군이여, 마음 땅이 다만 착하지 않음이 없으면 서방정토가 여기서 멀지 않고, 만약 착하지 않은 마음을 품으면 부처님을 불러도 가서 나기 어렵소. 이제 선지식들에게 권하니 먼저 열 가지 악을 없애시오. 그러면 십만을 감이고, 다음 여덟 가지 삿됨을 없애시오. 그러면 팔천을 지난 것이니, 생각 생각 참성품 보아 늘 평등하고 곧은 생활 실천하면 손가락 한번 튕길 사이에 정토에 이르러 아미타를 뵙게 될 것이오.

사군이여, 다만 열 가지 착함[十善]만 행한다면 어찌 다시 정토에 가서 나기 원할 것이며, 열 가지 악한 마음을 끊지 않는다면 어떤 부처님이 와서 맞아주실 것이오.

만약 남이 없는 법[無生法]을 단박 깨치면[頓悟] 서방을 보는 것이 찰나에 있으나, 깨치지 못하면 부처님을 불러 태어나기 원하여도 길이 머니 어떻게 이르겠소.

혜능이 이제 여러 사람에게 서방을 찰나 사이에 옮겨 눈 앞에 곧 보게 할 것이니, 각기 원하오?"

대중이 모두 머리 숙여 절하면서 말하였다.

"만약 이 곳에서 본다면 어찌 반드시 태어나기를 원하겠습니까? 화상께서는 자비로 곧 서방을 나타내 널리 볼 수 있도록 해주십시오."

대사께서 말씀하셨다.

"대중이여, 세상 사람의 자기 몸은 바로 성(城)이요, 눈·귀·코·혀는 바로 문(門)이오. 밖으로 다섯 문[五門]이 있고 안으로 뜻의 문[意門]이 있으니, 마음[心]은 바로 땅[地]이요, 성품[性]은 바로 왕(王)이오. 왕이 마음 땅 위에 사니, 성품이 있으면 왕이 있고 성품이 가면 왕이 없으며, 성품이 있으면 몸과 마음이 있고 성품이 가면 몸과 마음이 무너지는 것이오.

붇다는 성품[性] 가운데를 향하여 짓지, 몸 밖을 향하여 구하지 마시오. 자기 성품[自性]이 어리석으면 곧 중생이요 자기 성품[自性]이 깨달으면 곧 붇다니, 자비(慈悲)가 바로 관음이요 희사(喜捨)를 대세지라 하며, 세상을 깨끗이 할 수 있으면 석가요 평등하고 곧으면 아미타인 것이오.

너니 나니 하는 것이 수미산이고 삿된 마음 바다물이며, 번뇌는 물결이고 독으로 해 끼침은 나쁜 용이며, 허망함은 귀신이고 번뇌는 고기와 자라며, 탐내고 성냄은 지옥이고 어리석음은 축생인 것이오.

선지식이여, 늘 열 가지 선을 행하면 천당에 곧 이르고, 너니 나니 하는 다툼 없으면 수미산이 거꾸러지며, 삿된 마음 없으면 바다물이 마르고, 번뇌가 없으면 물결이 사라지며, 독으로 해 끼침이 없으면 고기와 용이 끊어질 것이오.

자신의 마음 땅 위에 깨달음의 여래가 큰 빛을 놓아 밖으로 여섯 문을 비추어 깨끗하면 욕계의 여섯 하늘을 깨뜨릴 수 있고, 자기 성품이 안으로 비추면 세 가지 독이 없어지며, 지옥 등의 죄가 한 때에 녹아 없어지면 안과 밖이 밝게 사무쳐서[內外明徹] 서방과 다르지 않게 될 것이오. 이렇게 수행하지 않으면 어떻게 저 정토에 이를 수 있겠소."

대중이 말씀을 듣고서 모두 밝게 성품을 사무쳐 보고 대사께 절하고 함께 '거룩하시다'고 찬탄하면서 이렇게 말하였다.

"널리 원컨대 법계의 중생으로 이 법을 듣는 자들 한 때에 깨쳐 알아지이다."

대사께서 말씀하셨다.

"선지식이여, 수행하고자 하면 재가(在家)라도 되는 것이니, 꼭 절에 있을 까닭이 없소. 집에 있어 잘 실천할 수 있으면 동방사람의 마음이 착한 것과 같고, 절에 있어도 잘 실천하지 못하면 서방사람의 마음이 악한 것과 같소. 다만 그 마음이 깨끗하면 바로 자기 성품의 서방정토[自性西方]인 것이오."

위공이 또 물었다.

"집에 있어 어떻게 수행해야 합니까? 가르쳐 주십시요."

대사께서 말씀하셨다.

"내가 대중에게 모습 없는 노래[無相頌]를 말하겠소. 여기에 의지해 수행하면 나와 늘 한 곳에 있음과 다름이 없지만, 여기에 의지해 수행하지 않으면 집을 나와 머리를 깎은들 참된 깨달음의 길에 무슨 이익이 있겠소?"

노래는 이와 같소.

마음이 평등함에 어찌 힘써 계 지니며
행동거지 곧음에 선정 닦아 어디 쓰리.
은혜를 깊이 알아 어버이 잘 모시고
의로움에 위 아래가 서로서로 사랑하며
겸양함에 높고 낮음 모두 함께 화목하고
잘 참음에 뭇 악들이 시끄럽게 하지 않네.

쉬임없이 나무 비벼 불을 낼 수 있으면
진흙 속에서 반드시 붉은 연꽃 피어나리.
입에 쓴 것 반드시 몸에 좋은 약이요
귀에 몹씨 거슬리면 행에 좋은 말이니
허물 바로 고치면 지혜가 생겨나고
모자람을 덮어두면 어질지 않게 되네.

나날이 늘 중생에게 이익된 일 행하나
도 이룸은 금전 보시 속에 있지 않으니
깨달음을 마음 향해 찾아야 할지언정
어찌 힘써 밖을 향해 현묘한 법 찾을건가.
나의 설법 바로 듣고 여기 따라 수행하면
천당 극락 곧바로 눈앞에 드러나리.

대사께서 거듭 말씀하셨다.

"선지식이여, 모두 반드시 이 게를 의지하여 수행하여 자신의 참성품을 보아 바로 깨달음의 길 이루라. 법은 실로 마주하여 기다림이 아니니 대중은 우선 헤어지라. 나는 조계로 돌아간다. 대중이 만약 의문나는 바가 있으면 다시 와서 서로 묻도록 하라."

그 때 자사 관료와 모임에 있던 남녀 대중들이 각기 깨달음을 얻고 믿어
받아들이며 받들어 행하였다.

제 4 장 선정과 지혜의 하나됨〔定慧品〕

대사께서 대중에게 이렇게 가르쳐 보이셨다.

"선지식이여, 나의 이 법문은 선정과 지혜로써 근본을 삼는다. 대중은 잘못 헤매어 선정과 지혜가 다르다고 말하지 말라. 선정과 지혜는 한 몸이요 둘이 아니니, 선정은 지혜의 바탕[體]이요, 지혜는 선정의 움직여 씀[用]이다. 곧 지혜일 때 선정이 지혜에 있고, 곧 선정일 때 지혜가 선정에 있으니, 이 뜻을 알면 선정과 지혜를 평등하게 배움이다.

모든 도 배우는 사람들은 선정을 먼저 해서 지혜를 낸다거나 지혜를 먼저 해서 선정을 낸다 하여 선정과 지혜가 각기 다르다고 말하지 말라. 이런 견해를 짓는 자는 법에 두 모습이 있어서 입으로는 옳은 말을 하나 마음 가운데는 옳지 못한 뜻이 있으니, 헛되게 선정과 지혜가 있어서 선정과 지혜가 평등하지 못하다.

만약 마음과 입이 모두 옳아서 안과 밖이 한 가지가 되면 선정과 지혜가 평등하게 된다. 스스로 깨달아 수행함은 말다툼에 있지 않으니, 만약 앞과 뒤를 다투면 어리석은 사람과 같다. 그렇게 되면 이기고 지는 마음을 끊지 못하여 도리어 나와 법[我法]을 키워가게 되니, 네 가지 모습[四相 : 我相, 人相, 衆生相, 壽者相]을 떠나지 못한다.

선지식이여, 선정과 지혜는 무엇과 같은가? 등과 같고 빛과 같다. 등이 있으면 빛이 있고 등이 없으면 곧 어두워지니, 등은 빛의 바탕이고 빛은 등의 움직여 씀임이다.

등과 빛이 이름은 비록 둘이 있으나 근본은 하나이니, 이 선정과 지혜의 법도 또한 이와 같다."

대사께서 대중에게 가르쳐 보이셨다.

"선지식이여, 일행삼매(一行三昧)란 온갖 곳에서 가고 머물고 앉고 누움에 늘 한결같이 곧은 마음을 행하는 것이 바로 이것이다.

저 『정명경(淨名經)』에 '곧은 마음이 도량이며 곧은 마음이 정토다'라고 한 말씀과 같으니, 마음으로는 굽게 행하고 입으로만 곧음 말하며, 입으로는 일행삼매를 말하고 곧은 마음을 행하지 않는 이러한 잘못 저지르지 말라. 다만 곧은 마음을 행하여 온갖 법에 대해 집착두지 말라.

어리석은 사람은 법의 모습[法相]에 집착하고 일행삼매를 다시 집착하여, 늘 앉아 움직이지 않으며 망녕되이 마음 일으키지 않는 것이 일행삼매라고 함부로 말하니, 이런 견해를 짓는 자는 뜻 없는 물건[無情物]과 같아서 도리어 참된 삶의 길을 가로막는 인연이 된다.

선지식이여, 도는 반드시 통해 흘러야 하는데 어찌 도리어 막아버릴 것인가. 마음[心]이 법(法)에 머물지 않으면 도가 통해 흐르며, 마음이 만약 법에 머물러 버리면 그것을 스스로 묶임이라 한다.

만약 늘 앉아 움직이지 않는 것이 옳다 말하면 다만 저 사리불이 숲속에 고요히 앉아 있기만 하다 유마힐에게 꾸중 받음과 같을 것이다.

선지식이여, 어떤 사람이 있어서 '앉아 마음을 보고 고요함을 살피며[看心觀靜] 움직이지 않고 일어나지 않도록[不動不起]' 가르쳐 여기에 공(功)을 두게 하면, 헤매는 사람들은 알지 못하므로 곧 집착하여 뒤바뀜을 이룬다. 이러한 자들이 무리지어 이처럼 서로 가르치니 크게 잘못된 것인 줄 알아야 한다."

대사께서 대중에게 가르쳐 보이셨다.

"선지식이여, 본래 바른 가르침에는 단박 깨침과 점차로 닦아감[頓漸]이 없지만, 사람의 근기에 스스로 날카롭고 무딤이 있어 어리석은 사람은 점차로 닦아가고[漸修], 깨달은 사람은 단박 계합한다[頓契].

스스로 머뭄 없는 본마음[本心]을 알고 스스로 모습 없는 본성품[本性]을 보면 곧 차별이 없다. 그렇기 때문에 단박 계합함과 점차로 닦아감의 거짓 이름을 세운 것이다.

선지식이여, 나의 이 법문(法門)은 위로부터 내려오면서 먼저 생각 없음[無念]으로 실천의 뼈대[宗]를 삼고, 모습 없음[無相]으로 실천의 바탕[體]을 삼으며, 머묾 없음[無住]으로 실천의 뿌리[本]를 삼는다.

모습 없음[無相]이란 모습에서 모습 떠남이며[於相離相], 생각 없음[無念]이란 생각에서 생각 없음이다[於念無念]. 그리고 머묾 없음[無住]이란 사람의 본성품[本性]이 세간의 선과 악, 고움과 미움 나아가서는 원수거나 친함에 대해서 그리고 말로 상처주거나 속이고 다툴 때 그 모두를 공(空)으로 삼아 갚아 해칠 것을 생각하지 않으며, 생각 생각 속에 앞의 경계를 생각하지 않음[不思前境]이다.

만약 앞 생각과 지금의 생각, 뒷 생각이 생각 생각 서로 이어져 끊어지지 않으면 얽혀 묶임이라 하고, 모든 법에 대해서 생각 생각 머물지 않으면[於法不住] 곧 묶임 없음이니, 이것이 바로 머묾 없음으로 실천의 뿌리를 삼는 것이다.

선지식이여, 밖으로 모든 모습 떠나면 모습 없음이라 하고, 모습을 떠날 수 있으면 삶의 본바탕이 깨끗해지니[法體淸淨], 이것이 바로 모습 없음으로 실천의 바탕을 삼는 것이다.

선지식이여, 모든 객관 경계 위에 마음이 물들지 않음을 생각 없음이라 하니, 그것은 스스로의 생각 위에서 늘 모든 경계를 떠나며 모든 경계 위에서 물든 마음 내지 않음이다.

만약 다만 백 가지 것 생각하지 않고 생각을 다해 없애버리려 할 땐 생각이 끊어지면 곧 죽어 다른 곳에 태어날 것이니 이것은 크게 잘못된 것이다. 참된 삶의 길 배우는 자는 깊이 이를 생각해야 한다.

만약 참된 법의 뜻[法意]을 알지 못하여 스스로 그르침은 오히려 그렇다 할 수 있지만, 다시 다른 사람에게 권하게 되면 스스로 헤매어 보지 못할 뿐더러 부처님의 경전까지 비방하게 된다. 그러므로 생각 없음[無念]을 세워 실천의 뼈대[宗]를 삼는 것이다.

선지식이여, 왜 생각 없음[無念]을 세워 실천의 뼈대[宗]를 삼는가? 다만 입으로만 참성품 봄을 말하기 때문에 헤매는 사람들은 객관 경계[境] 위에 물든 생각이 있으며, 생각 위에 곧 삿된 견해를 일으켜 온갖 번뇌와 허위의식이 이로부터 생겨난다.

머묾 없는 자기 성품[自性]은 본래 한 법도 얻을 것이 없는데, 만약 얻는 바가 있어서 망녕되이 화(禍)와 복(福)을 이야기 한다면 이것이 바로 번뇌 티끌인 삿된 견해인 것이다. 그러므로 단박 깨쳐 들어가는 이 진리의 문[法門]은 생각 없음[無念]을 세워 실천의 뼈대를 삼는 것이다.

선지식이여, 생각 없음[無]이란 무엇이 없다는 것이며, 생각함[念]은 무엇을 생각한다는 것인가? 없음이란 두 모습이 없다[無二相]는 것이니, 모든 번뇌 티끌인 허위의식이 없음이다. 그리고 생각함은 참되고 한결같은 본성품[眞如本性]을 생각한다는 것이니, 참되고 한결같음[眞如]은 바로 생각의 '머묾 없는 바탕[念之體]'이요, 생각은 바로 참되고 한결같음의 '살아 움직여 씀[用]'이다. 참되고 한결같은 자기 성품[眞如自性]이 생각을 일으키는 것이지 눈이나 귀, 코, 혀가 생각을 낼 수 있는 것이 아니다. 참되고 한결같음에 공덕의 성품이 갖춰 있으므로[眞如有性] 생각을 일으키는 것이다. 참되고 한결같은 성품이 없다면 눈과 귀, 빛깔과 소리는 바로 그 자리에서 무너지게 될 것이다.

선지식이여, 참되고 한결같은 자기 성품[眞如自性]이 생각을 일으키니, 인식주체[六根]가 비록 보고 듣고 깨달아 알지만, 만 가지 경계[六境]에 물들지 않으며 참성품이 늘 자재한 것이다[眞性自在].

그러므로 경은 '모든 존재의 모습[法相]을 잘 분별할 수 있되 으뜸가는 진리의 뜻[第一義]에서는 움직이지 않는다'고 하였다."

제 5 장 좌선의 참뜻[坐禪品]

대사께서 대중에게 가르쳐 보이셨다.

"이 단박 깨치는 문의 좌선은 원래 마음을 보지도 않고 깨끗함을 보지도 않으며, 또한 움직이지 않는 것도 아니다[不是不動].

만약 마음을 본다고 말한다면, 마음이란 원래 (연기된 것이므로) 허망한 것이니 마음이 헛깨비 같은 줄 알므로 볼 것이 없는 것이다.

만약 깨끗함을 본다고 말한다면 사람의 성품이 본래 깨끗한 것인데, 허망한 생각으로 말미암아 참되고 한결같음을 덮은 것이니, 다만 허망한 생각이 없으면 참성품이 스스로 깨끗하다. 그러므로 생각을 일으켜 깨끗함을 보면 도리어 '깨끗하다는 망념[淨妄]'을 내게 된다. 망녕됨은 있는 곳이 없고 보는 자가 이 망녕됨[妄]이며, 깨끗함이란 모습이 없는 것인데 도리어 깨끗한 모습을 세워 이것을 공부라 하니, 이러한 견해를 짓는 자는 스스로의 본성품을 막아 깨끗함에 얽매이게 된다.

선지식이여, 만약 참으로 움직이지 않음을 닦는 자는 다만 모든 사람을 볼 때 그 사람의 옳음과 그름, 선과 악, 허물과 병통을 실체적인 것으로 보지 않으니, 곧 이것이 자기 성품이 움직이지 않음이다.

선지식이여, 어리석은 사람은 몸은 비록 움직이지 않지만, 입만 열면 다른 이의 옳고 그름, 길고 짧음, 좋고 나쁨만을 말하여 움직임 없는 삶의 길과 어긋난다.

만약 마음을 보고 깨끗함을 보면 곧 바른 삶의 길을 가로막게 된다."

대사께서 대중에게 가르쳐 보이셨다.

"선지식이여, 무엇을 좌선이라 하는가? 이 법문(法門) 가운데는 막힘도 없고 걸림도 없으니, 밖으로 모든 선·악의 경계에 대해서 물든 생각을 일으키지 않음을 앉음[坐]이라 하고, 안으로 자신의 성품이 움직이지 않음을 보는 것을 선[禪]이라 한다.

선지식이여, 무엇을 선정(禪定)이라 하는가? 밖으로 모습을 떠남이 선(禪)이 되고, 안으로 어지럽지 않음이 정(定)이 된다. 밖으로 만약 모습을 집착하면 안의 마음이 곧 어지러워지며, 밖으로 만약 모습을 떠나면 마음이 곧 어지럽지 않아서 본성품이 스스로 깨끗하고 스스로 안정된다. 다만 객관경계를 보고 경계를 생각하면 곧 어지러워지니, 만약 여러 객관경계를 보더라도 마음이 어지럽지 않으면 이것이 참된 선정[眞定]이다.

선지식이여, 밖으로 모습 떠나면 곧 선이고, 안으로 어지럽지 않으면 곧 정이 되니, 밖의 선[外禪]과 안의 정[內定]이 바로 선정이다.

이에 『보살계경(菩薩戒經)』에서는 '나의 본성품이 본래 스스로 깨끗하다'고 했으니, 선지식이여 생각 생각 가운데 스스로 본성품의 깨끗함[本性淸淨]을 보아 스스로 닦고 스스로 행하면 스스로 깨달음의 길 이룰 것이다."

제 6 장 모습 없는 참회〔懺悔品〕

어느 때 대사께서는 광주(廣州)와 소주(韶州)의 두 고을과 사방에서 선비와 백성이 산중에 함께 모여 법 듣고자 함을 보시고는 자리에 올라 대중에게 말씀하셨다.

"오라! 여러 선지식들이여, 이 일은 반드시 자신의 성품 가운데를 따라 일어나니 어느 때나 생각 생각 스스로 그 마음을 깨끗이 하고 스스로 닦고 스스로 행하면, 자기의 법신(法身)을 보고 자기 마음의 붇다[自心佛]를 보아 스스로 건지고 스스로 경계하여 구태여 여기까지 올 것이 없음을 비로소 얻게 될 것이다.

그러나 이미 멀리서 와 여기 함께 모인 것은 모두 법에 인연이 있음이다. 이제 각각 무릎 꿇도록 하라. 먼저 자신의 성품 속에서 피어나는 다섯 가지 법신의 향[自性五分法身香]을 전해주고 다음 모습 없는 참회법[無相懺悔]을 주겠다."

대중이 무릎 꿇으니 대사는 말씀하셨다.

"첫째는 계향(戒香)이니, 곧 자신의 마음 속에 그름이 없고 악함이 없으며, 시샘이 없고 탐냄과 성냄이 없으며, 빼앗고 해칠 뜻이 없으면 그것을 계의 향이라 한다.

둘째는 정향(定香)이니, 곧 좋고 나쁜 객관경계를 보더라도 스스로의 마음이 어지럽지 않으면 그것을 정의 향이라 한다.

셋째는 혜향(慧香)이니, 곧 스스로의 마음이 걸림 없어서 늘 지혜로 자신의 참성품[自性]을 살펴보아 여러 가지 나쁜 일 짓지 않고, 비록 뭇 좋은 일을 실천하되 마음으로 집착하지 않으며, 윗사람 공경하고 아랫사람 보살피며, 외롭고 가난한 이들 불쌍히 여기면 그것을 혜의 향이라 한다.

넷째는 해탈향(解脫香)이니, 곧 스스로의 마음에 물들게 아는 바가 없어서[無所攀緣] 선도 생각하지 않고 악도 생각하지 아니하여 자재해 걸림 없으면 그것을 해탈의 향이라 한다.

다섯째는 해탈지견향(解脫知見香)이니, 곧 스스로의 마음에 이미 선악의 경계에 대해 물들게 아는 바가 없되, 공함에 빠지거나 고요함을 지키지[沈空守寂] 않고 반드시 널리 배우고 많이 들으며, 스스로의 머묾 없는 참 마음을 알아 모든 부처님의 이치를 통달하고, 빛을 누그러뜨려 사물을 만나되[和光接物] 나도 없고 너도 없이[無我無人] 곧바로 보리의 참성품이 바뀌지 않는 데 이르르면 그것을 해탈지견의 향이라 한다.

선지식이여, 이 향은 각기 스스로 안으로 풍기는 것이니 밖을 향해 찾지 말라.

이제 그대들에게 모습 없는 참회법을 주어 과거, 현재, 미래의 죄를 없애고 몸과 입과 뜻의 세 가지 업[身・口・意 三業]이 깨끗해지도록 하겠다.

선지식이여, 각기 내 말을 따라 한 때 같이 말하라.

제자들은 앞 생각과 지금의 생각 나아가서는 뒷 생각을 좇아 생각 생각 어리석음과 헤매임에 물들지 않겠습니다.

앞에 있어온 나쁜 업인 어리석음과 헤매임 등의 모든 죄 다 참회하오니, 그 죄들 한 때에 녹아 없어져 다시는 길이 일으키지 않아지이다.

제자들은 앞 생각과 지금의 생각 나아가서는 뒷 생각을 좇아 생각 생각 교만함과 속임에 물들지 않겠습니다.

앞에 있어온 나쁜 업인 교만함과 속임 등의 모든 죄 다 참회하오니, 그 죄들 한 때에 녹아 없어져 다시는 길이 일으키지 않아지이다.

제자들은 앞 생각과 지금의 생각 나아가서는 뒷 생각을 좇아 생각 생각 시새워 미워함에 물들지 않겠습니다.

앞에 있어온 나쁜 업인 시새워 미워함 등의 모든 죄 다 참회하오니, 그 죄들 한 때에 녹아 없어져 다시는 길이 일으키지 않아지이다.

선지식이여, 위에 말한 것이 바로 모습 없는 참회법이다. 그런데 무엇을 돌아보아 뉘우침[懺]이라 하고 무엇을 내다보아 뉘우침[悔]이라 하는가?

돌아보아 뉘우침[懺]이란 앞에 지은 허물을 돌아보아 뉘우침이니, 앞에 지은 나쁜 업인 어리석음과 헤매임 교만함과 속임, 시새워 미워함 등의 죄를 모두 다 뉘우쳐서 다시는 길이 일어나지 않게 하므로 그것을 돌아보아 뉘우침이라 한다.

내다보아 뉘우침[悔]이란 뒤에 일어날 허물을 미리 내다보아 뉘우침이니, 지금부터 앞으로 있을 수 있는 나쁜 업인 어리석음과 헤매임, 교만함과 속임, 시새워 미워함 등의 죄를 이제 이미 깨우쳐서 모두 다 길이 끊어 다시 짓지 않으므로 그것을 내다보아 뉘우침이라 한다.

그러므로 앞일 돌아보아 뉘우치고 뒷일 내다보아 뉘우침을 참회라 말한다.

범부는 어리석고 헤매므로 다만 앞의 허물을 돌아보아 뉘우칠 줄은 알지만, 뒤의 허물 내다보아 뉘우칠 줄 모른다. 내다보아 뉘우칠 줄 모르므로 앞의 허물이 없어지지 않고 뒤의 허물이 또 생긴다. 앞의 허물이 이미 없어지지 않고 뒤의 허물이 또 생기는데 어찌 참회라 할 수 있겠는가?

선지식이여, 이미 참회하여 마쳤으면 선지식과 더불어 네 가지 넓은 서원[四弘誓願]을 발하겠다. 각기 반드시 마음을 써서 바로 들으라.

　　자기 성품 속의 중생 가 없지만 서원코 건지리.
　　자기 성품 속의 번뇌 다함 없지만 서원코 끊으리.
　　자기 성품 속의 법문 한량 없지만 서원코 배우리.
　　자기 성품 속의 불도 위 없지만 서원코 이루리.

선지식이여, 여러분들은 '중생이 끝이 없지만 서원코 건지리라'고 어찌 말하지 않겠는가? 이렇게 말하면 이는 혜능이 말한 건짐의 뜻이 아니다.

선지식이여, 마음 가운데 중생이란 삿되게 헤매는 마음, 헛되이 속이는 마음, 좋지 못한 마음, 시새워 미워하는 마음, 악독한 마음 등 이러한 마음이 모두 다 중생이니, 각기 반드시 자기 자신[自性]을 스스로 건지면 이것을 참된 건짐[眞度]이라 한다.

무엇을 자기 자신을 스스로 건짐이라 하는가? 곧 자기 마음 속 삿된 견해와 번뇌, 어리석음의 중생을 바른 견해로 건지는 것이다. 이미 바른 견해가 있으면 반야 지혜로 하여금 어리석음과 헛된 헤매임 등 마음 속의 중생을 깨뜨리게 하여 각각 스스로 건진다. 삿됨이 오면 바름으로 건지고 헤매임이 오면 깨달음으로 건지며, 어리석음이 오면 지혜로움으로 건지고 악함이 오면 선함으로 건지니, 이처럼 건지는 것을 참된 건짐이라 한다.

또 '번뇌가 끝 없지만 서원코 끊으리'라는 것은 자기 성품의 반야 지혜로 허망한 생각과 마음을 없애버림이 이것이다.

또 '법문이 다함 없지만 서원코 배우리'라는 것은 반드시 스스로 참성품 보아 늘 바른 법 행하는 것이니 그것을 참된 배움이라 한다.

또 '위없는 불도를 서원코 이루리'라는 것은 이미 늘 마음을 낮춰 참되고 바름을 행할 수 있으므로 어리석음을 떠나고 깨달음마저 떠나[離迷離覺] 늘 반야를 내며, 참됨[眞]도 없애고 허망함[妄]도 없애서 곧 불성을 보고 말 아래 단박 깨달음의 길을 이룸이다.

이와 같은 바른 수행을 늘 생각하면 이것이 바로 큰 원력(願力)의 법이다.

선지식이여, 이제 네 가지 큰 서원을 발하였으니 다시 선지식에게 모습 없는 삼귀의계[無相三歸依戒]를 주겠다.

선지식이여, 깨달아 두 가지 갖춘 분[佛]께 귀의하며, 올바라 욕심 떠난 법[法]에 귀의하며, 깨끗하여 무리 가운데 높은 이[僧]께 귀의할 것이니, 오늘부터는 깨달음으로 스승 삼아 다시 삿된 마[邪魔]와 바깥 길 걷는 자[外道]들에 귀의하지 말고 자기 성품의 삼보[自性三寶]로써 늘 스스로 증명하라.

선지식에게 권하여 자기 성품의 삼보께 귀의케 하니, 분다란 깨달음이며 법이란 바름이고 승가란 깨끗함이다.

스스로의 마음이 깨달음에 귀의하면 삿된 헤매임이 생겨나지 않고, 욕심을 줄이고 만족함을 알아 재물과 탐욕을 떠날 수 있게 되니, 이것을 복과 지혜 두 가지 갖춘 분[兩足尊]이라 한다.

스스로의 마음이 바름에 귀의하면 생각 생각 삿된 견해가 없어지고, 삿된 견해가 없으므로 너와 나를 다투어 높은 체 함도 없고 애욕의 집착도 없으니, 이것을 욕심 떠난 묘한 법[離欲尊]이라 한다.

스스로의 마음이 깨끗함에 귀의하면 온갖 번뇌 티끌과 애욕의 세계에 자신의 생활이 물들어 집착하지 않게 되니, 이것을 무리 가운데 높은 이[衆中尊]라 한다.

만약 이러한 행을 닦으면 이것이 스스로 귀의하는 것인데, 범부는 알지 못하고 낮부터 밤이 되도록 삼귀의계를 받는다. 만약 밖의 부처님께 귀의한다고 말하면 부처님은 어느 곳에 계시는가? 만약 밖으로 부처님을 볼 수 없다면 어느 곳에 의지하여 돌아갈 것인가? 말이 도리어 허망하게 된다.

선지식이여, 각기 스스로 살피어 그 마음을 잘못 쓰지 마라. 경의 글에 분명히 '스스로의 부처님께 귀의한다'고 말씀했지 '다른 부처님께 귀의한다'고 말씀하지 않으셨으니, 스스로의 부처님께 귀의하지 않으면 의지할 곳이 없다.

이제 이미 스스로 깨쳤으니 각기 반드시 자기 마음의 삼보에 귀의하여 안으로 생활의 중심[心性]을 고르게 하고 밖으로 다른 사람을 공경하면 이것이 스스로 귀의함이다.

선지식이여, 이미 스스로의 삼보에 귀의하였으니 각각 마음을 가다듬으라. 내가 한 바탕에 세 가지 몸[一體三身]인 자기 성품의 부처님을 말하여 그대들이 세 가지 몸의 부처님을 보아 자신의 참성품을 스스로 깨닫도록 하겠다. 모두 나의 말을 따라 하라.

> 스스로의 몸 가운데 깨끗하신
> 법신(法身) 부처님께 귀의합니다.
> 스스로의 몸 가운데 원만하신
> 보신(報身) 부처님께 귀의합니다.
> 스스로의 몸 가운데 천백억의
> 화신(化身) 부처님께 귀의합니다.

선지식이여, 몸은 바로 집이니 여기에 돌아간다고는 말할 수 없으니, 세 가지 몸의 부처님은 자신의 참성품 가운데 있다. 세상 사람에게 다 있지만 스스로의 마음이 어리석으므로 안의 성품을 못보고, 밖으로 세 가지 몸의 여래를 찾아서 스스로의 몸 가운데 세 가지 몸의 부처님이 있는 줄 보지 못한다.

그대들은 내 말을 들으라. 그대들로 하여금 스스로의 몸 가운데에서 자신의 참성품에 세 가지 몸의 부처님이 있음을 보도록 하겠다. 이 세 가지 몸의 부처님은 자신의 성품[自性]을 따라 생겨남이요 밖에서 얻는 것이 아니다.

무엇을 깨끗한 법신의 부처님이라 하는가?

세상 사람의 성품이 본래 깨끗하여 만 가지 법이 본래 깨끗한 자기 성품[自性] 따라 생겨나니, 모든 악한 일을 헤아리면 악한 행이 생겨나고 모든 착한 일을 헤아리면 착한 행이 생겨나 이러한 여러 법이 자신의 성품 가운데 있다.

그것은 마치 하늘이 늘 맑고 해와 달이 늘 밝으나 뜬구름이 덮으면 위는 밝지만 아래는 어두워지다, 문득 바람이 불어 구름 흩어지면 위 아래가 함께 밝아져 만 가지 것이 모두 나타나는 것과 같으니, 세상사람의 생활이 늘 들떠 있는 것도 저 하늘의 구름과 같다.

선지식이여, 지(智)는 해와 같고 혜(慧)는 달과 같으니, 지혜가 늘 밝지만 밖으로 경계를 집착하면 자기 생각의 뜬구름이 자신의 성품을 덮어버려 밝게 빛나지 못하게 된다. 그러나 만약 선지식을 만나 참되고 바른 법을 들으면 스스로 헤매어 허망함을 없애고 안과 밖이 밝게 사무치므로[內外明徹] 자신의 성품 가운데 만 가지 법이 모두 나타나니, 성품을 본 사람도 또한 이와 같다. 이것을 깨끗한 법신의 부처님이라 하니, 선지식이여 스스로의 마음으로 자신의 참성품에 돌아가면 이것이 참 부처님께 귀의함이다.

스스로 귀의한다는 것은 곧 자기 생활 가운데 착하지 못한 마음, 시새워 미워하는 마음, 교만한 마음, 나를 내세우는 마음, 헛되이 속이는 마음, 남을 업신여기는 마음, 남에게 뻐기는 마음, 삿된 견해, 높은 체 하는 마음과 온갖 때에 좋지 못한 행동 등을 없애버리고 늘 자신의 허물을 스스로 보고 다른 사람의 좋고 나쁜 점을 말하지 않으면 이것이 스스로 귀의함이다. 그리고 반드시 늘 마음을 낮춰 널리 공경을 행하면 곧 참성품을 보아 통달하여 다시 막혀 걸림이 없을 것이니 이것이 스스로 귀의함이다.

무엇을 원만하신 보신의 부처님이라 하는가?

비유하면 한 등이 천년의 어둠을 없앨 수 있듯이 한 지혜가 만년의 어리석음을 없앨 수 있으니, 이미 지나간 일 얻을 수 없으므로 지나간 앞 일 생각하지 말고 오지 않은 뒷일 생각지 않아서 생각 생각 두렷이 밝으면 스스로 본성품을 보게 된다.

선과 악이 비록 다르지만 그 본성품은 둘이 없으니 둘 없는 모습을 실다운 성품[實性]이라 한다. 둘 없는 실다운 성품 가운데서 선과 악에 물들지 않으면 이것을 원만하신 보신의 부처님이라 한다.

자신의 생활 속에서 한 생각 악을 일으키면 만겁의 착한 씨앗을 없애고,

자신의 생활 속에서 한 생각 착함을 일으키면 강가강 모래수 같은 악이 다함을 얻어 곧바로 위 없는 보리에 이르게 되니, 생각 생각 스스로 보아 반야의 근본 생각[本念] 잃지 않으면 그것을 보신이라 한다.

무엇을 천백억 화신의 부처님이라 하는가?

만약 만 가지 법을 생각하지 않으면 성품[性]이 본래 허공과 같지만, 한 생각 헤아리면 이것을 변화라 한다. 악한 일 헤아려 생각하면 변화하여 지옥되고, 착한 일 헤아려 생각하면 변화하여 천당되며, 독으로 해치면 변화하여 용과 뱀이 되고, 자비로우면 변화하여 보살이 되며, 지혜로우면 변화하여 높은 곳이 되고, 어리석으면 변화하여 낮은 곳이 된다.

자기 성품의 변화가 이처럼 한량없이 많은데, 헤매는 사람은 능히 깨우치지 못하고 생각 생각 악을 일으키며 늘 나쁜 길[惡道]로만 떠돌아 다닌다. 그러나 이제 한 생각 착함을 돌이켜내면 지혜가 곧 생길 것이니, 이것을 자기 성품 속의 천백억 화신 부처님이라 한다.

선지식이여, 법신은 본래 갖춰 있으니 생각 생각 자신의 성품을 스스로 보면 이것이 보신의 부처님이다. 보신을 좇아 헤아려 생각하면 곧 이것이 화신의 부처님이니, 자기 성품의 공덕[自性功德]을 스스로 깨닫고 스스로 닦으면 이것이 참된 귀의다.

가죽과 살은 몸[色身]이고 몸은 바로 깃드는 집이므로 귀의한다고 말하지 않는다. 다만 자기 성품 속에 있는 세 가지 몸의 부처님을 깨달으면, 곧 자신의 성품의 부처님[自性佛]을 알게 된다.

나에게 한 모습 없는 노래[無相頌]가 있으니 능히 외워 지니면 말 아래 그대들이 오랜 겁에 쌓은 어리석음의 죄를 한 때에 녹여 없앨 것이다.”

노래는 이렇다.

　　어리석은 이들은 복만을 닦고
　　참된 도는 생활 속에 닦지 않아서

복을 지음 도라고 말해버리네.
보시하고 공양한 복 끝이 없지만
마음 속 세 가지 악 원래 짓나니
복을 닦아 죄를 모두 없애려 하나
뒷 세상 복 얻고도 죄가 남으리.

다만 마음 향해 죄의 인연 없애면
자기 생활 속의 참된 참회가 되니
대승의 참된 참회 문득 깨달아
삿됨을 다 없애고 바름 행하면
죄가 모두 사라져 없어지리라.
진리의 길 배우려면 자성 살피라
그러면 부처님과 한 무리 되니
우리 조사 돈교문의 이 법만 전해
널리 중생 참된 성품 모두 보아서
부처님과 한 몸 되길 원하셨도다.

오는 세상 법신을 찾고자 하면
법의 모습 모두 떠나 마음 씻고서
힘 기울여 스스로 사무쳐 보고
부질없이 그럭 저럭 노닐지 마라.
뒷 생각 갑자기 끊겨 다하면
이 한 생을 쉬어서 마치게 되니
대승법을 깨달아 성품 보려면
경건하고 공손하게 두 손 모으고
지심으로 간절히 법을 구하라.

대사께서 말씀하셨다.

"선지식이여, 모두 반드시 이 게송 외워 지니라. 여기 의지해 수행하여 말 아래 성품을 보면 비록 나에게서 천리나 떨어져 있더라도 늘 내 곁에 있는 것과 같지만, 이 말 아래 깨치지 못하면 얼굴을 마주하고 있어도 천리나 떨어져 있는 것이니, 어찌 힘들여 멀리서 올 것 있겠는가. 편안히 잘 가거라."

자리에 함께 한 대중이 법을 듣고 깨달음을 열지 않은 자 없었으니, 모두 기뻐하여 받들어 행하였다.

제 7 장 제자들과 문답한 기연[機緣品]

대사께서 황매로부터 법을 얻고 돌아와 소주 조후촌에 이르니 아무도 아는 사람이 없었다.

유가의 선비 유지략(劉志略)이라는 이가 있어 매우 두텁게 예우하였다. 지략에게 고모가 있어 비구니가 되었는데, 이름이 무진장(無盡藏)이었다. 늘 『대열반경(大涅槃經)』을 외웠는데 대사께서 잠깐 듣고 곧 묘한 뜻을 아시고 드디어 그를 위해 풀이해 주었다. 비구니가 책을 들고 와서 글자를 물었다. 대사께서 말씀하셨다.

"글자는 모르지만 뜻은 물어보시오."

비구니가 말했다.

"글자도 모르는데 어떻게 뜻을 알 수 있겠습니까?"

대사께서 말씀하셨다.

"모든 부처님의 묘한 이치는 문자에 관계 없오."

비구니가 놀라 달리 여겨서 마을 가운데 나이 들고 덕 높은 이들에게 널리 말했다.

"이 분은 반드시 도 있는 분이니 잘 받들어 모셔야 한다."

위무후(魏武侯)의 먼 후손[系孫]되는 조숙량과 주민들이 다투어 와서 우러러 절하였다. 그 무렵 보림의 옛절은 수나라 말엽의 전쟁통에 불타 이미 없어졌는데, 옛터에 도량을 다시 세워 대사를 맞아 거기 계시게 하니 얼마 안되어 절[寶坊]이 이루어졌다.

대사께서 여기 머문 지 아홉달 남짓 되어 또 악한 무리들에게 쫓기게 되었다. 대사께서 이에 앞산에 숨으셨는데 그들이 불을 놓아 풀과 나무를 태워버렸다. 대사께서는 돌 가운데를 밀고 들어가 몸을 숨기어 어려움을 피하셨다. 돌에는 지금도 대사가 가부좌하여 앉은 무릎 자취와 옷자락 무늬가 있어서 그 돌을 피난석이라 한다.

대사께서는 오조께서 회(懷)를 만나면 머물고 회(會)를 만나면 숨으라고 하신 부촉을 기억하시고, 드디어 그 부촉을 행하여 회집현(懷集縣)과 사회현(四會縣)에서 숨으셨던 것이다.

○ 승려 법해(法海)는 소주(韶州) 곡강(曲江) 사람이다. 처음 조사를 뵙고 물었다.

"곧 마음 그대로가 붇다[卽心卽佛]인 뜻을 가르쳐 주십시오."

조사께서 말씀하셨다.

"앞 생각이 나지 않으면 곧 참마음이며, 뒷 생각이 사라지지 않으면 곧 붇다이다. 온갖 모습을 이룸이 곧 참마음이며 온갖 모습 떠남이 곧 붇다이니, 내가 다 갖춰 말하려면 겁을 다해도 다 말할 수 없다. 나의 게를 들으라."

> 곧 마음 그대로를 지혜라 하고
> 곧 붇다 그대로가 선정법이니
> 선정과 밝은 지혜 같이 지니면
> 그 뜻이 언제나 깨끗하리라.
> 나의 이 돈교 법문 깨치는 것은
> 닦아가는 너의 성품 말미암으나
> 지혜 작용 본래부터 남이 없으니
> 선정 지혜 함께 닦음 올바름이네.

법해가 말씀 아래 크게 깨치고 게로써 찬탄하였다.

> 곧 마음 그대로가 원래 붇다인데

못 깨달아 스스로 낮게 살았네.
내 이제 선정 지혜 근본 알아서
선정지혜를 함께 닦아 모습 떠나네.

○ 승려 법달(法達)은 홍주(洪州) 사람이다. 일곱살에 출가하여 늘 『법
화경』을 외웠다. 와서 조사께 절하는데 머리가 땅에 닿지 않았다. 조사께
서 꾸짖어 말씀하셨다.

"절이 땅에 닿지 않으니 어찌 절하지 않음만 같지 않은가. 네 마음 가운
데 반드시 한 물건이 있다. 그 동안 무슨 일을 익혀왔느냐?"

법달이 말했다.

"『법화경』을 외워 이미 삼천부에 미쳤습니다."

조사께서 말씀하셨다.

"네가 만부까지 외워 경의 뜻을 얻어도 빼어나다고 생각하지 않으면 나
와 함께 갈 것이다. 그러나 너는 이제 이 일을 저버리고 도무지 허물을
모르고 있다. 나의 게를 들으라."

절은 본래 아만의 깃발 꺾으려는 것
머리가 어찌 땅에 닿지 않는가.
나라는 모습 두면 죄가 곧 나고
공(功) 잊으면 그 복 견줄 수 없게 되리.

조사께서 또 물으셨다.

"너의 이름이 무엇인가?"

"법달입니다."

조사께서 말씀하셨다.

"너의 이름은 법을 통달함이지만 어찌 일찌기 법을 통달했겠는가. 나의

게를 들으라.”

> 네가 이제 이름이 법달이지만
> 부지런히 외웠을 뿐 쉬지 못했네.
> 괜히 외워대면 소리만을 따르고
> 참된 마음 밝혀야 보살이 되리.
> 네가 이제 진리에 인연 있어서
> 내가 너를 위하여 말해주나니
> 부처님이 말없는 줄 믿기만 하면
> 연꽃이 입을 좇아 피어나리라.

법달이 게를 듣고서는 뉘우쳐 말했다.

“이제부터는 마땅히 온갖 분을 뜻을 낮춰 받들겠습니다. 제자가 『법화경』을 외워도 경의 뜻을 아직 몰라 마음에 늘 의문이 있습니다. 화상은 지혜가 넓고 크시니 경의 뜻과 이치를 간략히 말씀해 주십시요.”

조사께서 말씀하셨다.

“법달아, 법은 곧 깊이 통달해 있는데 너의 마음이 통달하지 못했으며, 경은 본래 의심이 없는데 너의 마음이 스스로 의심하고 있다. 너의 생각에 이 경은 무엇으로 종취[宗]를 삼고 있는가?”

법달이 말했다.

“배우는 제가 근기가 어둡고 무디어 여태껏 글만 의지해 외웠으니, 어찌 경이 보인 종취(宗趣)를 알겠습니까?”

조사께서 말씀하셨다.

“나는 글자를 모른다. 경을 가져와 한번 외워 보라. 내가 마땅히 너를 위해 해설해 주겠다.”

법달이 큰소리로 경을 외워 「비유품(譬喩品)」에 이르니 조사께서 말씀하셨다.

"그치라. 이 경은 원래 붇다가 세상에 오신 인연으로써 종(宗)을 삼는다. 비록 여러 가지 비유를 들어 말씀하고 있지만 이것을 넘지 않는다.

무엇이 붇다가 세상에 오신 인연인가? 경에 '모든 붇다 세존께서는 오직 한 큰 일을 위해 세상에 출현하신다'고 하셨으니 한 큰 일[一大事]이란 붇다의 지견이다.

세상 사람들이 밖으로 헤매어 모습을 집착하고 안으로 헤매어 공(空)을 집착하니, 만약 모습에서 모습을 떠날 수 있고 공에서 공을 떠날 수 있으면 곧 안과 밖으로 헤매지 않게 된다.

만약 이 법을 깨달아 한 생각 지혜의 마음이 열리면 이것이 붇다의 지견을 연 것이다.

붇다란 깨달음이니 나누면 네 가지 문이 있다. 네 가지란 깨달음의 지견을 열고 깨달음의 지견을 보이며, 깨달음의 지견을 깨닫게 하고 깨달음의 지견에 들어가게 함이니[開示悟入 覺知見], 만약 깨달음의 지견을 열어 보임을 듣고 곧 깨쳐 들어갈 수 있으면, 깨달음의 지견인 본래의 참성품[本來眞性]이 나타남을 얻게 되니, 너는 삼가 경의 뜻을 잘못 알지 말라.

경에서 붇다의 지견을 열어 보이고 깨달아 들게 한다고 말한 것을 보고, 이는 붇다의 지견이라 우리들은 깨칠 분수가 없다는 이런 견해를 지으면 이는 경전을 비방하고 붇다를 허물어뜨리는 일이다. 저 분은 이미 붇다이시고 이미 지견을 갖추었는데 무엇하러 다시 열 것인가.

네가 이제 마땅히 붇다의 지견을 믿으면 다만 너 스스로의 마음이라 다시 다른 붇다가 없는 것인데, 대개 모든 중생은 스스로 밝은 빛을 가리고 객관경계를 애착하여 밖으로 끄달리고 안으로 시끄러워 내달림을 달게 받는다. 그리하여 저 세존이 수고롭게 삼매에서 일어나 갖가지 간곡한 말씀으로 중생이 편안히 쉬도록 권하게 하였다.

밖을 향해 구하지 않으면 붇다와 더불어 둘이 없으므로 붇다의 지견을 연다고 하신 것이다.

나도 또한 모든 사람에게 자기 마음 가운데서 늘 붇다의 지견을 열라고 권한다. 세상 사람의 마음이 삿되어 어리석음과 헤매임으로 죄를 짓고, 입은 착하나 마음은 악하여 탐내고 성내는 마음, 시새워 미워하는 마음, 속여 아첨하는 마음, 자기만 잘났다는 마음이 사람을 해치고 물건을 해친다. 그리하여 스스로 중생의 잘못된 지견을 여니, 만약 마음을 바르게 하여 늘 지혜를 내서 스스로의 마음을 살펴 비추어 악을 그치고 선을 행하면 이것이 스스로 붇다의 지견을 여는 것이다.

너는 반드시 생각 생각 붇다의 지견을 열고 중생의 잘못된 지견을 열지 말라. 붇다의 지견을 열면 곧 세간을 벗어남이요, 중생의 잘못된 지견을 열면 곧 세간에 얽매임이다. 네가 만약 힘들여 외움만을 집착하여 공(功)을 삼고 성과를 삼으면, 설산의 꼬리 긴 소[犛牛]가 제 꼬리 사랑하는 것과 무엇이 다르겠는가."

법달이 말했다.

"만약 그렇다면 뜻 알기만 하면 되지 힘들게 경을 외우지 않아야 합니까?"

대사께서 말씀하셨다.

"경에 무슨 허물이 있어서 너의 외움을 가로막겠느냐. 다만 헤매임과 깨달음이 사람에게 있고 손해됨과 이익됨이 자기에 달렸으니, 입으로 외우고 마음으로 행하면 바로 내가 경을 굴리는 것이요, 입으로만 외우고 마음으로 행하지 않으면 바로 내가 경에 굴림을 받는 것이다. 나의 게를 들으라."

마음이 헤매임에 법화에 굴리우고
마음이 깨달음에 법화를 굴리도다.
경 외운 지 오래나 참모습 못 밝히면

법화경의 뜻과는 원수집 되고 마네.
생각이 없으면 경 외움이 곧 바르고
생각이 있으면 경 외움이 삿됨 되니
있음 없음 모두 다 헤아리지 않으면
흰소의 큰 수레 길이 끌어 몰아가리.

법달이 게를 듣고 자신도 모르게 슬피 울며 말씀 아래 크게 깨치고 대사께 말했다.
"법달이 실로 여지껏 법화를 굴리지 못하고 법화에 굴리어 왔습니다."
다시 여쭈었다.
"경에 여러 성문승이나 보살까지도 모두 함께 생각 다해 헤아려도 붇다의 지혜를 가늠할 수 없다고 하였는데, 범부들로 하여금 스스로의 마음만 깨치게 하면 곧 붇다의 지견이라 하시니, 스스로 높은 근기가 아니고서는 의심하거나 비방하지 않을 수 없을 것입니다.
또 경에 세 수레를 말씀했는데 양, 사슴, 소수레와 흰 소수레를 어떻게 구별해야 합니까? 화상께서는 다시 열어 보여주십시요."
대사께서 말씀하셨다.
"경의 뜻이 분명한데 네가 스스로 헤매어 저버리고 있다. 모든 삼승의 사람들이 붇다의 지혜를 가늠하지 못하는 것은 그 병통이 따져 헤아리는 데 있다. 억지로 저들이 생각을 다해 함께 미루어 가게 되면 더욱 더 아득히 멀어질 뿐이다.
붇다는 본래 범부를 위해 말씀하시지 붇다를 위하여 말씀하시지 않으니 이 이치를 만약 기꺼이 믿지 못하는 자에 대해서는 저가 자리에서 물러나는 데로 둔다. 그런 이들은 흰 소의 수레[白牛車]에 앉은 채 다시 문 밖에 세 수레를 찾고 있는 줄 아주 알지 못한다. 그러니 하물며 경의 글 가운데 너희에게 분명히 '오직 하나인 불승[一佛乘 : 하나뿐인 붇다의 수레]이 있을 뿐 다른 수레인 이승(二乘), 삼승(三乘)이 없다'고 하셨고, 나아가서는 '셀 수 없는 방편과 갖가지 인연, 비유의 말씀들이 모두 하나인 불승을 위함이다'라고 말씀함이겠는가?

너는 어찌 깨우치지 못하는가? 세 수레는 거짓[假]이니 어리석던 옛 때[昔時]를 위하기 때문이며, 일승인 흰 소의 수레는 진실[實]하니 깨달은 지금의 때[今時]를 위하기 때문이다. 다만 너에게 거짓을 버리고 진실에 돌아가도록 가르치지만[去假歸實] 진실에 돌아간 뒤에는 진실 또한 이름이 없다.

있는 바 보물과 재산이 다 너에게 속하고 네가 마음대로 받아쓸 수 있는 것인 줄 마땅히 알아서, 다시는 아버지라는 생각 짓지 않고 아들이라는 생각도 짓지 않으며, 또한 쓴다는 생각도 없으면 이것을 『법화경』을 지님이라 말한다. 또한 이것이 겁을 좇아 겁에 이르도록 손에 책을 놓지 않고 낮부터 밤에 이르도록 외우지 않는 때가 없음이다."

법달이 깨우쳐 주심을 입고 기뻐 뛰며 게로써 찬탄했다.

> 법화경을 삼천부 읽어 외움이
> 조계의 한 구절에 다 없어졌네.
> 부처님이 나신 뜻 못 밝힌다면
> 오랜 생의 미친 뜻 어찌 쉬리요.
> 양과 사슴, 소의 수레 방편 베풀어
> 처음과 가운데와 끝이 다 좋은
> 한 맛의 바른 법 잘 드날리었네.
> 뉘라 알리 삼계의 불난 집 속이
> 원래부터 진리의 왕이라는 것을.

대사께서 말씀하셨다.

"너는 오늘부터 바야흐로 경을 외우는 사람이라 말할 수 있다."

법달이 이로 좇아 깊은 뜻을 알았으면서도 또한 경 외우기를 쉬지 않았다.

○ 승려 지통(智通)은 수주(壽州) 안풍(安豊) 사람이다. 처음 『능가경』을 천번 남짓 보았는데 세 가지 몸과 네 가지 지혜[三身四智]를 알 수 없어서 대사께 절하고 그 뜻 풀어주길 구했다.

대사께서 말씀하셨다.

"세 가지 몸에서 깨끗한 법신이란 너의 성품[性]이요, 원만한 보신이란 너의 지혜[智]요, 천백억 화신이란 너의 행(行)이다.

만약 자신의 본성품[本性]을 떠나 따로 세 가지 몸을 말하면 곧 몸은 있되 지혜가 없음이라 하나, 만약 세 가지 몸에 자기 모습이 따로 없는 줄[無自性] 깨치면 곧 네 가지 지혜인 보리(菩提 ; bodhi)라 말한다. 나의 게를 들으라."

> 자기 성품 세 몸을 갖추었으니
> 밝혀내면 네 가지 지혜 이루어
> 보고 들어 아는 활동 떠나지 않고
> 단박에 붇다의 땅에 뛰어 오르리.
> 내가 이제 너를 위해 말해주리니
> 깊이 믿어 길이 길이 헤매지 말고
> 밖으로 내달려서 구하는 자가
> 하루 해가 다하도록 보리 말하는
> 잘못된 뜻 따라서 배우지 말라.

지통이 다시 여쭈었다.

"네 가지 지혜의 뜻을 얻어 들을 수 있겠습니까?"
조사께서 말씀하셨다.

"이미 세 가지 몸을 알았으면 곧 네 가지 지혜를 밝힘인데 왜 다시 묻느냐? 만약 세 가지 몸을 떠나 따로 네 가지 지혜를 말하면, 이것을 지혜는 있으나 몸이 없다고 말하니, 이렇게 지혜 있는 것은 도리어 지혜 없음이 된다. 다시 게를 말하겠다."

> 제8식 돌려 얻은 대원경지는
> 그 성품이 깨끗하여 티끌이 없고
> 제7식 돌려 얻은 평등성지는
> 마음에 아무런 병이 없으며
> 제6식 돌려 얻은 묘관찰지는
> 보되[見] 봄 없으니 공(功)이 아니고
> 앞의 오식 돌려 얻은 성소작지는
> 대원경지 깨끗함과 서로 같도다.
> 전오식과 여덟번째 아라야식은
> 원인 뒤의 결과로 돌이켜지고
> 제육식과 일곱번째 마나스식은
> 결과 내는 원인으로 돌이켜지나
> 돌이킴의 이름과 말만을 쓸 뿐
> 돌려지는 실다운 성품 없으니
> 돌리는 곳에 돌리는 뜻 두지 않으면
> 여러 갈래 어지러이 난다 하여도
> 나가의 선정 속에 길이 있도다.

지통이 성품의 지혜 단박 깨닫고 드디어 게를 바쳐 말했다.

세 가지 몸 원래 나의 바탕이요
네 지혜 본마음의 밝음이도다.
몸과 지혜 원융하여 걸림 없으니
사물 응해 자유롭게 모습 따르네.
닦음을 일으켜서 얻으려 하면
그 모두가 허망한 움직임 되고
머무름을 가만히 지킨다 해도
또한 다시 참다운 법이 아니네.
묘한 뜻 스승으로 인해 깨치니
물들어 더럽혀짐 끝내 없도다.

○ 승려 지상(智常)은 신주(信州) 귀계(貴溪) 사람이다. 어려서 출가하여 뜻을 다해 성품 보기[見性]를 구하였다. 하루는 찾아와 절하므로 대사께서 물으셨다.

"너는 어디서 왔으며 무슨 일을 구하고자 하는가?"

대답했다.

"학인은 얼마전 홍주(洪州) 백봉산(白峯山)에 가 대통(大通)화상께 인사드리고 성품을 보아 깨달음 이루는 뜻[見性成佛之義]에 대해 가르쳐주심을 받았으나, 여우같은 의심을 끊지 못해서 멀리서 와 절합니다. 엎드려 화상께서 자비로 가르쳐 주시길 바랍니다."

대사께서 말씀하셨다.

"그에게 무슨 말이 있었던가. 한번 말해 보아라."

대답했다.

"지상이 거기 이르러 석달이 지나도록 가르침을 입지 못했습니다. 법을 위하는 뜻이 간절하므로 하루 저녁 홀로 방장에 들어 물었습니다.

'어떤 것이 저의 본마음이며 본성품입니까?'

이에 대통께서 이렇게 말씀했습니다.

'너는 허공을 보는가?'

제가 대답했습니다.

'봅니다.'

그 화상이 이렇게 말씀했습니다.

'너는 허공에 모습 있음을 보는가?'

'허공이 형상이 없는데 무슨 모습이 있겠습니까?'

그 화상이 말씀했습니다.

'너의 본성품도 허공과 같으니 한 물건도 볼 것이 없는 줄 사무치면 이것을 바른 견해라 하고, 한 물건도 알 것이 없는 줄 사무치면 이것을 참된 앎이라 한다. 푸르고 누름, 길고 짧음이 있지 않으니 다만 본원이 깨끗하고, 깨달음 자체가 두렷이 밝음을 보면 이것을 성품을 보아 깨달음을 이룸이라 하고 또한 여래의 지견이라 한다.'

학인이 비록 이런 말씀을 들었으나 오히려 아직 깨닫지 못하고 있습니다. 화상께서는 열어 보여주십시요."

대사께서 말씀하셨다.

"그 스님의 말한 바가 오히려 봄과 앎을 두어서 너로 하여금 깨치지 못하게 한 것이다. 내가 이제 너에게 한 게를 보이겠다."

> 한 법도 볼 것이 없다고 하여
> 없다는 견해를 남겨둠이여
> 뜬 구름이 밝은 해를 가림과 같고
> 한 법도 알 것이 없다고 하여
> 비었다는 알음알이 지켜냄이여
> 저 허공에 번갯불이 생김과 같네.
> 이런 지견 잠깐이라도 일어나면

참된 성품 바로 보지 못한 것이니
바른 방편 어찌 일찍 깨칠 것인가.
네가 만약 한 생각에 그른 줄 알면
자신의 신령한 빛 늘 나타나리.

지상이 대사의 게송을 듣고서는 마음이 환히 열리어 이렇게 한 게송을
지었다.

까닭없이 없다는 지견 일으켜
모습에 집착하여 보리 구했네.
자기 뜻에 한 생각 깨달음 두면
옛날의 어리석음 어찌 넘으리.
까닭없이 이와 같이 지견 낸다면
모습 없는 깨달음의 자기 근원이
비춤 따라 이리저리 옮겨 가리니
조사의 방에 들지 못하였다면
아득히 두 머리로 나아갔으리.

지상이 하루는 대사께 물었다.
"부처님께서는 삼승법(三乘法)을 말씀하시고 또 최상승(最上乘)을 말
씀하시니 제자는 알 수 없습니다. 가르쳐 주십시오."
대사께서는 말씀하셨다.
"너는 스스로 머묾 없는 본 마음을 보고 밖의 법의 모습을 집착하지 말
라. 법에는 네 가지 진리의 수레[四乘]란 없으나 사람의 마음이 스스로 차
등이 있을 뿐이다. 보고 듣고 마냥 외우기만 하는 것은 소승이요, 법을 깨
쳐 뜻을 아는 것은 중승이며, 바른 법에 의지하여 수행하는 것은 대승이고,

만 가지 법을 다 통하고 만 가지 법을 다 갖추어 온갖 것에 물듦 없이 모든 법의 모습 떠나 하나라도 얻은 바가 없으면 최상승이라 한다.

수레[乘]란 실천[行]의 뜻이라 입으로 다투는 데 있지 않다. 너는 반드시 스스로 닦고 나에게 묻지 말라. 어느 때나 자신의 참성품은 스스로 한결같다[自性自如]."

지상이 절하고 물러나 대사께서 세상을 마칠 때까지 곁에서 모셨다.

○ 승려 지도(志道)는 광주(廣州) 남해 사람인데 대사께 여쭈었다.

"학인이 출가해서부터 『열반경』을 본 지 십년 남짓 되지만 아직 큰 뜻을 밝히지 못했습니다. 화상께서는 가르쳐 주십시요."

대사께서 말씀하셨다.

"너는 어느 곳을 밝히지 못했는고?"

"모든 행은 항상함이 없으니
 이것은 나고 사라지는 법이다.
 나고 사라짐 없어져 다하면
 고요하여 언제나 즐거우리.
이렇게 말씀한 곳에 의혹이 있습니다."

대사께서 말씀하셨다.

"너는 어떻게 의혹하는가?"

지도는 답했다.

"모든 중생에게는 다 두 가지 몸이 있으니 색신과 법신입니다. 색신은 항상함이 없어서 나고 사라짐이 있지만, 법신은 항상함이 있으니 앎도 없고 느껴 깨달음도 없습니다. 경에 '나고 사라짐 없어져 다하면 고요하여 언제나 즐거우리라'고 했는데, 어떤 몸이 고요하며 어떤 몸이 줄거움을 받는지 모르겠습니다.

만약 색신이 그렇다면 색신이 없어질 때 사대가 나뉘어 흩어지므로 온전히 괴로움일 것이니 괴롭다면 즐겁다고 말할 수 없을 것입니다. 만약 법신이라면 고요하여 곧 풀이나 나무, 기와조각이나 돌맹이와 같을 것이니 누가 마땅히 즐거움을 받겠습니까?

또 이렇게 의혹하기도 합니다. 법성(法性)은 나고 사라짐의 바탕이요, 오온은 나고 사라지는 작용이니, 나고 사라지지 않는 한 바탕에 나고 사라지는 다섯 작용이라면 나고 사라짐이 항상함이 될 것입니다. 이 때 생겨난다는 것은 나고 사라짐이 없는 바탕을 쫓아 작용을 일으킴이요, 사라진다는 것은 작용을 거두어 나고 사라짐 없는 바탕에 돌아감이니, 만약 다시 생겨난다는 말을 들어주면 곧 뜻이 있는 뭇 삶들[有情]은 끊어지지 않고 없어지지 않음이 되는 것이요, 만약 다시 생겨난다는 말을 들어주지 않는다면 곧 길이 고요함에 들어가 뜻이 없는 사물[無情]과 같을 것입니다.

이렇다면 모든 법은 나고 사라짐 없는 열반에 갇히게 되어 생겨남도 오히려 얻을 수 없거니 무슨 즐거움이 있겠습니까?"

대사께서 말씀하셨다.

"너는 붇다의 제자인데 어찌 아주 끊어짐[斷見]과 늘 있음[常見]이라는 외도의 삿된 견해를 익혀서 최상승법을 의논하려 하느냐. 너의 말에 의거하면 곧 색신 밖에 따로 법신이 있게 되고, 나고 사라짐을 여의고 고요함을 구하는 것이 된다. 또 열반이 항상하고 즐겁다[涅槃常樂]는 말을 미루어 어떤 몸이 있어서 받아 쓴다고 말하니, 이것은 나고 죽음을 집착하여 세간의 즐거움을 탐착함인 것이다.

너는 이제 마땅히 알아야 한다.

붇다는 모든 어리석은 사람들이 다음과 같이 헤매임을 위하시니, 모든 어리석은 사람들은 오온의 화합을 인정하여 자기 모습으로 삼고, 온갖 법을 분별하여 자기 밖에 실로 있는 객관의 모습으로 삼아, 생겨남은 좋아하고 죽음은 싫어하여 생각 생각 옮겨 흘러, 모든 법이 꿈이나 헛깨비처럼 거짓 일어난 것인 줄 알지 못하고 윤회(輪廻)를 받아서, 항상하고 즐거운 열반을 뒤집어 고통스런 모습을 삼아 날이 다하도록 밖으로 내달려 구한 다.

붇다는 이것을 불쌍히 여기시므로 열반의 참된 기쁨은 찰나에도 나는 모습이 없고 찰나에도 사라지는 모습이 없어 다시 나고 사라짐 없앨 것도 없는 것이 바로 고요함이 현전함이라는 것을 보여주신다. 고요함이 현전 할 때도 현전한다는 헤아림이 없으므로 이것을 '항상하고 즐겁다'고 한 것 이다.

그렇다면 열반의 이 즐거움은 받는 자도 없고 받지 않는 자도 없으니, 어찌 하나의 바탕이니 다섯 가지 작용이니 하는 이름이 있을 것인가? 하나 의 바탕이니 다섯 작용이니 하는 이름도 없는데, 어찌 하물며 열반이 모든 법을 가두어 길이 나지 못하게 한다 말하겠는가?

이러한 생각은 붇다를 비방하고 법을 헐어내는 일이다. 나의 게를 들으 라."

위 없고 큰 열반의 참된 모습은
두렷 밝아 늘 고요히 비치는데
어리석은 이는 이를 죽었다 하고
바깥 길을 맴도는 여러 무리는
집착하여 끊어져 없음 삼으며
성문 연각 이승의 길 구하는 자들
지음 없음이라고 이름을 짓네.
이 모두 다 뜻으로 헤아림이라
예순두 가지 사견의 근본이 되네.
색신이나 법신이나 모든 이름도
거짓 이름 허망하게 세운 것이니
참되고 실다운 뜻 어찌 되겠나.

헤아림을 벗어난 그 사람만이
존재의 참된 모습 깊이 통달해
취하거나 버림이 없게 되어서
오온법과 오온법 가운데 나와
밖으로 나타난 여러 모습과
울려나는 낱낱의 음성 모습들
모두가 평등하여 꿈결과 같고
헛깨비 같은 줄 사무쳐 알아
범부 성인 하는 견해 내지를 않고
열반이란 알음알이 짓지 않으며
두 가지 치우침과 삼제가 끊겨
언제나 모든 근을 응하여 쓰되
쓴다는 생각도 내지 않으며
온갖 법을 잘 가리어 분별하지만
분별한다는 생각도 내지 않으리.

하늘 땅이 무너지는 괴겁의 때에
겁의 불이 바다 밑까지 태우고
바람이 불어닥쳐 산끼리 쳐도
열반의 기쁨 참되고 한결같도다.
열반의 모습은 이와 같음을
내가 이제 억지로 말을 내어서
그대가 삿된 견해 버리게 하니
말을 따라 알음알이 내지 않으면
조금쯤 알았다 허락하리라.

지도가 게를 듣고 크게 깨쳐서 기뻐 뛰며 절을 하고 물러났다.

○ 행사(行思)선사는 성은 유(劉)씨인데 길주 안성(吉州 安城)사람이다. 조계의 법석이 크게 성하다 함을 듣고 곧장 찾아와 절하고 물었다.

"마땅히 어떤 일을 해야 곧 계급에 떨어지지 않습니까?"

조사께서 말씀하셨다.

"너는 일찍이 무슨 일을 지어 왔는가?"

"거룩한 진리(聖諦)도 또한 짓지 않았습니다."

조사께서 말씀하셨다.

"무슨 계급에 떨어졌는가?"

"거룩한 진리도 오히려 짓지 않았는데 무슨 계급이 있겠습니까?"

조사께서 깊이 그릇임을 아시고 행사로 하여금 대중의 윗머리를 삼았다.

하루는 조사께서 말씀하셨다.

"너는 마땅히 한 지방을 나누어 교화하여 끊어져 다함이 없게 하라."

행사가 이미 법을 얻음에 드디어 길주(吉州) 청원산(靑原山)으로 돌아와 법을 넓히고 교화를 이었다. 나라에서 홍제선사(弘濟禪師)라 호를 내렸다.

○ 회양(懷讓)선사는 금주(金州) 두(杜)씨의 아들이다.

처음 숭산(嵩山) 혜안국사(慧安國師)를 찾아뵈니 혜안은 회양을 조계로 보내어 참배하게 하였다. 회양이 이르러 예배하자 대사께서 말씀하셨다.

"어디서 왔는가?"

"숭산에서 왔습니다."

"무슨 물건이 이렇게 왔는가?"

"한 물건이라 말해보여도 곧 맞지 않습니다."

대사께서 말씀하셨다.

"도리어 닦아 깨달을 수[修證] 있는가?"

"닦아 깨침은 곧 없지 않으나 물들어 더럽혀지지는 않습니다."

대사께서 말씀하셨다.

"다만 이 물들어 더럽혀지지 않음이 모든 붇다가 보살펴 생각하는 바이다. 네가 이미 이와 같으니 나도 또한 이와 같다. 서천(西天)의 반야다라존자가 미리 적어 보이시되[識] '너의 발 아래 한 망아지가 나와 천하 사람을 밟아 죽인다'고 하셨으니, 마땅히 네 마음 속에 새겨두고 반드시 빨리 말하려 하지 말라."

회양이 훤칠하게 조사의 뜻을 알아듣고 좌우에서 십오년을 모시면서 날로 그윽하고 깊음을 더해갔다. 뒤에 남악(南嶽)으로 가 선종을 크게 떨쳤다. 왕이 대혜선사(大慧禪師)라 호를 내렸다.

○ 영가현각선사(永嘉玄覺禪師)는 온주(溫州) 대(戴)씨의 아들이다.

젊어서 경론을 익혀 천태지관법문(天台止觀法門)에 정통하였는데 『유마경』을 보다가 심지(心地)를 밝혀 내었다.

마침 대사의 제자 현책(玄策)과 서로 만나 그와 함께 깊은 뜻을 격렬히 말하였는데, 말을 내는 것이 가만히 여러 조사의 뜻에 합치하였다.

현책이 말했다

"인자가 법을 얻은 스승은 누굽니까?"

"내가 방등경론을 들을 때는 각기 스승으로부터 이어 받음[師承]이 있었으나, 뒤에 『유마경』에서 불심종(佛心宗)을 깨치고서는 증명해 준 분이 없습니다."

현책이 말했다.

"위음왕불 이전에는 그럴 수 있지만, 위음왕불 이후에는 스승없이 스스로 깨달음은 모두 타고난 외도입니다."

"원컨대 인자는 나를 위해 증거해 주오."

현책이 말했다.

"나의 말은 가볍소. 조계에 육조대사가 계시어 사방에서 배우는 이들이 구름처럼 모여드는데, 모두 이 법을 받는 이들입니다. 만약 그곳에 가겠다면 함께 가겠소."

현각이 드디어 현책과 함께 와 뵈었는데, 대사의 주위를 세번 돌고 석장을 떨치고 서 있었다.

대사께서 말씀하셨다.

"사문이란 삼천 가지 위엄있는 자태와 팔만 가지 작은 행동거지들을 다 갖추어야 하는데, 대덕은 어디서 왔기에 큰 아만을 내오."

현각이 말했다

"나고 죽음의 일이 크고, 덧없음이 빠르고 빠릅니다."

대사께서 말씀하셨다.

"어찌 남이 없음을 체달하지 못하며, 빠름 없음을 깨닫지 못하오?"

"체달함에 곧 남이 없고, 깨달음에 본래 빠름이 없습니다."

대사께서 말씀하셨다.

"그렇소, 그렇소."

현각이 바야흐로 위엄있는 자태를 갖추어 절하고 곧 하직하니 대사께서 말씀하셨다.

"도리어 너무 빠르지 않는가?"

"본래 스스로 움직임이 아니니 어찌 빠름이 있겠습니까."

대사께서 말씀하셨다.

"누가 움직이지 않음을 아는가?"

"인자께서 스스로 분별을 내십니다."

대사께서 말씀하셨다.

"그대는 깊이 남이 없는 뜻을 얻었구나."

"남이 없는데 어찌 뜻이 있겠습니까?"

대사께서 말씀하셨다.

"뜻이 없는데 누가 마땅히 분별하는고."

"분별함도 또한 뜻이 아닙니다."

대사께서 말씀하셨다.

"훌륭하다 잠깐 하루밤이라도 쉬어가라."

이런 까닭에 당시 사람들은 현각을 하룻밤 자고 깨친 이[一宿覺]라고 하였다. 나중 『증도가(證道歌)』를 지어 세상에 크게 성행하였다.

○ 선자(禪者) 지황(智隍)은 처음 오조께 참예하고 스스로 바른 삼매[正受]를 이미 얻었다 말하고, 암자에서 살면서 눕지 않고 길이 앉기[長坐]를 20년 동안이나 하였다.

조사의 제자 현책이 여러 곳을 돌아다니던 중 하삭(河朔)에 이르러 지황의 이름을 듣고 암자에 찾아가서 물었다.

"당신은 여기서 무엇을 하고 있소?"

지황이 말했다.

"선정에 드오."

현책이 말했다.

"당신이 선정에 든다 하니 마음 있음[有心]으로 들어가오, 마음 없음[無心]으로 들어가오? 만약 마음 없음으로 든다면 모든 무정물인 풀과 나무, 기와조각과 돌맹이도 마땅히 선정을 얻을 것이요, 만약 마음 있음으로 든다면 뜻과 알음알이를 지닌 모든 삶들도 또한 선정을 얻을 것이오."

지황이 말했다.

"내가 바로 선정에 들 때는 있고 없는 마음이 있는 것을 보지 않소."

현책이 말했다.

"있고 없는 마음이 있는 것을 보지 않으면 곧 항상 선정인 것이니 어찌 들고 나옴이 있겠소. 만약 들고 나옴이 있다면 곧 큰 선정이 아닙니다."

지황이 대꾸하지 못하고 잠자코 있다 물었다.

"스님은 누구의 법을 이었소?"

현책이 말했다.

"나의 스승은 조계의 육조입니다."

지황이 말했다.

"육조는 무엇으로 선정을 삼습니까?"

현책이 말했다.

"나의 스승께서 말씀하신 바는, 묘하게 맑은 참된 성품이 두렷이 고요하여 바탕과 작용이 한결같아 오음이 본래 공하고 여섯 가지 객관 경계가 있지 않으니, 나오지도 않고 들어가지도 않으며 고요함도 아니고 어지러움도 아닙니다. 선의 참모습[禪性]이 머뭄 없으므로 선의 고요함[禪寂]에도 머물지 않으며 선의 참모습이 남이 없으므로 선을 한다는 생각[禪想]도 내지 않아서 마음이 허공과 같되 허공 같다는 헤아림도 없습니다."

지황이 이 말을 듣고 곧장 대사께 와서 뵈오니 대사께서 물으셨다.

"인자는 어디서 오시오."

지황이 앞의 인연을 갖춰 말씀드리니 대사께서 말씀하셨다.

"참으로 그 말과 같소. 그대의 마음이 다만 허공과 같되 허공 같다는 견해에도 집착하지 않으면 응하여 쓰되 걸림 없으며, 움직이고 고요함에 마음이 없으며, 범부니 성인이니 하는 뜻이 사라지고, 주체[能] 객체[所]가 모두 없어지며, 성품[性] 과 모습[相]이 한결 같아서 선정 아닐 때가 없을 것이오."

지황이 이에 크게 깨달으니 20년 동안 닦아 얻은 마음이 도무지 그림자나 메아리조차 없었다.

그날 밤 하북의 선비와 백성들이 허공 가운데서 나는 소리를 들었는데 '지황선사가 오늘에야 도를 얻었다'고 하였다.

지황이 뒤에 대사께 절하고 물러난 뒤 하북에 돌아와 사부중을 열어 교화하였다.

○ 한 스님이 대사께 여쭈었다.
"황매의 뜻을 어떤 사람이 얻었습니까?"
대사께서 말씀하셨다.
"불법을 아는 사람이 얻었다."
그 스님이 말했다.
"화상께서는 얻으셨읍니까?"
대사께서 말씀하셨다.
"나는 불법을 알지 못한다."

○ 대사께서 하루는 오조께서 주신 가사[法衣]를 빨려고 하는데 마땅한 좋은 샘이 없었다. 그래서 절 뒤로 오리쯤에 이르러 숲이 우거지고 서기가 감도는 곳을 보시고, 조사께서 쇠지팡이를 떨쳐 땅에 꽂으니 샘이 손을 따라 솟구쳐서 물이 어느새 쌓여 연못을 이루었다.
대사께서 무릎을 꿇고 돌 위에 옷을 빠는데 홀연히 한 승려가 앞에 와서 절하면서 말씀드렸다.
"저는 방변이라고 하는데 서촉 사람입니다. 어제 남천축국에서 달마대사를 뵈었는데 이 방변더러 이렇게 당부하셨습니다. '어서 당나라에 가라. 내가 전한 대가섭의 정법안장(正法眼藏)과 승가리가 육대까지 전해졌으니 소주 조계로 너는 가서 우러러 절하라.'
이에 방변이 멀리서 왔사오니 저희 조사께서 전하신 옷과 바루를 보여 주십시오."
대사께서 내보여 주시고 물으셨다.
"그대는 무슨 일을 해왔는가?"

"흙으로 상을 잘 빚습니다."

대사께서 얼굴빛을 바로 하시며 말씀하셨다.

"네가 한번 내 모습을 만들어 보라."

방변이 어쩔 줄 몰라하다 며칠이 지나 흙으로 빚어 진짜 모습에 가깝도록 하였는데, 높이가 칠촌(七寸)쯤인데 그 묘함을 온통 다하였다.

대사께서 웃으시며 말씀하셨다.

"너는 다만 흙으로 빚는 법만 알 뿐 불성은 모르는구나."

대사께서 손을 펴 방변의 이마를 만지시면서 말씀하셨다.

"길이 사람과 하늘의 복밭이 되라."

대사께서 이에 옷으로써 노고를 갚으시려 옷을 가져다 세 조각으로 나누어 하나는 흙으로 된 상 위에 걸치고, 하나는 자신에게 남겨 두시고, 하나는 상자로 싸서 땅 속에 묻고 이렇게 서원하셨다.

"뒤에 이 옷을 얻으면 내가 세상에 나와 이 곳에서 주지하여 법당을 다시 세우리라."

○ 한 승려가 와륜선사(臥輪禪師)의 게송을 외우는데 그 게송은 이렇다.

와륜은 뛰어난 기량이 있어

백 가지 여러 생각 끊어 없애네.

경계를 대해 마음 일지 않으니

보리가 나날이 자라나도다.

대사께서 이 게송을 듣고 말씀하였다.

"이 게송은 머뭄 없는 마음 자리를 밝히지 못했다. 만약 여기 의지해 행하면 얽매임만 더할 것이다."

그리고는 한 게송을 이렇게 보이셨다.

혜능은 뛰어난 기량 없어서
백 가지 여러 생각 끊지 않도다.
경계를 대해 마음 자주 이나니
보리가 어떻게 자라나리요.

제 8 장 단박 깨침과 점차 닦아 깨침〔頓漸品〕

○ 어느 때 조사께서 조계 보림(寶林)에 계시고 신수대사는 형남(荊南) 옥천사에 계셨다. 그 때 두 종이 융성하니 사람들이 모두 '남에는 혜능, 북에는 신수'라 하였다.

그러므로 남북의 두 종에 단박 깨침과 점차로 깨침의 갈라짐이 있게 되니, 배우는 이들이 종지의 돌아가는 바[宗趣]를 알지 못했다.

조사께서 대중에게 말씀하셨다.

"법은 본래 한 종인데 사람에 남과 북이 있고, 법은 곧 한 가지인데 견해에 더딤과 빠름이 있다.

무엇을 단박 깨침과 점차로 깨침이라 하는가. 법에는 본래 단박 깨침과 점차로 깨침이 없지만, 사람에 날카로움과 무딤이 있으므로 단박 깨침과 점차로 깨침이라 이름하는 것이다."

그러나 신수의 무리들은 자주 남종(南宗) 조사를 헐뜯어서 '글 한자도 모르거니 무슨 대단한 점이 있겠는가'라고 했다.

신수대사는 이렇게 말씀하셨다.

"그 분은 스승 없는 지혜를 얻고 깊이 최상승을 깨쳤으나 나는 그렇지 못하다. 또 나의 스승이신 오조께서 몸소 가사와 법을 전하셨으니 어찌 헛되이 그러했겠는가. 나는 멀리서 가 가까이 할 수 없어서 헛되이 나라의 은혜 받음을 한스러워 한다. 너희들 여러 사람은 여기서 머물러 있지 말고 조계에 가서 배워 의심을 끊도록 하라."

하루는 문인 지성에게 이렇게 명하였다.

"너는 총명하고 지혜가 많으니 나를 위해 조계에 가서 법을 들으라. 네가 만약 법을 들으면 마음을 다해 기억해 두었다가 나를 위해 말해주라."

지성이 명을 받고 조계에 이르러 대중을 따라 공부에 함께 하였는데,

온 곳을 말하지 않았다. 그 때 조사께서 대중에게 이르셨다.

"지금 법을 훔치러 온 사람이 이 모임에 숨어 있다."

지성이 곧 나와 절하고 그 일들을 갖춰 다 말씀드렸다.

조사께서 말씀하셨다.

"네가 옥천에서 왔다니 반드시 염탐꾼이겠구나."

지성이 대답했다.

"그렇지 않습니다."

조사께서 말씀하셨다.

"왜 그렇지 않은가?"

지성이 대답했다.

"말씀드리지 않았을 때는 그렇다 할 수 있지만, 말씀드렸으니 그렇지 않습니다."

조사께서 말씀하셨다.

"너의 스승은 어떻게 대중에게 보이는가?"

지성이 대답했다.

"늘 대중에게 가르쳐 주시되 '마음을 머물러 고요함을 살피고 길이 앉아 눕지 말라'고 하십니다."

조사께서 말씀하셨다.

"마음을 머물러 고요함을 살피는 것은 병이지 선이 아니다. 길이 앉아 몸만을 얽매는 것이 바른 이치에 무슨 이익이 있겠는가. 나의 게를 들으라."

　　살아서는 앉아서 눕지 못하고
　　죽어서는 누워서 앉지 못하네.
　　한 덩어리 냄새 나는 뼈다귀로
　　깨침의 공 어찌 세울 수가 있으리.

지성이 다시 절하고 말씀드렸다.

"제자가 신수대사 계신 곳에서 9년간 도를 배웠으나 계합해 깨치지 못했으나, 이제 화상의 한 말씀을 듣고 곧 본마음[本心]에 계합하였습니다. 제자의 나고 죽음의 일이 크오니 화상께서는 큰 자비로써 다시 가르쳐 주십시요."

조사께서 말씀하셨다.

"내가 들으니 너의 스승이 배우는 이들에게 계·정·혜 법을 가르친다는데, 너의 스승이 말하는 계·정·혜의 행하는 모습이 어떤지 알지 못하니 나에게 말해보라."

지성이 말씀드렸다.

"신수대사는 말씀하시기를 '모든 악 짓지 않는 것'을 계라 하고, '모든 선 받들어 행함'을 혜라 하며, '스스로 그 뜻 깨끗이 함'을 정이라 하십니다. 그 분의 말씀하시는 것은 이와 같은데 화상께서는 어떤 법으로 사람들을 가르치십니까?"

조사께서 말씀하셨다.

"내가 만약 어떤 법을 사람에게 주는 것이 있다고 말한다면 곧 너를 속이는 것이 된다. 또한 다만 곳[方]을 따라 얽힘 풀어주는 것을 삼매라고 거짓 이름한 것이다. 너의 스승이 말씀한 계·정·혜도 실로 불가사의하지만 내가 보는 바 계·정·혜는 또 다르다."

지성이 말씀드렸다.

"계·정·혜는 다만 한 가지가 될 것인데, 어떻게 다시 다릅니까?"

조사께서 말씀하셨다.

"너의 스승의 계·정·혜는 대승의 사람을 제접하는 것이고, 나의 계·정·혜는 최상승의 사람을 제접하는 것이다. 깨닫고 앎이 같지 않으므로 견해에 더디고 빠름이 있는 것이다. 너는 내가 설하는 바가 그 스님과 같은가 다른가 들어보아라.

내가 설한 법은 자신의 참성품[自性]을 떠나지 않으니, 존재의 참모습[體] 떠나 법을 설하는 것을 모습에 얽힌 설법[相說]이라 하니 자신의 성품이 늘 헤매게 된다. 반드시 온갖 모든 법이 자신의 참성품[自性]을 좇아 작용 일으킴을 알아야 하니 이것이 참된 계·정·혜 법이다. 나의 게를 들으라."

마음 땅에 그릇됨이 없으면 자기 성품의 계요
마음 땅에 어리석음 없으면 자기 성품의 지혜며
마음 땅에 어지러움 없으면 자기 성품의 정이네.
늘지 않고 줄지 않음 스스로의 금강이요
몸이 가고 몸이 오는 것 본래의 삼매로다.

지성이 게를 듣고 깊이 뉘우쳐 다음의 한 게송을 지어 바쳤다.

오온으로 된 헛깨비 몸이여
헛깨비가 어찌 구경이리요.
그렇다고 진여를 따로 찾으면
법이 도리어 깨끗하지 않음 되리.

조사께서 '그렇다' 하시고 다시 지성에게 말씀하셨다.
"너의 스승의 계·정·혜는 작은 근기의 지혜를 지닌 사람을 권하는 법이요, 나의 계·정·혜는 큰 근기의 지혜를 가진 사람을 권하는 법이다.
만약 자신의 참성품을 깨달으면 보리 열반도 세우지 않고 또한 해탈지견도 세우지 않으니, 한 법도 이루 얻을 것이 없어야 바야흐로 만 가지 법을 건립할 수 있게 된다. 만약 이 뜻을 알면 붇다의 몸[佛身]이라 이름하고, 또한 보리 열반이라 이름하며 해탈지견이라 이름한다.

성품을 본 사람은 세워도 되고 세우지 않아도 되니, 오고 감이 자유로워 막힘 없고 걸림 없어서 작용에 응하여 따라 짓고 물음에 응하여 따라 답하여, 널리 화신(化身)을 나투되 자신의 참성품 떠나지 않아서 곧 자재한 신통과 마음대로 노니는 삼매를 얻게 되니 이것이 참성품 봄[見性]이다."

지성이 다시 조사께 여쭈었다.

"무엇이 세우지 않는 뜻입니까?"

대사께서 말씀하셨다.

"자신의 참성품은 그름이 없고 어리석음이 없으며 어지러움이 없으니, 생각 생각 반야로 살펴 비추어 늘 법의 모습을 떠나면 자유자재하여 가로 세로 그 어디에서나 모두 얻으니 무엇을 이루 세울 것이 있겠는가.

자신의 참성품이 스스로 깨달아 단박 깨닫고 단박 닦아버리므로 또한 점차가 없는 것이다. 그러므로 온갖 법을 세우지 않으니 모든 법이 고요함에 무슨 차제가 있겠는가."

지성이 절하고 곁에서 모시기를 원하여 아침 저녁으로 게으르지 않았다.

○ 승려 지철은 강서사람이다. 본래 성은 장씨이고 이름은 행창인데 젊었을 때에는 건달이었다.

혜능과 신수가 남북으로 나뉘어 교화하면서부터 비록 두 종주는 너·나가 없었지만, 그 따르는 무리들은 서로 다투어 미움과 사랑을 일으켰다.

그 때 북종의 문인들은 스스로 신수스님을 세워서 제 육조로 삼는 한편, 조사께서 법의(法衣)를 전해 받음이 천하에 알려지는 것을 꺼렸다. 그래서 행창을 시켜서 조사에게 와 칼로 찌르게 하였다.

조사께서는 타심통으로 미리 이 일을 아시고 돈 열냥을 자리 사이에 준비하고 계셨다. 밤이 깊어지자 행창이 조사의 방에 뛰어들어 조사를 해치려 하였다. 조사가 목을 펴 내미시니 행창은 칼을 휘둘러 세 차례 조사의 목을 내리쳤지만 조금도 다치지 않았다.

조사께서 말씀하셨다.

"바른 칼은 삿되지 않고 삿된 칼은 바르지 않다. 나는 너에게 다만 돈을 빚졌을 뿐 목숨을 빚지지 않았다."

행창은 놀래 쓰러졌다가 한참만에 깨어나서 슬피 허물을 뉘우치고 출가를 원하였다. 조사는 행창에게 돈을 내어 주시면서 말씀하셨다.

"너는 우선 가거라. 대중이 도리어 너를 해칠까 두렵다. 네가 뒷날 모습을 바꾸어서 올 수 있으면 내 마땅히 너를 받아들이겠다."

행창은 조사의 뜻을 받고 밤중에 달아났다.

그후 행창은 승가에 몸을 던져 출가하여 계를 받고 정진하였다.

하루는 조사의 말씀을 생각하고 멀리서 와 찾아뵈오니 조사께서 말씀하셨다.

"내가 너를 생각해온 지 오래다. 왜 이다지도 늦었느냐?"

행창이 여쭈었다.

"지난 날에 화상께서 죄를 용서하여 주심으로 비록 지금 출가하여 고행한다 해도 그 은덕은 끝내 갚기 어려우니, 은혜에 보답하는 길은 오직 법을 전하여 중생을 제도함 뿐인가 합니다. 제자가 일찌기 『열반경』을 보았으나 아직 항상함[常]과 덧없음[無常]의 뜻을 알지 못합니다. 바라오니 화상께서는 자비를 베풀어 간략히 가르쳐 주십시오."

대사께서 말씀하셨다.

"덧없음이란 곧 불성이요, 항상함이란 곧 모든 착하고 악한 온갖 모든 법과 분별하는 마음이다."

"화상의 말씀은 경의 글에 크게 어긋납니다."

대사께서 말씀하셨다.

"나는 붇다의 심인(心印)을 전했는데 어찌 붇다의 경전에 어긋날 수 있겠는가?"

"경에는 불성이 항상함이라 하였는데 화상께서는 도리어 덧없음이라 하시며, 착하고 악한 모든 법과 나아가서는 보리심까지도 모두 덧없음인데 화상께서는 도리어 항상함이라 말씀하십니다. 이것은 경의 글과 서로 다르므로 배우는 이에게 의혹을 더욱 더해줍니다."

대사께서 말씀하셨다.

"『열반경』은 내가 지난날 무진장 비구니가 한 편을 독송하는 것을 듣고 곧 그를 위해 강설한 적이 있다. 나의 말은 한 자나 한 뜻도 경의 글에 맞지 않음이 없었으니, 이제 또한 너를 위함에도 끝내 두 말이 없다."

"학인은 헤아려 앎이 얕고 어두우니 바라옵건대 화상께서는 자세히 말씀하여 주십시오."

조사께서 말씀하셨다.

"너는 아느냐? 불성이 만약 항상함이라면 다시 무슨 착하고 악한 모든 법을 말할 것인가. 나아가서 겁을 다해도 한 사람도 보리심을 발할 사람이 없을 것이다. 이 까닭에 내가 덧없음이라고 말함이 바로 부처님이 말씀하신 참된 항상함의 도리다.

또한 온갖 모든 법이 만약 그냥 덧없음일진대 사물 하나 하나가 제각기 자기 모습[自性]이 있어서 나고 죽음을 받아들일 것이니, 그렇다면 '참으로 항상한 성품[眞常性]'은 두루하지 않는 곳이 있을 것이다. 그러므로 내가 항상함이라 말하는 것이 바로 부처님이 말씀하신 참된 덧없음의 뜻이다.

앞에서 범부와 외도는 삿된 항상함[邪常]에 집착하고 모든 이승들은 항상함에서 도리어 덧없음을 헤아려 함께 여덟 가지 뒤바뀜[八倒]을 이루기 때문에, 부처님께서는 그들을 위해 열반요의교(涅槃了義敎) 가운데서 그들의 치우친 견해를 깨뜨려 참된 항상함과 참된 기쁨, 참된 나와 참된 깨끗함[眞常, 眞樂, 眞我, 眞淨]을 밝혀 말씀하셨다.

네가 이제 말만을 의지하여 참뜻을 모르고, '끊어져 없어지는 덧없음[斷滅無常]'과 '굳어져 죽은 항상함[確定死常]'으로써 부처님의 원묘하고 가장 깊은 최후의 가르침을 그릇 알아들으니, 그리고서야 비록 천 편을 읽고 외운들 무슨 이익될 것이 있겠느냐."

이에 행창이 홀연히 크게 깨치고 게송으로 말씀드렸다.

덧없는 마음 지킴으로 인하여
부처님은 항상한 성품 말씀하셨다.
이것이 방편임을 모르는 이는
봄 못에서 조약돌을 주어 들고서
그것을 보석이라 여김과 같네.
나 이제 억지로 공 베풀지 않고
불성이 바로 앞에 나타났으니
이것은 스승께서 준 것 아니요
나도 또한 얻는 바 본래 없도다.

조사께서 말씀하셨다.
"네가 이제 사무쳤으니 마땅히 지철(支鐵)이라 이름하라."
지철이 절하고 물러갔다.

○ 한 어린이가 있어서 이름이 신회였다. 양양 고씨의 자손인데 나이 십삼세에 옥천사에서 와서 참예하였다.

조사께서 말씀하셨다.
"네가 먼 곳에서 고생하며 왔으니 도리어 근본을 가지고 왔는가? 만약 근본이 있다면 합당히 주인을 알 것이다. 말해보라."

신회가 대답하였다.
"머뭄 없는 것으로 근본을 삼으니 봄이 바로 주인입니다."

조사께서 말씀하셨다.

"이 사미가 어찌 이런 경솔한 말을 함부로 하는가."

신회가 물었다.

"화상께서는 좌선하실 때 보십니까, 보지 않으십니까?"

조사께서 주장자로 세 번 때리고 말씀하셨다.

"내가 너를 때렸으니 아프냐 안 아프냐?"

"아프기도 하고 또한 아프지 않기도 합니다."

"나도 또한 보기도 하고 보지 않기도 한다."

"어떤 것이 보기도 하고 보지 않기도 하는 것입니까?"

"내가 보는 것은 항상 자기 마음의 허물을 보는 것이요, 다른 사람의 옳고 그름, 좋고 나쁨을 보지 않는다. 이러므로 또는 보고 또는 보지 못한다고 하는 것이다. 네가 말하기를 아프기도 하고 또한 아프지 않다고도 하니 어떤 것이냐? 네가 만약 아프지 않다면 이것은 나무나 돌과 같은 것이요, 만약 아프다면 즉 범부와 같아서 성냄과 한을 일으킬 것이다. 네가 앞서 보기도 하고 보지 않기도 한다는 것은 두 가지 대립이며, 아프기도 하고 아프지 않기도 한다는 것은 나고 사라짐이니, 네가 자기 성품을 아직 보지 못하고 감히 그렇게 사람을 놀리는가."

신회는 절하고 깊이 뉘우쳐 사과드리니 조사께서 또 말씀하셨다.

"네가 만약 마음이 어리석어 바로 보지 못하였다면 마땅히 선지식에게 물어서 길을 찾아야 할 것이다. 네가 만약 마음이 깨쳤다면 곧 스스로 성품을 본 것이니 법에 의지해 수행하여야 할 것이다. 그런데 너는 스스로 미혹하여 자기 마음을 보지 못하고도 도리어 와서 나에게 보고 안 보고를 묻는가. 내가 보는 것은 스스로 아는 것이니 어찌 너의 헤매임을 내가 대신하겠는가. 또한 네가 만약 스스로 자기 마음을 보았다면 또한 나의 헤매임을 네가 대신 하지도 않는다. 그런데 너는 어째서 스스로 보지도 못하고 알지도 못하고서 나에게 보고 안 보고를 묻는 것이냐."

이에 신회는 다시 일어나 백여번 절을 한 다음 허물을 사죄하였고, 지성을 다하여 조사를 모시며 좌우를 떠나지 않았다.

하루는 조사께서 대중에게 이르셨다.

"나에게 한 물건이 있으니, 머리로 없고 꼬리도 없고 이름도 없고 글자도 없으며 등도 없고 낯도 없다. 여러 사람들은 알겠는가?"

그때 신회가 나와서 대답하였다.

"그것은 모든 부처님의 본원이며 신회의 불성입니다."

조사께서 말씀하셨다.

"너에게 이름도 없고 글자도 없다고 하였는데, 너는 곧 본원이니 불성이니 하니 네가 앞으로 종사가 되어 교화하더라도 다만 지해종도(知解宗徒) 밖에 되지 않을 것이다."

신회가 뒤에 장안에 들어가 크게 조계의 돈교를 넓히고 또한 『현종기』을 지어 세상에 유행하니, 이 분이 하택선사이다.

○ 조사께서는 여러 종들이 서로 꼬집고 따져 모두 악한 마음을 일으켜서 자리에 많이 모이는 것을 보시고 불쌍히 여겨 말씀하셨다.

"도를 배우는 사람은 온갖 착한 생각이나 악한 생각을 다 마땅히 없애야 한다. 이름이 가히 이름할 것 없음을 자신의 참성품이라 하며, 둘 아닌 성품이라 이름하니, 이 이름이 실다운 성품[實性]이다. 이 실다운 성품 위에 온갖 교문(教門)을 세우는 것이니, 말 아래 곧 반드시 스스로 보아야 한다."

여러 사람들이 이 말씀을 듣고 모두 절을 하며 조사를 모셔서 스승 삼기를 청하였다.

제 9 장 돈교법의 호법〔護法品〕

신룡 원년(705) 상원일(上元日)에 측천황후와 중종(中宗)이 조서를 보내어 말했다.

"짐이 혜안, 신수 두 큰 스님을 청하여 궁중에서 모시고 공양하며, 만가지 기틀[萬機]로 나라일을 하는 틈에 매양 일승을 탐구하였는데, 두 대사가 사양하며 이렇게 추천하였습니다.

'남방에 혜능선사가 계시는데, 가만히 인(忍)대사의 가사와 법을 받고 부처님의 심인(心印)을 전해 받았으니 그 분을 청하여 물으십시오.'

이제 내시 설간(薛簡)을 보내어 조서를 전하고 모시기를 청하오니, 바라건대 스님께서는 자비로 살피시어 빨리 서울로 올라와 주십시오."

조사께서는 표(表)를 올리어 병으로 사양하시며 숲 속에서 삶을 마치기를 원하셨다.

설간이 여쭈었다.

"서울의 선덕들이 다 말씀하기를 '도를 알려고 하거든 반드시 좌선하여 정(定)을 익혀라. 선정을 인하지 않고 해탈한다는 것은 있을 수 없다'라고 하시는데, 스님께서 설하시는 법은 어떤지 모르겠습니다."

조사가 말씀하셨다.

"바른 삶의 길[道]은 바른 마음으로 말미암아 깨치는 것이니 어찌 앉는 데 있겠느냐! 경에 말씀하시되 '만약 여래를 앉는다거나 눕는다거나 말한다면 이것은 삿된 도를 행하는 것이다. 왜 그런가? 여래는 좇아 온 곳도 없고 가는 곳도 없기 때문이다'라고 하셨다.

생겨남도 없고 사라짐도 없는 것이 여래의 청정한 선[淸淨禪]이요, 모든 법이 공적한 것이 여래의 청정한 자리[淸淨坐]라 끝내는 깨침[證]도 없거니 어찌 하물며 앉음이 있겠는가."

설간이 말씀드렸다.

"제자가 서울로 돌아가면 주상께서 반드시 물으실 것이니 바라건대 스님께서는 자비로써 심요를 가르쳐 주십시요. 그리하여 제자가 양궁께 전해 올리고 또한 서울에 있는 도를 배우려는 모든 사람에게도 말하여 마치 한 등불이 수천 등불을 불붙이듯 어두운 것이 다 밝아져 밝고 밝음이 다함이 없게 하여 주십시요."

조사께서 말씀하셨다.

"도에는 밝음과 어두움이 없다. 밝음과 어두움은 이것이 서로 엇바뀌어 없어지는[代謝] 뜻이니, 밝고 밝음이 다함이 없다고 하더라도 역시 다함이 있는 것이니, 서로 상대하여 그 이름을 세운 까닭이다. 이에 『정명경』은 '법은 견줄 바가 없으니 상대가 없기 때문이다'라고 말씀한다."

설간이 여쭈었다.

"밝음은 지혜를 비유하고 어두움은 번뇌를 비유하니, 수도하는 사람이 만약 지혜로 번뇌를 비춰 깨뜨리지 않으면, 비롯없는 나고 죽음의 굴레를 무엇을 의지하여 벗어날 수 있겠습니까?"

조사께서 말씀하셨다.

"번뇌가 곧 보리라 둘이 없고 다름도 없다. 만약 그대의 말과 같이 지혜로써 번뇌를 비추어 깨뜨린다면 이것은 이승의 치우친 견해요, 양수레, 사슴수레 등의 낮은 근기인 것이니, 높은 지혜와 큰 근기는 모두 이와 같지 않다."

설간이 말씀드렸다.

"그렇다면 어떤 것이 대승의 견해입니까?"

조사께서 말씀하셨다.

"밝음과 밝음 없음을 범부들은 둘로 본다. 그러나 지혜 있는 이는 그 성품이 둘이 아님을 요달하나니, 둘이 아닌 성품이 곧 존재의 실다운 성품[實性]이다.

실다운 성품이라는 것은 범부에 있어도 줄지 않고 현성에 있어도 늘지 아니하며, 번뇌 속에 머물러도 어지럽지 않고 선정 속에 있어도 고요하지 않으며, 끊어짐도 아니고 늘 있음도 아니며, 오는 것도 아니고 가는 것도 아니며, 중간이나 안과 밖에 있지도 않으며, 생겨나지도 않고 없어지지도 아니하여 성품[性]과 모습[相]이 한결같아서 늘 머물러 옮겨가지 않으니 [常住不遷] 이를 도(道)라고 이름한다."

설간이 말씀드렸다.

"스님께서 말씀하시는 생겨나지 않고 없어지지 않음은 외도와 어떻게 다릅니까?"

"외도가 말하는 생겨나지 않고 없어지지 않음이란, 없어짐을 가지고 생겨남을 그치고 생겨남으로써 없어짐을 다시 드러내니, 없어짐이 없어지지 않음과 같고 생겨남을 생겨나지 않음이라 말한다. 내가 말하는 생겨나지 않고 없어지지 않음은 본래 스스로 생겨남이 없으므로 지금 또한 없어짐도 없으니 이 까닭에 외도와 같지 않다.

그대가 만약 심요를 알고자 한다면 다만 온갖 선과 악을 도무지 생각하지 말라. 그러면 자연히 청정한 마음 바탕에 들어가 맑고 늘 고요하여 묘한 작용이 강가강 모래알과 같을 것이다."

설간이 가르침을 받고 활연히 크게 깨치고 조사께 절하고 하직한 뒤 대궐로 돌아가 조사의 말씀을 표로 사뢰었다.

그해 9월 3일 조서를 내리어 대사를 이렇게 추켜세워 찬양하였다.

"대사께서 늙고 병들었다 하여 짐의 청을 사양하고, 짐을 위하여 도를 닦으시니 나라의 복밭입니다. 대사의 이런 모습은 정명이 비야리에서 병을 의탁하여 대승을 천양하고 모든 붇다의 마음을 전하면서 둘 아닌 법을 담론하던 일과 같습니다.

설간이 대사께서 여래지견을 가르쳐 주신 것을 전하니, 짐이 선업을 쌓은[積善] 보람과 지난 생에 선근을 심은 인연으로 대사께서 세상에 나오심을 만나 상승을 단박 깨달았으니, 대사의 은혜에 감사하여 머리에 받들어 마지 않습니다."

아울러 마납 가사와 수정 발우를 드리고 또한 소주 자사에게 명하여 절 건물을 고쳐서 꾸미게 하고 대사가 옛날 머무신 곳에 국은사라 이름을 내렸다.

제 10 장   돈교법을 제자들께 부촉함〔付囑品〕

조사께서 하루는 문인(門人)인 법해, 지성, 법달, 신회, 지상, 지통, 지철, 지도, 법진, 법여 등을 불러 말씀하셨다.

"너희들은 다른 사람과 같지 않다. 내가 멸도한 후에 각각 한 지방의 스승이 될 것이므로 내 이제 너희들에게 법 설함을 가르쳐서 근본종지를 잃지 않도록 하겠다.

먼저 삼과법문과 움직여 쓰는 데 서른 여섯 가지 상대하는 법〔對法〕을 들어 말하리니, 나오고 들어감에 두 가지 치우침〔兩邊〕을 여의고 온갖 법을 설할 때 자기 성품을 여의지 말라.

갑자기 어떤 사람이 너희에게 법을 묻거든, 말을 내되 다 두 법으로 하여 서로 상대하는 법을 모두 취해서 오고 감이 서로 원인이 되게 하고, 마침내는 두 가지 법을 모두 없애되 다시 갈 곳마저 없게 하라.

삼과법문(三科法門)이라 하는 것은 음(陰)과 계(界)와 입(入)이다. 음은 바로 오음이니 색(色), 수(受), 상(想), 행(行), 식(識)이 이것이요, 입은 바로 십이입이니 밖으로 여섯 가지 객관대상〔六塵〕인 빛깔〔色〕, 소리〔聲〕, 냄새〔香〕, 맛〔味〕, 닿음〔觸〕, 법(法)과 안으로 여섯 가지 문〔六門〕인 눈〔眼〕, 귀〔耳〕, 코〔鼻〕, 혀〔舌〕, 몸〔身〕, 뜻〔意〕이 이것이요, 계는 바로 십팔계니 여섯 가지 객관대상〔六塵〕과 여섯 가지 문〔六門〕과 여섯 가지 식〔六識〕이 이것이다.

자신의 성품이 능히 만법을 머금으므로 함장식(含藏識)이라 하는 것이니, 만약 실체적으로 생각해 헤아림〔思量〕을 일으키면 이것이 전식(轉識)이라, 여섯 가지 식〔六識〕을 내어 여섯 가지 문〔六門〕을 나와 여섯 가지 객관경계〔六塵〕를 보게 된다. 이와 같은 십팔계 모두가 자기 성품으로부터 작용을 일으키므로, 자신의 성품이 만약 삿되면 열여덟 가지 삿됨이 일어나고, 자신의 성품이 만약 바르면 열여덟 가지 바름이 일어난다.

만약 악하게 쓰면 곧 중생의 작용이요, 착하게 쓰면 곧 분다의 작용이다.

작용은 무엇을 말미암아 이루어지는가? 모습 없는 자기 성품[自性]으로 말미암아 대립된 법이 있다. 대립된 법에는 무정물인 바깥 경계에 다섯 가지 대립이 있으니, 하늘은 땅과 더불어 상대며, 해는 달과 더불어 상대며, 밝음은 어두움과 더불어 상대며, 음은 양과 더불어 상대며, 물은 불과 더불어 상대니, 이것이 다섯 가지 상대이다.

법의 모습[法相]을 밝히는 언어에 열두 가지 상대가 있으니, 말[言]은 법(法)과 더불어 상대며, 있음[有]은 없음[無]과 더불어 상대며, 빛깔 있음[有色]은 빛깔 없음[無色]과 더불어 상대며, 모습 있음[有相]은 모습 없음[無相]과 더불어 상대며, 번뇌 있음[有漏]은 번뇌 없음[無漏]과 더불어 상대며, 색(色)은 공(空)과 더불어 상대며, 움직임[動]은 고요함[靜]과 더불어 상대며, 맑음[淸]은 흐림[濁]과 더불어 상대며, 범부[凡]는 성인[聖]과 더불어 상대며, 승(僧)은 속(俗)과 더불어 상대며, 늙음[老]은 어림[少]과 더불어 상대며, 큼[大]은 작음[小]과 더불어 상대니, 이것이 열두 가지 상대이다.

또한 자신의 참성품이 작용을 일으킴에 열아홉 가지 상대가 있으니, 긴 것[長]은 짧음[短]과 더불어 상대며, 삿됨[邪]은 바름[正]과 더불어 상대며, 어리석음[癡]은 지혜로움[慧]과 더불어 상대며, 어두움[愚]은 슬기로움[智]과 더불어 상대며, 어지러움[亂]은 고요함[定]과 더불어 상대며, 사랑함[慈]은 독함[毒]과 더불어 상대며, 옳음[是]은 그름[非]과 더불어 상대며, 험난함[險]은 평탄함[平]과 더불어 상대며, 번뇌(煩惱)는 보리(菩提)와 더불어 상대며, 항상함[常]은 덧없음[無常]과 더불어 상대며, 슬피 여김[悲]은 해침[害]과 더불어 상대며, 기쁨[喜]은 성냄[瞋]과 더불어 상대며, 줌[捨]은 아낌[慳]과 더불어 상대며, 나아감[進]은 물러섬[退]과 더불어 상대며, 생겨남[生]은 없어짐[滅]과 더불어 상대며, 법신(法身)은 색신(色身)과 더불어 상대며, 화신(化身)은 보신(報身)과 더불어 상대니, 이것이 열아홉 가지 상대이다."

조사께서 말씀을 이으셨다.

"이 서른여섯 가지 마주하는 법을 만약 잘 알아 쓰면 곧 도가 온갖 경에서 가르친 법을 꿰뚫어, 들어가고 나옴에 곧 두 가지 치우침을 여의어 자기 성품을 움직여 쓰며, 사람과 더불어 이야기함에 밖으로 모습에서 모습 여의며, 안으로 공에서 공을 여의게 될 것이다.

그러나 만약 온전히 모습에 집착하면 곧 삿된 견해를 기를 것이며, 만약 온전히 공을 집착하면 곧 무명을 기를 것이다.

공을 집착하는 사람은 경을 비방하면서 바로 문자를 쓰지 않는다[不用文字] 말하나, 이미 문자를 쓰지 않는다고 말한다면 사람들은 마땅히 말하지도 않아야 한다. 그것은 다만 이 말하는 것도 바로 문자의 모습이기 때문이다. 또 바로 문자를 세우지 않는다고 말하나, 이 세우지 않는다[不立]는 두 글자도 또한 문자인 것이니, 대개 이런 사람은 남이 말하는 것을 보고 곧 그를 비방하여 '문자에 집착한다'고 말한다.

너희들은 반드시 알라. 스스로 헤매이는 것은 오히려 그럴 수 있지만 또 부처님 경전까지 비방할 것인가. 반드시 경을 비방하지 말아야 하니 이러한 자는 그 죄장이 헤아릴 수 없다.

만약 밖으로 모습을 집착하여 법을 지어[作法] 참됨을 구하거나 또는 널리 도량을 세워 있고 없는 허물과 걱정거리를 말한다면, 이와 같은 사람은 몇 겁을 지내도 참성품을 보지 못할 것이다.

너희들은 다만 법을 듣고 법에 의지하여 수행해서, 백 가지 것 생각하지 아니하여 도의 성품에 막혀 걸림이 있게 하지 말라.

만약 바르게 설함 듣고도 닦지 아니하면 사람으로 하여금 도리어 삿된 생각을 내게 하니, 다만 법에 의지하여 수행하여 모습에 머묾이 없이 법을 베풀라. 너희들이 만약 바로 깨쳐 이를 의지하여 말하고 이를 의지하여 쓰며, 이를 의지하여 행하고 이를 의지하여 지으면, 곧 근본 종지[本宗]를 잃지 않을 것이다.

만약 어떤 사람이 너희에게 뜻을 묻되 있음을 물으면 없음으로 대하고, 없음을 물으면 있음으로 대하며, 범부를 물으면 성인으로 대하고, 성인을 물으면 범부로 대하여 두 가지 도가 서로 원인되어 중도의 뜻을 내게 하라. 너희가 이와 같이 한번 물음에 물음 따라 한번 대하고 다른 물음에도 한결같이 이를 의지해 지으면 곧 바른 이치를 잃지 않을 것이다.

설사 어떤 사람이 있어 '무엇이 어두움이냐?'고 묻는다면 '밝음은 바로 인(因)이요, 어두움은 바로 연(緣)이니, 밝음이 없어지면 곧 어두움이다'라고 답하라. 밝음으로써 어두움을 나타내며 어두움으로써 밝음을 나타내면, 오고 감이 서로 원인 되어 중도의 뜻을 이룰 것이니, 다른 물음에 대하여도 모두 다 이와 같이 하라.

너희들이 뒤에 법을 전할 때에는 이를 의지해 번갈아 서로 가르쳐 주어 종지를 잃지 말라."

조사께서 태극 원년 임자 7월에 문인에게 명하여 신주 국은사에 가서 탑을 세우게 하시고 또한 공사를 서두르도록 하여 이듬해 늦은 여름에 낙성하였다.

7월 1일 문도대중을 모아 말씀하셨다.

"나는 8월이 되면 세간을 뜨고자 한다. 너희들은 의심이 있거든 어서 서로 물으라. 너희들을 위해 의심을 깨뜨려 너희들이 헤매임을 다하도록 하겠다. 만약 내가 떠난 뒤에는 너희들을 가르칠 사람이 없을 것이다."

법해 등이 듣고 모두가 눈물을 흘리며 울었는데, 오직 신회만이 뜻을 움직이지 않고 또한 울지도 않았다. 조사께서는 말씀하셨다.

"신회 어린 사미가 도리어 좋음과 궂음이 평등하여 헐뜯음과 기림에 움직이지 않으며 슬픔이나 기쁨이 나지 않음을 얻었고, 나머지는 모두 그렇지 못하다. 몇 년이나 산에 있으면서 마침내 무슨 도를 닦았는가! 너희들이 이제 슬피 우는 것은 누구를 걱정해서 그러느냐. 만약 내가 가는 곳을 알지 못해 근심한다면 나는 스스로 갈 곳을 안다. 내가 만약 갈 곳을 알지 못한다면 끝내 미리 너희들에게 알리지 않았을 것이다.

너희들이 슬퍼함은 대개 내가 가는 곳을 알지 못하기 때문이니, 만약 가는 곳을 안다면 슬피 울 필요가 없다.

법의 성품[法性]은 본래 나고 사라짐과 오고 감이 없으니 너희들은 다 앉아라. 내 너희들에게 한 게송을 주겠으니 '참됨과 거짓, 움직임과 고요함의 뜻을 보인 노래[眞假動靜偈]'라 한다. 너희들이 이 게송을 외우면 나와 뜻이 같아질 것이니, 여기 의지해 수행하면 종지를 잃지 않을 것이다."

모든 대중이 다 일어나 절을 하고 조사께 게송 설해주기를 청하였다.

게송은 이렇다.

> 온갖 것에 참됨이란 있지 않으니
> 그러므로 참됨을 보려고 말라.
> 만약 참된 것을 보려고 한다면
> 이와 같이 봄이 다 참됨 아니네.
> 만약 스스로 참됨이 있을 수 있다면
> 거짓 여읨 곧 마음의 참됨이 되니
> 제 마음이 거짓을 여의지 않으면
> 참됨 없거니 어디서 참됨 찾으랴.
>
> 유정은 곧 움직임을 알고 있지만
> 무정물은 곧 움직이지 않나니
> 움직이지 않는 행을 만약 닦으면
> 무정물의 움직이지 않음 같으리.
> 만약 참으로 움직이지 않음 찾으면

움직임 위 움직이지 않음 있나니
가만히 움직이지 않음이 바로
움직이지 않는 선이라고 한다면
무정물은 부처의 씨앗이 없네.
참으로 움직이지 않음이란 곧
능히 모든 모습을 잘 분별하되
제일의에 움직이지 않는 것이니
다만 이와 같이 바른 견해 지으면
이것이 곧 진여의 작용이 되리.
도 배우는 여러 사람들께 이르니
힘을 써 모름지기 뜻에 새기어
넓고 곧은 대승의 문 가운데서
나고 죽는 지혜 도리어 집착 말라.
말 아래 만약 바로 서로 응하면
함께 부처님의 뜻 논하겠지만
만약 실로 서로 응하지 못한다면
두 손 모아 이 법문에 환희케 하라.
이 종에는 본래로 다툼 없으니
다툰다면 도의 뜻 잃을 것이며
거스름을 집착해 법문 다투면
자기 성품 나고 죽음 속에 들리라.

이 때에 문도대중이 게송 말씀하심을 듣고 나서는 모두 절하고, 아울러
조사의 뜻을 체달하여 각각 마음을 거두어 법을 의지해 수행하고 다시는
감히 다투지 아니하였다.

이에 대사께서 오래 세상에 머무시지 않음을 알고 법해(法海) 상좌가

앞으로 나와 다시 절하고 여쭈었다.

"화상께서 열반에 드신 뒤 마땅히 가사와 법을 누구에게 부치시렵니까?"

조사께서 말씀하셨다.

"내가 대범사에서 법을 설해 지금에 이르기까지 그 동안의 법문을 뽑아 기록한 것이 세상에 흘러 다녀서 『법보단경』이라 하고 있다. 너희들은 이것을 보살펴 지키고 번갈아 서로 전해주어 널리 모든 중생을 제도하라. 다만 이에 의지하여 설하면 바른 법이라 할 것이다.

이제 너희들을 위해 법을 설하고 가사를 부치지 않는다. 대개 이것은 너희가 이미 믿음의 뿌리가 무르익어서 결정코 의심이 없어 큰 일을 맡을 만하기 때문이다. 그러나 선조 달마대사께서 부쳐주신 게송의 뜻에 의한다 해도 가사는 마땅히 전하지 않아야 한다. 게는 이렇다."

> 내가 본래 이 땅에 오게 된 것은
> 법을 전해 미한 중생 구하기 위함
> 한 꽃에 다섯 잎이 활짝 열리니
> 열매 맺음 스스로 이루어지리.

대사께서 다시 말씀하셨다.

"여러 선지식이여, 너희들은 각각 마음을 깨끗이 하여 나의 설법 들으라. 만약 일체종지를 성취하고자 한다면 반드시 일상삼매(一相三昧)와 일행삼매(一行三昧)를 통달하여야 한다.

만약 온갖 곳에서 모습에 머물지 않고, 또한 저 모습 가운데에서 미워하고 사랑하는 생각을 내지 않고 또한 취하고 버림이 없으며, 이익됨을 따지거나 이루어짐과 허물어짐 등의 일을 생각하지 아니하여 한가하고 고요하며 비어 통해 맑으면 이것을 일상삼매라 한다.

만약 온갖 곳에서 가고 머물고 앉고 누움에, 깨끗하고 한결같이 곧은 마음으로 도량을 움직이지 않고 참으로 정토를 이루면 이것을 일행삼매라 한다.

만약 어떤 사람이 위의 두 가지 삼매를 갖추면 마치 땅에 씨앗이 있으면 땅이 머금어 기르고 키워 그 열매를 이루는 것과 같이 일상삼매와 일행삼매도 또한 이와 같다.

내가 이제 법을 설하는 것은 마치 때 맞춘 비가 널리 큰 땅을 적셔주는 것과 같고, 너희의 불성은 비유하면 여러 씨앗이 빗물이 흠뻑 적셔줌을 만나 모두 피어나는 것과 같다. 그러므로 나의 뜻을 이어받는 자는 반드시 깨달음을 얻을 것이며, 나의 행에 의지하는 자는 반드시 묘한 해탈의 성과를 얻을 것이다. 내 게송을 들으라."

　　마음 땅이 모든 씨앗 머금었으니
　　널리 비가 내림에 모두 싹트리.
　　단박 깨쳐 꽃과 뜻이 다하면
　　보리의 묘한 열매 절로 이루리.

대사께서는 게송을 설하시고 나서 다시 말씀하셨다.

"그 법은 둘이 없으니 그 마음 또한 그러하며, 그 도는 깨끗하여 모든 모습 또한 없으니, 너희들은 부디 고요함을 살피거나 그 마음을 비우려고 하지 말라.

이 마음은 본래 깨끗하여 취하거나 버릴 수 없으니, 각각 스스로 노력하여 인연 따라 잘 가거라."

이 때 문도대중이 절하고 물러났다.

대사께서 7월 8일에 홀연히 문인에게 이르셨다.

"나는 신주로 돌아가려 한다. 너희들은 어서 배와 돛대를 준비하라."

이에 대중이 슬퍼하며 굳게 만류하니 다시 말씀하셨다.

"모든 부처님도 세간에 출현하시면 오히려 열반을 보이시는 것이다. 옴이 있으면 반드시 가는 것은 이치가 또한 늘 그러하니, 나의 이 몸도 돌아감에 반드시 곳이 있다."

대중이 여쭈었다.

"스님께서 이제 가신다면 언제 다시 돌아오십니까?"

"잎이 떨어져 뿌리로 돌아가니 올 때는 입이 없다."

또 물었다.

"정법안장(正法眼藏)은 누구에게 부치십니까?"

조사께서 말씀하셨다.

"도 있는 자가 얻고, 마음 없는 자가 통한다."

"나중에 어려움이 없겠습니까?"

"내가 입멸한 뒤 오륙년이 되면 한 사람이 와서 내 머리를 가져 갈 것이니, 내 예언을 들어 둬라."

　　머리 위로 어버이를 받들고
　　입 속에 먹을거리를 구하네.
　　만의 난을 만나게 될 때에
　　버드나무가 관리 되리라.

또 말씀하셨다.

"내가 간 지 70년이 되면 두 보살이 동방에서 올 것이니, 한 사람은 출가인이고 다른 한 사람은 재가인이다. 한때 교화를 일으켜 나의 종을 건립하고 가람을 지으며 법의 이어감을 번성케 할 것이다."

대중이 여쭈었다.

"위로부터 부처님과 조사께서 이 세간에 응해 나오신 이래 몇 대를 전해

주었는지 알지 못합니다. 원컨대 열어 보여주십시오."

조사께서 말씀하셨다.

"옛 부처님께서 세간에 응하신 것은 이미 수없이 많아 이루 헤아릴 수 없다. 이제 일곱 부처님을 처음을 삼아 말한다면, 과거 장엄겁에는 비바시불과 시기불, 비사부불이 계셨으며, 지금 현겁에는 구류손불과 구나함모니불, 가섭불, 석가모니불이 계셔 일곱 부처님이 된다.

석가모니불이 처음 마하가섭존자에게 전하니,

두번째는 아난존자요,

세번째는 상나화수존자요,

네번째는 우바국타존자요,

다섯번째는 제다가존자요,

여섯번째는 미차가존자요,

일곱번째는 바수밀타존자요,

여덟번째는 불타난제존자요,

아홉번째는 복타밀다존자요,

열번째는 협존자요,

열한번째는 부나야사존자요,

열두번째는 마명대사요,

열세번째는 가비마라존자요,

열네번째는 용수대사요,

열다섯번째는 가나제바존자요,

열여섯번째는 라후라다존자요,

열일곱번째는 승가난제존자요,

열여덟번째는 가야사다존자요,

열아홉번째는 구마라다존자요,

스무번째는 사야다존자요,

스물한번째는 바수반두존자요,

스물두번째는 마나라존자요,

스물세번째는 학륵나존자요,

스물네번째는 사자존자요,

스물다섯번째는 바사사다존자요,

스물여섯번째는 불여밀다존자요,

스물일곱번째는 반야다라존자요,

스물여덟번째는 보리달마존자이시니 이 땅의 초조이시다.

스물아홉번째는 혜가대사요,

서른번째는 승찬대사요,

서른한번째는 도신대사요,

서른두번째는 홍인대사니,

혜능은 바로 서른세번째 조사가 된다.

위로부터 모든 조사가 각각 이어받으심이 있으니 너희들도 뒤에 번갈아 흘러 전하여 어기거나 그르침이 없게 하라.”

대사께서는 선천 2년 계축해 8월 초3일에 국은사에서 재가 끝나자 여러 문도 대중에게 말씀하셨다.

“너희들은 각기 자리에 앉아라. 내 이제 너희들과 작별하고자 한다.”

이때 법해가 말씀드렸다.

“화상께서는 어떤 교법을 머물게 하시어 뒷대의 헤매는 사람들로 하여금 불성을 보게 하십니까?”

대사가 말씀하셨다.

“너희들은 자세히 들으라. 뒷대의 헤매는 사람들이 만약 중생을 알면 곧 이것이 불성이지만, 만약 중생을 알지 못하면 만겁을 두고 붓다를 찾아도 만나기 어렵다.

나는 이제 너희들을 가르쳐 자기 마음[自心]의 중생을 알아 자기 마음

[自心]의 불성을 보게 하니, 붇다를 보려 하면 다만 중생을 알라. 다만 중생이 붇다를 미혹케 한 것이요, 붇다가 중생을 미혹하게 한 것이 아니니, 자신의 참성품을 깨달으면 중생이 바로 붇다요, 자신의 참성품에 만일 헤매이면 붇다가 중생이다. 자신의 참성품이 평등하면 중생이 바로 붇다요, 자신의 참성품이 삿되고 험하게 되면 붇다가 바로 중생이니, 너희들의 마음이 만약 험하고 굽으면 곧 붇다가 중생 속에 있는 것이요, 한 생각이 평등하고 곧으면 곧 중생이 붇다를 이룸이다.

내 마음에 스스로 붇다가 있으니 이 자신의 붇다가 참 붇다다. 스스로에게 붇다의 마음이 없다면 어디에서 참 붇다를 구할 것인가!

너희들의 자기 마음이 바로 붇다이니, 다시는 여우처럼 의심하지 말라. 밖으로 한 물건도 세울 수 없으니, 모두 다 본마음이 만 가지 법을 내는 것이다.

그러므로 경에 이렇게 말한다.

'마음이 나면 갖가지 법이 나고, 마음이 사라지면 갖가지 법이 사라진다.'

내가 지금 한 게송을 남기고 너희들과 작별할 것이니, 이름을 '자기 성품의 참 붇다를 보인 노래[自性眞佛偈]'라 한다. 뒷대의 사람들이 이 게송의 뜻을 알면 스스로 본마음을 보아 스스로 붇다의 도를 이룰 것이다."

게는 이렇다.

진여의 자기 성품 참된 붇다요
삿된 견해 세 가지 독 마왕이 되니
마음이 삿되게 헤매일 때는
마가 바로 집 가운데 있는 것이고
마음에 바른 견해 드러날 때엔
붇다께서 집 가운데 계신 것이네.

성품 속 사견으로 삼독이 나면
곧바로 마왕이 와 집에 머물고
바른 견해 스스로 삼독 없애면
마왕이 변화하여 붇다 이룸에
진실하여 거짓됨이 전혀 없으리.

법신과 보신 그리고 또 화신이여
세 가지 몸은 본래 곧 한 몸이니
성품 향해 스스로 볼 수 있으면
붇다 이룰 깨달음의 씨앗이 되리.
본래 화신 좇아 맑은 성품을 내니
깨끗한 성품은 늘 화신에 있네.
모습 없는 성품 화신으로 하여금
바른 길을 언제나 행하게 하면
앞으로 이루어질 원만한 보신
언제나 참되어 다함 없으리.

중생이 쓰고 있는 음욕의 성품
본래 바로 깨끗한 성품의 씨앗이라
중생의 음욕만 없애버리면
곧 깨끗한 성품의 몸이 되리니
성품 속에 스스로 오욕 떠나면
찰나 사이 성품 보아 참됨이 되리.

금생에 돈교 법문 만나게 되면
홀연히 성품 깨쳐 세존 뵙지만

수행하여 붇다 지음 찾고자 하면
그 어디서 참됨 구할까 알 수 없으리.
만약 마음 속 참됨을 볼 수 있으면
참됨 있어 부처 이룰 씨앗이 되나
자기 성품 올바로 보지 못하고
밖을 향해 붇다를 찾으려 하면
마음을 일으켜서 구함이 바로
모두 크게 어리석은 사람이리라.

돈교 법문 이제 이미 머물러 두니
고통받는 세상 사람 구하려 함에
반드시 제 스스로 힘써 닦으라.
너희들 오는 세상 도 배우는 이께
내가 이제 간절히 말해주나니
여기 말한 바른 견해 짓지 않으면
그럭 저럭 한 세상 흘러 보내리.

대사께서 게송을 설하시고 나서 또 말씀하셨다.
"너희들은 잘 있거라.

내가 멸도한 뒤에 세상 인정을 지어 슬피 울어 눈물을 흘리거나 남의 조문을 받거나 몸에 상복을 입거나 하지 말라. 그렇게 하면 나의 제자가 아니며 또한 바른 법이 아니다.

다만 스스로 본마음을 알아서 자기 본성품을 보면 움직임도 없고 고요함도 없으며, 생겨남도 없고 사라짐도 없으며, 감도 없고 옴도 없으며, 옳음도 없고 그름도 없으며, 머무름도 없고 감도 없게 된다.

너희들의 마음이 헤매어 내 뜻을 알아듣지 못할까 걱정하므로 지금 다시 너희에게 부촉하여 너희들로 하여금 참성품 보도록 하겠다. 내가 멸도 한 뒤에 여기 의지해 수행하면 내가 있는 때와 같지만, 만약 내 가르침을 어긴다면 비록 내가 세상에 있더라도 아무런 이익이 없을 것이다."

그러시고는 다시 게송을 이렇게 설하셨다.

우뚝하여 착한 일도 닦지 않고
높이 솟아 악한 일도 짓지 않네.
고요하여 보고 들음 모두 끊고
툭 트이여 그 마음에 집착 없네.

대사께서 이 게송을 설하신 뒤 단정히 앉아 삼경에 이르자 홀연히 문인 에게 '나는 간다' 하시고 문득 천화하셨다.

이때에 기이한 향기가 방안에 가득하고 흰 무지개가 땅에 걸리며, 나무 숲이 흰 빛으로 변하고 새와 짐승들이 슬피 울었다.

11월에 공주, 소주, 신주의 세 군 관료와 문인(門人)들인 출가와 재가 신도들이 진신(眞身)을 모셔 가려고 다투어서 모실 곳을 결정하지 못하고 있었다. 이에 향을 살라 기도하기를 '향 연기가 가리키는 곳이 대사께서 돌아갈 곳입니다'라고 하였더니, 그 때 향연기가 곧 바로 조계로 뻗쳤다.

11월 13일 진신을 모신 단과 전해 받으신 가사와 바루를 조계 보림에 옮겨 돌아왔다. 이듬해 7월 25일, 진신을 단 밖으로 꺼내 제자 방변이 향기 로운 칠을 올리고, 문인들은 '머리를 취해 간다'는 예언을 생각하여 쇠조각 과 검은 베로 대사의 목을 단단히 싸서 탑에 모시니, 탑 속에서 홀연히 흰 빛이 곧 바로 하늘로 뻗쳐 올라간 지 사흘만에 비로소 흩어졌다.

소주 자사가 조정에 아뢰어 칙명을 받들어 비를 세워 대사의 도행을 기록하였다.

대사의 춘추는 76세였고, 24세에 가사를 전해 받으셨고, 39세에 머리를 깍으시니 법을 설하여 중생을 이익되게 하심이 37년이었다. 종지를 얻어 법을 이은 제자는 43인이고, 도를 깨쳐 범부의 자리를 넘어선 자는 그 수를 알 수 없었다.

달마 조사가 전하신 믿음의 가사[信衣 : 서역의 굴순포로 만들었다]와 중종이 드린 마납 가사와 보배 바루며, 방변이 만든 대사의 진상과 그 밖의 도구들은 탑을 주관하는 시자가 맡아서 길이 보림도량을 진정시키었고, 『단경』을 흘러 전하게 하여 종지를 드러내니, 이것은 모두 삼보를 융성하게 하여 널리 모든 중생을 이롭게 함이다.

제3부
육조단경 해의

제1장 혜능선사의 행적과 법 받은 연유

깨달음에 본래 나무가 없고
밝은 거울 또한 대가 없네.
불성은 언제나 깨끗하니
어느 곳에 티끌 먼지 있으리오.

마음은 깨달음의 나무요
몸은 밝은 거울의 대로다.
밝은 거울 본래 깨끗하니
어느 곳에 티끌 먼지 물들리오.

菩提本無樹　明鏡亦無臺
佛性常清淨　何處有塵埃
心是菩提樹　身爲明鏡臺
明鏡本清淨　何處染塵埃

－ 돈황본 단경의 혜능선사 송 －

1. 대범사에서 널리 설법하다〔於大梵寺開堂普說〕

그 때 대사가 보림에 이르니 소주 위자사[이름: 璩]가 관료와 함께 산에 들어와, 대사가 성 가운데 대범사 강당에 나와 대중을 위해 진리의 인연을 열어 법을 설하시도록 청하였다

대사가 자리에 오르자 자사와 관료 삼십여 명과 유가의 학자 삼십여 명, 남녀 승려와 일반 대중 천여 명이 함께 절하고 법요(法要)를 듣고자 하였다.

대사가 대중에게 말씀하셨다.

"선지식들이여,

보리(菩提)의 자기 모습 본래 깨끗하니

다만 이 마음을 쓰면 곧 깨달음을 이루어 마치리라."

時大師至寶林 韶州韋刺史 與官僚入山 請師出於城中大梵寺講堂 爲衆開緣說法

師升座次 刺史官僚三十餘人 儒宗學士三十餘人 僧尼道俗一千餘人 同時作禮 願聞法要

大師告衆曰 善知識 菩提自性 本來淸淨 但用此心 直了成佛

해 설

대범사(大梵寺)는 소주(韶州)에 있는 절이다. 혜능선사께서 광주(廣州) 법성사(法性寺 : 지금 중국 廣州 光孝寺)에서 인종법사를 만나 긴 은둔생활을 청산하고 출가한 뒤, 법성사에 머무르고 계시다가 이제 조계의 보림에 돌아오니, 때가 의봉 2년(677) 대사 나이 40세였다.

소주 자사 위거의 청으로 소주 대범사 강당에서 계단(戒壇)을 열어 승속대중에게 반야바라밀의 법을 설하고, 삼귀의계와 모습 없는 참회법을

전해줌에 선사의 법어를 『단경(壇經)』이라 한다. 어록(語錄)에 해당되는 법문을 경(經)이라고 부르는 것은 선사의 법문이 여래 원돈교(圓頓敎)의 가르침을 그대로 전했기 때문이다

덕이본 『단경』에서는 법어를 시작하기 전 '선지식들이여, 모두 마음을 깨끗이 하여 마하반야바라밀을 생각하라(善知識 總淨心 念摩訶般若波羅蜜)'는 구절이 들어 있는데, 본서가 채택하고 있는 종보본 『단경』에서 이 구절은 뒤의 반야품에 들어 있다.

선지식(善知識)은 중생을 가르쳐 깨달음의 길〔菩提之道〕에 끌어들이는 스승을 뜻하는데, 혜능선사가 법 듣는 대중을 선지식이라고 부른 것은 무슨 뜻일까?

그것은 가르침 받는 중생이 중생이 아니라 여래장인 중생이기 때문이며 불법이란 법을 설하는 이〔說法師〕와 법을 듣는 이〔聽法衆〕가 함께 법계 바다〔法界海〕에 드는 크나큰 해탈의 길이기 때문이다.

'보리의 자기 모습 본래 깨끗하니 다만 이 마음을 쓰면 곧 깨달음을 이루어 마친다〔菩提自性 本來淸淨 但用此心 直了成佛〕'는 이 구절은 돈황본에는 빠져 있지만, 이 법문이야말로 『단경』이 보인 진리관의 핵심을 단적으로 요약해 보인 가르침이다.

불교의 깨달음은 초월적인 일자(一者)와 합일하는 것이거나 선정의 깊이를 심화시켜 보다 높은 정신세계로 발전해가는 것이 아니라, 중생의 번뇌와 생사가 인연으로 일어난 것이라 실로 있지 않음〔緣起卽空〕을 체달하여 머뭄 없는 묘한 행〔無住妙行〕을 바로 드러내 쓰는 데 있다.

그런데 여기서 '보리자성이 본래 깨끗하다〔菩提自性 本來淸淨〕'든가 '참된 마음이 두루하지 않음이 없다〔眞如自心 無所不徧〕'는 표현은 중생의 허위의식 너머에 변치 않는 자성이 있다는 뜻이 아니라, 중생의 물듦과 번뇌가 본래 공하다〔煩惱本空〕는 뜻이며, 중생의 망녕됨이 실로 일어난 바가 없고 자기 모습이 없다〔妄念本無〕는 뜻이다.

지금 중생이 쓰고 있는 이 마음〔六識〕은 주체〔六根〕와 객체〔六境〕가 어울려 일어나므로, 안에도 그 뿌리가 없고 밖에도 그 뿌리가 없지만 안과

밖을 떠나서 일어나지도 않는다. 마음은 주체와 객체 속에서 일어나나, 마음일 때 자아는 마음인 자아이며 세계는 마음인 세계이니, 자아를 안의 마음[內心]이라 하고 세계를 밖의 마음[外心]이라 하며, 자아와 세계가 어울려 일어나는 식(識)을 '안과 밖이 겹쳐 일어난 가운데 마음[內外心]'이라 한다.

그러므로 이 마음이 안에도 없고 밖에도 없고 중간에 실로 일어난 모습도 없는 줄 알면 보리자성이 본래 깨끗함을 앎이니 이것이 있되 공한 진제를 체달하여 모습에 얽매인 생각을 그침[體眞止]이다. 이처럼 지금 쓰는 이 마음은 안과 밖과 가운데에도 없어서 실로 남이 없으나, 이 마음은 안과 밖을 떠나지 않고 남이 없이 나는 것이다. 그러므로 현전하는 한 생각[現前一念]에서 남[生]과 남이 없음[無生]을 함께 넘어서면 이것이 본래 깨끗한 마음을 바로 씀[但用此心]이며, 이것 저것에 머뭄 없이 이것 저것을 굴려쓰는 묘한 행을 일으켜 냄[方便隨緣止]이다.

그렇다면 『단경』에서 말하고 있는 심성(心性) 또는 보리자성(菩提自性)은 중생의 망념 너머에 있는 절대의 성품이 아니라 망념의 머뭄 없는 자기실상이라 할 것이니, 심성을 나고 사라지는 마음 너머 절대성품으로 보는 것은 조사의 뜻과는 맞지 않는 것이다. 혜능선사 이전 중국 초기선에서 심성(心性)이란 말이 어떻게 쓰여지고 있는가를 살펴보자.

삼론조사 가상길장이 예성(叡聖)으로 추앙한 바 있는 남악혜사선사(南嶽慧思禪師)는 『제법무쟁삼매법문(諸法無諍三昧法門)』에서 마음이 나되 남이 없음을 심성(心性)이라 부르며, 그 심성이 본래 청정함[心性淸淨]을 다음과 같이 노래한다.

> 안의 마음 밖의 마음 가운데 마음
> 그 온갖 것 다 심왕과 심소법이네.
> 심성은 본래부터 청정하여서
> 이름과 모습의 자취 없으니
> 안과 밖에 있지 않고 중간 아니네.

생기거나 없어지지 아니하여서
마음은 언제나 고요하나니
더럽지도 않고 깨끗하지도 않고
밝지도 않고 어둡지도 아니하며
고요함과 어지러움 모두 아니며
생각하여 헤아리는 것도 아니네.
움직임도 아니고 머뭄 아니며
오는 것도 아니고 감도 아니며
죽고 삶도 아니고 열반 아니며
끊어짐도 항상함도 모두 아니며
얽매임도 아니고 풀림도 아니며
여래장과 범부 성인 모두 아니니
마음의 참모습 알지 못하면
그것을 범부라고 이름 부르며
마음의 참모습 사무쳐 알면
그가 바로 거룩한 성인이 되네.

· · · · · · ·

뒤바뀐 헛된 마음 문자 착하나
심성은 본래부터 청정하나니
밝은 구슬 여러 가지 빛깔에 의해
물들어 더럽히지 아니함 같네.
비유하면 깨끗한 저 여의주를
여러 가지 빛깔로 싸 물 속에 두면
구슬을 싼 물건의 빛깔을 따라
깨끗한 물 능히 변케 함과도 같네.
푸른 빛 물건으로 싸게 될 때엔
물이 곧 푸르게 변하게 되고
누른 빛 붉은 빛 희고 검은 빛
물건으로 여의주를 싸게 될 때엔
싼 빛 따라 물빛 또한 바꿔지지만

구슬 빛깔 고요하여 변치 않나니
심성의 청정함도 구슬 같아라.

內心外心中間心　一切皆是心心數
心性清淨無名相　不在內外非中間
不生不滅常寂然　非垢非淨非明暗
非定非亂非緣慮　非動非住非來去
非生非死非涅槃　非斷非常非縛解
非如來藏非凡聖　不了名凡了卽聖

· · · · · · ·

顚倒亂心著文字　心性清淨如明珠
不爲衆色之所汚　譬如清淨如意珠
雜色物裏置水中　能令清水隨色變
靑物裏時水則靑　黃赤白黑皆隨變
珠色寂然不變異　心性清淨如意珠

2. 선사의 행적과 법을 얻은 내력〔禪師行由得法事意〕

집을 나와 황매산을 찾다〔割愛出家參詣黃梅〕

"선지식들이여, 다시 혜능의 걸어온 자취와 법을 얻은 내력을 들으라. 나의 부친은 본관이 범양인데, 좌천하여 영남에서 떠돌다 신주(新州) 백성이 되었다. 이 몸이 불행하여 아버지가 일찍 돌아가시고 늙으신 어머님만 홀로 남게 되어 남쪽 바다로 오게 되었는데, 삶이 가난하고 어려워서 저자에 나무를 내다 팔았었다. 그 때 한 손님이 나무를 사서 묵고 있는 집〔客店〕에 보내도록 했는데, 그 손님은 나무를 거두어 가고 나는 돈을 챙겨 문밖을 나서다 한 손님이 경 읽는 것을 보았다. 혜능이 경의 말씀을 한 번 듣고 마음이 활짝 깨치게 되어 물었다.

'손님께서는 무슨 경을 읽으십니까?'

'『금강경』이오.'

나는 다시 물었다.

'어디에서 이 경전을 얻어 오셨습니까?'

그 손님이 말했다.

'나는 기주 황매현 동선사에서 왔소. 그 절은 오조 홍인대사가 거기 계시어 교화하시는데 문인이 천여분이나 되오. 나도 그 모임 가운데 가서 절하고 이 경을 듣고 받아 왔소. 대사께서는 늘 승려나 일반대중에게 『금강경』만 받아지니면 스스로 성품을 보아 곧 깨달음을 이루어 마친다고 권하고 계시오.'

혜능이 말을 듣고 나니 오랜 옛날의 인연이 있었던지 한 손님이 은 열량을 혜능에게 주어 늙으신 어머님의 옷과 식량을 충당케 하고 곧 황매에 가서 오조스님께 절하도록 가르쳐 주었다.

혜능이 어머니를 편안히 모셔드리고 나서는 어머니를 하직하고 삼십여 일이 못되어 황매에 이르렀다. 오조께 절하니 혜능에게 물으셨다.

'너는 어디 사람이며 무엇을 구하고자 하는가?'

혜능이 대답했다.

'제자는 바로 영남 신주 백성인데 멀리서 와 스승께 절하는 것은 오직 붇다 되는 길을 구하는 것이요 다른 물건을 구함이 아닙니다.'

조사께서 말씀하셨다.

'너는 영남사람이고 또 오랑캐인데 어떻게 붇다가 될 수 있겠는가?'

혜능이 말했다.

'사람은 비록 남·북이 있지만 불성은 본래 남·북이 없습니다. 오랑캐의 몸은 화상과 같지 않지만 불성은 무슨 차별이 있겠습니까?'

조사께서 다시 함께 말씀하시려다 대중이 좌우에 모두 있는 것을 보시고는 대중을 따라 일하도록 하셨다.

내가 말했다.

'혜능이 화상께 여쭙니다. 제자의 자기 마음이 늘 지혜를 내서 자신의 참모습[自性]을 떠나지 않으면 곧 복밭인데, 무슨 일을 하라고 하시는지 잘 모르겠습니다.'

조사께서 말씀하셨다.

'저 오랑캐의 근성이 너무 날카롭구나. 너는 다시 말하지 말고 방앗간으로 가라.'

혜능이 물러나 후원에 가니 한 행자가 혜능에게 장작 패고 방아 찧는 일을 시켰다. 여덟달 남짓 지난 뒤 조사께서 하루는 혜능을 보고 말씀하셨다.

'내가 너의 견해가 쓸만하다고 생각했지만 몹쓸 사람들이 너를 해칠까 싶어 다시 너에게 말하지 않았는데, 그것을 네가 아느냐?'

혜능이 말씀드렸다.

'제자도 또한 스님의 뜻을 알므로 감히 스님의 방앞에 가지 않음으로써

사람들이 눈치 채지 못하게 해왔습니다.'

善知識 且聽惠能行由得法事意 惠能嚴父 本貫范陽 左降流於嶺南 作新州
百姓 此身不幸 父又早亡 老母孤遺 移來南海 艱辛貧乏 於市賣柴 時有一客
買柴 使令送至客店 客收去 惠能得錢 却出門外 見一客誦經 惠能一聞經語
心卽開悟

遂問 客誦何經 客曰 金剛經 復問 從何所來 持此經典

客云 我從蘄州黃梅縣東禪寺來 其寺是五祖忍大師在彼主化 門人一千有
餘 我到彼中禮拜 聽受此經 大師常勸僧俗 但持金剛經 卽自見性 直了成佛

惠能聞說 宿昔有緣 乃蒙一客 取銀十兩 與惠能 令充老母衣糧 敎便往黃
梅參禮五祖 惠能安置母畢 卽便辭違 不經三十餘日 便至黃梅 禮拜五祖

祖問曰 汝何方人 欲求何物 惠能對曰 弟子是嶺南新州百姓 遠來禮師 惟
求作佛 不求餘物

祖言 汝是嶺南人 又是獦獠 若爲堪作佛 惠能曰 人雖有南北 佛性本無南
北 獦獠身與和尙不同 佛性有何差別 五祖更欲與語 且見徒衆 總在左右 乃
令隨衆作務

惠能曰 惠能啓和尙 弟子自心常生智慧 不離自性 卽是福田 未審和尙敎
作何務 祖云 這獦獠根性大利 汝更勿言 著槽廠去 惠能退至後院 有一行者
差惠能破柴踏碓 經八月餘

祖一日忽見惠能曰 吾思汝之見可用 恐有惡人害汝 遂不與汝言 汝知之否
惠能曰 弟子亦知師意 不敢行至堂前 令人不覺

해 설

영남의 신주는 지금 중국 광동성 신흥현(新興縣)에 해당되니, 영남은
오령(五嶺)의 남쪽이다. 혜능선사는 중국의 변방 남쪽 바닷가에서 홀어머
니의 아들로 태어나 어린 날을 가난하게 지냈다. 나무를 팔고 오다 손님의
『금강경』 읽는 소리에 마음이 열리고, 나중 황매에서 홍인선사를 뵙고
『금강경』에서 크게 깨치니, 이런 연유로 『금강경(金剛經)』과 반야삼

매(般若三昧)는 혜능선사가 제시하는 교(敎)와 관(觀)의 두 축이 된다.

홍인선사는 기주(蘄州) 황매(黃梅) 사람으로서 파두산에서 도신선사(道信禪師)를 뵙고 법을 얻은 뒤 파두산의 동쪽에서 법문을 여니, 홍인이편 선의 가르침을 동산법문(東山法門)이라 한다.

동산법문의 시조인 도신선사는 천태지의선사의 제자인 지개선사(智鍇禪師)가 창건한 여산 대림정사에서 10년을 좌선한 뒤, 쌍봉산으로 옮겨 일행삼매(一行三昧)와 지관구행(止觀俱行)을 실천한다.

또한 이때 천태선사의 문하에서 수업하던 사충산의 법현화상 또한 쌍봉산으로 도신선사를 찾아가 도신선을 전수받고, 삼론종의 종장인 우두산 법융〔牛頭法融〕이 도신의 제자가 된다. 능가사자기를 보면 도신선사는 분명 능가경을 의거하여 선(禪)을 수업했던 달마선문 4조로 기술되어 있다.

그러나 위의 행적들을 살펴보면 도신 이후 『능가경』을 중심으로 대승선을 전승하던 선의 흐름이 천태선과 만나 동산법문을 이룸으로써, 반야교(般若敎)와 반야삼매가 선(禪)을 제창하는 새로운 사상적 강령이 된 것을 알 수 있다.

특히 홍인에 이르러서는 천태가 종합한 네 가지 삼매 가운데 일행삼매와 『금강경』 독송이 배우는 이를 도에 이끌어들이는 주된 방편〔入道方便〕으로 제시된다.

혜능은 객점에서 손님이 『금강경』 읽는 소리를 들음이 인연이 되어 황매산으로 홍인선사를 찾아뵙고, 홍인선사의 진리의 문〔法門〕에 들어가 스승으로부터 지혜의 날카로움을 인정받았지만, 스스로 밝은 빛을 누그러뜨린 채〔和光〕 방앗간에 나가 등에 돌을 짊어지고 묵묵히 방아를 찧는다.

게를 짓고 법을 들어 조사의 인가를 받다〔作偈聞法 受得印可〕

조사께서 하루는 모든 문인을 불러 놓고 말씀하셨다.

'모두 오라. 내가 너희들에게 말하겠다. 세상 사람들에게는 나고 죽음의 일이 큰 것인데, 너희들은 날이 지나도록 복밭만을 구할 뿐 나고 죽음의 고통바다에서 벗어나기를 구하지 않는다. 자신의 참모습[自性]에 어리석으면 복도 어떻게 구할 수 있겠는가. 너희들은 각기 가서 스스로 지혜를 보아 자기 본마음의 반야를 가지고 각기 한 게송을 지어 나에게 가져와 보게 하라.

만약 큰 뜻을 깨달았으면 너희에게 가사와 법을 전하여 제육조를 삼겠다. 불처럼 빨리 가서 머뭇거리지 말라. 헤아리면 곧 맞지 않는다. 견성한 사람[見性之人]은 말 아래 바로 보는 것이니, 만약 이와 같은 자는 칼을 휘둘러대는 싸움터에서도 또한 보는 것이다.'

대중이 처분을 받고 물러나 번갈아 서로 말했다.

'우리 여러 사람들은 구태여 마음을 맑히고 뜻을 써서 게송을 지을려고 할 것이 없다. 화상에게 바친들 무슨 이익이 있겠는가. 신수상좌(神秀上座)는 지금 교수사(敎授師)이시니 반드시 이 분이 법을 받을 것이다. 우리들이 속여 게송을 짓는 것은 부질없이 힘만 들이는 것이다.'

여러 사람들이 말을 듣고 모두 게송 지으려는 마음을 쉬고 말했다.

'우리들은 나중에 신수 스님을 의지할텐데 무엇 때문에 번거롭게 게를 짓겠는가.'

신수는 생각했다.

'여러 사람들이 게를 바치지 않는 것은 내가 저들의 교수사이기 때문이다. 내가 반드시 게를 지어 화상께 바치리라. 게를 바치지 않는다면 화상이 어떻게 내 마음의 견해가 깊고 얕음을 아시겠는가. 내가 게를 바치는 뜻은 법을 구한다면 옳은 것이려니와 조사의 자리를 찾으면 잘못된 것이다. 도리어 범부의 마음과 같으니 성인의 자리를 뺏으려는 것과 무엇이 다르랴. 그렇지만 게를 바치지 않으면 끝내 법을 얻을 수 없으니 참으로 어렵고 어렵다.'

오조스님이 쓰시는 집앞에 세 칸의 복도가 있는데, 화공 노진을 청하여 능가경변상(楞伽經變相)과 오조혈맥도(五祖血脈圖)를 그려 전해 내려가며 여러 사람에게 공양하게 하였다.

신수는 게를 지은 뒤 게를 바치려고 조사의 방앞에 자주 건너갔으나 마음이 아득하고 온 몸에 땀이 흘러 바치지 못하고, 앞뒤로 나흘이 지나도록 열세 차례나 건너갔으나 게를 바치지 못했다.

이에 신수는 생각했다.

'게송을 바치는 것이 복도 밑에다 써 붙이는 것만 같지 못하겠다. 화상께서 지나다 보시고 홀연히 좋다 하시면 곧 내가 절을 하고 신수가 지었다 말씀드리고, 만약 감당할 수 없다 말씀하면 헛되이 산중에서 몇년을 남의 절만 받았으니 다시 무슨 도를 닦을 것인가.'

그날 밤 삼경에 남들이 알지 못하도록 스스로 등을 들고 남쪽 복도벽 사이에 게를 써 자신의 보는 바를 바쳤다.

게송은 이렇다.

몸은 바로 깨달음의 나무요
마음은 밝은 거울의 대와 같네.
때때로 부지런히 털고 닦아
티끌 먼지 일어나지 않도록.

신수가 게를 쓰고 나서 곧 방에 돌아오니 아무도 몰랐다.

신수가 다시 생각했다.

'오조께서 내일 게를 보시고 기뻐하시면 곧 내가 법에 인연이 있음이지만, 감당할 수 없다 말씀하면 이것은 내가 어리석음이라 지난 세상 업의 장애가 무거워 법을 얻을 수 없음이니, 성인의 뜻은 헤아릴 수가 없다.'

방 가운데서 이리저리 생각하며 불안하게 앉았다 누웠다 하니 어느새 오경이 되었다.

조사께서는 이미 신수가 문에 들어오지 못하고 자신의 참성품[自性]을 보지 못한 줄 아셨다. 하늘이 밝아올 때 조사는 노화공을 불러 남쪽 복도벽 사이에 그림을 그리도록 하셨는데, 홀연히 거기 붙은 게송을 보시고 화공에게 말씀하셨다.

'그림을 그릴 것이 없다. 수고롭게 너를 멀리서 오게 했구나. 경에 모든 모습이 다 허망하다 했으니, 이 게만 남겨 두어 사람들에게 외워 지니게 하라. 이 게를 의지해 닦으면 악도에 떨어지지 않고 큰 이익이 있을 것이다.'

문인들에게 향을 꽂고 예경케 하시며 이 게를 다 외우면 모두 참성품을 보게 될 것이라고 하므로 문인들이 게를 외우며 모두 훌륭하다고 찬탄하였다. 조사께서 삼경에 신수를 불러 방에 들게 하고 물으셨다.

'게는 네가 지었느냐?'

신수는 말했다.

'실로 신수가 지은 것입니다. 감히 조사의 자리를 함부로 구함이 아니오니 화상께서는 자비로 보아 주십시요. 제자에게 적은 지혜라도 있습니까?'

조사는 말씀하셨다.

'네가 지은 이 게는 참성품을 아직 보지 못한 것이다. 다만 문밖에 이르렀을 뿐 문 안에 들지 못했으니, 이런 견해로 위없는 보리를 찾으면 깨쳐 얻을 수 없다.

위없는 보리[無上菩提]는 반드시 말 아래 단박 스스로 본마음을 알고 스스로 본래의 참성품[本性]을 보아야 한다. 그렇게 되면 생겨나지도 않고 없어지지도 않아서 그 어느 때나 생각 생각 만 가지 존재가 막힘 없음을 스스로 보아, 하나가 참됨에 온갖 것이 참되며 만 가지 경계가 스스로 한결 같으리니[萬境如如], 경계에 물듦 없는 한결같은 마음[如如之心]이 바로 참되고 실다움인 것이다.

만약 이렇게 보면 이것이 위없는 보리의 자기모습[菩提自性]이다. 너는 가서 하루 이틀 사유하여 다시 한 게송을 지어서 나에게 가져와 보이라.

너의 게가 문에 들어온 것이면 너에게 법과 가사를 부치겠다.'

신수가 절하고 나가서는 며칠이 지나도록 게를 짓지 못하자, 마음이 아득하고 정신이 불안함이 마치 꿈속에 있는 것 같아서 가거나 앉거나 즐겁지 않았다.

祖一日喚諸門人總來 吾向汝說 世人生死事大 汝等經日只求福田 不求出離生死苦海 自性若迷 福何可求 汝等各去自看智慧 取自本心般若之性 各作一偈 來呈吾看

若悟大意 付汝衣法 爲第六代祖 火急速去 不得遲滯 思量卽不中用 見性之人 言下須見 若如此者 輪刀上陣 亦得見之

衆得處分 退而遞相謂曰 我等衆人 不須澄心用意作偈 將呈和尙 有何所益 神秀上座現爲教授師 必是他得 我輩謾作偈頌 枉用心力 諸人聞語 總皆息心 咸言我等已後 依止秀師 何煩作偈

神秀思惟 諸人不呈偈者 爲我與他爲教授師 我須作偈將呈和尙 若不呈偈 和尙如何知我心中見解深淺 我呈偈意 求法卽善 覓祖卽惡 却同凡心 奪其聖位奚別 若不呈偈 終不得法 大難大難

五祖堂前 有步廊三間 擬請供奉盧珍畵楞伽經變相 及五祖血脈圖 流傳供養 神秀作偈成已 數度欲呈 行至堂前 心中恍惚 徧身汗流 擬呈不得 前後經四日 一十三度呈偈不得

秀乃思惟 不如向廊下書著 從他和尙看見 忽若道好 卽出禮拜 云是秀作 若道不堪 枉向山中數年 受人禮拜 更修何道

是夜三更 不使人知 自執燈 書偈於南廊壁間 呈心所見 偈曰

　　身是菩提樹　心如明鏡臺
　　時時勤拂拭　勿使惹塵埃

秀書偈了 便却歸房 人總不知 秀復思惟 五祖明日 見偈歡喜 卽我與法有緣 若言不堪 自是我迷 宿業障重 不合得法 聖意難測 房中思想 坐臥不安 直至五更

祖已知神秀入門未得 不見自性 天明 祖喚盧供奉來 向南廊壁間繪畵圖相

忽見其偈

報言供奉 却不用畵 勞爾遠來 經云 凡所有相 皆是虛妄 但留此偈 與人誦
持 依此偈修 免墮惡道 依此偈修 有大利益

令門人炷香禮敬 盡誦此偈 卽得見性 門人誦偈 皆歎善哉

祖三更喚秀入堂 問曰 偈是汝作否 秀言 實是秀作 不敢妄求祖位 望和尙
慈悲 看弟子有少智慧否

祖曰 汝作此偈 未見本性 只到門外 未入門內 如此見解覓無上菩提 了不
可得 無上菩提 須得言下識自本心 見自本性 不生不滅 於一切時中 念念自
見 萬法無滯 一眞一切眞 萬境自如如 如如之心 卽是眞實 若如是見 卽是無
上菩提之自性也 汝且去一兩日思惟 更作一偈 將來吾看 汝偈若入得門 付
汝衣法

神秀作禮而出 又經數日 作偈不成 心中恍惚 神思不安 猶如夢中 行坐不
樂

그리고 나서 이틀이 지나 한 어린 사미승이 방앗간을 지나면서 신수의
게송을 외웠다. 혜능이 한 번 듣고 본래의 참성품[本性]을 보지 못한 줄
곧 알았다. 비록 혜능은 가르침을 입지 못했으나 큰 뜻을 일찍 알아챘으므
로 어린 사미승에게 물었다.

'외우는 것이 무슨 게입니까?'

어린 스님이 말했다.

'너 오랑캐는 모르고 있는가! 대사께서는 이렇게 말씀하셨다. <세상 사
람에게는 나고 죽음의 일이 크다. 가사와 법을 전해 부치고자 하니, 문인들
로 하여금 게를 지어 보이게 해서 큰 뜻을 깨달았으면 가사와 법을 부쳐서
제육조를 삼으리라.>

이렇게 해서 신수상좌가 남쪽 복도 벽 위에 무상게(無相偈)를 써 붙여서
대사께서 사람들에게 이 게를 외우게 하시고, 이 게를 의지해 닦으면 악도
에 떨어지지 않는다고 하셨다.'

혜능이 말했다.

'나도 또한 이 게송을 외워 오는 세상의 인연을 맺고 함께 부처님의 땅에 태어나고자 하오. 스님이여, 나는 방앗간에서 여덟달 남짓 있는 동안 조사가 계신 방앞에 일찍이 가보지 못했습니다. 제발 스님은 나를 게송이 붙여진 곳에 이끌어주어 게송에 절하게 해 주오.'

어린 스님이 게송 앞에 이끌어주므로 게송에 절하고 혜능이 말했다.

'혜능은 글을 모르니 제발 스님은 읽어주시오.'

그 때 강주에서 별가(別駕) 벼슬을 지낸 장일용이란 사람이 큰 소리로 게송을 읽었다. 혜능이 듣고 나서는 말했다.

'나한테도 한 게송이 있으니 별가께서는 써 주십시요.'

별가는 말했다.

'이 오랑캐야, 너도 게를 짓는다 하니 이런 일은 참으로 못보던 일이다.'

혜능이 별가를 깨우쳐 말했다.

'위 없는 보리를 배우고자 하면 처음 배우는 이를 가벼이 하지 말아야 하오. 가장 낮은 사람에게도 가장 높은 지혜가 있기도 하고, 가장 높은 사람에게도 지혜가 없기도 하오. 만약 사람을 가볍게 여기면 한량없고 끝없는 죄가 있을 것입니다.'

이에 별가가 놀래 말했다.

'그대는 게를 외우기만 하시오. 내가 당신을 위해 써주겠소. 당신이 법을 얻으면 먼저 반드시 나를 건져주시오. 이 말 잊지 마시오.'

혜능이 게를 읊었다.

깨달음에는 본래 나무가 없고
밝은 거울도 또한 대가 아니네.
본래 한 물건도 없으니
어느 곳에 티끌 먼지 일어나리오.

이 게를 쓰고 나니 대중이 모두 놀래 뜻밖의 일로 생각하지 않는 자가 없었다. 각기 서로 말했다.

'기이하다. 겉모습으로만 사람을 취해서 안되겠구나. 어떻게 해서 오랫 동안 저 육신보살을 우리가 부려먹었단 말인가.'

조사께서는 뭇 사람들이 놀라 기이해함을 보시고 사람들이 해칠까 저어 하시어 신으로 게송을 지워 버리시고 말씀하셨다.

'이 게송 또한 참모습 보지 못한 것이다.'

이에 뭇 사람들이 듣고 의심을 쉬었다.

다음날에 조사께서 가만히 방앗간에 이르러 혜능이 돌을 짊어지고 방아 찧는 것을 보고 말씀하셨다.

'도를 구하는 사람이 법을 위해 몸을 잊어버림이 마땅히 이와 같아야 하리.'

그리고는 곧 물으셨다.

'쌀은 잘 여물어 익었느냐?'

혜능이 말했다.

'쌀이 익은 지 오래지만 아직 체질을 못하고 있습니다.'

조사께서 지팡이로 방아를 세 번 내리치시고서는 가셨다. 혜능이 곧 조 사의 뜻을 알고 삼경에 조사의 방에 드니, 조사께서 가사로 둘레를 가려 사람들이 보지 못하게 하고 『금강경』을 설해주셨다.

'마땅히 머무는 바 없이 그 마음을 내라'는 데 이르러 말 아래[言下] 온갖 모든 법[一切萬法]이 자신의 참성품 떠나지 않음을 크게 깨쳤다.

드디어 오조께 이렇게 말씀드렸다.

'어찌 자신의 참성품이 본래 스스로 깨끗함을 기약하며

어찌 자신의 참성품이 본래 나지 않고 사라지지 않음을 기약하며

어찌 자신의 참성품이 본래 스스로 갖춤을 기약하며

어찌 자신의 참성품이 본래 흔들려 움직임 없음을 기약하며,

어찌 자신의 참성품이 능히 만 가지 법 냄을 기약하겠습니까?'

조사께서 내가 본래의 참 성품 깨친 줄 아시고 혜능에게 말씀하셨다.

'본마음을 알지 못하면 법을 배워도 이익이 없다. 만약 스스로 본마음을 알고 본성품을 보면 곧 크나 큰 장부[大丈夫]며 하늘과 사람의 스승[天人師]이며 붇다[佛]라고 이름한다.'

삼경에 법을 받으니 사람들이 다 알지 못했다. 곧 돈교(頓敎)와 가사와 바루를 전하시면서 말씀하셨다.

'너를 제육대조로 삼으니 스스로 잘 보살펴 생각하여 널리 뭇 삶들을 건지고 미래에까지 흘러 넓혀서 끊어짐이 없도록 하라. 나의 게를 들으라.'

　　뜻 있는 이가 와 씨앗을 내리니
　　땅을 인해 열매가 도리어 나네.
　　뜻이 없으면 이미 씨앗 없으니
　　성품도 없고 또한 생겨남도 없다.

復兩日 有一童子於碓坊過 唱誦其偈 惠能一聞 便知此偈未見本性 雖未蒙敎授 早識大意 遂問童子曰 誦者何偈 童子曰 爾這獦獠不知 大師言 世人生死事大 欲得傳付衣法 令門人作偈來看 若悟大意 卽付衣法 爲第六祖 神秀上座 於南廊壁上 書無相偈 大師令人皆誦 依此偈修 免墮惡道 依此偈修 有大利益 惠能曰 我亦要誦此 結來生緣 同生佛地 上人 我此踏碓 八個餘月 未曾行到堂前 望上人引至偈前禮拜 童子引至偈前禮拜 惠能曰 惠能不識字 請上人爲讀 時有江州別駕 姓張 名曰用 便高聲讀 惠能聞已 遂言 亦有一偈 望別駕爲書 別駕言 汝亦作偈 其事希有 惠能向別駕言 欲學無上菩提 不可輕於初學 下下人有上上智 上上人有沒意智 若輕人 卽有無量無邊罪 別駕言 汝但誦偈 吾爲汝書 汝若得法 先須度吾 勿忘此言 惠能偈曰

　　菩提本無樹　明鏡亦非臺
　　本來無一物　何處惹塵埃

書此偈已 徒重總驚 無不嗟訝 各相謂言 奇哉 不得以貌取人 何得多時使
他肉身菩薩 祖見衆人驚怪 恐人損害 遂將鞋擦了偈 曰亦未見性 衆以爲然

次日祖潛至碓坊 見能腰石舂米 語曰 求道之人 爲法忘軀 當如是乎 卽問
曰 米熟也未 惠能曰 米熟久矣 猶欠篩在

祖以杖擊碓三下而去 惠能卽會祖意 三鼓入室 祖以袈裟遮圍 不令人見
爲說金剛經 至應無所住而生其心 惠能言下大悟一切萬法不離自性 遂啓祖
言

何期自性本自淸淨　何期自性本不生滅

何期自性本自具足　何期自性本無動搖

何期自性能生萬法

祖知悟本性 謂惠能曰不識本心 學法無益 若識自本心 見自本性 卽名丈
夫 天人師 佛 三更受法 人盡不知 便傳頓敎 及衣鉢 云

汝爲第六代祖 善自護念 廣度有情 流布將來 無令斷絕 聽吾偈曰

有情來下種　因地果還生

無情旣無種　無性亦無生

해 설

진리는 눈에 보이고 귀에 들리는 모습이 아니지만 모습을 떠난 것도
아니므로 가사와 바루로써 법에 대한 믿음을 심어주며, 깨달음은 말이 아
니지만 말을 떠나지도 않으므로 게(偈)로써 그 깨달음을 검증해낸다.

다만 가사와 바루로써 불심인(佛心印)을 전한다 함은, 중국불교의 다양
한 선 수행의 그룹 사이에서 행해졌던 선에 관한 법통의 대결에서 동산법
문의 정통성을 표방하기 위해 세워진 종파의 주장으로 보아야 옳을 것이
다.

견성(見性)은 『육조단경』에서 깨달음을 표현하는 기본적인 술어이
며, 견성한 사람은 진리를 체달한 창조적인 주체를 뜻한다. 이때 성(性)은
원리적이고 실체적으로 해석될 수 있는 언어의 분위기를 안고 있는데, 성

품〔性〕이란 불성(佛性)이며 모든 존재의 실상〔諸法之實相〕이다.

불성(佛性)은 모습 너머의 절대적인 성품이 아니라, 존재〔我〕와 존재를 이루는 여러 계기〔法〕가 모두 공하되 그 공함마저 붙잡아쥘 것 없음〔我法二空 所顯眞如〕을 뜻한다. 그렇다면 성품을 본다는 『단경』의 표현은 '존재의 실상을 통달함', '모든 것이 인연으로 일어났기 때문에 실로 그렇다 할 자성이 없음을 깨침'으로 보아야 할 것이며, 견성한 사람〔見性人〕은 보디사트바(bodhisattva)의 선종적인 표현으로 보아야 할 것이다.

신수선사와 혜능선사의 두 게송은 달마 문하의 북종(北宗)과 남종(南宗), 북종의 점문(漸門)과 남종의 돈교(頓教)를 가르는 분기점이 된다.

신수선사는 속성이 이(李)씨로서 어려서부터 경사(經史)를 널리 읽었으며, 출가하여 기주 쌍봉산 동산사에서 오조홍인선사가 좌선(坐禪)으로 일삼고 계시는 것을 보고서는 '이 분이 참으로 나의 스승이다(此眞吾師)'라고 찬탄하였다. 스승을 모시고 지내면서 홍인문하 여러 수행자들 가운데 교수사(敎授師)가 되어 대중을 지도하였다.

신수선사는 홍인선사의 십대 제자 가운데 한 분으로 일찍 법을 이은 뒤, 혜능선사가 남지의 소주에서 은둔하고 있던 때 이미 장안에 진출하여 대중교화에 나섰다.

홍인의 문하에서 배출되어 북지(北地)인 장안(長安)과 낙양(洛陽)에서 혜능보다 먼저 교화를 펴 제도불교(帝都佛敎)의 중심을 이룬 대표적인 선사는 신수(神秀), 혜안(慧安), 현색(玄賾), 지선(智詵), 법여(法如)선사였으니, 『능가사자기』「신수장」은 이렇게 말한다.42)

　　일곱번째, 당조의 형주 옥천사 대사의 이름은 수(秀)이고, 안주 수산사의 대사의 이름은 색(賾)이며, 낙주 숭산 회선사의 대사의 이름은 안(安)이다.

---

42) 능가사자기 신수장에 : 第七唐朝荊州玉泉寺大師諱秀 安州壽山寺大師諱賾 洛州嵩山會善寺大師諱安 此三大師 是則天大聖皇后 應天神龍皇帝太上皇 前後爲三主國師也 竝忍大師授記云 後傳悟道者 只可十耳 俱承忍禪師後

이 세 분 큰 스님들은 측천무후(則天武后) 중종(中宗) 예종(睿宗) 등 앞뒤로 3대를 걸쳐 나라의 스승이 된 분들이다. 또 홍인대사가 '나중 나의 도를 전할 사람은 다만 열 사람일 뿐이다'라고 예언(記)해 주었으니, 세 분 스님은 다 홍인선사의 뒤를 이은 분들이다.

위 『능가사자기』의 기록을 보면 북종(北宗)은 신수선사의 선문만을 지칭하는 개념이 아니라, 북지에서 동산법문을 개연(開演)한 여러 선사들의 가풍을 총칭하였음을 알 수 있다. 다만 하택이 제기한 달마선종의 정통성 시비에서, 혜능의 돈오선에 대해 점문의 선가풍을 표방한 대표적인 선사가 신수로 규정됨으로 해서, 북종선은 차츰 신수 문하의 선가풍을 정의하는 개념으로 굳어진 것이다.

신수선사는 낙양에 올라가 국사가 되기 전 천태지자선사(天台智者禪師)의 근본도량이며 천태선사가 『마하지관(摩訶止觀)』과 『법화현의(法華玄義)』를 강설한 형주 옥천사에 머물렀으며, 자신의 수행관을 천태사종삼매(四種三昧)의 하나인 일행삼매(一行三昧)에 의거한다고 말하였으니, 『능가사자기』는 다음과 같이 전한다.[43]

안주 수산사의 현색화상이 엮은 『능가인법지(楞伽人法志)』를 살펴보면 거기 다음과 같이 말하고 있다.

신수선사의 속성은 이씨이며, 변주 위씨현 사람이다. 멀리 장강지방을 거쳐 스승을 찾고 도를 사모하여 그 발걸음이 기주 쌍봉산 홍인선사 계신 곳에 이르렀다. 그 곳에서 선법을 얻어 받고 법의 등불을 전하여 말없이 고요히 비추니, 말 길이 끊어지고 마음 가는 곳이 사라져 글자로 된 기록을 내지 않았다.

---

43) 안주수산화상이 : 按安州壽山和上撰楞伽人法志云 其秀禪師俗姓李 汴州尉氏人 遠涉江上 尋師慕道 行至蘄州雙峰山忍禪師所 受得禪法 傳燈默照 言語道斷 心行處滅 不出文記 後居荊州玉泉寺 大足元年 召入東都 隨駕往來 兩京教授 躬爲帝師 則天大聖皇后問神秀禪師曰 所傳之法 誰家宗旨 答曰 稟蘄州東山法門 問 依何典誥 答曰 依文殊說般若經一行三昧 則天曰 若論修道 更不過東山法門 以秀是忍門人 便成口實也

나중 형주 옥천사에서 머물다 대족 원년 황제의 부름으로 동도에 들어가 천자의 수레를 따라 오고 가시며 장안과 낙양 두 수도에서 가르치시고 몸소 황제의 스승이 되었다.

측천무후가 신수선사에게 물었다.

"전해받은 법은 어느 분의 종지입니까?"

신수선사가 답했다.

"기주 동산법문을 이어 받았습니다."

"어떤 경전에 의지하십니까?"

"『문수설반야경』의 일행삼매에 의지합니다."

측천이 말했다.

"만약 수도를 말하면 다시 동산법문을 지나지 않는다. 신수선사는 홍인선사의 문인이니 말씀이 진실함을 이루는 것이다."

신수선사와 혜능선사가 모두 홍인의 동산법문을 잇고 스승의 부촉을 받은 분들이지만, 두 선사는 『단경』의 두 게송에 나타난 종지의 차별상 때문에 하택, 규봉에 의해 신수선(神秀禪)이 점문(漸門)으로 혜능선(慧能禪)이 돈문(頓門)으로 판정된 것 말고도 많은 생활상의 차이와 교화가풍의 차이점을 보여주고 있다.

위 『능가사자기』의 글에 보인 바처럼 신수선사가 홍인 문하를 떠난 뒤, 형주 옥천사에 머물다 낙양에 들어가 제도불교의 중심 역할을 담당한 반면, 혜능은 가난한 홀어머니의 아들로 태어나 황매산에서 방아를 찧다 홍인의 인가를 받은 뒤, 16년을 숨어 지내다 중국의 변방 소주 땅에서 처음으로 당을 열어〔開堂〕법을 연설한다.

그러므로 체계적인 교학과 단계적인 수행방법〔入道方便〕을 의지해 깨달음에 들어가도록 가르치는 신수의 방법론이, 기성의 체계를 의지해서 자신의 불교관을 피력할 수 있었던 그의 생활상을 반영하고 있다면, 혜능의 단박 깨침은 기성의 권위와 체계를 돌파하지 않고서는 자신의 사상적 지위를 확보할 수 없었던 혜능의 삶과 결코 무관하지 않다.

'때때로 부지런히 털고 닦아 티끌 먼지 일어나지 않도록 하라'는 신수선사의 게송은 '끊임없이 털고 닦으라'는 주장 때문에 하택선사에 의해 '법문은 점문이며 스승으로부터 이어받음은 곁가지[法門是漸 師承是傍]'라고 평가되고 있으나, 그의 게송은 엄밀한 뜻에서 다만 점수(漸修)를 주장하고 있지는 않다.

게송 가운데 '몸은 깨달음의 나무요, 마음은 밝은 거울의 대와 같네'라고 한 앞 구절은 번뇌가 실로 있지 않은 본각처(本覺處)를 보인 것이고, '때때로 털고 닦으라'고 한 뒤 구절은 번뇌가 실로 없지 않은 곳에서 일어나는 수증행(修證行)을 보인 것이다. 그러므로 신수의 게송을 긍정적으로 평가하면, 닦을 것 없는 성품[性]과 닦아감[修], 본디 깨쳐 있음[本覺]과 닦아 깨쳐감[始覺]을 함께 보인 게송으로 보아야 할 것이다.

다만 신수선사는 번뇌가 실로 남이 없지만 나지 않음도 없으므로 중생으로 하여금 번뇌를 조복하지 못하고 헤매이는 모습[住不調伏相]을 깨뜨리도록 하기 위해 '때때로 털고 닦으라'고 가르치고 있는 것이다. 그러나 번뇌 자체가 실로 일어난 곳이 없다면 억지로 번뇌를 끊고 열반을 얻으려 하는 것[住調伏相]은 새로운 삶의 질곡 속에 떨어지는 것이 되므로 혜능선사는 '불성이 늘 깨끗해서 털고 닦을 것이 없음[佛性常淸淨 何處惹塵埃]'을 보여준 것이다.

덕이본과 종보본에서 '깨달음에 본래 나무가 없고 / 밝은 거울도 또한 대가 아니네. / 본래 한 물건도 없으니 / 어느 곳에 티끌 먼지 일어나리오'라고 한 혜능선사의 게송은 돈황본 『단경』에서는 다음 두 게송으로 나타나고 있다.

> 깨달음에 본래 나무가 없고
> 밝은 거울 또한 대가 없네.
> 불성은 언제나 깨끗하니
> 어느 곳에 티끌 먼지 있으리오.
>
> 菩提本無樹　明鏡亦無臺
> 佛性常淸淨　何處有塵埃

마음은 깨달음의 나무요
몸은 밝은 거울의 대로다.
밝은 거울 본래 깨끗하니
어느 곳에 티끌 먼지 물들리오.

心是菩提樹　身爲明鏡臺
明鏡本淸淨　何處染塵埃

뒤에 편집된 덕이본 『단경』의 게송에서 '본래 한 물건도 없다(本來無一物)'라고 한 소극적 표현을 위의 첫 게송은 '불성이 늘 깨끗하다(佛性常淸淨)'고 달리 표현하고 있다. 그런데 중생의 번뇌가 실로 남이 없고 모든 존재가 본래 공하기 때문에 불성의 공덕이 청정한 것이므로 두 표현은 다른 법을 보이고 있는 것이 아니다.

뒤의 게송에서 '마음은 깨달음의 나무요, 몸은 곧 밝은 거울의 대로다'라고 한 구절은 몸과 마음의 순서만 바뀌었을 뿐 신수선사가 '몸은 깨달음의 나무요, 마음은 밝은 거울의 대와 같네'라고 한 표현과 다르지 않다. 그리고 몸과 마음이 깨달음의 나무요 밝은 거울이라는 이 말은 '불성이 늘 깨끗하다[佛性常淸淨]'고 함의 비유적인 표현이니, 이로써 보더라도 신수선사의 게송이 다만 점수문에 떨어지지 않음을 알 수 있다.

그러나 신수선사가 '때때로 털고 닦으라'고 말한 것은 털고 닦을 것이 본래 없는 본분(本分)에 강조의 주안점을 두지 않고, 번뇌와 집착을 다스리지 못하고[不調伏] 있는 범부를 상대하여 방편으로 번뇌를 조복하여 해탈의 세계로 나아가도록 권유하고 있으니, 이는 천태선사의 네 가지 사제법으로 보면 생멸사제(生滅四諦 : 소외의 인과와 해탈의 인과가 없지 않은 곳에서 해탈의 길을 보임)의 가르침이라 할 것이다.

이에 비해 혜능선사가 '불성이 늘 깨끗하다', '본래 한 물건도 없다'고 노래한 것은 번뇌가 본래 일어난 바가 없는 줄 모르고 억지로 번뇌를 끊고 깨달음을 얻으려는 집착을 깬 것이니, 이는 천태선사의 네 가지 사제법으로 보면 무생사제(無生四諦 : 소외의 인과와 해탈의 인과가 공한 곳에서 해탈의 길을 보임)의 가르침이라 할 것이다.

그러므로 혜능의 '본래 한 물건도 없다'는 가르침을 번뇌가 본래 공한 줄 요달한 곳에서 비로소 닦음 없는 묘한 닦음이 현전한다는 뜻으로 이해하지 못하고, '스스로 그러한 본바탕〔自然體〕'을 지키는 것으로 이해하거나 '본래 아무 것도 없는 고요함〔寂滅性〕에 앉아 있는 것'으로 이해해서는 안된다. 영명연수선사(永明延壽禪師)는 『종경록(宗鏡錄)』에서 혜능의 게송을 잘못 이해하여 닦음을 폐기하고 실천행을 방기하는 이들에게 다시 다음과 같이 이야기한다.

> 대감혜능선사는 외짝눈 갖춤에 그치고
> 대통신수선사는 두 눈을 두렷이 밝혔다.
>
> 大鑑止具一隻眼　大通則雙眼圓明

이 한 구절은 종문(宗門)에 많은 논란거리를 제공한 구절이다. 이는 선에 관한 천태와 달마, 남종과 북종의 주도권 싸움에서 형편없이 낮게 평가된 신수선사에 대한 복권의 뜻도 담고 있으며, 또한 본래 청정함을 지키어 묘한 닦음을 폐기해버리는 당대의 말폐적 수행관에 대한 영명연수선사의 날카로운 비판의 뜻도 담고 있다.

그러나 위 구절의 뜻을 또한 혜능은 공을 요달한 혜안(慧眼)만을 갖추었고, 대통신수선사만이 공(空)과 있음〔有〕을 함께 비추는 중도의 바른 눈〔中道正眼〕을 갖추었다고 해석해서도 안될 것이다. 혜능선사가 갖춘 외짝눈은 있음과 닦음의 실체성을 깨뜨림으로써 있음이 있음 아니되 있음 아님도 아닌 중도정안(中道正眼)을 바로 열어보이며, 닦을 것이 없되 닦지 않을 것도 없는 참된 닦음을 곧장 드러내는 것으로 보아야 한다.

혜능선사의 이러한 입장은 『단경』의 본문 가운데 홍인선사의 장실(丈室)에 들어가 『금강경』 설법을 다시 듣고 스승께 '자성이 본래 청정하므로 청정하다 할 것도 없고, 본래 스스로 갖추고 있으므로 스스로 갖추었다고 할 것도 없다'라고 술회한 다음 말에서 극명하게 드러난다.

어찌 자신의 참성품이 본래 스스로 깨끗함을 기약하며,

어찌 자신의 참성품이 본래 나지 않고 사라지지 않음을 기약하며,

어찌 자신의 참성품이 본래 스스로 갖춤을 기약하며,

어찌 자신의 참성품이 본래 흔들려 움직임 없음을 기약하며,

어찌 자신의 참성품이 능히 만 가지 법 냄을 기약하겠습니까.

불성이 본래 스스로 청정하므로 그 청정하다는 모습도 세울 것이 없다는 혜능선사의 말씀을 이어, 혜능선사를 동산법문의 정통조사로 현창한 하택신회선사는, 우리 스승의 가르침은 조복(調伏)과 불조복(不調伏)을 모두 뛰어넘었다고 말하여, 돈오(頓悟)의 길은 번뇌를 여의지 못하고 번뇌에 헤매는 삶과 번뇌를 억지로 끊고 해탈을 얻으려는 집착을 함께 버림을 보인다. 곧 본래 청정하다고 함은 번뇌가 실로 있다는 집착을 깨기 위해서 청정하다고 했을 뿐, 본래 청정함도 하나의 정해진 모습으로 세워질 수 있는 것이 아니다.

그러므로 뒷 대의 여러 선사들〔高松老人云〕도 영명이 말한 혜능의 외짝눈은 '온 대지가 사문의 외짝눈이다(盡大地是沙門一隻眼)'라고 한 그 외짝눈이며, '하늘 땅을 잡아 정하는 눈〔把定乾坤眼〕'이자 '이마 위의 금강의 눈〔頂門金剛眼〕'이라고 한 바로 그 눈이라고 말하였다.

천태지자선사의 『마하지관(摩訶止觀 卷第八上)』은 조복과 불조복을 넘어서서 닦음과 깨침이 둘 없는 중도의 바른 눈을 다음과 같이 말한다.[44]

부사의한 경계〔不思議境〕란 저 『무행경(無行經)』에서 '탐욕이 곧

---

44) 부사의한 경계란 : 不思議境者 如無行云 貪欲卽是道恚癡亦如是 如是三法中 具一切佛法 如是四分 雖卽是道 復不得隨 隨之將人向惡道 復不得斷 斷之成增上慢 不斷癡愛 起諸明脫及名爲道 不住調伏 不住不調伏

住不調伏 是愚人相 住於調伏 是聲聞法 所以者何 凡夫貪染隨順四分生死重積 狠戾難馴故名不調 二乘怖畏生死 如爲怨逐 速出三界 阿羅漢者 名爲不調 三界惑盡 無惑可盡 如是不調 名之爲調 焦種不生 根敗不用 菩薩不爾 於生死而有勇 於涅槃而不味 勇於生死不生而生 不爲生法所汚 如花在泥 如醫療病 不味涅槃 知空不空 不爲空法所證 如鳥飛空 不住於空 不斷煩惱而入涅槃 不斷五欲而淨諸根 卽是不住調伏 不住不調伏意

도이며 성냄과 어리석음 또한 이와 같아서 이와 같은 세 가지 법 가운데 온갖 불법을 갖추었다고 말함과 같다. 이와 같은 네 가지 모습[四分]이 곧 도이지만 거듭 그대로 따라서는 안 되니, 따르면 사람을 이끌어 악도에 향하게 하고, 다시 끊어서는 안 되니 끊으면 증상만을 이룬다. 어리석음과 탐애를 끊지 않고 삼명과 팔해탈을 일으키면 이를 도라고 이름하니, 그 사람은 조복함에도 머물지 않고 조복하지 않음에도 머물지 않는다.

조복하지 않음에 머물면 이것은 어리석은 사람의 모습이고, 조복함에 머물면 이것은 성문의 법이다.

왜 그런가? 범부는 탐욕의 물듦을 따라 네 가지 모습의 나고 죽음이 거듭 쌓이고, 어지럽게 다투어 다스릴 수 없으므로 조복하지 않음이라 이름한다. 이승의 치우친 수행자는 나고 죽음을 두려워하여 원수가 뒤쫓는 것처럼 삼계를 빨리 벗어나고자 하기 때문에 억지로 조복함이다.

아라한도 조복하지 않음이라 말하니, 그것은 삼계의 미혹이 다해 미혹을 다할 것이 없다 하기 때문이다. 이렇게 미혹을 다 끊어 없앴기 때문에 조복하지 않는다는 것은 곧 조복되어짐이라 이름할 수 있으니, 그것은 번뇌의 씨를 태워 나지 않게 하고 뿌리를 없애 쓸모없게 하였기 때문이다.

그러나 보살은 그렇지 않다. 나고 죽음에 대해서도 용맹스러움이 있고 열반에 대해서도 탐착하지 않는다. 나고 죽음에 용맹스러우므로 남이 없이 태어나 나는 법에 의해 물들지 않으니, 마치 연꽃이 진흙 속에 있는 것 같고 의사가 병을 나아줌과 같다.

열반에 탐착하지 않으므로 공이 공하지 않음을 알아서 공한 법으로 깨달음을 삼지 않으니, 마치 새가 허공을 날아가되 허공에 머물지 않는 것 같다. 보살은 번뇌를 끊지 않고 열반에 들며 오욕을 끊지 않고 육근을 깨끗이 하니, 이것이 곧 조복함에도 머물지 않고 조복하지 않음에도 머물지 않는 뜻이다.

『마하지관』에서 조복과 불조복의 치우침을 모두 넘어선 중도의 길은 범부의 번뇌를 조복하지 못하는 삶[不調伏相]과 번뇌를 억지로 조복하여 열반을 이루려는 이승의 길[調伏相]을 함께 부정한다. 나아가 번뇌의 씨앗을 끊어 없애버린 적멸한 곳에 앉아 이미 번뇌의 뿌리를 말려 없앴기 때문에 다시 조복할 것이 없다고 말하는 아라한의 집착[不調伏相]까지 모두 깨뜨린다.

노행자가 지어 바친 한 게송 또한 신수의 닦아감에 대해 닦을 것 없음을 보였지만, 공에 떨어짐이 없이 조복과 불조복, 닦을 것 있음과 닦을 것 없음을 뛰어넘어 중도의 바른 눈을 제시하고 있다. 이에 노행자는 한밤중에 장실에 들어 조사가 설하는 『금강경』의 '마땅히 머무는 바 없이 그 마음을 낸다'는 곳에서 다시 한번 경전의 가르침과 자신의 깨달음이 확연히 둘이 없음을 검증해 마치니, 이것이 바로 교(敎)와 관(觀)의 하나 됨[敎觀一致]이다.

『금강경』의 '마땅히 머무는 바 없음'이 있음에도 머물지 않고 없음에도 머물지 않는 선정[不住生死 雙遮有無]을 말한다면, '그 마음을 낸다'고 함은 열반의 고요함에 머물지 않고, 있음을 있음 아닌 있음으로 살려내고 없음을 없음 아닌 없음으로 살려내는 지혜이며 행이다[不住涅槃 雙照有無]. 곧 혜능이 활연히 계합한 『금강경』의 한 구절은 '행하되 행함이 없고 행함 없되 행함 없음도 없는 창조적 실천의 길[無住妙行]'이니, 바로 '그침 그대로의 살핌[卽止之觀]'이 살핌 그대로의 그침[卽觀之止]이 되는 중도의 길[止觀俱行]'인 것이다.

노행자가 중도정관을 통달함에 조사가 가사와 바루를 내리니, 이는 법에 대한 믿음을 물질로써 보임이며, 전법게(傳法偈)를 써서 보이니 실상 반야를 문자로써 서로 검증해 보임이다.

오조 홍인선사의 전법게는 돈황본과 덕이 종보본의 문장이 서로 다르니 대조하면 다음과 같다.

〈돈황본〉

뜻 있는 이가 와 씨앗을 내리니
땅은 뜻 없지만 꽃이 피도다

뜻 없고 또 씨앗 없다면
마음 땅에 또한 남이 없으리.

有情來下種 無情花卽生
無情又無種 心地亦無生

〈덕이 종보본〉

뜻 있는 이가 와 씨앗을 내리니
땅을 인해 열매가 도리어 나네.
뜻이 없으면 이미 씨앗 없으니
성품도 없고 또한 남도 없도다.

有情來下種 因地果還生
無情旣無種 無性亦無生

게송의 앞 구절은 뜻이 있는 중생이 적극적인 의지를 가지고 땅에 씨앗을 뿌리므로 아무런 뜻이 없는 땅에서 꽃이 피고 열매 맺게 됨을 나타내고, 뒤의 두 구절은 뜻 없는 땅 자체는 사람이 씨앗을 뿌리지 않으면 꽃과 열매를 낼 성품도 없고 꽃과 열매가 나지도 않음을 나타낸다.

위 게송은 씨앗과 씨앗을 뿌리는 사람의 뜻과 씨앗이 떨어지는 땅과 땅에서 피어나는 꽃과 열매의 상호관계를 비유로 들어, 중생이 마음의 땅에 깨달음의 씨앗을 내리고 그 씨앗이 원인이 되어 깨달음의 결과가 삶의 터전에서 일어남을 나타내고 있다.

곧 오조선사의 게송에서 앞의 두 구절은 중생이 보리의 뜻을 발하여 법을 듣고 수행하여 깨달음에 나아가는 인과를 나타낸다. 반면, 뒤의 두 구절은 무정물인 땅은 뜻이 없어서 씨앗을 내릴 수 없고 열매 낼 수 없음을 비유로 들어, 뜻을 일으켜 마음 땅에 보리의 씨앗을 뿌리고 보리의 열매를 맺지만 뜻이 공한 성품에서 보면 끊을 번뇌도 없고 얻어야 할 깨달음도 없음을 바로 드러내 보이고 있다.

그러나 인과가 공한 본분은 인과 너머에 있는 것이 아니니, 번뇌가 본래 공한 곳에 서서〔本證〕닦음 없는 묘한 닦음을 일으키는 자가 씨앗을 내려 열매 얻는 인과의 필연성 속에서 인과에 막힘없이 본분의 해탈경계를 자재하게 쓰게 되는 것이다.

옛 사람〔悅齋居士〕은 그러한 뜻을 다음과 같이 노래한다.

> 동쪽 고개 구름 돌아가는 곳이요
> 서쪽 강은 달이 떨어지는 때로다.
> 그 가운데 분명하고 바른 뜻이란
> 한 생각도 범하지 않음이라네.

> 東嶺雲歸處　西江月落時
> 箇中端的旨　不犯一思惟

대유령고개 위에서 혜명을 제도하다〔大庾嶺上 濟度惠明〕

조사께서 다시 말씀하셨다.

"옛날 달마대사께서 처음 이 땅에 오셔서 사람들이 믿지 않으므로 이 옷을 전해 믿음의 바탕을 삼아 대대로 서로 이었지만, 법은 마음으로써 마음을 전해 모두 스스로 깨치고 스스로 알게 하는 것이다. 옛부터 부처님과 부처님이 오직 진리의 본바탕〔本體〕을 전하시며 스승과 스승이 머묾 없는 본마음〔本心〕을 비밀히 부쳤으니, 옷은 다툼의 실마리라 너에게서 그치고 다시 전하지 말라. 만약 이 옷을 전하면 목숨이 가는 실낱과 같게 된다. 너는 어서 빨리 가거라. 사람들이 너를 해칠까 두렵다."

혜능이 여쭈었다.

"어느 곳으로 가야 합니까?"

조사께서 말씀하셨다.

"회(懷)를 만나면 그치고, 회(會)를 만나면 숨으라."

혜능이 삼경에 가사와 바루를 받아두고 말하였다.

"혜능은 본래 남쪽지방 사람이라 오래 이 산 길을 알지 못합니다. 어떻게 강 어구까지 빠져나갈 수 있습니까?"

오조께서 말씀하셨다.

"너는 걱정하지 말라. 내가 너를 바래다 주겠다."

조사께서 바래 주시어 구강역(九江驛) 가에 곧 이르니 배 한 척이 있었다. 조사께서 혜능더러 배에 오르게 하시고 노를 잡고 몸소 저으셨다. 혜능이 말했다.

"화상께서는 앉으십시오. 제자가 노를 젓겠습니다."

오조께서 말씀하셨다.

"내가 너를 건네주리라."

혜능이 말했다.

"어리석을 때는 스승이 건네주지만 깨달았을 때는 스스로 건넙니다. 건넘이란 말은 비록 하나나 쓰이는 곳이 같지 않습니다. 혜능은 변방에 태어나서 말이 바르지 못했으나, 스님께서 법을 부치시어 깨닫도록 해주셨으므로 이제 제 힘으로 스스로 건너겠습니다."

조사께서 말씀하셨다.

"그렇고 그렇다. 이 다음 불법이 너로 말미암아 크게 행할 것이다. 네가 간 지 삼년 뒤에 나는 세상을 떠나리라. 너는 이제 잘 가라. 힘써 남쪽으로 향하되 너무 빨리 말하려 하지 말라. 불법에 어려움[法難]이 일어날 것이다."

祖復曰 昔達磨大師 初來此土 人未之信 故傳此衣 以爲信體 代代相承 法則以心傳心 皆令自悟自解 自古佛佛惟傳本體 師師密付本心 衣爲爭端 止汝勿傳 若傳此衣 命如懸絲 汝須速去 恐人害汝

惠能曰 向甚處去 祖云 逢懷則止 遇會則藏

惠能三更 領得衣鉢 云 能本是南中人 素不知此山路 如何出得江口

五祖言 汝不須憂 吾自送汝 祖相送直至九江驛 五祖把櫓自搖

惠能言 請和尙坐 弟子合搖櫓 祖云 合是吾渡汝

惠能云 迷時師度 悟了自度 度名雖一 用處不同 惠能生在邊方 語音不正 蒙師付法 令已得悟 只合自性自度

祖云 如是如是 以後佛法 由汝大行 汝去三年 吾方逝世 汝今好去 努力向南 不宜速說 佛法難起

혜능이 조사를 하직하고 발을 남으로 돌려 걸어가서 두 달 보름만에 대유령에 이르렀다.

수백명이 혜능의 뒤를 쫓아 와 가사와 바루를 뺏으려 하였다. 한 스님이 속성은 진(陳)이고 이름은 혜명(惠明)인데 출가 전에 사품장군이었다. 성격이 거칠지만 진실한 사람인데 뜻을 지극히 해서 가사와 바루를 찾으니 다른 대중보다 먼저 혜능에게 왔다. 혜능이 가사와 바루를 돌 위에 던지며 말했다.

"이 옷은 믿음을 나타내는데 힘으로 다투겠는가?"

혜능이 풀숲 속에 숨으니 혜명이 이르러 가사와 바루를 주워 가져가려 했으나 움직이지 않았다. 이에 혜명이 외쳤다.

"행자여 행자여, 나는 법을 위해 왔지 옷을 위해 온 것이 아닙니다."

혜능이 나와서 반반한 돌 위에 앉으니 혜명이 절하고 말했다.

"행자는 저를 위해 법을 설해 주십시요."

혜능이 말했다.

"그대가 이미 법을 위해 왔다면 모든 일거리를 다 쉬어버리고 한 생각도 내지 마시오. 내가 그대를 위해 말하겠소."

잠자코 있다[良久] 혜명에게 말했다.

"선도 생각지 말고 악도 생각지 마시오. 바로 이러한 때에 어떤 것이 혜명 상좌의 본래 얼굴이오?"

혜명이 말 아래 크게 깨치고[言下大悟] 다시 물었다.

"위의 비밀한 말과 비밀한 뜻 밖에 도리어 다시 비밀한 뜻이 있습니까?"

혜능이 말했다.

"그대에게 말해준 것은 곧 비밀한 것이 아니오. 그대가 만약 돌이켜 비춘다면 비밀함은 그대 편에 있소."

혜명이 말했다.

"혜명이 비록 황매에 있으나 자기의 참얼굴은 깨우치지 못했습니다. 이제 바른 지시를 받으니 물을 마심에 차고 더움을 스스로 앎과 같습니다. 이제 행자께서는 곧 혜명의 스승이십니다."

혜능이 말했다.

"그대가 만약 이와 같다면 나는 그대와 함께 황매의 조사를 같이 스승으로 하겠소. 스스로 잘 보살펴 지니시오."

이에 혜명이 또 물었다.

"이 뒤로 어느 곳으로 가야 할까요?"

혜능이 말했다.

"원(袁)을 만나면 곧 그치고, 몽(蒙)을 만나면 거기 사시오."

혜명이 절하고 떠났다.

惠能辭違祖已 發足南行 兩月中間 至大庾嶺 逐後數百人來 欲奪衣鉢 一僧俗姓陳 名惠明 先是四品將軍 性行麤糙 極意參尋 爲衆人先 趁及惠能

惠能擲下衣鉢於石上 曰 此衣表信 可力爭耶 能隱草莽中 惠明至 提掇不動 乃喚云 行者行者 我爲法來 不爲衣來

惠能遂出 盤坐石上 惠明作禮云 望行者爲我說法

惠能云 汝旣爲法而來 可屛息諸緣 勿生一念 吾爲汝說 明良久 惠能云 不思善 不思惡 正與麼時 那個是明上座本來面目

惠明言下大悟 復問云 上來密語密意外 還更有密意否

惠能云 與汝說者 卽非密也 汝若返照 密在汝邊 明曰 惠明雖在黃梅 實未省自己面目 今蒙指示 如人飮水 冷暖自知 今行者卽惠明師也

惠能曰 汝若如是 吾與汝同師黃梅 善自護持 明又問 惠明今後向甚處去

惠能曰 逢袁則止 遇蒙則居 明禮辭

해 설

홍인선사가 깊은 밤 아무도 보는 이 없는 곳에서 혜능에게 법을 전하고 가사와 바루를 전했다 함은, 사실 불교가 제시하는 올바른 전법의 입장이라기보다는 진리에 대한 우파니샤드(Upaniṣad)나 도가(道家)의 밀전법(密傳法)이다.

가사와 바루는 선종에서 불심인을 나타내는 물질적인 징표이다. 홍인조사가 가사와 바루를 노행자에게 부촉하였다는 『단경』의 기록은 『역대법보기』의 기록과 대조해 보더라도 사실임이 분명하다. 그러나 아직 행자인 혜능만을 육대로 삼았다는 기록은 『능가사자기』나 『전법보기』 등 다른 문파의 기록을 보면, 많은 부분이 동산법문 가운데 배출된 여러 선사들 사이에 벌어진 치열한 사상논쟁의 결과, 혜능선의 법통이 확정된 후대의 견해가 『단경』 편집에 많은 부분 반영된 것으로 보아야 할 것이다.

곧 하택신회가 활대의 대운사에서 혜능선사를 육조로 현창할 때만 해도, 아직 혜능의 이름으로 선종(禪宗)의 독점적 지위를 말할 수 있는 단계가 아니었고, 다만 보리달마의 남종(南宗)이라는 이름으로 신수선사의 북종에 대해 동산법문의 정통을 주장하였기 때문이다.

이화(李華)가 쓴 천태종 좌계현랑선사(左溪玄朗禪師)의 비문은 달마남종의 육대전의설(六代傳依說)도 다양한 선문파가 내세운 법통설 가운데 한 주장임을 보여준다. 이화의 비문은 선종의 법통에 관해 인도에서 29대인 보리달마가 능가법을 전해 동경(東京) 성선사(聖善寺) 굉정선사(宏正禪師)에 이르는 북종(北宗), 달마에서 육대인 대통신수(大通神秀), 대지(大智)로 이어지는 북종의 다른 한 흐름을 먼저 말하고, 달마에서 승찬, 도신, 홍인, 혜능으로 이어지는 남종을 이야기한다.

그리고 비문은 다시 사조 도신에서 우두법융으로 이어지는 우두종(牛頭宗), 혜문, 혜사, 천태, 관정, 지위, 혜위, 현랑으로 이어지는 천태선문(天台禪門)의 법계를 말한다.

신수 계통에서 편집한 『능가사자기』는 남종의 혜능 중심의 법통에

대해 육조로 대통신수, 칠조로 보적(普寂)을 말한다. 천태종에서도 천태
밀의 육조를 놓고 좌계현랑선사 문하의 형계담연과 형주 옥천사 도소(道
素), 홍경(弘景) 계열의 혜진(惠眞)이 대립하니 이화의 비문에는 당시 선
문(禪門)의 한 흐름으로 천태 옥천사의 홍경 혜진 계열을 같이 거론한다.

　일본 비예산 천태의 개조인 최징선사(最澄禪師)는 천태선문 흥도존자
도수[興道尊者道邃]의 제자인데, 그는 천태선의 상승만을 주장하지 않고
지관업(止觀業 : 天台禪), 자나업(遮那業 : 密宗), 원돈계(圓頓戒 : 天台律),
달마선(達摩禪)의 사종상승(四種相承)을 표방하는데, 최징의 달마선 상승
은 천태산에서 유연(儵然)으로부터 우두선(牛頭禪)을 받고 행표(行表)로
부터 북종선(北宗禪)을 배움으로써 이루어진다.

　최징은 밀법(密法)을 월주 용흥사(龍興寺)의 순효(順曉)에게서 상승하
는데, 순효는 신라 의림(義林)의 제자이고 의림은 선무외와 일행(一行) 계
열의 밀교수행자였다. 그리고 천태삼관의 뜻에 의해 『대일경소(大日經
疏)』를 쓴 일행(一行)은 형주 옥천사 홍경(弘景)에게서 출가하고, 혜진
(惠眞)에게서 율과 천태를 수업하는데, 홍경 혜진은 옥천사 천태선의 계
보에 속하는 수행자들이었으니 후대 천태밀(天台密)의 전승자들은 일행
(一行)을 천태선문의 일행삼매선사(一行三昧禪師)라 부른다.

　또 일행은 선을 보적에게서 배우는데 보적은 바로 북종 신수의 제자이
며, 신수선사와 함께 천태선의 근본도량 당양 옥천사에서 오래도록 주석
하였다.

　이렇게 보면 당양 옥천사는 도소, 홍경, 혜진, 일행으로 이어지는 천태
선의 근본도량이자 신수, 보적이 수행했던 곳이니, 당시 선문은 천태선과
달마선, 우두(牛頭)와 동산(東山), 남종(南宗)과 북종(北宗)이 서로 자기
선문의 가풍을 지키며 정통성을 다투던 시기였다고 볼 수 있다.

　이러한 여러 선문(禪門)의 병립(倂立) 속에서 하택신회가 육대전의설
(六代傳衣說)을 통해 혜능을 육조로 현창하는 운동은 다만 동산문(東山
門)에서 북종에 대해 남종의 법통을 확립했을 뿐 아니라, 선(禪)을 하나의
종파로 분립시키는 결정적 계기를 마련한다.

달마, 혜가, 승찬, 도신, 홍인, 혜능으로 가사와 바루, 돈교법이 전해졌음을 말하는 『현종기(顯宗記)』의 서술을 인용하면 다음과 같다.45)

> 세존이 입멸하신 뒤 서천 28조가 함께 머뭄 없는 마음을 전하고, 같이 여래의 지견을 설하여 달마에 이르니, 중국에 이르러 다시 초조가 되시어 대를 바꾸어 서로 전해 지금껏 끊어지지 않는다. 전한 바 비밀한 가르침은 요점이 사람을 얻음에 있지만, 마치 왕의 상투 속 구슬과 같아서 끝내 망녕되이 주지 않으니, 복덕과 지혜 두 가지를 장엄하고 행과 해가 서로 응해야 바야흐로 능히 법을 세울 수 있게 된다.
> 옷은 법의 믿음이 되고, 법은 옷의 종지가 되어 오직 옷과 법을 서로 전하는 것만을 가르키고 다시 다른 법이 없었다. 안으로 심인을 전하여 도장 찍듯 본마음에 계합하고, 밖으로 가사를 전해 종지를 나타내려 하니, 옷이 아니면 법을 전하지 못하고 법이 아니면 옷을 받지 못한다. 옷은 법의 믿음을 보이는 옷이요, 법은 남이 없는 법이다. 남이 없음은 곧 허망함이 없음이니, 바로 공적한 마음이다. 공적한 줄 알면 법신을 요달함이요, 법신을 요달하면 참된 해탈이다.

하택신회선사는 이처럼 『현종기』에서 달마에서 혜능까지 육대에 가사와 바루가 전해지고 그 옷은 바로 법에 대한 믿음을 나타낸다고 밝히고 있다.

또한 『역대법보기(歷代法寶記)』에서도 혜능선사가 받은 가사를 측천무후가 궁중에서 공양한 뒤 나중 덕순사의 지선선사(智詵 : 弘忍의 제자)에게 드리고, 지선은 처적(處寂)에게 처적은 신라 김화상 곧 정중사(淨衆寺) 무상선사(無相禪師)에게 전수했다고 하고 있으니, 혜능선사에게 홍인

---

45) 현종기에 말한다 : 自世尊滅後 西天二十八祖 共傳無住之心 同說如來知見 至於達摩 屆此爲初 遞代相傳 於今不絶 所傳秘教 要藉得人 如玉璧珠 終不妄與 福德智慧 二種莊嚴 行解相應 方能建立
衣爲法信 法爲衣宗 唯指衣法相傳 更無別法 內傳心印 印契本心 外傳袈裟 將表宗旨 非衣不傳於法 非法不受於衣 衣是法信之衣 法是無生之法 無生卽無虛妄 乃是空寂之心 知空寂而了法身 了法身而眞解脫

의 가사가 전해짐은 의심할 여지가 없이 분명한 것 같다.

『단경』의 표현대로 노행자는 스승으로부터 가사와 바루, 전법게를 받고 황매산을 떠나 구강역에서 강을 건너 남으로 걸어가 대유령(大庾嶺)에 이른다. 가사와 바루를 뺏기 위해 뒤쫓아온 혜명(惠明)은 힘센 장군 출신이었으나, 노행자가 바위 위에 내려 놓은 가사를 들어올리지 못한다. 이에 놀란 혜명은 쫓아 달려온 것이 법을 위함이고, 옷을 위함이 아님을 말씀드린다.

『단경』은 장군 출신인 혜명이 노행자가 바위 위에 내려놓은 가벼운 가사를 들어올리지 못했다고 했으니, 장군의 강한 힘은 어디로 갔으며 가사를 움직이지 않게 하는 힘은 어디서 왔는가. 움직임 없는 가사는 나고 사라지며 가고 오는 변화의 현실 속에 실로 나고 사라짐 없는 삶의 실상을 나타냄인가. 내려놓은 가사를 힘센 장군이 들어올리지 못했다는 이 표현은 노행자가 가사를 바위에 놓았지만 실로 내려 놓은 곳(放下處)이 없기에 들어 올릴 곳(擧起處)도 얻을 수 없음을 보이기 위함이 아닌가.

육왕담(育王諶)선사는 노행자가 가사와 바루를 던지니(擲衣鉢) 산처럼 움직임 없음(如山不動)을 다음과 같이 노래한다.

> 옷과 바루 노행자가 던져 놓았는데
> 혜명은 전혀 올려 들지 못하네.
> 구름은 고개머리 한가로웁고
> 개울바닥 흐르는 물 아주 바쁘네.
> 물과 달 함께 서로 어우러지니
> 옳고 그름 어찌 그만 마쳐 다하리.
> 구름은 흩어지고 물 흘러감에
> 그대도 옳고 나도 또한 옳으리.
>
> 能放得下 明提不起
> 雲閑嶺頭 水忙澗底
> 水月和同 是非何已
> 雲散水流 爾是我是

바위 위에 던져놓은 가사를 들어올리지 못하고 가사와 바루를 뺏으러 온 자신의 뜻을 혜명이 참회하니, 노행자는 풀숲에서 나와 '선도 생각지 말고 악도 생각지 마시오. 바로 이러한 때에 어떤 것이 혜명 상좌의 본래 얼굴이오?'라고 묻는다.

이는 바로 '어떤 것이 본래 면목인가(如何是本來面目)'라는 화두로 선과 악, 옳고 그름의 굴레에 갇힌 우리 모두에게 제시된다.

그렇다면 선도 생각지 않게 하고 악도 생각지 않게 하며, 무엇이 자신의 본래 면목인가를 스스로 묻게 하는 혜능의 물음은 선과 악 너머에 있는 절대적인 성품을 찾으라는 이야기인가. 아니면 선도 없고 악도 없는 고요함 속에 안주하라는 이야기인가.

선과 악이 인연으로 이루어진 일시적인 성취이며 서로 마주하여 세워지므로 공한 것이라면, 선악이 아닌 제3의 영역도 얻을 것이 없다. 그러므로 늘 본래 면목을 묻고 사는 자는 선악의 대립에 갇히지 않되 선악 너머 저 언덕으로 도피하지도 않는 자일 것이니, 죽암규선사(竹庵珪禪師)는 다음과 같이 노래한다.

> 시비의 바다 속에 몸을 뉘어 들어가고
> 호랑이 떼 가운데 자재하게 다니네.
> 시비를 굳게 잡아 나를 판단하지 마라
> 평생 뚫어온 일과 전혀 서로 관계 없네.
>
> 是非海裡橫身入　虎豹群中自在行
> 莫把是非來辨我　平生穿鑿不相關

옳고 그름과 선과 악은 우리들 살아가는 자들이 처한 벗어날 길 없는 한계상황이다. 늘 근원적 주체〔本來面目〕를 묻고 사는 일이란, 시비 밖을 향해 시비 없음을 물어 찾는 일이 아니라, 시비 안에서 시비를 모두 막고 모두 살려내는 일이니, 참으로 화두(話頭)하는 자는 삼계에서 삼계를 벗어나 삼계를 정토로 바꾸는 자인 것이다.

불안원선사(佛眼遠禪師)는 혜능선사의 '선도 생각지 말고 악도 생각지
말라'는 위 공안에 대해 다음과 같이 말한다.

　　　대중은 이 이야기를 알겠는가.
　　　선과 악을 모두 생각하지 말라는
　　　바로 이와 같은 때를 당하여
　　　오랜 겁에 일찍이 미혹치 않았네.
　　　걸음 걸음 삼계를 뛰어넘으니
　　　집에 돌아가 단박 의심을 끊네.

　　　大衆還會　這話麼
　　　正當伊麼時　歷劫不曾迷
　　　步步超三界　歸家頓絶疑

인종법사를 만나 동산법문을 열다〔遇印宗師 開東山門〕

　혜능이 뒤에 조계(曹溪)에 이르러 또 몹쓸 사람들에 쫓기게 되었다. 이
에 사회현(四會縣)에서 그 어려움[難]을 피해 사냥꾼 가운데 15년을 지냈
는데, 그 동안 사냥꾼들에게 상황에 맞춰 법을 설했다. 사냥꾼들이 늘 그물
을 지키게 했는데 매번 산 목숨을 보면 모두 놓아주었다. 밥 때에는 나물을
고기 삶은 솥에 붙여 먹었다. 누가 묻게 되면 고기 가에 얹은 나물만을
먹는다고 대꾸하였다. 하루는 이렇게 생각했다.
　"법을 펼 때가 되었으니 끝내 달아나 숨어 있을 것이 없다."
　드디어 광주 법성사(廣州法性寺)에 이르렀는데, 인종법사가 『열반
경』 강의하는 것을 만나게 되었다.
　그 때 바람이 불어 깃발이 펄럭이니 한 스님은 '바람이 움직인다'고 하
고, 한 스님은 '깃발이 움직인다'고 하여 의론이 그치지 않았다. 혜능이 나
와 말했다.

"바람이 움직이는 것도 아니고 깃발이 움직이는 것도 아니오. 당신들의 마음[心]이 움직인 것이오."

한군데 모인 대중이 놀라므로 인종이 윗자리로 이끌어 깊은 뜻을 밝혀 묻고서 혜능의 말이 간단하고 이치에 맞으며 문자에 말미암지 않은 줄 보았다.

인종이 말했다.

"행자는 정말 보통분이 아닙니다. 황매의 가사와 법이 남쪽으로 왔다고 오래도록 들어왔는데, 행자가 그 분이 아니십니까?"

혜능이 말했다.

"부끄럽습니다."

인종이 이에 제자의 예를 지어 전해온 가사와 바루를 대중에게 내보이기를 청하고 다시 물었다.

"황매에서 부촉하실 때 어떻게 가르쳐 주셨습니까?"

혜능이 말했다.

"가르쳐 주심은 따로 없고 오직 참성품 보는 것[見性]만 논하고 선정 해탈을 논하지 않았습니다."

인종이 말했다.

"왜 선정 해탈을 논하지 않습니까?"

"이것은 두 법이므로 불법이 아니기 때문입니다."

인종이 또 물었다.

"어떤 것이 불법의 둘 아닌 법입니까?"

혜능이 말했다.

"법사께서 『열반경』을 강의하여 불성을 밝게 보면 이것이 불법의 둘 아닌 법입니다. 그것은 『열반경』에서 고귀덕왕보살이 부처님에게 다음처럼 물음과 같습니다.

네 가지 무거운 금계를 범하고 다섯 가지 큰 죄를 지은 자 그리고 일천제(一闡提) 등은 불성의 착한 뿌리가 끊어집니까?

그 물음에 부처님은 이렇게 답변하셨습니다.

착한 뿌리에는 둘이 있으니 하나는 항상함이요 둘은 덧없음이다. 불성은 항상함도 아니고 덧없음도 아니니, 그러므로 끊어지지 않음을 둘 아님이라 한다.

착한 뿌리에 둘이 있으니 하나는 착함이요 둘은 착하지 않음이다. 불성은 착함도 아니고 착하지 않음도 아니니 이것을 둘 아님이라 한다.

온(蘊 ; skandha)과 계(界 ; dhātu)를 범부는 둘로 보지만 지혜로운 이는 요달하여 그 참모습에 둘이 없으니 둘 없는 성품이 바로 불성이다."

인종이 설함을 듣고 기뻐 합장하고 말했다.

"제가 경을 강의하는 것은 기와 조각과 같고 인자께서 뜻을 논함은 참 금과 같습니다."

이에 인종이 혜능을 위해 머리를 깎아주고 스승으로 모시고자 하니, 혜능이 드디어 보리수 밑에서 동산법문(東山法門)을 열게 되었다.

혜능이 동산에서 법을 얻고 쓰라린 고통을 다 받으면서 목숨이 가는 실과 같았으나, 오늘 사군 관료와 출가대중, 공부하려는 일반대중과 이렇게 한 모임에 같이 하였으니, 이것은 오랜 겁 동안의 인연 아님이 아닌 것이다. 또한 지난 생 가운데 여러 부처님께 공양하고 함께 착한 뿌리를 심어서 이제 비로소 위와 같은 돈교(頓敎)의 법 얻은 인연을 듣게 된 것이다.

가르침은 바로 앞 성인들의 전하신 바요, 혜능 스스로의 지혜가 아니니, 앞 성인의 가르침을 듣고자 하는 자는 각기 마음을 깨끗이 하여 듣고 각기 스스로 의심을 없애면 앞대 성인과 다름이 없게 될 것이다.

함께 모인 대중이 법을 듣고 기뻐하며 절하고 물러났다.

惠能後至曹溪 又被惡人尋逐 乃於四會 避難獵人隊中 凡經一十五載 時

與獵人隨宜說法 獵人常令守網 每見生命 盡放之 每至飯時 以菜寄煮肉鍋
或問 則對曰 但喫肉邊菜

一日思惟 時當弘法 不可終遯 遂出至廣州法性寺 値印宗法師講涅槃經
時有風吹旛動 一僧曰風動 一僧曰旛動 議論不已

惠能進曰 不是風動 不是旛動 仁者心動 一衆駭然 印宗延至上席 徵詰奧
義 見惠能言簡理當 不由文字

宗云 行者定非常人 久聞黃梅衣法南來 莫是行者否 惠能曰 不敢

宗於是作禮 告請傳來衣鉢 出示大衆

宗復問曰 黃梅付囑 如何指授 惠能曰 指授卽無 惟論見性 不論禪定解脫

宗曰 何不論禪定解脫 惠能曰 爲是二法 不是佛法 佛法是不二之法

宗又問 如何是佛法不二之法

惠能曰 法師講涅槃經 明佛性是佛法不二之法 如高貴德王菩薩白佛言 犯
四重禁 作五逆罪 及一闡提等 當斷善根佛性否 佛言 善根有二 一者常 二者
無常 佛性非常非無常 是故不斷 名爲不二 一者善 二者不善 佛性非善非不
善 是名不二 蘊之與界 凡夫見二 智者了達 其性無二 無二之性 卽是佛性

印宗聞說 歡喜合掌 言某甲講經 猶如瓦礫 仁者論義 猶如眞金

於是爲惠能薙髮 願事爲師 惠能遂於菩提樹下 開東山法門 惠能於東山得
法 辛苦受盡 命似懸絲 今日得與使君官僚僧尼道俗同此一會 莫非累劫之緣
亦是過去生中供養諸佛 同種善根 方始得聞如上頓教 得法之因

教是先聖所傳 不是惠能自智 願聞先聖教者 各令淨心聞了 各自除疑 如
先代聖人無別

一衆聞法歡喜作禮而退

해 설

노행자가 황매산에서 법을 얻은 뒤 시절인연을 기다려 15년을 사냥꾼
틈에서 숨어지내다 비로소 세상에 나와 법을 설하게 된 결정적 계기가
인종법사의 『열반경』 설법 회상에서 이루어진다. 인종과의 법의 인연을
통해 노행자는 이제 출가사문인 혜능으로서 달마로부터 내려온 의발(衣

鉢)의 전수자로서 대중 앞에 자신을 드러낸다.

『전등록』의 기록에 의하면 광주 법성사(廣州 法性寺) 인종법사는 열반대부에 정통한 고승으로서, 이미 나라에서 수도의 대경애사(大敬愛寺)에 살도록 조칙을 내렸으나 사양하고 기주로 가서 홍인선사를 뵈었다 한다.

나중 광주 법성사에서 『열반경』을 강설하다 혜능선사를 만나 깨달음을 얻었다. 바람에 깃발이 펄럭이는 것을 보고 그 움직임이 '깃발이냐', '바람이냐'를 다투는 이야기는 『단경』의 구절 가운데 가장 널리 사람들의 입에 오르내리는 법문이다. 이 법문에는 세계운동의 참모습에 관한 존재론적인 물음이 제기되고 있고, 다시 의식과 존재의 상호관계에 관한 인식론적인 물음이 동시에 제기되고 있다.

위 법문의 가장 오래된 형태이자 가장 자세하게 법문의 내용을 전해주고 있는 『역대법보기(歷代法寶記)』의 기록을 보면 다음과 같다.46)

> 나중 혜능은 사람들이 알까 두려워하여 늘 산숲에서 숨어 지냈다. 때로 신주(新州)에 있기도 하고 때로 소주(韶州)에 있기도 하여 17년을 세속에 살면서도 법을 설하지 않았다. 나중 남해 제지사(制止寺)에 이르러 인종법사가 『열반경』 강설하는 것을 만났다. 혜능도 또한 자리 아래에 있었는데 그때 인종이 대중에게 물었다.
>
> "너희들은 모두 바람이 깃대 끝에 불어서 깃발이 펄럭이는 것을 보는가?"
>
> 대중이 말했다.
>
> "움직이는 것을 봅니다."
>
> 그런데 어떤 사람은 '바람이 움직이는 것을 본다'라고 하고, 어떤 사

---

46) 역대법보기에 말한다 : 後惠能恐畏人識 常隱在山林 或在新州 或在韶州 十七年在俗 亦不說法 後至南海制止寺 遇印宗法師講涅槃經 惠能亦在坐下
時印宗問衆人 汝總見風吹幡干 上頭幡動否 衆言 見動 或言 見風動 或言 見幡動 不是幡動 是見動 如是問難不定 惠能於座下立 答法師 自是衆人妄想心動與不動 非是幡動 法本無有動不動 法師聞說驚愕 忙然不知是何言 問 居士從何處來 惠能答 本來不來 今亦不去 法師下高座 迎惠能就房 了細借問 惠能一一具說東山佛法 及有付囑信袈裟

람은 '깃발이 펄럭이는 것을 본다'고 하며, '깃발이 움직이는 것이 아니라 바로 보는 것이 움직인다'라고 하여 이와 같이 묻고 따짐이 결정되지 않았다.

혜능이 자리 아래에 서 있다 법사에게 답하였다.

"스스로 뭇 사람의 망상의 마음이 움직이거나 움직이지 않는 것이지 깃발이 움직이는 것이 아닙니다. 법은 본래 움직임과 움직이지 않음이 없습니다."

법사가 말하는 것을 듣고서는 놀래고 아득하여 이것이 무슨 말인지 몰랐다. 그러고는 혜능에게 물었다.

"거사는 어디에서 오셨소?"

혜능이 답했다.

"본래 오지 않았으니 지금 또한 가지 않소."

법사가 높은 자리에서 내려와 혜능을 맞이하여 방에 가 자세하게 물으니, 혜능이 동산의 불법과 부촉받은 믿음의 가사가 있음을 낱낱이 갖추어 말하였다.

『역대법보기』의 기록은 혜능의 답변이 깃발의 움직임으로 대표되는 세계운동의 참모습을 해명한 것으로 나타난다. 깃발의 움직임은 깃발에 있는 것이 아니지만 깃발을 떠난 것도 아니고, 바람에 있는 것도 아니지만 바람을 떠난 것도 아니다. 그러므로 깃발의 움직임은 움직임 없는 움직임이니, 깃발이 움직인다 해도 세계운동의 실상을 보지 못한 것이고, 깃발이 움직이지 않는다 해도 세계운동의 실상을 왜곡하는 것이다. 이 뜻을 『역대법보기』는 법은 본래 움직임과 움직이지 않음이 없는 것인데, 깃발이 움직이느니 바람이 움직이느니 보는 마음이 움직이느니 하는 것은 망상심이라 말한다.

『단경』에서 깃발이 움직임도 바람이 움직임도 아니라 그대들의 마음이 움직인다 함은 『역대법보기』와 같은 내용을 달리 표현한 것이지만, 그 분위기는 『역대법보기』와는 달리 세계와 인간의식의 중도적 관계에 강조점을 둔 표현이 된다.

『단경』의 이 구절과 유사한 표현이 『오등회원(五燈會元 卷一)』에
도 나온다. 그 기록은 이렇다.

인도 18조 가야사다존자가 바람이 방울을 불어 흔드는 소리를 들었
는데 17조가 물었다.
"방울이 우느냐, 바람이 우느냐?"
가야사다존자가 답했다.
"바람이나 깃발이 우는 것이 아니고 내 마음이 웁니다."

十七祖問曰 鈴鳴耶 風鳴耶 舍多曰 非風鈴鳴 我心鳴耳

『단경』에서 바람인가 깃발인가를 묻는 물음과 17조 조사가 방울이
우는가 바람이 우는가를 묻는 물음은 그 물음의 낙처(落處)가 다르지 않
다. 지금 방울소리든 깃발의 움직임이든, 세계운동은 그 운동이 운동 아닌
운동이므로 그것은 지금 아는 주체의 마음 밖의 있는 그 무엇이 아니라,
아는 마음의 토대이자 아는 마음 자체로 떠오른다. 그러므로 마음은 여기
있고 법은 저기 있지 않고, 법일 때 그 법은 마음인 법이고, 마음일 때
그 마음은 법인 마음이다.
다만 사람이 마음을 집착하면 법을 들어 마음을 깨뜨리고, 법을 집착하
면 마음을 들어 법을 깨뜨린다.
설두중현(雪竇重顯)선사는 다음과 같이 노래한다.

깃발도 아니고 바람도 아님이여
납자들은 이 말을 흘러 통하게 하네.
강 건널 때 뗏목 씀은 예삿일이니
남산에서 숯 태우니 북산이 붉네.

不是幡兮不是風　衲僧於此作流通
渡河用筏尋常事　南山燒炭北山紅

위의 계송에 의거하면 혜능선사가 마음〔心〕이라고 답변함은 세계를 세계로 보는 이들에게 저 세계가 바로 마음인 세계임을 보인 것이니, 마음이라는 말을 듣고 또 세계 밖에 마음을 세우는 것은 옳지 않다. 조사의 뜻은 마음과 법에 모두 머묾 없는 해탈의 한 길을 열어준 것이니, 이 뜻을 모르고 갖가지 이치와 분별을 붙여 풀이하는 것은 조사의 뜻과는 십만팔천리나 아득한 것이다.

천태덕소선사는 다음과 같이 대중에게 보여 경계한다. 47)

천태덕소국사가 대중에게 보여 말씀하셨다.

"옛 성인의 방편은 강가강 모래수와 같다. 육조께서 '바람과 깃발이 움직이는 것이 아니라 그대들의 마음이 움직인다'고 하시니, 이는 위없는 심인(心印)이요 지극히 묘한 법문(法門)이다.

우리들은 조사 문하의 수행자라 칭하니, 이 가르침을 어떻게 아는가.

만약 바람과 깃발은 움직이지 않고 너희 마음이 망녕되이 움직인다고 하거나, 만약 바람과 깃발을 없애버리지 말고 바람과 깃발 있는 곳에 나아가 통해 취하라고 말하거나, 만약 바람과 깃발 움직이는 곳은 이 무엇인가라고 말하거나, 만약 사물에 붙여 마음을 밝힌 것이니 반드시 사물로 알지 말라고 말하거나, 만약 색이 곧 공함이라고 말하거나, 만약 바람과 깃발이 움직임이 아니니 반드시 묘하게 알라고 말하거나 하면, 조사께서 보인 뜻과는 어울릴 수가 없다.

이미 이와 같은 갖가지 알음알이가 아니라면 합당히 어떻게 알아야 하는가.

만약 참으로 보아가면 무슨 법문을 밝히지 못할 것인가.

비록 백천의 모든 부처님의 방편일지라도 한 때에 환히 사무치게

---

47) 천태덕소선사는 대중에게 보였다 : 天台韶國師示衆曰
古聖方便 猶如河沙 六祖曰 非風幡動 仁者心動 是爲無上心印 至妙法門 我輩稱祖師門下士 何以解之
若言風幡不動汝心妄動 若言不撥風幡就風幡處通取 若言風幡動處是什麼 若言附物明心不須認物 若言色卽是空 若言非風幡動應須妙會 與祖師意了沒交涉 旣非種種解會 合如何知悉
若眞見去 何法門不明 雖百千諸佛方便 一時洞了

될 것이다."

앞의 설두선사와 덕소선사에 의하면 조사의 가르침은 모두 중생의 망집을 깨서 반야의 바른 눈을 열어주기 위한 언교의 시설이다. 곧 때로 마음을 세우고 법을 세우는 것은 강을 건너 저 언덕에 이르도록 하기 위해 배와 멧목을 씀과 같으니, 저 언덕에 이르면 마음도 세울 것이 없고 법도 세울 것이 없을 것이다.

그렇다면 마음과 법이 모두 그것 아닌 그것임을 통달하여 마음과 법에 가히 버릴 것이 없는 줄 아는 이가, 마음과 법을 새로 세울 것도 없는 줄 알아 걸림 없는 해탈의 삶을 산다 할 것이니, 심문분선사(心聞賁禪師)는 다음과 같이 노래한다.

> 물가에 서린 연기 푸른 버들 감싸고
> 대숲에 구름 깊어 옛집은 나직하네.
> 온 산천이 푸르러서 봄이 벌써 저무는데
> 오동꽃 땅에 가득 소쩍새는 우지짓네.

> 水邊煙膩垂楊裊   竹裏雲深古屋低
> 綠遍山川春事過   桐花滿地子規啼

인종은 노행자와 문답한 뒤 그가 황매의 법을 얻은 이인 줄 알고, 가사와 바루를 대중에게 보이게 하고 동산법문의 요점을 묻는다.

혜능은 동산법문의 요점을 '오직 견성만을 말할 뿐 선정해탈을 논하지 않음'이라 제시한다. 여기서 견성이 '존재의 실상을 통달하여 실상 그대로의 삶의 자유를 열어내는 일'이라면, 선정해탈은 자기 안에 닫혀진 선정을 통해 경험의 세계를 확장하거나 지금의 상태보다 고양된 체험의 세계를 얻어가는 일이다. 그러므로 견성법이 인과의 질곡 속에서 그것의 공성(空性)을 통달하여 다시는 인과의 틀에 갇히지 않는 머뭄 없는 행이라면, 선정해탈은 인과의 질곡과 닦음과 얻음의 이원적인 대립에 갇혀진 행위인 것이니, 그 뜻을 혜능은 '두 법이므로 불법이 아니다'라고 말한다.

초기불교의 교설로 보면 제법무아(諸法無我)와 제행무상(諸行無常)을 통달하여 아(我)와 무아(無我), 상(常)과 무상(無常)에 머물지 않는 행이 니르바나이며 견성이라면, 선정 닦음[修定]이나 고행(苦行)을 통해 내면의 영적 신비에 돌아가거나 보다 높은 정신세계에로 비약하려는 것이 선정해탈법이다.

견성법은 주체적이지만 결코 유아론적 경지나 나 안에 닫혀진 체험이 아니다. 그러므로 견성이 경험의 공성을 통달하여 인간 행위를 있음과 없음에 걸리지 않는 창조적인 행위로 전환시켜내는 일이라면, 선정해탈법은 지양되지 못한 체험과 경험의 확대 발전이거나 내적 심화인 것이니, 붇다가 제시한 연기론의 실천이 아닌 것이다.

혜능선사는 둘 없는 불법의 큰 뜻을 『대열반경(大涅槃經 二十二)』을 통해 다시 가르치고 있으니, 선사의 법문에 상응한 경의 원문을 인용하면 다음과 같다.48)49)

> 광명변조 고귀덕왕 보살이 붇다께 말씀드렸다.
> "세존이시여, 무거운 계를 범하고 방등경을 비방하며, 오역죄를 지은 일천제 등은 불성이 있는 자들인데, 어떻게 다시 지옥에 떨어집니까?
> 세존이시여, 만약 이들이 불성이 있다 한다면 어찌 다시 상락아정의 공덕이 없다 말씀하십니까?
> 세존이시여, 만약 선근을 끊어버린 자를 일천제라 하면 선근을 끊을 때 불성은 왜 끊이지 않습니까? 불성이 만약 끊어지면 어찌 다시 상락아정이라 말합니까? 만약 불성이 끊어지지 않는다면 왜 일천제라 말합니까?"

---

48) 광명변조 고귀덕왕보살이 : 光明徧照高貴德王菩薩摩訶薩白佛言 世尊 若犯重禁謗方等經作五逆罪一闡提等有佛性者 是等云何復墮地獄 世尊 若使是等有佛性者 云何復言無常樂我淨 世尊 若斷善根名一闡提者 斷善根時所有佛性 云何不斷 佛性若斷 云何復言常樂我淨 如其不斷 何故名爲一闡提耶

49) 선근에는 두 가지가 있으니 : 善男子 善根有二種 一者內 二者外 佛性非內非外 以是義故 佛性不斷 復有二種 一者有漏 二者無漏 佛性非有漏非無漏 是故不斷 復有二種 一者常 二者無常 佛性非常非無常 是故不斷

선남자여 선근에는 두 가지가 있으니, 첫째 안[內]의 선근이고, 둘째 밖[外]의 선근이다. 불성은 안도 아니고 밖도 아니므로 불성은 끊어지지 않는다.
　　다시 두 가지가 있으니, 첫째 유루(有漏)와 둘째 무루(無漏)이다. 불성은 유루도 아니고 무루도 아니므로 끊어지지 않는다.
　　다시 두 가지가 있으니, 첫째 항상함[常]이요, 둘째 덧없음[無常]이다. 불성은 항상함도 아니고 덧없음도 아니므로 끊어지지 않는다.

　『열반경』에 의하면 참된 공덕의 성취는 주어진 삶의 모순 속에 이원적 대립이 남아 있는 한 구현되지 않는다. 불성은 모순 너머에 있는 신비한 실재가 아니니, 모순 속에서 모순의 실체성을 뛰어넘음으로써 모순이 모순 아닌 삶의 실상을 체현하는 곳에 불성의 실현이 있다.
　붓다가 설한 항상함[常]은 존재가 덧없이 흘러버린다는 집착을 깨기 위한 가르침이고, 덧없음은 존재에 변하지 않는 고정된 덩어리가 있다는 집착을 깨기 위한 가르침이다. 그러므로 참된 선근은 항상함과 덧없음, 나 있음[我]과 나 없음[無我]을 뛰어넘을 때 성취되는 것이니, 불성의 뜻을 아는 자는 끊어짐과 끊어지지 않음을 넘어서며, 샘[有漏]과 새지 않음[無漏]을 뛰어넘어 생사윤회 속에서도 따라 흘러가지 않으며, 열반의 고요함에도 안주하지 않는다.
　그렇다면 이와 같이 『열반경』의 말씀을 들어 보여준 바 불성의 뜻을 다시 어떻다고 말할 것인가.
　인연으로 일어나는 업의 모습을 따르되 따름이 없고, 따름이 없되 따름 없음도 없는 이가 늘 불성의 뜻을 드러내 쓰는 자가 아닌 것인가.
　옛사람의 다음과 같은 말을 듣지 못했는가.

　　천 갈래 물이랑 속 물고기가 뿔을 내고
　　만길 벼랑 끝 호랑이는 바람 속에 울부짖네.

千尋浪底魚生角　萬仞崖頭虎嘯風

제2장 반야의 참뜻을 열어 보임

다른 사람 교화하려 생각한다면
반드시 좋은 방편 있어야 하니
저들이 의심 두지 않게 한다면
곧바로 자기 성품 드러나리라.
불법은 바로 세간 속에 있으니
이 세간을 떠나지 않고 깨치라.
세간을 떠나 따로 보리 찾으면
본래 없는 토끼 뿔을 찾음과 같네.

바른 견해 이 세간 벗어남이고
삿된 견해 세간 속에 헤매임이니
삿되고 바름 모두 쳐 없애버리면
보리자성 두렷이 드러나리라.
이 노래가 곧 돈교의 큰 법문이며
또한 진리의 배라 이름하나니
어리석게 이 법문을 받아 들으면
오래고 머나먼 겁 지나게 되고
깨달으면 바로 찰나 사이에 있네.

　　　　－ 돈교법에 대한 혜능선사의 송 －

1. 반야삼매의 바른 길을 바로 보임〔直示般若三昧正路〕

자리에 올라 대중을 위해 반야법을 열어 보임〔陞座爲衆開示般若〕

다음날 위사군이 다시 물으니 대사가 자리에 올라 대중에게 말씀하셨다.

"모두 다 마음을 깨끗이 해서 마하반야바라밀다를 생각하라."

다시 말씀하셨다.

"선지식이여, 보리반야인 지혜는 세상사람에게 본래 스스로 있는 것인데, 다만 마음이 어리석으므로 스스로 깨닫지 못한다. 반드시 큰 선지식의 가르쳐 이끔을 빌어 참성품을 보아야 한다.

마땅히 알라. 어리석은 사람과 지혜로운 사람의 불성에는 본래 차별이 없지만, 헤매임과 깨달음이 같지 않음으로 해서[迷悟不同] 어리석음이 있고 지혜로움이 있게 된 것이다.

내 이제 마하반야바라밀법을 설해서 그대들이 각기 지혜를 얻도록 하겠다. 지극한 마음으로 잘 들으라. 내가 너희를 위해 설하겠다.

선지식이여, 세상 사람들은 하루내내 입으로 반야를 부르되 자기 생활 속의 반야[自性般若]를 알지 못하니, 마치 밥을 말하지만 배부르지 않은 것과 같다. 입으로만 공함[空]을 말하면 만겁이 지나도 성품을 보지 못하여 끝내 이익됨이 없게 된다."

次日 韋使君請益 師陞座 告大衆曰 總淨心念摩訶般若波羅蜜多

復云 善知識 菩提般若之智 世人本自有之 只緣心迷 不能自悟 須假大善知識 示導見性 當知愚人智人 佛性本無差別 只緣迷悟不同 所以有愚有智 吾今爲說摩訶般若波羅蜜法 使汝等各得智慧 志心諦聽 吾爲汝說

善知識 世人終日口念般若 不識自性般若 猶如說食不飽 口但說空 萬劫不得見性 終無有益

해 설

실상(實相)은 모습이 아니지만 모습 아닌 것도 아니므로 모습을 떠나지 않고 실상을 구현하며, 반야(般若)는 말이 아니지만 말 아닌 것도 아니므로 말을 여의지 않고 반야를 발휘한다.

반야가 깨달음의 주체적 표현이라면, 실상은 깨달음의 객관적 표현이며, 언교(言敎)는 깨달음의 살아 있는 작용이다. 이 뜻이 『반야경』에서는 실상반야, 관조반야, 문자반야로 표현되니 혜능선사가 말한 바 불성(佛性)·진성(眞性)·자성(自性)이 실상반야(實相般若)라면, 보리반야는 관조반야(觀照般若)이며, 입으로 부르는 마하반야바라밀의 언구는 문자반야(文字般若)이다.

실상이 모습 없되 허무가 아니므로 신령한 앎이 어둡지 않고〔靈知不昧〕, 신령한 앎이 있되 공하므로 해탈의 작용이 막힘 없고, 막힘 없는 해탈의 작용이 머묾 없으므로 작용 그대로 고요함이 되는 것이니, 실상·관조·문자행은 서로 떨어지지 않는 것이다.

그러므로 마하반야바라밀을 부르고 생각하는 행 가운데 부르는 마음〔能念〕과 불려지는 문자상〔所念〕이 함께 공한 줄 알면, 부르는 행 그대로 반야를 쓰는 자가 될 것이다. 그러나 날이 새도록 입으로 반야를 부르되 언어상이 고요한 줄 모르면 자성반야를 알지 못한 자이니, 그는 만겁이 지나도록 성품을 보지 못하여 끝내 이익이 없는 것이다.

마하반야바라밀의 큰 뜻을 풀이함〔釋摩訶般若波羅蜜〕

"선지식이여, 마하반야바라밀은 바로 범어다. 여기 말로는 '큰 지혜로 저 언덕에 이르름〔大智慧到彼岸〕'이니, 이것은 반드시 마음으로 행하는 것이요 입으로 부르는 데 있지 않다. 입으로만 부르고 마음으로 행하지 않으면 헛깨비 같고 꼭두각시 같으며 이슬과 같고 번개불 같을 것이며, 입으로 부르고 마음으로 행하면 마음과 입이 서로 맞게 된다. 본래의 참성품〔本

性]이 바로 붇다라 자신의 참성품 떠나 따로 붇다가 없다.

무엇을 마하(mahā)라 하는가? 마하란 크다는 뜻이다. 머묾 없는 마음
[心量]이 넓고 커서 허공과 같이 끝이 없으며, 모남과 둥금, 크고 작음이
또한 없으며, 푸르거나 누르고 붉거나 희지도 않으며, 또한 위 아래와 길고
짧음이 없고, 성냄과 기쁨, 옳음과 그름, 선과 악, 머리와 꼬리도 없다. 모든
부처님의 국토가 다 허공과 같으니, 세상 사람의 묘한 성품[妙性]도 본래
공하여 한 법도 얻을 것이 없다. 그러므로 자기 성품의 참된 공[自性眞空]
도 또한 이와 같다.

선지식이여, 내가 공하다고 말함을 듣고 곧 공에 집착해서는 안된다.
공부하는 데는 무엇보다 먼저 공에 집착하지 않아야 하니, 만약 마음을
텅 비워 고요히 앉아 있기만 하면 곧 아무것도 없이 텅 빔[無記空]에 떨어
지게 된다.

선지식이여, 세계 허공이 만 가지 것의 빛깔과 모습을 머금을 수 있어
해와 달, 별자리, 산과 내, 큰 땅과 샘과 개울, 풀과 나무와 수풀, 착한 사람
과 악한 사람, 좋은 법과 나쁜 법, 천당과 지옥, 온갖 큰 바다, 수미산과
같은 큰 산들이 모두 허공 가운데 있다. 세상 사람들의 삶의 모습이 공함
[世人性空]도 또한 다시 이와 같아서 허공이 공하되 만 가지 것을 머금은
것과 같다.

선지식이여, 자신의 성품이 만 가지 법 머금을 수 있는 것이 바로 큼이
다. 만 가지 법이 모든 사람의 성품 가운데[諸人性中] 있으니, 만약 모든
사람의 악함과 착함을 보더라도 다 취하거나 버리지 않으며 또한 물들어
집착하지 않아서 그 마음이 허공과 같음을 크다고 하므로 마하(mahā)라
한다.

선지식이여, 어리석은 사람은 입으로만 말하고 지혜로운 사람은 마음으
로 행한다.

또 어리석은 사람이 있어 마음을 텅 비워 고요히 앉아 백 가지 생각하는

바 없음을 스스로 크다고 말하나, 이러한 무리들과는 함께 말하지 말 것이니 삿된 견해가 되기 때문이다.

선지식이여, 머묾 없는 마음[心量]이 넓고 커서 법계에 두루하니, 쓰면 곧 또렷하고 분명하다. 사물에 응해 씀에 곧 온갖 것을 알아, 온갖 것이 곧 하나요 하나가 곧 온갖 것이라, 오고 가는 것이 자유로워 마음 자체가 막힘이 없으면 이것이 바로 반야다.

선지식이여, 온갖 반야의 지혜가 모두 자신의 성품[自性]을 좇아 생기는 것이요 밖을 좇아 들어오는 것이 아니니, 뜻을 잘못 쓰지 않는 것을 참성품 스스로의 작용[眞性自用]이라 말한다.

하나가 참되면 온갖 것이 참되니, 마음으로는 큰 일을 헤아리되 작은 일도 실천하지 아니하여, 입으로만 하루내 공함을 말하고 마음 속에서 바른 행을 실천하지 않는 이런 짓을 하지 말라. 이것은 마치 보통사람이 스스로 나라의 왕이라 칭하나 끝내 그럴 수 없는 것과 같으니 나의 제자가 아니다.

선지식이여, 무엇을 반야(prajñā)라 하는가? 반야는 이쪽 말로 지혜이다. 어디서나 어느 때나 생각 생각 어리석지 않아서 늘 지혜를 실천하면 바로 반야행이니, 한 생각이 어리석으면 곧 반야가 끊어지고 한 생각이 지혜로우면 곧 반야가 생겨난다.

세상 사람들은 어리석고 헤매이므로 반야를 보지 못하니, 입으로는 반야를 말하나 마음속은 늘 어리석은데도 '늘 내가 반야를 행한다' 스스로 말하며, 생각 생각 공(空)을 말하나 참된 공[眞空]을 알지 못한다. 반야는 정해진 모습이 없어서 지혜로운 마음이 바로 이것이니, 이렇게 알면 반야의 지혜라 말한다.

무엇을 바라밀(pāramitā)이라 하는가? 이는 범어라 이쪽 말로는 '저 언덕에 이르름'이니, 뜻을 풀면 나고 사라짐을 떠나는 것이다. 모습 있는 경계에 집착하면 나고 사라짐이 일어나 물에 물결이 이는 것과 같으므로 이 언덕이라 하고, 모습 있는 경계를 떠나면 나고 사라짐이 없어서 물이 늘 통해 흐름과 같으므로 저 언덕이라 한다. 그러므로 나고 사라짐 떠나는 것을 바라밀이라 한다."

善知識 摩訶般若波羅蜜是梵語 此言大智慧到彼岸 此須心行 不在口念 口念心不行 如幻如化 如露如電 口念心行 則心口相應 本性是佛 離性無別 佛

何名摩訶 摩訶是大 心量廣大 猶如虛空 無有邊畔 亦無方圓大小 亦非靑 黃赤白 亦無上下長短 亦無瞋無喜 無是無非 無善無惡 無有頭尾 諸佛刹土 盡同虛空 世人妙性本空 無有一法可得 自性眞空 亦復如是

善知識 莫聞吾說空便卽著空 第一莫著空 若空心靜坐 卽著無記空 善知 識 世界虛空 能含萬物色像 日月星宿 山河大地 泉源溪澗 草木叢林 惡人善 人 惡法善法 天堂地獄 一切大海 須彌諸山 總在空中 世人性空 亦復如是

善知識 自性能含萬法是大 萬法在諸人性中 若見一切人惡之與善盡皆不 取不捨 亦不染著 心如虛空 名之爲大 故曰摩訶

善知識 迷人口說 智者心行 又有迷人 空心靜坐 百無所思 自稱爲大 此一 輩人 不可與語 爲邪見故

善知識 心量廣大 徧周法界 用卽了了分明 應用便知一切 一切卽一 一卽 一切 去來自由 心體無滯 卽是般若

善知識 一切般若智 皆從自性而生 不從外入 莫錯用意 名爲眞性自用 一 眞一切眞 心量大事 不行小道 口莫終日說空 心中不修此行 恰似凡人自稱 國王 終不可得 非吾弟子

善知識 何名般若 般若者 唐言智慧也 一切處所 一切時中 念念不愚 常行 智慧 卽是般若行 一念愚卽般若絶 一念智卽般若生 世人愚迷 不見般若 口 說般若 心中常愚 常自言我修般若 念念說空 不識眞空 般若無形相 智慧心 卽是 若作如是解 卽名般若智

何名波羅蜜 此是西國語 唐言到彼岸 解義離生滅 著境生滅起 如水有波 浪 卽名爲此岸 離境無生滅 如水常通流 卽名爲彼岸 故號波羅蜜

해 설

천태선사는 경의 이름을 풀이하고〔釋名〕, 경이 담고 있는 진리의 당체를 가려내며〔辨體〕, 실천 방안을 밝혀내고〔明宗〕, 해탈의 작용을 논하며〔論用〕, 교상을 판별하는〔判敎〕 오중현의(五重玄義)로써 경이 제시하는 해탈의 큰 길을 드러낸다.

혜능선사의 마하반야바라밀의 풀이는 바로 경의 이름을 들어서 경의 대의를 밝히는 오중현의의 방법론을 그대로 채택하고 있다. 마하반야바라밀의 범어 원 발음은 마하프라즈냐파라미타(mahāprajñāpāramitā)이니, 이 경의 제목 안에 법신(法身)·반야(般若)·해탈(解脫)의 세 가지 덕이 모두 드러나 있다.

곧 크다는 뜻의 마하(mahā)란 실상반야인 법신이며, 지혜라는 뜻의 프라즈냐(prajñā)는 실상을 드러내는 주체의 지혜이며, 저 언덕에 이르름이라는 뜻의 파라미타(pāramitā)는 지혜의 막힘 없는 작용이며 해탈의 활동이다.

마하의 큼은 있음과 없음, 큼과 작음의 대립에 갇혀 있는 큼이 아니라 있음과 없음, 큼과 작음의 모순이 그것이되 실체로서의 그것일 수 없는 곳에서 밝혀지는 큼이다. 곧 있음과 없음, 큼과 작음, 성냄과 기쁨, 옳음과 그름 등 삶 속에 모순으로 주어지는 모든 것들은 인연으로 일어나 인연으로 성취된 것들이다. 그러므로 연기된 어떤 것을 실로 있는 것으로 집착하면 삶 속의 모순은 닫혀진 대립의 모습으로 굳어지지만, 인연으로 일어난 어떤 것을 있되 있음 아닌 있음으로 사무쳐보게 되면 그 모순은 모순 아닌 모순으로 새롭게 드러난다.

있음이 있음으로 실체화됨으로 해서 없음이 아무 것도 없는 것으로 허무화되는 것이니, 있음이 있되 공한 줄 알면 없음 또한 없되 없음 아님으로 드러난다. 곧 여래가 공(空)을 설한 것은 있음에 대한 실체적 집착을 깨기 위함이므로 공하다는 말을 듣고 공에 집착해서는 안된다. 있음에 대한 집착을 깨기 위해 공한 진제(眞諦)를 말하고, 공에 대한 집착을 깨기 위해 연기되고 있는 속제(俗諦)를 말한 것이니, 공을 말해도 없음이 아니고 속제를 말해도 있음이 아니다.

공제(空諦)는 다만 없음이 아니라 있음의 있음 아님이기 때문에 공을 들면 거짓 있음[假有]과 중도(中道)가 함께 있고, 가제(假諦)는 실로 있음이 아니라 없음이 실로 없음 아님을 나타내기 때문에 거짓 있음[假]을 들면 공(空)과 중도가 함께 있다. 그리고 중도제(中道諦)는 있고 없음이 아닌 제3의 영역이 아니라 있음이 있음 아님이고 없음이 없음 아님이므로 중도를 들면 공(空)과 가(假)가 함께 있다. 이처럼 살피는 바 진리의 모습[所觀境]이 하나를 들면 곧 셋이 됨[擧一卽三]을 천태선사는 공·가·중 삼제가 원융함[圓融三諦]이라 한다.

그러나 살피는 바 진리는 실로 볼 바가 있는 진리가 아니라 비추되 고요한[照而寂] 지혜인 진리이니, 삼제가 원융한 존재의 실상을 통달하면 온갖 것의 다양한 모습에 막히지 않을 뿐 아니라 하나의 공한 모습에도 집착하지 않는다. 그 뜻을 혜능선사는 '사물에 응해 씀에 곧 온갖 것을 알아 온갖 것이 곧 하나요 하나가 곧 온갖 것이라, 오고 가는 것이 자유로워 마음 자체가 막힘이 없다'고 말한다.

'온갖 것이 하나요 하나가 곧 온갖 것'인 실상이 생활 속에 드러나면 이를 반야라 하니, 그 뜻을 혜능선사는 '자신의 성품이 만 가지 법 머금을 수 있는 것이 바로 큼이다. 만 가지 법이 모든 사람의 성품 가운데 있으니, 만약 모든 사람의 악함과 선함을 보더라도 다 취하거나 버리지 않으며, 또한 붙들어 집착하지 않아서 그 마음이 허공과 같음을 크다고 하므로 마하라 한다'고 말한다.

이처럼 반야는 실상의 발현이지만 반대로 실상은 반야를 통해서 구현되고 반야로 드러나니, 실상반야와 관조반야는 서로 앞과 뒤가 없다.

또한 참된 해탈은 남[生]이 남이 아니고 사라짐[滅]이 사라짐이 아닌 실상을 깨달아 '실상 그대로의 막힘 없는 삶을 온전히 씀[全體全用]'에 있으니, 이를 혜능선사는 '나고 사라짐을 떠나 저 언덕에 이르름'이라 풀이한다. 이처럼 실상인 법신과 관조인 반야와 해탈의 묘용인 바라밀 또한 서로 원인이 되고 결과가 되니, 이것이 마하반야바라밀의 경 제목 속에 담긴 큰 뜻이다.

마음과 입이 서로 응하는 바른 수행〔心口相應之眞修行〕

"선지식이여, 어리석은 사람은 입으로만 부르므로 부를 때에 망녕되고 그릇됨이 있지만, 생각 생각 만약 행해가면 이것을 참성품[眞性]이라 말한다. 이 법을 깨닫는 이가 바로 반야법이요 이 행을 닦는 이가 바로 반야행이니, 닦지 않으면 곧 범부요 한 생각 닦아 행하면 자기 몸이 붇다와 같게 된다.

선지식이여, 범부가 붇다요 번뇌가 곧 보리니, 앞 생각이 어리석으면 곧 범부요 뒷생각이 깨달으면 곧 붇다며, 앞 생각이 경계에 집착하면 곧 번뇌요 뒷생각이 경계를 떠나면 곧 보리다.

선지식이여, 마하반야바라밀이 가장 높고 가장 위이며 가장 으뜸이니, 머뭄 없고 감도 없고 또한 옴도 없어서 과거 · 현재 · 미래의 모든 부처님이 모두 이 가운데서 나왔다.

마땅히 큰 지혜를 써서 오온의 번뇌 티끌을 깨뜨려라. 이처럼 수행하면 반드시 깨달음의 길을 이루어 세 가지 독[三毒 : 貪 · 瞋 · 痴]을 변화시켜 계 · 정 · 혜의 세 가지 배움[三學 : 戒 · 定 · 慧]을 이룰 것이다.

선지식이여, 나의 이 법문은 하나의 반야로 좇아 팔만사천 지혜를 낸다. 왜 그런가? 세상사람에게 팔만사천 번뇌 티끌이 있기 때문이니, 만약 번뇌 티끌이 없으면 지혜가 늘 나타나 자신의 참성품 떠나지 않게 된다[不離自性]. 이 법을 깨달은 자는 생각 없고 기억 없으며 집착 없어서 거짓됨과 헛됨을 일으키지 않는다. 스스로의 참되고 한결같은 성품[眞如性]을 써서 지혜로써 살펴 보아 온갖 것에 취하지도 않고 버리지도 않으니, 곧 이것이 '참성품 보아 깨달음을 이루는 길[見性成佛道]'이다."

善知識 迷人口念 當念之時 有妄有非 念念若行 是名眞性 悟此法者 是般

若法 修此行者 是般若行 不修卽凡 一念修行 自身等佛

　善知識 凡夫卽佛 煩惱卽菩提 前念迷卽凡夫 後念悟卽佛 前念著境卽煩
惱 後念離境卽菩提

　善知識 摩訶般若波羅蜜最尊最上最第一 無住無往亦無來 三世諸佛從中
出 當用大智慧打破五蘊煩惱塵勞 如此修行 定成佛道 變三毒爲戒定慧

　善知識 我此法門 從一般若生八萬四千智慧 何以故 爲世人有八萬四千塵
勞 若無塵勞 智慧常現 不離自性 悟此法者 卽是無念 無憶無著 不起誑妄
用自眞如性 以智慧觀照 於一切法 不取不捨 卽是見性成佛道

해 설

　마하반야바라밀은 한낱 글자가 아니라 바로 법신·반야·해탈의 세 가
지 덕을 말로 표현한 것이다. 그러므로 혜능선사는 삼세의 모든 부처님이
모두 이 가운데서 나왔다고 말한다.

　수행자가 마하반야바라밀을 입으로만 부른다면 망녕되고 그릇된 길이
지만, 바르게 살피고 바르게 깨쳐 실상에 돌아가면 이것이 바로 반야행이
다. 혜능선사가 말한 바 참성품은 선사 스스로 '생각 생각 실상 그대로
행함'이라고 정의하듯 결코 형이상학적 실재가 아니다.

　견성성불(見性成佛)은 보통 이해하듯 '절대의 성품'을 보아서 '부처를
이룸'이 아니라 온갖 법이 공함을 체달하여 온갖 법에 대해서 취함이 없음
이 견성(見性)이며, 온갖 법이 공하되 공도 공한 줄 알아서 만 가지 법
버림이 없는 것이 깨달음을 이룸[成佛]이다. 곧 진공(眞空)을 체달하여 지
혜 그대로의 선정[卽慧之定]을 쓰는 것이 견성이며, 묘유(妙有)를 체달하
여 선정 그대로의 지혜[卽定之慧]를 쓰는 것이 성불이다.

　달리 말하면 마하반야바라밀의 문자반야를 외울 때 능히 살피는 자와
살펴지는 문자상이 서로 어울려 지금 살피는 생각[念]이 있으므로, 생각의
공성을 체달하여 생각에서 생각을 떠나면 이것이 생각 생각 견성법을 이
루는 것이고, 능히 살피는 자와 살펴지는 것이 공하기 때문에 지금 능히

살피는 생각의 묘유(妙有)가 있으므로, 생각을 생각 아닌 지혜의 생각으로 발휘하면 이것이 생각 생각 깨달음을 이루는 것〔成佛〕이다.

반야삼매와 「금강경」을 지송하는 반야행〔般若三昧與持誦行〕

"선지식이여, 깊고 깊은 법계와 반야삼매에 들고자 하면 반드시 반야행을 실천하여 『금강반야경』을 외어 지니면 참성품을 보게 될 것이다. 마땅히 알라. 『금강반야경』을 외우는 공덕은 한량없고 끝이 없으니, 그것은 경 가운데 분명히 찬탄하였으므로 갖추어 다 말할 수 없다. 이 법문은 가장 높은 진리의 수레[最上乘]라 크게 지혜로운 사람을 위해 설하며 근기가 높은 사람을 위해 설함이니, 지혜와 근기가 작은 사람이 들으면 믿지 못하는 마음을 내게 된다.

왜 그런가? 비유하면 큰 용이 우리가 사는 이 염부제에 비를 내리면 도시와 마을이 모두 대추잎처럼 떠내려 가지만, 큰 바다에 비를 내리면 늘어나지도 줄어들지도 않는 것과 같다.

만약 크나큰 진리의 수레에 탄 사람[大乘人]과 가장 높은 진리의 수레에 탄 사람[最上乘人]이 이 『금강경』 설함을 들으면 마음이 열려 깨달아 알게 된다. 그러므로 알라. 본성품[本性]에 스스로 반야의 지혜가 있어서 스스로 지혜를 써서 늘 살펴 비추므로 문자를 빌지 않는다.

비유하면 빗물이 하늘에 있는 것이 아니라 원래 용이 비를 일으켜 모든 삶들과 모든 풀과 나무, 유정, 무정을 모두 다 적셔주며, 백개 냇물의 여러 흐름이 큰 바다에 들면 한 물, 한 몸으로 합치는 것과 같이 중생의 본성품인 반야의 지혜도 또한 이와 같다.

선지식이여, 근기가 작은 사람이 이 돈교(頓敎)를 들으면, 마치 뿌리가 튼튼하지 못한 풀과 나무가 큰 비를 맞으면 모두 넘어져 자라지 못하는 것 같아서, 근기가 작은 사람이 감당하지 못함도 또한 이와 같다.

원래 반야의 지혜가 있는 것은 크게 지혜로운 사람과 차별이 없는데 왜 법을 듣고도 스스로 깨닫지 못하는가? 삿된 견해의 장애가 무겁고 번뇌의 뿌리가 깊기 때문에 그러하니, 마치 큰 구름이 해를 덮어서 바람이 불지 않으면 햇빛이 나타나지 않음과 같다. 반야의 지혜 또한 크고 작음이 없지만, 온갖 중생이 자기 마음의 헤매임과 깨달음[迷悟]이 같지 않아서 마음을 헤매어 밖을 보고 수행하여 붓다를 찾으므로 자신의 참성품[自性]을 깨치지 못하니, 이것이 바로 작은 근기이다. 만약 돈교를 활짝 깨쳐 밖을 향해 닦는 것을 집착하지 않고, 다만 스스로의 마음속에 늘 바른 견해[正見]를 일으켜 번뇌 티끌에 물들지 않으면 이것이 참성품을 봄[見性]이다.

선지식이여, 안과 밖에 머물지 않고 오고 감이 자유로워 집착된 마음을 없애면 통달하여 걸림 없으니, 이러한 행을 닦을 수 있으면 『반야경』과 본래 차별이 없을 것이다.

선지식이여, 모든 경장과 문자로 된 대소승의 십이부경이 모두 사람으로 인해 두어진 것이며 지혜로 인해 바야흐로 세워진 것이니, 만약 세상사람이 없으면 만 가지 법이 본래 스스로 있을 수 없다.

그러므로 만 가지 법이 본래 사람으로부터 일어나며 모든 경전이 사람이 설함으로 인해 있게 된 것임을 알아야 한다. 사람 가운데 어리석음이 있고 지혜로움이 있으므로 어리석으면 작은 사람[小人]이 되고 지혜로우면 큰 사람[大人]이 되는데, 어리석은 사람이 홀연히 깨달아 그 마음을 열면 곧 지혜로운 사람과 다름이 없다.

선지식이여, 깨치지 못하면 붓다가 곧 중생이요 한 생각 깨달을 때 중생이 바로 붓다다. 그러므로 만 가지 법이 모두 자기 마음[自心] 가운데 있는 줄 알아야 한다. 그런데 왜 자신의 마음 가운데서 참되고 한결같은 본성품[眞如本性]을 단박 보지 못하는가.

『보살계경(菩薩戒經)』에서는 이렇게 말한다.

'나의 원래 근본 자기 성품이 청정하니 만약 자기 마음을 알아 참성품을

보면[見性] 깨달음의 길을 모두 이루게 된다[成佛道].'

또 『정명경(淨名經)』에서는 말한다.

'지금 바로 환히 깨치면 본래의 머뭄 없는 마음을 얻게 된다.'

善知識 若欲入甚深法界及般若三昧者 須修般若行 持誦金剛般若經 即得見性 當知此經功德 無量無邊 經中分明讚歎 莫能具說 此法門是最上乘 爲大智人說 爲上根人說 小根小智人聞 心生不信 何以故 譬如天龍下雨於閻浮提 城邑聚落 悉皆漂流 如漂草葉 若雨大海 不增不減 若大乘人 若最上乘人 聞說金剛經 心開悟解

故知本性自有般若之智 自用智慧 常觀照故 不假文字 譬如雨水 不從無有 元是龍能興致 令一切衆生 一切草木 有情無情 悉皆蒙潤 百川衆流 却入大海 合爲一體 衆生本性般若之智 亦復如是

善知識 小根之人聞此頓敎 猶如草木 根性小者 若被大雨 悉皆自倒 不能增長 小根之人 亦復如是 元有般若之智 與大智人更無差別 因何聞法不自開悟 緣邪見障重 煩惱根深 猶如大雲覆蓋於日 不得風吹 日光不現 般若之智亦無大小 爲一切衆生自心迷悟不同 迷心外見 修行覓佛 未悟自性 即是小根 若開悟頓敎 不執外修 但於自心常起正見 煩惱塵勞 常不能染 即是見性

善知識 內外不住 去來自由 能除執心 通達無礙 能修此行 與般若經本無差別

善知識 一切修多羅及諸文字 大小二乘 十二部經 皆因人置 因智慧性 方能建立 若無世人 一切萬法本自不有 故知萬法本自人興 一切經書 因人說有 緣其人中有愚有智 愚爲小人 智爲大人 愚者問於智人 智者與愚人說法 愚人忽然悟解心開 即與智人無別

善知識 不悟即佛是衆生 一念悟時 衆生是佛 故知萬法盡在自心 何不從自心中 頓見眞如本性 菩薩戒經云 我本元自性淸淨 若識自心見性 皆成佛道 淨名經云 即時豁然 還得本心

해 설

이 단에서는 『금강반야경』의 교상(敎相)과 『금강반야경』을 외어 지니는 공덕을 설한다. 『금강반야경』의 문자는 바로 무너짐이 없는 실상의 발현이므로 『금강경』을 외우며 바르게 관행하면 깊은 법계(法界)에 들어가고 반야삼매(般若三昧)에 들어간다.

반야삼매는 다른 표현으로 하면 정혜(定慧)이고 지관(止觀)이며, 법계(法界)는 바로 진여불성(眞如佛性)이며 실상반야(實相般若)이니, 『금강경』을 읽고 외우는 문자행은 정혜(定慧), 지관(止觀)에 근본이 있고, 정혜와 지관은 바로 실상반야에 근본이 있다.

요즈음 한국불교에서는 경을 읽는 자는 선(禪)이 아니고, 선(禪)을 행하는 자는 경을 보아서는 안된다는 이분적 사고가 지배하고 있다. 그러나 경전의 가르침과 선(禪)은 결코 배타적이고 상호모순의 관계가 아닌 것이니, 혜능선사는 『반야경』의 지송과 반야삼매를 함께 말하고 있으며, 천태선사는 『법화경』의 지송과 법화삼매를 동시에 설하고 있다.

십이부의 경전은 중국불교 교판에서 대승(大乘)과 소승(小乘)으로 분류되기도 하고, 점교(漸敎)와 돈교(頓敎)로 분류되기도 한다. 그러나 이러한 구분은 법 자체에 있는 것이 아니라 경을 듣는 사람의 근기와 병통에 따라 세워진 것이다. 곧 여래는 인연법을 실로 있는 것으로 집착하면 공(空)을 설하고, 공(空)을 공(空)으로 집착하면 인연법을 설하므로, 공을 말하고 인연법을 설함이 모두 중도실상을 열어보임에 그 뜻이 있는 것이다.

『금강경』은 대승의 사람을 위해 설한 법문이고 최상승의 사람을 위해 설한 법문이며, 모습이 모습 없음을 단박 깨닫게 하여 모습과 모습 없음에 모두 머뭄 없는 바라밀행을 열어내는 가르침이므로 돈교(頓敎)의 법문이다.

그러므로 모습에서 모습 떠나 안과 밖에 머물지 않고 오고 감이 자유로우면, 그가 바로 『금강경』을 듣고 외우되 문자를 빌지 않는 자이지만, 날이 새도록 경을 외우되 경이 말하는 머뭄 없는 지혜의 세계에 돌아가지 않으면, 문자에 막히고 경에 막히고 모습에 막혀 본성의 반야지혜와 상응하지 못할 것이다.

반드시 대선지식의 지시를 의지하여 수행하라〔須依大善知識指示〕

"선지식이여, 나는 인화상(忍和尙) 계시던 곳에서 한번 듣고 말씀 아래 곧 깨쳐 참되고 한결같은 본성품[眞如本性]을 단박 보았다. 그러므로 이 교법을 유행시켜 바른 길 배우려는 사람들이 단박 보리를 깨쳐 각기 스스로 마음을 살펴 스스로 본성품을 보게 하려 한다. 만약 스스로 깨치지 못하면 반드시 최상승법(最上乘法)을 아는 큰 선지식이 바른 길 바로 보여줌을 찾으라.

이 선지식은 큰 인연이 있음이니 곧 뭇 삶들을 교화해 이끌어서 성품을 보도록 함이라, 모든 좋은 법이 이 선지식으로 인해서 일어날 수 있기 때문이다. 과거·현재·미래의 모든 부처님의 십이부경이 다 사람들 자신의 성품[人性] 가운데 본래 스스로 갖추어져 있지만 스스로 깨치지 못하므로 반드시 선지식의 가르쳐 보임을 구해야 바야흐로 보게 된다.

만약 스스로 깨치는 자는 밖으로 선지식을 구할 것이 없다. 만약 다른 선지식을 의지해야만 해탈할 수 있다고 한결같이 집착하여 말하면 그것도 옳지 않다. 왜 그런가? 자신의 마음속에 선지식이 있어 스스로 깨치는 것인데, 삿되고 어리석은 생각을 일으켜 망녕된 생각으로 인해 뒤바뀌면 비록 밖의 선지식이 가르쳐 준다 해도 깨칠 수 없다.

만약 바르고 참된 반야를 일으켜 살펴 비추면 한 찰나 사이에 망녕된 생각이 모두 사라지니, 만약 자신의 참성품을 알아 한번 깨치면 곧 붇다의 땅[佛地]에 이르게 된다."

善知識 我於忍和尙處 一聞言下便悟 頓見眞如本性. 是以將此敎法流行 令學道者頓悟菩提 各自觀心 自見本性 若自不悟 須覓大善知識 解最上乘 法者 直示正路 是善知識有大因緣 所謂化導令得見性 一切善法 因善知識

能發起故 三世諸佛 十二部經 在人性中本自具有 不能自悟 須求善知識 指
示方見 若自悟者 不假外求 若一向執謂須他善知識望得解脫者 無有是處
何以故 自心內有知識自悟 若起邪迷 妄念顚倒 外善知識雖有敎授 救不可
得 若起正眞般若觀照 一刹那間 妄念俱滅 若識自性 一悟卽至佛地

해 설

중생의 번뇌 망상이 공한 곳에 지혜와 덕상이 실로 공하지 않음이 바로
진여본성(眞如本性)이다. 그러므로 진여본성은 닦아 얻는 것이 아니지만
번뇌 망상에 그냥 머물러서도 진여본성은 구현되지 않는다.

또한 깨달음은 가르쳐주고 배우는 인연의 닫혀진 모습이 아니지만, 인
연이 아니면 또한 깨칠 수 없는 것이니, 그 뜻을 『법화경』 「방편품」은
이렇게 말한다.

> 여러 모든 부처님 양족존께서는
> 법에 늘 자성 없음 아시지만
> 부처 씨앗 인연따라 일어나므로
> 일승의 가르침 말씀하도다.
>
> 諸佛兩足尊　知法常無性
> 佛種從緣起　是故說一乘

선지식은 번뇌망상에 묶여 있는 중생을 깨달음의 세계에 이끄는 크나
큰 인연이다. 수행자의 보리심(菩提心)이 주체적 요인[因]이 되고, 선지식
의 가르침이 돕는 조건[緣]이 되어 수행자는 깨달음을 구현하지만, 깨달음
의 세계에는 닦는 모습도 닦지 않는 모습도 없고 스승과 제자, 가르침과
배움의 모습이 공하다.

곧 수행자는 스승의 가르침을 받아 깨치지만, 깨친 그 지혜는 스승 없는
지혜[無師智]이며 스스로 그러한 지혜[自然智]이다. 그러므로 혜능선사는
반드시 선지식에 의지해야 하지만 스스로 깨친 자는 밖으로 선지식을 구

할 것이 없다고 말하고, 남악혜사선사는 '『묘법연화경』으로 표현된 깨달음의 길은 대승의 단박 깨치는 길이니, 스승 없이 스스로 깨쳐 빨리 부처 이루는 길이다(妙法蓮華經者 大乘頓覺 無師自悟 疾成佛道)'라고 말한다.

선지식은 밖에 실로 있는 대상이 아니지만 그렇다고 자신의 마음 속에 있다고 해서도 안된다. 참된 선지식의 모습은, 스승의 가르쳐줌을 배우고 받아들이되 배움의 모습과 가르침의 모습을 떠나며, 늘 스승을 의지하되 스승 없는 지혜를 발휘할 수 있을 때 나의 삶 속에 언제나 드러나는 모습 아닌 모습이다.

선지식은 밖에 없되 밖에 없는 것도 아니며, 선지식은 안에 있되 안에 실로 있는 것도 아니다. 그러므로 가르침과 배움의 인연을 통해서 스승 없는 지혜를 얻고, 스승 없는 지혜를 통해서만 참된 스승을 볼 때 옳게 가르치고 바르게 배우는 길이 삶 속에 열릴 것이다.

안과 밖이 밝게 사무친 무념의 반야삼매〔內外明徹之無念行〕

"선지식이여, 지혜로 살펴 비추면 안과 밖이 밝게 사무쳐[內外明徹] 본래의 머묾 없는 마음[本心]을 알게 된다. 만약 본마음을 알면 본래의 해탈이니 해탈을 얻으면 곧 반야삼매며 곧 생각 없음[無念]이다.

무엇을 생각 없음이라 하는가? 만약 온갖 법을 보더라도 그 마음이 물들어 집착하지 않으면 이것이 생각 없음이다. 쓰면 곧 온갖 곳에 두루하되 또한 온갖 곳에 집착하지 않고, 다만 본래의 머묾 없는 마음[本心]을 깨끗이 하여 여섯 가지 식[六識]으로 여섯 문[六門 ; 六根]을 나오게 하되, 여섯 가지 객관 경계[六塵]에 물듦 없고 섞임 없으며 오고 감이 자유롭고 통해 씀에 막힘이 없으면 곧 반야삼매며 자재한 해탈[自在解脫]이니, 이것을 생각 없는 행[無念行]이라 한다.

만약 백 가지 것을 생각지 않고 마땅히 생각을 끊으려 하면 이것은 법에 묶임[法縛]이니 곧 치우친 견해[邊見]라 한다.

선지식이여, 생각 없는 법[無念法]을 깨친 이는 만 가지 법이 다 통하며, 생각 없는 법을 깨친 이는 모든 붇다의 경계를 보며, 생각 없는 법을 깨친 이는 붇다의 지위에 이른다."

善知識 智慧觀照 內外明徹 識自本心 若識本心 卽本解脫 若得解脫 卽是般若三昧 般若三昧 卽是無念

何名無念 知見一切法 心不染著 是爲無念 用卽徧一切處 亦不著一切處 但淨本心 使六識出六門 於六塵中無染無雜 來去自由 通用無滯 卽是般若三昧 自在解脫 名無念行

若百物不思 當令念絶 卽是法縛 卽名邊見

善知識 悟無念法者 萬法盡通 悟無念法者 見諸佛境界 悟無念法者 至佛地位

해 설

생각에서 생각 없는 무념행(無念行)이 반야삼매(般若三昧)이며 자재해탈(自在解脫)이다. 생각에 생각 있는 생각은 범부의 번뇌망상이요, 백 가지 것을 생각지 않고 생각을 끊어 생각 없음에 머물면 이는 법에 묶임이며, 생각에 생각 없는 참 생각이 삼매며 해탈이다.

지금 생각은 여기 있고, 생각 밖에 저기 세계가 있는 것이 아니라, 생각일 때 그 생각은 생각의 생각이 아니라 세계인 생각이며 존재인 생각이다. 곧 육식(六識)은 육근(六根), 육경(六境)에 의해 일어나나, 육식일 때 이미 육근·육경은 육식인 육근·육경이다.

그러므로 위 원문에서 육식으로 여섯 문을 나오게 한다는 것은 육식 육근을 실체화시킬 수 있는 위험성이 있는 표현이라 할 수 있다. 연기론 자체의 표현으로 보면 주체인 육근과 객체인 육경이 있되 공하기 때문에 여섯 가지 앎[六識]의 연기가 있고, 여섯 가지 앎 활동은 연기된 것이므로 머문 바가 없으니, 지금 아는 식(識)은 안에도 있지 않고 밖에도 있지 않만 안과 밖을 떠나지 않는다 할 것이다. 그렇다면 앎을 없애고 반야를 구해도 옳지 않고, 앎의 실체성에 그냥 주저앉아 반야를 헤아리려도 옳지 않다.

오직 반야는 안〔內 : 六根〕으로 얻을 것이 없고〔內無所得〕 밖〔外 : 六境〕으로 구할 것도 없는 줄〔外無所求〕 알아서 앎을 앎 아닌 앎으로 굴려씀에 있으니, 앎 아닌 참된 앎을 쓰면 아는 그 자리를 떠나지 않고 붇다의 경계를 보고 붇다의 지위에 이르르니, 이것이 바로 내외명철(內外明徹)한 해탈의 땅이다.

내외명철(內外明徹)은 요즈음 실재론적 수행관에 떨어진 치우친 선류들이 주장하듯 안과 밖에 통해 환히 밝은 어떤 경지를 얻는 것이 아니라, 안으로 얻을 것도 없고 밖으로 구할 것이 없되 그 구할 것 없고 얻을 것 없음마저 없음을 체달함이다.

이제 얻을 것 있음을 세워 선정을 통해 해탈의 경지에 나아가려는 치우친 선(禪)의 종지〔禪定解脫論〕와, 『단경』에서 제시하는 바 생각에서 생각을 떠나고 모습에서 모습을 여의어 붇다의 땅에 바로 이르는 원돈의 가르침〔圓頓教〕은 서로 같지 않다. 그러므로 미세 망념을 끊고 구경각을 얻음이 아니라 생각과 모습을 없애지 않고 서 있는 그 자리〔立處〕에서 붇다의 땅에 이른다는 돈오의 가르침을 새롭게 되살핌으로써 오늘의 선류(禪流)들은 수행의 바른 길을 옳게 간택해가야 할 것이다.

생각과 행이 같은 이에게 비밀한 법 전하기를 당부함〔於同行者 須傳密承〕

"선지식이여, 다음 대에 나의 법을 얻은 자로서 이 돈교법문을 가지고 견해를 같이 하고 행을 같이 하여 발원하고, 받아 지님을 부처님을 모시듯이 하여 이 몸이 다하도록 물러서지 않는 자는 반드시 성인의 자리에 들어갈 것이다. 그러므로 위로부터 비밀히 전해 부치심을 반드시 전하여 주어 그 바른 법을 숨기지 말라.

만약 견해를 같이 하지 않고 행을 같이 하지 않아 다른 법 가운데 있으면 전해 부치지 말라. 그 앞 사람을 손상시켜 끝내 이익이 없을 것이니, 어리석은 사람들이 알지 못하고 이 법문을 비방하여 백겁 천생에 붇다의 씨앗[佛種]을 끊어버릴까 두렵다."

善知識 後代得吾法者 將此頓敎法門 於同見同行 發願受持如事佛故 終身而不退者 定入聖位 然須傳授從上以來默傳分付 不得匿其正法

若不同見同行 在別法中 不得傳付 損彼前人 究竟無益 恐愚人不解 謗此法門 百劫千生 斷佛種性

해 설

모든 있음이 있음 아니므로 이 법은 드러나 있는 법[顯法]도 아니고, 없음이 없음도 아니므로 이 법은 숨어 있는 법[隱法]도 아니다. 다만 가르침의 인연을 따라 드러내 보이기도 하고 비밀히 전해 보이기도 하는 것이니, 견해를 같이 하고 행을 같이 하는 이에게는 반드시 전해 숨기지 말도록 하고, 견해와 행을 달리하는 이에게는 전해 부치지 말도록 당부한다.

붇다의 씨앗[佛種]을 끊지 않고 이어가는 일은 다만 드러내 전해줌으로만 되는 일이 아니라, 법을 듣는 이가 바른 법을 비방하여 진리에 뜻을 달리할 때는 때로 숨겨 전하지 않음이 바로 참으로 옳게 전하는 일임을 보인다. 그것은 주고 받을 것이 없는 법의 씨앗이 이미 중생의 여래장의 터전에 갖추어져 있지만, 중생 자신의 보리의 마음과 가르침을 부처님 섬기듯 받아지려는 원의 힘[願力]이 아니면 그 진리의 싹은 튼튼하게 싹트고 알차게 열매 맺을 수 없기 때문이다.

2. 모습 없는 노래로써 돈교를 거듭 말함〔以無相頌重說頓教〕

바로 돈교의 모습 없는 노래를 보임〔即說頓教無相偈頌〕

"선지식이여, 나에게 한 모습 없는 노래[無相頌]가 있으니 각기 반드시 외워 집에 있든 출가하든 다만 여기에 의지해 수행하라. 만약 스스로 수행하지 않고 오직 나의 말만 기억하면 이익됨이 없을 것이다. 나의 노래를 들으라."

> 설법과 참된 마음 함께 통하니
> 해가 저 허공에 있음과 같네.
> 오직 견성하는 법만 전달하나니
> 세간 뛰쳐 삿된 종지 깨뜨리도다.
> 법에는 단박과 점차의 차별 없지만
> 사람들의 어리석음과 깨달음에
> 더딤과 빠름의 차별 있나니
> 다만 이 견성하는 진리의 문은
> 어리석은 사람들이 알 수 없어라.
> 말하면 비록 만 가지가 벌어지나
> 모습 없는 이치에 합하고 보면
> 만 가지가 하나에 돌아가나니
> 번뇌의 어두운 집 가운데에
> 늘 지혜의 해 빛나게 하라.
>
> 삿됨이 오면 번뇌가 따라 이르고
> 바름이 오면 번뇌가 없어지나니

삿되고 바름 함께 쓰지 않으면
깨끗하여 남음 없는 열반 이르리.
항상 밝은 보리의 본래 자성에
생각을 일으키면 허망함 되나
깨끗한 마음 망념 속에 있으니
다만 바르면 세 가지 장애 없으리.

세상 사람들 만약 도를 닦으면
온갖 것이 다 방해롭지 않을 것이니
늘 스스로 자신의 허물만 보면
바른 도와 언제나 서로 맞으리.

빛깔 있고 모습 있는 여러 무리에
스스로 바른 삶의 길이 있어서
서로 괴롭혀 방해하지 않나니
자기 길을 떠나 따로 길을 찾으면
이 몸이 다하도록 참 길 못보리.

물결처럼 흔들려 한 생 보내면
끝내 되려 스스로 뉘우치리니
참된 삶의 길과 진리 보려 한다면
바름을 행하는 것이 곧 길이니
스스로 바른 도의 마음 없으면
어둠 속에 헤매어 길을 못 보리.

참으로 바른 길 닦는 이라면

세간의 그름만을 보지 말지니
다른 이의 그름만을 보게 된다면
스스로 그르다 함이 잘못이 되니
남 그르고 나는 그르지 않다 하면
내가 남을 그르게 여기는 마음
도리어 스스로의 허물이 되네.
다만 그르게 여기는 마음 버리고
번뇌를 쳐 깨뜨려 없애 버리며
미움 사랑 마음에 걸리지 않으면
길이 두 발 펴고서 편히 누우리.

다른 사람 교화하려 생각한다면
반드시 좋은 방편 있어야 하니
저들이 의심 두지 않게 한다면
곧바로 자기 성품 드러나리라.
불법은 바로 세간 속에 있으니
이 세간을 떠나지 않고 깨치라.
세간을 떠나 따로 보리 찾으면
본래 없는 토끼 뿔을 찾음과 같네.

바른 견해 이 세간 벗어남이고
삿된 견해 세간 속에 헤매임이니
삿되고 바름 모두 쳐 없애버리면
보리자성 두렷이 드러나리라.
이 노래가 곧 돈교의 큰 법문이며
또한 진리의 배라 이름하나니

어리석게 이 법문을 받아 들으면
오래고 머나먼 겁 지나게 되고
깨달으면 바로 찰나 사이에 있네.

善知識 吾有一無相頌 各須誦取 在家出家 但依此修 若不自修 惟記吾言 亦無有益 聽吾頌曰

說通及心通　如日處虛空
唯傳見性法　出世破邪宗
法卽無頓漸　迷悟有遲疾
只此見性門　愚人不可悉
說卽雖萬般　合理還歸一
煩惱暗宅中　常須生慧日

邪來煩惱至　正來煩惱除
邪正俱不用　淸淨至無餘
菩提本自性　起心卽是妄
淨心在妄中　但正無三障
世人若修道　一切盡不妨
常自見己過　與道卽相當

色類自有道　各不相妨惱
離道別覓道　終身不見道
波波度一生　到頭還自懊
欲得見眞道　行正卽是道
自若無道心　闇行不見道

若眞修道人　不見世間過
若見他人非　自非却是左
他非我不非　我非自有過
但自却非心　打除煩惱破

憎愛不關心　長伸兩脚臥

欲擬化他人　自須有方便
勿令彼有疑　卽是自性現
佛法在世間　不離世間覺
離世覓菩提　恰如求兎角

正見名出世　邪見名世間
邪正盡打却　菩提性宛然
此頌是頓敎　亦名大法船
迷聞經累劫　悟則刹那間

해 설

위의 게송은 선(禪)과 교(敎), 돈교(頓敎)와 점교(漸敎)를 법 자체에 확정되어 있는 것으로 보려는 치우친 견해를 없애주며, 재가 출가를 이원적으로 보려거나 진리를 역사 밖, 모습 밖에서 따로 구하려는 집착을 깨뜨려 준다.

게송에서 설법과 참마음을 함께 통함이란 수행과 전법, 깨달음과 역사, 진리[理]와 사법[事]을 함께 통하고 함께 거두어 실천하도록 하는 가르침이다. 견성법은 모습이 곧 모습 아님을 사무쳐 모습이 모습 아니되 모습 아님도 아닌 실상을 드러내는 실천이므로 견성법은 결코 전법행과 무관한 초월적인 길이 아니니, 견성의 한 법이 바로 이사무애(理事無礙)의 길이며, 수행과 전법을 아우르는 크나큰 삶의 길[大乘道]이다.

단박 깨침을 종(宗)으로 하는 돈교(頓敎)와 점차 이끌어 깨닫도록 하는 점교(漸敎) 또한 법 자체에 확정된 모습이 있는 것이 아니라, 중생의 근기와 병통에 차별이 있으므로 '단박 깨닫게 함[頓敎]'과 '점차로 행함[漸敎]'의 이름과 방편이 세워지는 것이다.

곧 사람의 근기에 따라 가르침을 세우는 위인실단(爲人悉壇), 중생의 병통에 따라 법을 열어내는 대치실단(對治悉壇), 세상 대중의 일반적인

제3장 대중의 의문에 답함

마음이 평등함에 어찌 힘써 계 지니며
행동거지 곧음에 선정 닦아 어디 쓰리.
은혜를 깊이 알아 어버이 잘 모시고
의로움에 위 아래가 서로서로 사랑하며
겸양함에 높고 낮음 모두 함께 화목하고
잘 참음에 뭇 악들이 시끄럽게 하지 않네.

쉬임없이 나무 비벼 불을 낼 수 있으면
진흙 속에서 반드시 붉은 연꽃 피어나리.
입에 쓴 것 반드시 몸에 좋은 약이요
귀에 몹시 거슬리면 행에 좋은 말이니
허물 바로 고치면 지혜가 생겨나고
모자람을 덮어두면 어질지 않게 되네.

— 재가 수행법에 대한 혜능선사의 송 —

1. 대회재에서 자사의 물음에 응하다〔大會齋中應刺史問〕

하루는 위자사가 대사를 위하여 큰 재회를 베풀었다. 재(齋)가 끝나자 자사가 대사를 청하여 법의 자리에 오르시게 하고는 관료와 선비, 일반 대중들과 함께 얼굴을 공손히 가다듬고 두 번 절하고 물었다.

"제자가 듣기에 화상의 설법은 이루 말할 수 없고 생각할 수 없습니다. 이제 적은 의문점이 있으니 큰 자비로 특별히 해설해 주소서."

대사께서 말씀하셨다.

"의문이 있으면 곧 물으시오. 내가 설해주겠소."

一日 韋刺史爲師設大會齋 齋訖 刺史請師陞座 同官僚士庶肅容再拜 問曰 弟子聞和尙說法 實不可思議 今有少疑 願大慈悲 特爲解說

師曰 有疑卽問 吾當爲說

해 설

삶에 대한 바른 물음이 있는 곳에 바른 해답이 주어지며, 종사의 가르침 또한 묻는 이의 간절한 배움의 뜻과 물음을 통해 일어난다.

이 장은 재회에 모인 대중을 대신하여 위자사가 공덕(功德)의 뜻과 정토에 가서 태어남〔淨土往生〕과 집에 있으면서 수행하는〔在家修行〕 뜻을 물음에 선사가 답변해주신 장이다.

2. 대중이 의심하는 바를 낱낱이 답변하시다〔大衆所疑一一答辯〕

달마대사가 공덕이 없다 한 뜻을 묻다〔問達摩師無功德旨〕

위공이 말했다.

"화상의 말씀하신 바가 달마대사의 종지(宗旨)가 아닙니까?"

대사께서 말씀하셨다.

"그렇소."

위공이 말했다.

"제자가 듣기에 달마대사께서 처음 양무제를 교화하실 때 무제가 달마께 다음처럼 물은 줄 압니다.

'내가 일생에 절을 짓고 여러 사람들을 승려로 만들었으며, 이웃에 나누어주고 재를 베풀었는데 어떤 공덕이 있습니까?'

이에 달마께서는 '실로 공덕이 없다'고 하셨습니다. 제자가 이 이치를 통달하지 못하오니 화상께서는 말씀해 주십시요."

대사께서 말씀하셨다.

"실로 공덕이 없는 것이니 옛 성인의 말씀을 의심하지 마시오. 무제는 마음이 삿되어 바른 법을 알지 못했소. 절 짓고 여러 사람들을 승려로 만들며 이웃에 나누어주며 재를 베풀어 주니, 그것은 복 구함이라 말할 수 있으나 복을 가지고 공덕이라 해서는 안되오. 공덕은 법신(法身) 가운데 있지 복을 닦음에 있지 않소."

대사가 다시 말씀하셨다.

"참성품을 보는 것이 공(功)이요 평등함이 바로 덕(德)이니, 생각 생각 막힘없이 늘 본성품의 진실하고 묘한 작용[本性眞實妙用] 보는 것을 공덕이라 하오. 안의 마음을 겸손하게 낮춤이 공이요, 밖으로 예(禮)를 실천하면 바로 덕이며, 자신의 참성품[自性]이 만 가지 법 세워내는 것이 공이요, 마음의 본바탕이 생각을 떠나는 것[心體離念]이 바로 덕이며, 자신의 참성품 떠나지 않음이 공이며, 사물에 응해 쓰되 물들지 않음이 바로 덕이오.

만약 공덕의 법신을 찾으려 하면 여기에 의지해 그 공덕을 지어야 참된 공덕이 되오. 공덕을 닦는 사람이라면 그 마음이 곧 남을 가벼이 여기지 않고 늘 널리 공경함을 행하오. 마음이 늘 다른 사람을 가벼이 여기고 나를 내세우는 생각 끊어지지 않으면 스스로 공이 없게 되고, 자신의 생활이 허망하여 진실하지 못하면 스스로 덕이 없게 되니, 이는 나를 내세우는 생각 스스로 커져 늘 모든 이들을 가벼이 여기기 때문이오.

선지식이여, 생각 생각 사이가 없는 것이 공이요, 마음을 평등하고 곧게 쓰는 것이 바로 덕이며, 스스로 불성을 닦는 것이 공이요, 스스로 몸을 닦는 것이 덕이오.

선지식이여, 공덕은 자신의 참성품[自性] 안에서 보는 것이요, 널리 나누어 줌과 공양만으로 구하는 바가 아니오. 그러므로 복덕과 공덕은 서로 다른 것이니, 무제가 참 이치를 알지 못하였을 뿐 우리 조사에게 허물 있음이 아닙니다."

韋公曰 和尙所說 可不是達摩大師宗旨乎 師曰是

公曰 弟子聞達摩初化梁武帝 帝問云 朕一生造寺度僧 布施設齋 有何功德 達摩言 實無功德 弟子未達此理 願和尙爲說

師曰 實無功德 勿疑先聖之言 武帝心邪 不知正法 造寺度僧 布施設齋 名爲求福 不可將福便爲功德 功德在法身中 不在修福

師又曰 見性是功 平等是德 念念無滯 常見本性 眞實妙用 名爲功德 內心謙下是功 外行於禮是德 自性建立萬法是功 心體離念是德 不離自性是功 應用無染是德 若覓功德法身 但依此作 是眞功德 若修功德之人 心卽不輕 常行普敬 心常輕人 吾我不斷 卽自無功 自性虛妄不實 卽自無德 爲吾我自大 常輕一切故

善知識 念念無間是功 心行平直是德 自修性是功 自修身是德 善知識 功

德須自性內見 不是布施供養之所求也 是以福德與功德別 武帝不識眞理 非
我祖師有過

해 설

위자사는 '양무제가 달마대사에게 일생 절 짓고 이웃에 보시한 공덕을
묻자 대사가 공덕이 없다'고 한 뜻에 의문이 있어 혜능선사께 묻는다.

혜능선사는 양무제가 지은 것은 복덕일 뿐 공덕이 아니며, 공덕은 본성
의 진실한 묘용[本性眞實妙用]을 보는 것이라 답변한다.

달마선사가 양무제에게 실로 공덕이 없다고 함은 복을 짓고 복 지었다
는 집착을 내거나, 복을 짓되 주는 모습, 받는 모습에 집착이 있는 복 지음
을 깨기 위해 실로 공덕이 없다 하였다. 그렇다면 공덕은 물질적인 보시나
복덕의 세계를 떠나 있는 것인가.

연기법으로 보면 모든 모습은 연기된 것이라 모습에 모습이 없으므로
모습 아님에도 모습 아니라 할 것이 없다. 그러므로 주는 자와 받는 자,
주는 물건에 집착이 있는 보시 또한 존재의 실상에 부합되지 못한 행이지
만, 모습 없음[無相]과 생각 없음[無念]을 국집하여 고요함에 주저앉아 있
는 것도 참된 공덕의 세계가 아니다.

공덕의 삶은 물질 보시 그대로가 아니지만 물질 보시와 복덕의 세계를
떠나 있는 것도 아니다. 주는 나와 받는 너, 주는 것에 머묾 없이 주고
받으면 복 지음에 나아가 바로 공덕의 세계이니, 이를 『금강경』은 '마땅
히 머무는 바 없이 보시를 행한다(應無所住 行於布施)'고 말하고, 그러한
행을 '머묾 없는 묘한 행[無住妙行]'이라 한다.

곧 혜능선사가 '자성이 만 가지 법 세워내는 것이 공이요, 마음의 본바
탕이 생각을 떠나는 것이 덕'이라 함은 바로 주되 줌이 없고 받되 받음이
없는 보시의 길이요, 복덕과 죄업의 실체가 공한 곳에서 역사와 대중을
위해 지음 없이 복덕을 짓는 보살행을 뜻한다.

그렇다면 모습에 집착하여 자선(慈善)의 행 짓는 것으로 공덕을 삼는
자도 참된 공덕의 삶을 등진 자라 하겠지만, 역사와 대중을 위해 아무런

헌신적인 행이 없이 다만 앉아 있음으로 선(禪)을 삼거나 고요함만을 지키어 그것으로 공덕이라 말하는 자들도 참된 공덕과는 교섭이 없는 치우친 삶을 사는 자라 할 것이다.

서방정토에 왕생하는 뜻을 물음〔問往生西方淨土旨〕

자사가 또 물었다.

"제자가 늘 스님들이나 일반대중이 아미타불을 불러 서방에 태어나려 발원하는 것을 보는데, 그 곳에 가 태어날 수 있는지 화상께서는 말씀해 주시어 의심을 깨뜨려 주십시오."

대사께서 말씀하셨다.

"사군은 잘 들으시오. 혜능이 함께 말하겠소. 세존께서 사위성 가운데 계시면서 서방정토를 말씀하여 중생을 이끌어 교화하셨는데, 경의 글에 분명히 서방정토가 여기서 멀지 않다고 하였소. 만약 모습을 논해 말한다면, 거리가 십만 팔천리 된다는 것은 곧 몸 가운데 열 가지 악[十惡]과 여덟 가지 삿됨[八邪 ; 生滅, 斷常, 一異, 去來]이니 그것으로 멀다고 말한 것이오.

멀다고 말한 것은 낮은 근기를 위함이요, 가깝다고 말한 것은 높은 근기를 위함이니, 사람에는 두 종류가 있지만 법에는 두 가지가 없소. 어리석음과 깨달음에 다름이 있어서 견해에 더디고 빠름이 있으니, 어리석은 사람은 부처님을 불러[念佛] 저 정토에 태어나려 하지만, 깨달은 사람은 스스로 그 마음을 깨끗이 하오.

그러므로 부처님은 '그 마음이 깨끗함을 따라 부처님의 땅이 깨끗하다'고 말씀하셨소. 사군이여, 동방사람도 다만 그 마음이 깨끗하면 곧 죄가 없고, 비록 서방사람이라도 마음이 깨끗하지 못하면 또 허물이 있게 되는 것이오. 동방사람은 죄를 지으면 부처님을 불러 서방에 나기를 구하지만,

서방사람이 죄를 지으면 부처님을 불러 어느 나라에 나기를 바랄 것이오.

어리석은 범부들은 자신의 성품[自性]을 사무쳐 알지 못하고 몸 가운데 정토를 알지 못하여 동쪽을 원하고 서쪽을 원하지만, 깨친 사람은 있는 곳마다 한 가지오. 그러므로 부처님은 '머무는 곳을 따라 늘 편안하고 즐겁다'고 말씀하셨소.

사군이여, 마음 땅이 다만 착하지 않음이 없으면 서방정토가 여기서 멀지 않고, 만약 착하지 않은 마음을 품으면 부처님을 불러도 가서 나기 어렵소. 이제 선지식들에게 권하니 먼저 열 가지 악을 없애시오. 그러면 십만을 감이고, 다음 여덟 가지 삿됨을 없애시오. 그러면 팔천을 지난 것이니, 생각 생각 참성품 보아 늘 평등하고 곧은 생활 실천하면 손가락 한번 튕길 사이에 정토에 이르러 아미타를 뵙게 될 것이오.

사군이여, 다만 열 가지 착함[十善]만 행한다면 어찌 다시 정토에 가서 나기 원할 것이며, 열 가지 악한 마음을 끊지 않는다면 어떤 부처님이 와서 맞아주실 것이오.

만약 남이 없는 법[無生法]을 단박 깨치면[頓悟] 서방을 보는 것이 찰나에 있으나, 깨치지 못하면 부처님을 불러 태어나기 원하여도 길이 머니 어떻게 이르겠소.

혜능이 이제 여러 사람에게 서방을 찰나 사이에 옮겨 눈 앞에 곧 보게 할 것이니, 각기 원하오?"

대중이 모두 머리 숙여 절하면서 말하였다.

"만약 이 곳에서 본다면 어찌 반드시 태어나기를 원하겠습니까? 화상께서는 자비로 곧 서방을 나타내 널리 볼 수 있도록 해주십시오."

대사께서 말씀하셨다.

"대중이여, 세상 사람의 자기 몸은 바로 성(城)이요, 눈·귀·코·혀는 바로 문(門)이오. 밖으로 다섯 문[五門]이 있고 안으로 뜻의 문[意門]이 있으니, 마음[心]은 바로 땅[地]이요, 성품[性]은 바로 왕(王)이오. 왕이 마음

땅 위에 사니, 성품이 있으면 왕이 있고 성품이 가면 왕이 없으며, 성품이 있으면 몸과 마음이 있고 성품이 가면 몸과 마음이 무너지는 것이오.

붇다는 성품[性] 가운데를 향하여 짓지, 몸 밖을 향하여 구하지 마시오. 자기 성품[自性]이 어리석으면 곧 중생이요 자기 성품[自性]이 깨달으면 곧 붇다니, 자비(慈悲)가 바로 관음이요 희사(喜捨)를 대세지라 하며, 세상을 깨끗이 할 수 있으면 석가요 병등하고 곧으면 아미타인 것이오.

너니 나니 하는 것이 수미산이고 삿된 마음 바다물이며, 번뇌는 물결이고 독으로 해 끼침은 나쁜 용이며, 허망함은 귀신이고 번뇌는 고기와 자라며, 탐내고 성냄은 지옥이고 어리석음은 축생인 것이오.

선지식이여, 늘 열 가지 선을 행하면 천당에 곧 이르고, 너니 나니 하는 다툼 없으면 수미산이 거꾸러지며, 삿된 마음 없으면 바다물이 마르고, 번뇌가 없으면 물결이 사라지며, 독으로 해 끼침이 없으면 고기와 용이 끊어질 것이오.

자신의 마음 땅 위에 깨달음의 여래가 큰 빛을 놓아 밖으로 여섯 문을 비추어 깨끗하면 욕계의 여섯 하늘을 깨뜨릴 수 있고, 자기 성품이 안으로 비추면 세 가지 독이 없어지며, 지옥 등의 죄가 한 때에 녹아 없어지면 안과 밖이 밝게 사무쳐[內外明徹] 서방과 다르지 않게 될 것이요. 이렇게 수행하지 않으면 어떻게 저 정토에 이를 수 있겠소."

대중이 말씀을 듣고서 모두 밝게 성품을 사무쳐 보고 대사께 절하고 함께 '거룩하시다'고 찬탄하면서 이렇게 말하였다.

"널리 원컨대 법계의 중생으로 이 법을 듣는 자들 한 때에 깨쳐 알아지이다."

대사께서 말씀하셨다.

"선지식이여, 수행하고자 하면 재가(在家)라도 되는 것이니, 꼭 절에 있을 까닭이 없소. 집에 있어 잘 실천할 수 있으면 동방사람의 마음이 착한 것과 같고, 절에 있어도 잘 실천하지 못하면 서방사람의 마음이 악한 것과 같소. 다만 그 마음이 깨끗하면 바로 자기 성품의 서방정토[自性西方]인 것이오.”

刺史又問曰 弟子常見僧俗 念阿彌陀佛 願生西方 請和尙說 得生彼否 願爲破疑

師言 使君善聽 惠能與說 世尊在舍衛城中 說西方引化經文 分明去此不遠 若論相說里數 有十萬八千 卽身中十惡八邪 便是說遠 說遠爲其下根 說近爲其上智 人有兩種 法無兩般 迷悟有殊 見有遲疾 迷人念佛求生於彼 悟人自淨其心 所以佛言隨其心淨卽佛土淨 使君東方人 但心淨卽無罪 雖西方人 心不淨亦有愆 東方人造罪 念佛求生西方 西方人造罪 念佛求生何國

凡愚不了自性 不識身中淨土 願東願西 悟人在處一般 所以佛言隨所住處 恒安樂 使君心地但無不善 西方去此不遙 若懷不善之心 念佛往生難到 今勸善知識 先除十惡 卽行十萬 後除八邪 乃過八千 念念見性 常行平直 到如彈指 便覩彌陀 使君但行十善 何須更願往生 不斷十惡之心 何佛卽來迎請 若悟無生頓法 見西方只在刹那 不悟念佛求生 路遙如何得達 惠能與諸人移西方於刹那間 目前便見 各願見否

衆皆頂禮云 若此處見 何須更往生 願和尙慈悲 便現西方 普令得見

師言 大衆 世人自色身是城 眼耳鼻舌是門 外有五門 內有意門 心是地 性是王 王居心地上 性在王在 性去王無 性在身心存 性去身心壞 佛向性中作 莫向身外求 自性迷卽是衆生 自性覺卽是佛 慈悲卽是觀音 喜捨名爲勢至 能淨卽釋迦 平直卽彌陀 人我是須彌 邪心是海水 煩惱是波浪 毒害是惡龍 虛妄是鬼神 塵勞是魚鼈 貪瞋是地獄 愚癡是畜生

善知識 常行十善 天堂便至 除人我 須彌倒 去邪心 海水竭 煩惱無 波浪滅 毒害忘 魚龍絶 自心地上覺性如來 放大光明 外照六門淸淨 能破六欲諸天 自性內照 三毒卽除 地獄等罪 一時消滅 內外明徹 不異西方 不作此修 如何到彼

大衆聞說 了然見性 悉皆禮拜 俱歎善哉 唱言 普願法界衆生 聞者一時悟解

師言 善知識 若欲修行 在家亦得 不由在寺 在家能行 如東方人心善 在寺

不修 如西方人心惡 但心淸淨 卽是自性西方

해 설

앞 단에서 모습에 집착한 복덕행을 깨기 위해 방편으로 복덕과 공덕이 다르다 답변한 것처럼, 이 단에서도 혜능선사는 밖으로 부처를 찾고 정토를 내 생활 밖에서 구하는 집착을 깨기 위해 '마음만을 깨끗이 할 뿐 정토에 가서 나기를 원하지 않는다'고 답변한다.

그러므로 조사의 가르침 가운데 들어 있는 방편의 뜻을 알지 못하면, 정토왕생(淨土往生)의 바른 길을 잃어버릴 것이다. 『관무량수경(觀無量壽經)』에서 보여주고 있는 열여섯 가지 살펴야 할 대상[十六觀境]은 바로 우리가 경험하는 대상과 세계의 대명사이며 세계의 중도실상이다. 그런데 연기론에서 마음[心]은 세계 밖에 있는 마음만의 마음이 아니라 세계를 안고 있는 마음이며, 세계[法]는 마음 밖에 따로 있는 세계가 아니라 마음인 세계이다. 그러므로 마음은 마음 아닌 마음[心不住心]이고, 세계는 세계 아닌 세계[法不住法]인 것이니, 마음을 깨끗이 하라 할 때도 거기 세계가 없지 않으며, 정토 세계에 태어난다 할 때도 '실로 태어나는 바가 없는 것[實無生]'이다.

부처님을 부르고 생각하며[念佛] 정토를 살펴 볼 때[觀境] 살피는 마음[能觀心]과 살펴지는 대상[所觀]은 서로 의지해서 부르고 살피는 생각과 마음을 이룬다. 그러므로 살피는 마음도 공하고 살펴지는 대상도 공하되, 살피는 마음이 없지 않고 살펴지는 대상도 없지 않다. 이처럼 마음과 정토, 마음과 부처는 그 모두가 실로 있음도 아니고 없음도 아닌 중도실상이니, 마음을 깨칠 때 곧 세계의 있되 있지 않은 실상을 깨치는 것이다.

그러므로 혜능선사가 남이 없는 법을 단박 깨치면 서방을 보는 것이 찰나에 있다 함은 세계를 버리고 새롭게 주관적인 마음에 복귀하는 것이 아니다. 마음과 정토, 마음과 부처의 중도실상을 바로 깨치면 주체적으로는 알되 앎이 없는 참된 앎에 돌아가고, 객관적으로는 나되 남이 없고 남

이 없되 남 없음도 없이 세계를 향해 나아가는 것이다. 그러므로 마음 깨
침[頓悟自心]과 정토에 가서 남[往生淨土]은 결코 배타적인 뜻이 아니다.
『서방합론(西方合論)』은 이러한 뜻을 다음과 같이 말한다.50)

　　장노선사는 말한다.
　　"남[生]으로써 남을 삼으면 상견(常見)에 의해 바른 뜻을 잃고, 남이
없음[無生]으로써 남이 없음을 삼으면 단견(斷見)에 의해 미혹함이 되
니, 나되 남이 없고 남이 없되 나는 것이 제일의제이다."
　　영명선사는 말한다.
　　"모습[相] 그대로의 성품[性]이므로 작용이 바탕 떠나지 않고, 성품
[性] 그대로의 모습[相]이므로 바탕이 작용을 떠나지 않는다. 그러므
로 만약 성품을 찬탄하면 곧 모습을 찬탄함이고, 만약 모습을 허물면
바로 성품을 허무는 것이다."
　　천여선사는 말한다.
　　"성품이 능히 모습을 내므로 남이 없이 나고, 모습이 성품으로 말미
암아 나타나니 남이 곧 남이 없다. 이것이 곧 소리 없는 소리 가운데
바람이 가지를 흔들고 물이 솟구치는 소리이며, 빛깔 아닌 빛깔 속에
있는 보배나무와 난간이니, 어찌 재가 날고 연기가 사라지듯 아무 것도
없는 캄캄한 공[頑空]과 같을 것이며, 인과를 없애버리는 마구니의 권
속과 함께 함이겠는가."

　　앞에 인용한 여러 조사들의 법문에서 보이듯 성품은 모습이 모습 아님
을 표현하는 거짓 이름이므로, 모습을 말하면 성품인 모습이며 성품을 말
하면 모습인 성품이다.
　　혜능선사가 몸을 성(城)이라 하고 성품을 왕(王)이라고 비유한 것은 연

---

50) 서방합론에 말한다 : 長蘆日 以生爲生者 常見之所失也 以無生爲無生者 斷見之所惑也 生而無
　　生 無生而生者 第一義諦也
　　永明曰 卽相之性 用不離體 卽性之相 體不離用 若欲讚性 卽是讚相 若欲毀相 祇是毀性
　　天如曰 性能現相 無生卽生 相由性現 生卽無生 是則無聲聲中 風枝水湧 非色色裏寶樹欄干
　　豈同灰飛煙滅之頑空 與撥無因果之魔屬哉

기론의 기본 입장에서 보면 결코 옳은 언어용법이 아니다. 이러한 표현은 남양혜충선사가 『단경』 편집에 나타나고 있는 외도견을 비판하고 있듯이, 자칫 색심이원론(色心二元論)으로 오해될 소지를 안고 있는 표현이며, 절대주의견해〔常見〕와 허무주의견해〔斷見〕의 허물을 모두 짊어진 표현인 것이다. 그러므로 단경 안의 이 구절은 모습에 대한 집착을 깨기 위해 조사가 짐짓 방편으로 세운 가르침이라고 이해해야 할 것이다.

연기론의 기본입장에서는 마음을 들면 세계이고, 세계를 들면 마음이다. 그러므로 마음을 바로 깨닫는 것이야말로 세계의 실상을 바로 보는 것이며, 세계의 실상을 바르게 살피는 것이 바로 마음을 바로 깨닫는 것이니, 이렇게 안과 밖, 마음과 세계가 있되 있지 않고 없되 없지 않은 줄 통달함이 바로 내외명철(內外明徹)이다.

마음과 부처, 마음과 정토의 참모습 살피는 바른 관을 『서방합론(西方合論)』은 사명지례(四明知禮)의 『묘종초(妙宗鈔)』와 온릉선사(溫陵禪師)의 가르침을 인용해 다음과 같이 보여준다.[51]

『묘종초』에 말한다.

'성품 가운데 세 가지 덕의 바탕이 바로 모든 붇다의 세 가지 몸이고, 살펴지는 바 모든 붇다의 세 가지 덕〔三德〕, 세 가지 몸〔三身〕은 바로 나의 한 마음에 갖춰 있는 세 가지 살핌〔一心三觀〕이다.

만약 그렇지 않다면 살피는 마음 밖에 살펴지는 부처가 따로 있고 정토의 경계가 마음 그대로가 아닐 것이니, 어떻게 원종(圓宗)의 상대가

---

51) 서방합론은 다음같이 이끌어 보인다 : 妙宗鈔曰 性中三德體 是諸佛三身 卽此三德三身 是我
一心三觀 若不然者 則觀外有佛 境不卽心 何名圓宗絶待之觀 亦可彌陀三身以爲法身 我之三觀
以爲般若 觀成見佛卽是解脫 擧一具三 如新伊字 觀佛旣爾 觀諸依正 理非異塗 廣如疏鈔 不能
具述
至若溫陵禪師 則純以念佛一聲 入三觀門 言念存三觀者 如一聲佛
遂了此能念體空所念無相 卽念存空觀 所念之佛卽應身 卽心破見思惑也
雖能念體空所念無相 不妨能念分明所念顯然 卽念存假觀 所念之佛卽報身 卽心破塵沙惑也
正當能念所念空時 卽能念所念顯然 正當能念所念顯時 卽是能念所念寂然 空假互存乃念存中
觀 所念之佛卽法身 卽心破無明惑也

끊어진 관(觀)이라고 이름하겠는가.

또한 아미타불의 세 가지 몸으로 법신(法身)을 삼으면, 나의 세 가지 관[三觀]은 반야(般若)가 되며, 관(觀)이 이루어져 붇다를 보면 곧 해탈(解脫)이다.52)

법신·반야·해탈 가운데 하나를 들면 셋을 갖춤이 마치 이(伊 : ৪)자의 세 점과 같다.

붇다를 살피는 것이 이미 그렇다면 모든 의보(依報)와 정보(正報)를 살피는 것도 이치가 다른 길이 아니다.'

넓혀 보임은 『소초(疏鈔)』와 같으니 여기서 갖춰 말할 수는 없다.

온릉선사(溫陵禪師)에 이르르면 순전히 염불의 한 소리로써 삼관의 문53)에 들어간다.

'생각이 세 가지 살핌[三觀]에 있다고 말하는 것은 다음과 같다. 한 소리로 염불하면서 이 능히 생각함의 바탕이 공하고 생각되어지는 부처님이 모습 없음을 요달하면 곧 생각은 공관에 있고, 생각되어지는 붇다의 몸은 곧 응신(應身 : 있되 있음 아닌 몸)이니, 마음은 견사혹(見思惑 : 있음에 물든 미혹)을 깨뜨린다.

비록 능히 생각함의 바탕이 공하고 생각되어지는 바 모습이 없지만, 능히 생각함이 분명하고 생각되어지는 바가 밝게 드러남을 방해하지 않으면 곧 생각은 가관(假觀)에 있고, 생각되어지는 붇다의 몸은 곧 보신(報身 : 없되 없음 아닌 몸)이니, 마음은 진사혹(塵沙惑 : 없음에

---

52) 화엄관(華嚴觀)에서 살피는 바 진리인 보현(普賢)과 능히 살피는 지혜인 문수가 하나되는 곳이 비로자나불이며 비로자나불은 고요함과 비춤이 하나된[寂照同時] 중도실상이므로 비로자나의 온전한 바탕이 보현의 온전한 행으로 드러난다[全體全用]. 그렇듯 아미타불을 살피는 바 진리로 삼아 나의 세 가지 살핌으로 비추어 관(觀)이 이루어지면 해탈의 묘용이 이루어진다.

53) 삼관의 문 : 살피는 바 진리가 있되 있음 아님을 알면 생각이 곧 생각 없음[念而無念]이 되니 공관(空觀)이고, 진리가 없되 없음 아님을 알면 생각 없되 생각 없음도 아니게 되니[無念而念] 가관(假觀)이며, 실로 있음도 아니고 실로 없음도 아님을 통달하면 반야대지가 현전하니 중도관(中道觀)이다. 살피는 바 부처님의 화신은 있되 공하고 보신은 없되 없지 않으며 법신은 있음도 아니고 없음도 아니다. 살피는 세 가지 몸이 곧 한 몸[三身一體]이라 삼제가 원융하니[三諦圓融] 살피는 지혜 또한 세 관이 한 마음에 있는 것이다[三智一心].

빠진 미혹)을 깨뜨린다.

　바로 능히 생각함과 생각되어지는 바가 공할 때에 곧 능히 생각함과 생각되어지는 바가 밝게 드러나며, 능히 생각함과 생각되어지는 바가 밝게 드러날 때 능히 생각함과 생각되어지는 바가 고요하면 공관과 가관이 서로 함께 있어 생각은 중도관에 있고, 생각되어지는 붇다의 몸은 법신(法身 : 있음과 없음을 뛰어넘은 중도의 몸)이니 마음은 무명혹(無明惑 : 중도를 보지 못한 근원적 미혹)을 깨뜨린다.'

재가하여 세상에서 수행하는 방법을 묻다〔問在家處世修行法〕

위공이 또 물었다.

"집에 있어 어떻게 수행해야 합니까? 가르쳐 주십시요."

대사께서 말씀하셨다.

"내가 대중에게 모습 없는 노래[無相頌]를 말하겠소. 여기에 의지해 수행하면 나와 늘 한 곳에 있음과 다름이 없지만, 여기에 의지해 수행하지 않으면 집을 나와 머리를 깍은들 참된 깨달음의 길에 무슨 이익이 있겠소?"

노래는 이와 같소.

　　마음이 평등함에 어찌 힘써 계 지니며
　　행동거지 곧음에 선정 닦아 어디 쓰리.
　　은혜를 깊이 알아 어버이 잘 모시고
　　의로움에 위 아래가 서로서로 사랑하며
　　겸양함에 높고 낮음 모두 함께 화목하고
　　잘 참음에 뭇 악들이 시끄럽게 하지 않네.

　　쉬임없이 나무 비벼 불을 낼 수 있으면

진흙 속에서 반드시 붉은 연꽃 피어나리.
입에 쓴 것 반드시 몸에 좋은 약이요
귀에 몹씨 거슬리면 행에 좋은 말이니
허물 바로 고치면 지혜가 생겨나고
모자람을 덮어두면 어질지 않게 되네.

나날이 늘 중생에게 이익된 일 행하나
도 이룸은 금전 보시 속에 있지 않으니
깨달음을 마음 향해 찾아야 할지언정
어찌 힘써 밖을 향해 현묘한 법 찾을건가.
나의 설법 바로 듣고 여기 따라 수행하면
천당 극락 곧바로 눈앞에 드러나리.

韋公又問 在家如何修行 願爲敎授
師言 吾與大衆說無相頌 但依此修 常與吾同處無別 若不作此修 剃髮出
家 於道何益 頌曰

心平何勞持戒　行直何用修禪
恩則孝養父母　義則上下相憐
讓則尊卑和睦　忍則衆惡無喧

若能鑽木取火　淤泥定生紅蓮
苦口的是良藥　逆耳必是忠言
改過必生智慧　護短心內非賢

日用常行饒益　成道非由施錢
菩提只向心覓　何勞向外求玄
聽說依此修行　天堂只在目前

해 설

바른 수행은 집에 있고[在家] 집을 나옴[出家]에 관계 없으며, 참된 선정(禪定)은 앉아 있음[坐]과 앉아 있지 않음[非坐]에 걸리지 않는다.

진흙 속에 핀 연꽃이 제 스스로 진흙탕물에 때묻지 않으면서 자신이 처한 더러운 환경을 아름다운 빛깔과 향내음으로 장엄하듯, 바른 수행은 시끄러움 속에서도 시끄럽지 않고 고요함 속에서도 고요함에 떨어지지 않는다. 그러므로 시끄러움을 떠나지 않고 늘 고요하며 고요함을 떠나지 않고 늘 생활의 역동성을 발휘하며, 깨끗함과 더러움을 넘어 늘 삶의 적극적인 청정성을 이루어낸다.

그래서 혜능선사는 집에 있으면서 진리의 뜻 지키는 수행을 '진흙 속에서 붉은 연꽃 피어남[淤泥定生紅蓮]'이라 비유하며, 『유마경』은 '탐욕 가운데서 선정을 행하는 것은 불 속에서 연꽃이 핌과 같다(在欲行禪 火裏生蓮)'고 말한다. 다시 『유마경』은 붇다가 제시한 해탈이 중생의 탐욕을 끊고서 얻는 길이 아니라 중생의 번뇌와 탐욕에 올바른 방향을 주는 일이며, 탐욕을 본래 머묾 없는 삶의 실상 그대로 밝혀 쓰는 일임을 다음과 같이 말한다.54)

> 부처님은 자기가 얻은 경계에 빠져 제 잘난 생각을 내는 사람[增上慢人]을 위해서 음욕과 성냄, 어리석음을 떠나야 해탈이 된다고 말씀하지만, 만약 얻을 것 없음을 알아 제 잘난 생각을 내지 않는 사람[無增上慢者]에게는 음욕과 성냄, 어리석음의 성품이 바로 해탈이라고 말씀하신다.

---

54) 유마경에 말한다 : 佛爲增上慢人 說離婬怒痴爲解脫耳 若無增上慢者 佛說婬怒痴性卽是解脫

3. 대중을 해산하고 조계로 돌아가다〔衆人解散 還歸曹溪〕

대사께서 거듭 말씀하셨다.

"선지식이여, 모두 반드시 이 게를 의지하여 수행하여 자신의 참성품을 보아 바로 깨달음의 길 이루라. 법은 실로 마주하여 기다림이 아니니 대중은 우선 헤어지라. 나는 조계로 돌아간다. 대중이 만약 의문나는 바가 있으면 다시 와서 서로 묻도록 하라."

그 때 자사 관료와 모임에 있던 남녀 대중들이 각기 깨달음을 얻고 믿어받아들이며 받들어 행하였다.

師復曰 善知識 總須依偈修行 見取自性 直成佛道 法不相待 衆人且散 吾歸曹溪 衆若有疑 却來相問

時刺史官僚 在會善男信女 各得開悟 信受奉行

해 설

만법은 서로 다른 것을 의지해 자기동일성을 구성하므로 그것이되 그것 아닌 그것으로 다른 것과 마주해 있다. 곧 법은 실체적인 것으로 다른 것과 마주해 있거나 다른 것을 기다리지 않는다. 그렇듯 스승과 제자도 닫혀진 스승과 제자의 모습으로 마주해 있어서는 안된다. 오히려 스승이 가르치고 제자가 배우는 바 그 반야와 선정에 스승과 제자가 함께 할 때, 스승은 스승 아닌 스승으로 제자의 배움과 함께 있고, 제자는 제자 아닌 제자로 스승의 뜻과 더불어 있을 것이다.

이에 혜능선사는 청법 대중이 헤어져 각기 제자리로 돌아갈 것을 당부하고 스스로 조계로 돌아간다.

제4장 선정과 지혜의 하나됨

선지식이여, 왜 생각 없음[無念]을 세워 실천의 뼈대[宗]를 삼는가? 다만 입으로만 참성품 봄을 말하기 때문에 헤매는 사람들은 객관 경계[境] 위에 물든 생각이 있으며, 생각 위에 곧 삿된 견해를 일으켜 온갖 번뇌와 허위의식이 이로부터 생겨난다.

머묾 없는 자기 성품[自性]은 본래 한 법도 얻을 것이 없는데, 만약 얻는 바가 있어서 망녕되이 화(禍)와 복(福)을 이야기 한다면 이것이 바로 번뇌 티끌인 삿된 견해인 것이다. 그러므로 단박 깨쳐 들어가는 이 진리의 문[法門]은 생각 없음[無念]을 세워 실천의 뼈대를 삼는 것이다.

－혜능선사가 보인 무념의 종지 －

1. 선정과 지혜가 하나인 일행삼매〔定慧 一體 一行三昧〕

선정과 지혜가 한 몸임을 열어보이다〔開示大衆定慧一體〕

대사께서 대중에게 이렇게 가르쳐 보이셨다.

"선지식이여, 나의 이 법문은 선정과 지혜로써 근본을 삼는다. 대중은 잘못 헤매어 선정과 지혜가 다르다고 말하지 말라. 선정과 지혜는 한 몸이요 둘이 아니니, 선정은 지혜의 바탕〔體〕이요, 지혜는 선정의 움직여 씀〔用〕이다. 곧 지혜일 때 선정이 지혜에 있고, 곧 선정일 때 지혜가 선정에 있으니, 이 뜻을 알면 선정과 지혜를 평등하게 배움이다.

모든 도 배우는 사람들은 선정을 먼저 해서 지혜를 낸다거나 지혜를 먼저 해서 선정을 낸다 하여 선정과 지혜가 각기 다르다고 말하지 말라. 이런 견해를 짓는 자는 법에 두 모습이 있어서 입으로는 옳은 말을 하나 마음 가운데는 옳지 못한 뜻이 있으니, 헛되게 선정과 지혜가 있어서 선정과 지혜가 평등하지 못하다.

만약 마음과 입이 모두 옳아서 안과 밖이 한 가지가 되면 선정과 지혜가 평등하게 된다. 스스로 깨달아 수행함은 말다툼에 있지 않으니, 만약 앞과 뒤를 다투면 어리석은 사람과 같다. 그렇게 되면 이기고 지는 마음을 끊지 못하여 도리어 나와 법〔我法〕을 키워가게 되니, 네 가지 모습〔四相 : 我相, 人相, 衆生相, 壽者相〕을 떠나지 못한다."

"선지식이여, 선정과 지혜는 무엇과 같은가? 등과 같고 빛과 같다. 등이 있으면 빛이 있고 등이 없으면 곧 어두워지니, 등은 빛의 바탕이고 빛은 등의 움직여 씀이다.

등과 빛이 이름은 비록 둘이 있으나 근본은 하나이니, 이 선정과 지혜의 법도 또한 이와 같다."

師示衆云 善知識 我此法門 以定慧爲本 大衆勿迷 言定慧別 定慧一體 不

是二 定是慧體 慧是定用 卽慧之時定在慧 卽定之時慧在定 若識此義 卽是定慧等學

　　諸學道人 莫言先定發慧 先慧發定 各別 作此見者 法有二相 口說善語 心中不善 空有定慧 定慧不等 若心口俱善 內外一如 定慧卽等 自悟修行 不在於諍 若諍先後 卽同迷人 不斷勝負 却增我法 不離四相

　　善知識 定慧猶如何等 猶如燈光 有燈卽光 無燈卽暗 燈是光之體 光是燈之用 名雖有二 體本同一 此定慧法 亦復如是

해 설

　　불교의 실천은 존재의 실상을 주체화하는 길이자 존재의 실상 그대로의 삶이다. 그러므로 모습이 모습 아니되 모습 아님이 모습 아님도 아닌 존재의 실상 밖에 선정과 지혜가 있다면, 그것은 삿된 선정[邪定]일 것이며 미친 지혜[狂慧]일 것이다.

　　바른 선정[正定]은 모습이 모습 아닌 진제(眞諦)의 주체화지만, 그 모습 없음은 모습을 떠나지 않으므로 선정은 지혜인 선정이며, 바른 지혜는 모습 아님이 모습 아님도 아닌 속제(俗諦)의 주체화지만, 그 모습 살려내는 일은 모습 없음을 떠나지 않으므로 지혜는 선정인 지혜이다.

　　정혜(定慧)는 경전과 어록에 따라 지관(止觀), 적조(寂照), 성적(惺寂)이라 달리 표현된다. 그리고 수행해가는 지위[因位, 途中事]에서 선정과 지혜라고 쓰이는 말이 여래의 지위를 잡아 설명할 때는 보리(菩提 ; bodhi, 慧)와 열반(涅槃 ; nirvāṇa, 定)으로 표현된다. 그러므로 실천과정을 중심으로 '선정과 지혜를 같이 닦음[定慧雙修]', '밝음과 고요함을 평등하게 지님[惺寂等持]', '그침과 살핌을 함께 행함[止觀俱行]'이라 한 말과 과위(果位)를 잡아 '늘 고요하고 밝은 빛[常寂光]'이라 하거나 보리열반(菩提涅槃)이라 한 말을 둘로 보아서는 안된다.

　　그런데도 지금 한국불교의 선가에서는 정혜쌍수(定慧雙修)라 하면 점수적인 교가의 수행이며, 조사가풍은 불교 밖에 따로 있다고 하는 치우친 견해들이 난무한다. 물론 여러 종(宗)이 내세우는 수행과정에서 강조점을 보면, 묵조선(默照禪)은 선정을 먼저 하고 지혜를 뒤로 하며〔先定後慧〕, 간화선(看話禪)은 지혜를 먼저 하고 선정을 뒤로 하는〔先慧後定〕차별성을 보이지만, 궁극적으로 묵조든 간화든 그 수행법이 깨달음에 이르는 수행법이며, 가리사(家裏事)를 떠나지 않는 도중의 일〔途中事〕이 되려면 모두 지관구행, 정혜일체의 중도행에 귀착해야 한다.

혜능선사가 선정은 지혜의 바탕이며 지혜는 선정의 움직여 씀이라고 표현함은, 바로 모든 모습은 실로 있음 아니되 허무의 공(空)도 아닌 존재의 실상을 실천적으로 구성한 것이다.

인식 주체〔根〕, 인식 대상〔境〕, 인식 행위〔識〕그 자체가 연기이므로 실로 일어남이 없음을 사무쳐보아 온갖 것에 머묾 없음이 바로 선정의 모습이라면, 인식 주체, 인식 대상, 인식 행위가 공하기 때문에 연기됨을 통달하여 허무에 떨어짐이 없이 인연의 모습을 진실 그대로〔如實〕비추어내고 진실 그대로 발휘해 쓰는 것은 지혜의 모습이다.

곧 만법이 연기이므로 공이고 공하기 때문에 연기하므로 선정은 늘 지혜인 선정이어야 하며, 지혜는 늘 선정인 지혜이어야 하니, 이 뜻을 『마하지관』은 이렇게 말한다.

> 존재의 참모습이 늘 고요한 것이 곧 지(止)의 뜻이요, 고요하되 늘 비춤이 관(觀)의 뜻이다.

法性常寂 卽止義 寂而常照 卽觀義

혜능선사가 선정과 지혜가 한 몸〔定慧一體〕이라고 한 뜻과 위 천태 『마하지관』에서 지관의 정의는, 정혜와 지관을 모두 깨달음에 이르기 위한 방편만으로 보는 것을 부정하고, 방편이자 실상 그대로의 뜻으로 사용하고 있으니, 천태는 다시 이렇게 말한다.55)

---

55) 천태 마하지관은 말한다 : 權實卽非權非實 無二無別 不合不散 非權非實 理性常寂 名之爲止 寂而常照亦權亦實 名之爲觀 觀故稱智稱般若 止故稱眼稱首楞嚴 如是等名不二不別 不合不散 卽不思議之止觀也

방편과 실상이 곧 방편이 아니고 실상이 아니어서 둘이 없고 다름이 없으며, 합하는 것도 아니고 흩어짐도 아니다.

방편도 아니고 실상도 아니어서 참성품이 늘 고요함을 지(止)라 하고, 고요하되 늘 비추어 방편이 되고 실상이 됨을 이름하여 관(觀)이라 한다. 관(觀)이므로 지혜〔智〕라 하고 반야(般若)라 하며, 지(止)이므로 눈〔眼〕이라 하고 수능엄삼매(首楞嚴三昧)라 한다. 이와 같은 이름들은 둘이 아니고 다르지 않으며, 합하지도 않고 흩어지지도 않으니, 이것이 곧 이루 생각할 수 없고 말할 수 없는 지관〔不思議止觀〕이다.

깨달음에 이르게 하는 방편과 깨달음 자체를 둘 아님으로 규정하는 천태선사의 가르침을 다시 풀이하면, 지관(止觀)과 정혜(定慧)란 도중사(途中事)를 나타내는 이름이자 가리사(家裏事)의 이름인 것이다. 또 인연으로 일어나는 모든 있음은 공한 있음이고, 공함은 있음 그 자체의 공함이므로 지(止)의 고요함은 늘 살핌 그대로의 고요함이며, 관(觀)의 밝음은 늘 고요함 그대로의 밝음이므로 천태선사는 다시 이렇게 말한다.56)

오음, 십이입이 모두 진여라 버려야 할 고제가 없고, 무명의 번뇌가 바로 보리라 끊어야 할 집제가 없으며, 치우침과 삿됨이 바로 중도라 닦아야 할 도제가 없으며, 생사가 곧 열반이라 얻어야 할 멸제가 없다.

고제와 집제가 실체 없으므로 세간이 없고, 도제와 멸제가 실체 없으므로 출세간이 없어서 순전히 하나인 실상이라 실상 밖에 다른 법이 없다.

법성이 고요함을 지(止)라 이름하고, 고요하되 늘 비춤을 관(觀)이라 이름한다. 비록 처음과 나중을 말하나 둘이 없고 다름이 없으니, 이를 원돈지관(圓頓止觀)이라 한다.

---

56) 천태선사는 다시 이렇게 말한다 : 陰入皆如無苦可捨 無明塵勞卽是菩提無集可斷 邊邪皆中正無道可修 生死卽涅槃無滅可證 無苦無集故無世間 無道無滅故無出世間 純一實相 實相外更無別法 法性寂然名止 寂而常照名觀 雖言初後無二無別 是名圓頓止觀

혜능선사가 선정일 때 지혜가 있고, 지혜일 때 선정이 있다 한 법문을
『마하지관』은 비추되 늘 고요함이 지(止)이고, 고요하되 늘 비춤이 관
(觀)이라고 표현한다.

천태선사에 의하면 법성의 고요함이 지(止)이므로 지(止)일 때 인식 주
체[能]와 인식 대상[所]이 모두 공하고, 법성의 고요하되 비춤이 관(觀)이
므로 관(觀)일 때 인식 주체와 인식 대상이 실로 없지 않다. 곧 주·객의
실체성이 모두 부정된 곳[能所雙遮]이 지(止)라면, 주·객의 연기적 실상
이 모두 긍정된 곳[能所雙照]이 관(觀)이며, 부정 긍정이 동시에 함께 하
여, 부정하되 살리고 살리되 부정하는 곳[遮照同時]이 '그침과 살핌을 함
께 행하는[止觀俱行]' 크나큰 반야삼매며 보리열반인 것이다.

이 뜻을 영가선사는 다시 이렇게 말한다.57)

> 사마타(śamatha : 止, 定)이므로 비록 고요하나 늘 비추고, 비파사
> 나(vipaśyanā : 觀, 慧)이므로 비록 비추나 늘 고요하며, 우페크샤
> (upekṣā : 捨, 等)이므로 비춤도 아니고 고요함도 아니다. 비추되 늘
> 고요하므로 속제를 말하되 곧 진제요, 고요하되 늘 비추므로 진제를
> 말하되 곧 속제이며, 고요함도 아니고 비춤도 아니므로 유마힐은 베살
> 리에서 입을 다물었다.

일행삼매 최상승선을 보임[一行三昧最上乘禪]

대사께서 대중에게 가르쳐 보이셨다.

"선지식이여, 일행삼매(一行三昧)란 온갖 곳에서 가고 머물고 앉고 누
움에 늘 한결같이 곧은 마음을 행하는 것이 바로 이것이다.

저 『정명경(淨名經)』에 '곧은 마음이 도량이며 곧은 마음이 정토다'라
고 한 말씀과 같으니, 마음으로는 굽게 행하고 입으로만 곧음 말하며, 입으

---

57) 영가선사는 다시 이렇게 말한다 : 以奢摩他故 雖寂而常照 以毘婆舍那故 雖照而常寂 以優畢
　　叉故 非照而非寂 照而常寂故 說俗而卽眞 寂而常照故 說眞而卽俗 非寂非照故 杜口於毘耶

로는 일행삼매를 말하고 곧은 마음을 행하지 않는 이러한 잘못 저지르지 말라. 다만 곧은 마음을 행하여 온갖 법에 대해 집착두지 말라.

　어리석은 사람은 법의 모습[法相]에 집착하고 일행삼매를 다시 집착하여, 늘 앉아 움직이지 않으며 망녕되이 마음 일으키지 않는 것이 일행삼매라고 함부로 말하니, 이런 견해를 짓는 자는 뜻 없는 물건[無情物]과 같아서 도리어 참된 삶의 길을 가로막는 인연이 된다.

　선지식이여, 도는 반드시 통해 흘러야 하는데 어찌 도리어 막아버릴 것인가? 마음[心]이 법(法)에 머물지 않으면 도가 통해 흐르며, 마음이 만약 법에 머물러 버리면 그것을 스스로 묶임이라 한다.

　만약 늘 앉아 움직이지 않는 것이 옳다 말하면 다만 저 사리불이 숲속에 고요히 앉아 있기만 하다 유마힐에게 꾸중 받음과 같을 것이다.

　선지식이여, 어떤 사람이 있어서 '앉아 마음을 보고 고요함을 살피며[看心觀靜] 움직이지 않고 일어나지 않도록[不動不起]' 가르쳐 여기에 공(功)을 두게 하면, 헤매는 사람들은 알지 못하므로 곧 집착하여 뒤바뀜을 이룬다. 이러한 자들이 무리지어 이처럼 서로 가르치니 크게 잘못된 것인 줄 알아야 한다."

　師示衆言 善知識 一行三昧者 於一切處行住坐臥 常行一直心是也 淨名經云 直心是道場 直心是淨土 莫心行諂曲 口但說直 口說一行三昧 不行直心 但行直心 於一切法勿有執著 迷人著法相 執一行三昧 直言常坐不動 妄不起心 卽是一行三昧 作此解者 卽同無情 却是障道因緣 善知識 道須通流 何以却滯 心不住法 道卽通流 心若住法 名爲自縛 若言常坐不動是 只如舍利弗 宴坐林中 却被維摩詰訶 善知識 又有人敎坐 看心觀靜 不動不起 從此置功 迷人不會 便執成顚 如此者衆 如是相敎 故知大錯

　해 설
　본 단에서는 일행삼매(一行三昧)의 참 뜻을 열어 늘 앉아 있음[常坐]만의 형식적인 틀로서 일행삼매를 설명하는 치우친 수행관을 타파한다.

천태선사는 경교에 의지해서 선수행을 네 가지 삼매〔四種三昧〕로 요약하니, 네 가지 삼매란 상좌삼매(常坐三昧 : 늘 앉아서 행하는 좌선삼매), 상행삼매(常行三昧 : 늘 다니면서 행하는 염불삼매), 반행반좌삼매(半行半坐三昧 : 앉음과 다님을 반반씩 행하는 법화삼매), 비행비좌삼매(非行非坐三昧 : 앉음과 다님의 형식에 떨어지지 않는 수자의삼매)이다.

이 때 상좌삼매인 좌선삼매를 일행삼매(一行三昧)라 하고, 상행삼매를 일상삼매(一相三昧)라 한다. 그러나 앉음이 앉음 아닌 줄 요달하면 앉음을 떠나지 않고 행(行)을 쓰며, 다님이 다님 아닌 줄 알면 다님을 떠나지 않고 늘 앉아 있음이니, 네 가지 삼매는 서로 닫혀진 선수행법이 아니라, 하나의 형식을 통해서 앉음과 다님, 고요함과 움직임을 모두 부정해서 모두 긍정하는 데〔非行非坐 亦行亦坐〕그 근본적인 뜻이 있다.

다만 일행삼매의 수행자가 앉아 있음에 떨어져서 생활의 역동성을 잃어버리거나 선(禪)을 '앉아 있음〔坐〕'의 형식에 갇힌 것으로 볼 때, 유마거사의 꾸짖음이 있게 되고, 혜능선사의 일행삼매에 대한 새로운 해석이 있게 된다.

혜능선사는 좌(坐)의 형식에 갇힌 선(禪)의 치우침을 부정하여 일행삼매란 바로 온갖 곳에서 가고 머물고 앉고 누움에 관계없이 늘 한결같이 곧은 마음〔一直心〕을 쓰는 것이라 정의하고, 『유마경』에서 유마힐은 앉아 있는 것으로 수행을 삼는 사리불에게 다음과 같이 경책한다.58)

사리불이여 꼭 앉아 있는 것만이 좌선인 것은 아니오.
무릇 좌선이란 삼계에 몸과 뜻을 나타내지 않음이 좌선이며, 멸진정을 일으키지 않고 모든 행동거지를 나타내는 것이 좌선이며, 도법을 버리지 않고 범부의 일을 나타내는 것이 좌선이며, 마음이 안에도 머물

---

58) 유마경에서 유마힐이 경책함 : 唯舍利弗 不必是坐爲宴坐也 夫宴坐者 不於三界現身意 是爲宴坐 不起滅定而現諸威儀 是爲宴坐 不捨道法而現凡夫事 是爲宴坐 心不住內亦不在外 是爲宴坐 於諸見不動而修行三十七道品 是爲宴坐 不斷煩惱而入涅槃 是爲宴坐 若能如是坐者 佛所印可

지 않고 또한 밖에도 머물지 않는 것이 좌선이며, 모든 견해에 움직이지 않고 삼십칠도품을 수행하는 것이 좌선이며, 번뇌를 끊지 않고 니르바나에 드는 것이 좌선이오.

만약 이와 같이 앉을 수 있는 이라면 부처님께서 인가하십니다.

위 경문에서 유마힐이 사리불을 꾸짖는 것은 앉아 있음을 집착하여 앉아 있음으로 선(禪)을 삼기 때문이나, 선(禪)의 본질은 좌선의 방편을 떠나 있는 것도 아니니, 일행삼매란 앉음에 갇히지 않되 앉음을 떠나지 않는 좌선의 참모습을 말한다.

그래서 혜능선사는 행하되 앉음을 떠나지 않고 앉되 행함을 떠나지 않는 좌선의 참모습을 행주좌와(行住坐臥)에 관계없이 '곧은 마음을 행하는 것'이라 말한다. 그리고 천태선사는 『마하지관』에서 일행삼매를 정의하면서, 선(禪)의 지관이란 다만 고요함이거나 앉아 있음이 아니라, 법계의 머뭄 없는 바탕에 하나된 휴식이며 법계의 작용에 하나된 활동이라는 뜻으로 다음과 같이 말한다.

다만 생각함을 법계에 묶고〔繫緣法界 : 緣卽無緣故〕생각을 법계에 하나되게 할 뿐〔一念法界 : 無念卽念故〕이니, 생각함을 법계에 묶음을 지(止)라 하고, 생각을 법계에 하나되게 함을 관(觀)이라 한다.

但專繫緣法界 一念法界 繫緣是止 一念是觀

2. 돈오와 무념의 뜻을 밝혀 보임〔辨示頓悟無念之旨〕

점차 닦음과 단박 깨침이 가명임을 바로 보임〔直示頓漸假立之旨〕

대사께서 대중에게 가르쳐 보이셨다.

"선지식이여, 본래 바른 가르침에는 단박 깨침과 점차로 닦아감〔頓漸〕이 없지만, 사람의 근기에 스스로 날카롭고 무딤이 있어 어리석은 사람은 점차로 닦아가고〔漸修〕, 깨달은 사람은 단박 계합한다〔頓契〕.

스스로 머묾 없는 본마음〔本心〕을 알고 스스로 모습 없는 본성품〔本性〕을 보면 곧 차별이 없다. 그렇기 때문에 단박 계합함과 점차로 닦아감의 거짓 이름을 세운 것이다."

師示衆云 善知識 本來正敎 無有頓漸 人性自有利鈍 迷人漸修 悟人頓契 自識本心 自見本性 卽無差別 所以立頓漸之假名

해 설

가르침〔敎〕과 법(法)은 오직 중생의 번뇌와 집착, 괴로움을 없애기 위해 세워지는 것이다. 그러므로 이 단에서 혜능선사는 점차 닦음과 단박 계합함이 사람에 따라 세워진 거짓 이름〔假名〕이라, 스스로 깨달음에 이르면 점차로 닦음이나 단박 계합함에 아무 차별이 없다 말한다.

위 말씀을 네 가지 실단(siddhānta)으로 보면 실상 그대로의 바른 가르침〔正敎〕 자체가 제일의실단(第一義悉壇)이라면, 사람의 근기나 병통에 따라 세워진 교설은 위인실단(爲人悉壇)이며 대치실단(對治悉壇)이다. 실단은 성취 완성의 뜻인데 실상에서 일어난 방편이 중생을 실상의 세계로 이끌어 성취시켜줌을 뜻한다. 실상 그대로인 제일의실단에서 보면 닦음〔修〕과 깨침〔悟〕의 분별도 붙을 수 없고, 점차적인 닦음〔漸修〕과 단박 닦음〔頓修〕의 이름도 세울 수 없다.

그러나 중생의 근기에 따르는 위인실단, 병통에 따라 그 병통을 치유하기 위해 가르침의 차별된 모습을 세우는 대치실단, 세간의 여러가지 풍조와 욕락에 맞추어 세워지는 세계실단에서는 사람과 병에 따라 단박 깨침과 점차 계합함, 닦음과 깨침의 갖가지 이름이 세워진다.

닦음[修]은 사제법에서 보면 도제(道諦)에 상응하는 언어이며, 깨침[悟]은 멸제(滅諦)에 상응하는 언어이다. 그리고 닦음이 고통의 현실을 해탈로 전환시켜내는 실천의 인과가 없지 않음을 나타낸다면, 깨침으로 표현된 멸제에는 그러한 실천의 인과마저 공한 것이다. 그런데 도제가 없는 멸제가 없으므로 닦음을 떠난 깨침의 신비화도 옳지 못하고, 멸제가 되지 못한 도제란 부질 없는 헛수고일 뿐이므로 깨침을 떠난 닦음의 고정화도 옳지 못하다. 그렇다면 닦음이 닦음 아닌 닦음으로 전환되는 곳을 깨침이라 이름하게 되며, 깨침이 깨침 아닌 깨침으로 드러날 때 닦음은 깨침의 자기표현이 된다 할 것이다.

'점차'와 '단박'이라는 언어에서도, 낡은 것을 새롭게 하고 번뇌를 돌이켜 지혜를 드러내는 실천의 인과가 없지 않은 삶의 측면을 기술하는 표현이 '점차 닦음'이라는 언어라면, 인과가 공한 삶의 본래적인 청정성을 반영한 언어 표현이 '단박 깨침'이다. 그러므로 인과가 실로 있음도 아니고 없음도 아닌 중도실상에서는 점차 닦음과 단박 깨침의 모습이 모두 얻을 것이 없지만, 공에 집착하는 이에게는 점진적 인과를 말하고, 인과에 집착하는 이에게는 인과가 공한 본래 청정성에 단박 깨쳐 들어가도록 가르친다.

곧 제일의실단(第一義悉壇 : 닦음이 온통 깨침이 되고, 깨침이 온통 닦음으로 발현되는 본분 그 자체)에서는 닦아서 얻는다 해도 맞지 않고 닦을 것이 없다 해도 맞지 않지만, 중생의 병통에 따라 법을 여는 대치실단과 세계실단에서는 번뇌에 빠진 범부들에게는 '점차로 닦아가라[漸修]' 가르치고, 번뇌가 본래 남이 없는 줄 모르고 억지로 번뇌를 끊고 닦아서 얻으려는 수행자에게는 '본래 청정함을 단박 깨치라[頓悟]' 가르친다. 다시 본래 청정을 신비화하거나 공에 빠져 그것으로 깨달음을 삼는 자에게 '본래 청정을 단박 깨치되 닦음과 인과를 버리지 않아야 한다'는 뜻으로 단박 깨쳐 점차 닦는다〔頓悟漸修〕고 말한다. 다시, '단박 깨쳐 점차 닦는다'는 말을 듣고 한 번 깨친 뒤 점차 닦아 얻을 깨달음이 따로 있는 줄 아는 이에게는, 번뇌가 남이 없는 곳에 깨달음 자체가 닦음 없는 닦음으로 발현됨을 보이기 위해 '단박 깨침이 바로 단박 닦음〔頓悟頓修〕'이라 가르친다.

위와 같은 닦음과 깨침의 해석은 바로 사람의 병통을 치유하기 위해 설정된 대치실단(對治悉壇)의 관점에서 단박 깨침과 점차 닦음을 풀이한 것이다.

이에 비해 지금 『단경』에 나타난 '닦음'과 '깨침', '단박'과 '점차'의 언어사용법이나 규봉종밀선사 등이 쓰고 있는 돈오점수(頓悟漸修), 돈오돈수(頓悟頓修)의 개념은 사람의 근기에 맞추어 깨달음의 방편을 세워주는 위인실단(爲人悉壇)의 관점에서 쓰여지고 있다.

근기에 따르는 위인실단의 차원에서 세워진 범주 설정과 법에 대한 집착을 깨기 위한 대치실단의 관점에서 쓰여지는 언어용법이 서로 혼동됨으로 해서 수행론에 있어서 돈점의 논쟁은 서로 융회할 수 없는 막다른 골목으로 가고 있다.

한국불교에서 끊임없는 논쟁거리를 일으키고 있는 성철화상(性徹和尙)의 하택, 규봉, 보조 비판 또한 불교 범주 속에 들어 있는 여러가지 인연을 살피지 않고, 언어 그 자체를 형식논리만으로 고정시킨 채 고인의 사상을 재단함으로써 전통의 발전적 계승에 서지 못하는 아쉬움을 안겨주고 있다.

먼저 규봉종밀(圭峯宗密)의 점수, 돈수라는 개념 사용을 살펴보자.59)

돈오돈수란 아주 뛰어난 지혜 가진 이를 말함이니, 근기와 욕락이 모두 빼어나 하나를 들으면 천을 깨치고, 크나큰 총지를 얻어 한 생각도

59) 규봉종밀은 말한다 : 頓悟頓修者 此說上上智 根性欲樂俱勝 一聞千悟 得大摠持 一念不生 前後際斷 此人三業 唯獨自明了 餘人所不及 斷障如斬一綟絲萬條頓斷 修德如染一綟絲萬條頓色 荷澤云 一念與本性相應 八萬波羅蜜行一時齊用也 且就事迹而言之 如牛頭融大師之類也

나지 않고 앞과 뒤가 바로 끊어진다.

이 사람의 세 가지 업은 오직 스스로 밝아 다른 사람들이 미칠 수 없다. 장애를 끊는 것은 마치 한 타래 실을 자름에 만가닥이 단박 끊어짐과 같고, 덕을 닦음은 한 타래 실을 물들임에 만가닥이 단박 물들여짐과 같다.

하택선사가 '한 생각이 본성과 상응하면 팔만 바라밀행을 한 때에 모두 쓴다'고 하였으니, 현실의 자취에 나아가 말한다면 저 우두법융(牛頭法融)선사의 무리와 같다.

규봉종밀은 돈오점수, 돈오돈수를 위인실단으로 해석하여 돈오돈수를 가장 높은 근기의 사람이 '한 번 깨쳐 만 가지 덕을 모두 갖춤'이라고 풀이하며, 그 뜻을 하택선사(荷澤禪師)가 '한 생각이 본성으로 상응하면 팔만 바라밀행을 한 때에 모두 쓴다'고 한 뜻과 같다고 한다.

그러나 하택의 위 법문은 대치실단을 통해 제일의실단을 바로 밝힌 것으로 보아야 한다. 곧 하택이 말한 '한 생각이 본성으로 상응함'이 『단경』에서 말하고 있는 견성(見性)이라면, 팔만바라밀행을 한 때에 씀은 바로 성불(成佛)이며 묘용(妙用)이다. 본성은 모습 너머의 절대 실재가 아니고, 생각이 생각 아니고 모습이 모습 아님을 본성이라 하므로, 본성은 바로 생각 아닌 참생각으로 발휘되고 모습 아닌 참모습으로 실현되니, 생각이되 생각 아니며 생각 아니되 생각 아님도 아닌 머묾 없는 생활이 바로 바라밀행이며 보현행원이며 닫혀짐 없는 사회적 실천이다.

하택은 성품에 대한 집착을 깨기 위해 바라밀행을 말하고, 바라밀행이 머묾 없는 행임을 보이기 위해 본성을 말하니, 하택의 위 법문은 근기의 높낮이와 관계 없는 법문이다.

규봉선사는 돈오돈수를 근기론으로 해석하여 그 뜻을 하택의 위 법문과 같이 취급하나, 앞에서 밝힌 바처럼 본성의 깨침이 곧 바라밀행이 된다는 하택의 법문은 근기론과 무관하다.

근기론과 위인실단으로 돈오점수와 돈오돈수를 해석하면, 어떤 이는 단박 이치적으로 남이 없는 법[無生法]을 깨치되 이해의 자취에 머묾 없이 쉬임없는 정진으로 남이 없음을 체달해가며, 어떤 이는 점진적인 선정을 통해 나중 남이 없는 법을 단박 통달하며, 어떤 이는 단박 남이 없는 법을 깨칠 때 머묾 없는 행을 함께 갖춘다. 그러므로 근기론으로 볼 때는 사람 따라 점수돈오(漸修頓悟), 돈오점수(頓悟漸修), 돈오돈수(頓悟頓修)가 모두 그에 맞는 실천의 지표가 될 수 있다.

그러나 실로 생각이 생각 아니고 모습이 모습 아닌 진제를 깨달을 때에는 점수돈오의 자취도 없고 돈오돈수의 자취도 없는 것이니, 그 뜻을 혜능 선사는 '근기에 따라 차츰 닦는 이가 있고 단박 깨치는 이가 있지만, 스스로 본성을 깨치면 차별이 없다'고 말한다.

지금 한국불교의 돈점논쟁은 교설 속에 있는 네 가지 실단의 뜻에 착안하지 못한 채, 형식논리만으로 서로를 비판함으로써 실제 수행에 도움이 되지 않는 방향으로 소모적으로 진행되고 있다.

앞에서 이미 풀이해 보인 바처럼 단박 깨침과 점차 닦음을 대치실단의 관점으로 보면, 점차 닦아 깨침〔漸修頓悟〕은 생멸사제문(生滅四諦門)이고, 단박 깨침〔頓悟〕은 무생사제문(無生四諦門)이며, 단박 깨쳐 점차 닦음〔頓悟漸修〕은 무량사제문(無量四諦門)이고, 단박 깨쳐 단박 닦음〔頓悟頓修〕은 무작사제문(無作四諦門)이 되는 것이다. 이처럼 네 가지 문은 집착에 따라 다른 문이 세워졌을 뿐 생멸사제를 없애고 무생사제가 아니며, 돈오점수문을 없애고 따로 돈오돈수문이 세워지는 것이 아니다.

그에 대해 돈오점수의 뜻을 위인실단으로 풀이하면 점수돈오, 돈오점수, 돈오돈수가 수행하는 사람의 근기와 성향에 따라 각기 그에 맞는 실천의 지표가 될 수 있는 것이다.

생각 없음과 모습 없음, 머묾 없음을 전체적으로 설함〔總說無念無相無住〕

"선지식이여, 나의 이 법문(法門)은 위로부터 내려오면서 먼저 생각 없음〔無念〕으로 실천의 뼈대〔宗〕를 삼고, 모습 없음〔無相〕으로 실천의 바탕〔體〕을 삼으며, 머묾 없음〔無住〕으로 실천의 뿌리〔本〕를 삼는다.

모습 없음[無相]이란 모습에서 모습 떠남이며[於相離相], 생각 없음[無念]이란 생각에서 생각 없음이다[於念無念]. 그리고 머묾 없음[無住]이란 사람의 본성품[本性]이 세간의 선과 악, 고움과 미움 나아가서는 원수거나 친함에 대해서 그리고 말로 상처주거나 속이고 다툴 때 그 모두를 공(空)으로 삼아 갚아 해칠 것을 생각하지 않으며, 생각 생각 속에 앞의 경계를 생각하지 않음[不思前境]이다.

만약 앞 생각과 지금의 생각, 뒷 생각이 생각 생각 서로 이어져 끊어지지 않으면 얽혀 묶임이라 하고, 모든 법에 대해서 생각 생각 머물지 않으면[於法不住] 곧 묶임 없음이니, 이것이 바로 머묾 없음으로 실천의 뿌리를 삼는 것이다.

선지식이여, 밖으로 모든 모습 떠나면 모습 없음이라 하고, 모습을 떠날 수 있으면 삶의 본바탕이 깨끗해지니[法體淸淨], 이것이 바로 모습 없음으로 실천의 바탕을 삼는 것이다.

선지식이여, 모든 객관 경계 위에 마음이 물들지 않음을 생각 없음이라 하니, 그것은 스스로의 생각 위에서 늘 모든 경계를 떠나며 모든 경계 위에서 물든 마음 내지 않음이다.

만약 다만 백 가지 것 생각하지 않고 생각을 다해 없애버리려 할 땐 생각이 끊어지면 곧 죽어 다른 곳에 태어날 것이니 이것은 크게 잘못된 것이다. 참된 삶의 길 배우는 자는 깊이 이를 생각해야 한다.

만약 참된 법의 뜻[法意]을 알지 못하여 스스로 그르침은 오히려 그렇다 할 수 있지만, 다시 다른 사람에게 권하게 되면 스스로 헤매어 보지 못할 뿐더러 부처님의 경전까지 비방하게 된다. 그러므로 생각 없음[無念]을 세워 실천의 뼈대[宗]를 삼는 것이다."

善知識 我此法門 從上以來 先立無念爲宗 無相爲體 無住爲本

無相者 於相而離相 無念者 於念而無念 無住者 人之本性 於世間善惡好醜 乃至冤之與親 言語觸刺欺爭之時 並將爲空 不思酬害 念念之中 不思前

境 若前念今念後念 念念相續不斷 名爲繫縛 於諸法上 念念不住 卽無縛也
此是以無住爲本

善知識 外離一切相 名爲無相 能離於相 卽法體淸淨 此是以無相爲體 善
知識 於諸境上 心不染 曰無念 於自念上 常離諸境 不於境上生心 若只百物
不思 念盡除却 一念絶卽死 別處受生 是爲大錯 學道者思之

若不識法意 自錯猶可 更勸他人 自迷不見 又謗佛經 所以立無念爲宗

해 설

돈오법문은 생각 없음〔無念〕을 종(宗)을 삼고, 모습 없음〔無相〕으로 체
(體)를 삼으며, 머뭄 없음〔無住〕으로 근본〔本〕을 삼는다. 이를 열반의 세
덕에 연결시키면, 모습 없음은 세계의 참모습인 법신(法身)이며, 생각 없
음은 법신을 드러내는 반야(般若)이며, 머뭄 없음은 반야의 열려진 해탈
의 활동〔解脫〕이다.

지금 중생이 쓰는 생각〔念〕은 실체로서의 생각이 아니라 세계인 생각이
며, 생각 속에 드러나는 세계는 생각 밖에 닫혀진 세계가 아니라 생각인
세계이다. 그래서 초기불교는 육근(六根), 육식(六識), 육경(六境)을 마음
을 중심으로 해서 표현할 때는 안의 마음〔內心〕, 안팎이 겹쳐진 마음〔內外
心〕, 밖의 마음〔外心〕이라 하고, 물질을 중심으로 해서 표현할 때는 안의
물질〔內色〕, 안팎이 겹쳐지는 물질〔內外色〕, 밖의 물질〔外色〕이라 하니, 아
는 마음도 공하고 알려지는 세계도 공한 것이다.

세계가 마음인 세계이므로 생각에서 생각을 떠나면 모습 아닌 세계의
참모습이 드러나고, 마음이 세계인 마음이므로 모습에서 모습을 떠나면
마음은 생각 아닌 참생각으로 밝혀진다.

그리고 모습이 곧 모습 아니므로 모습에도 머물지 않고, 모습 아님이
모습 아님도 아니므로 모습 없음에도 빠지지 않으면, 모습 있음과 모습
없음에 머뭄 없는 창조적인 행이 드러나니, 이것이 머뭄 없는 묘한 행〔無
住妙行〕이다.

그런데 모습 없는 존재의 실상은 모습 없되 모습 없음도 없으므로 지혜

의 빛이 어둡지 않고, 지혜는 있되 공하므로 해탈의 활동이 막힘이 없으며, 막힘 없는 해탈의 활동은 나되 남이 없고 머묾이 없으므로 늘 고요하다. 그러므로 돈오법문에서 모습 없는 실상과 생각 없는 참생각과 머묾 없는 활동은 서로 둘이 없고 다름이 없는 것이다.

생각 없음의 뜻을 자세히 해명함〔仔細解明無念之旨〕

"선지식이여, 왜 생각 없음[無念]을 세워 실천의 뼈대[宗]를 삼는가? 다만 입으로만 참성품 봄을 말하기 때문에 헤매는 사람들은 객관 경계[境] 위에 물든 생각이 있으며, 생각 위에 곧 삿된 견해를 일으켜 온갖 번뇌와 허위의식이 이로부터 생겨난다.

머묾 없는 자기 성품[自性]은 본래 한 법도 얻을 것이 없는데, 만약 얻는 바가 있어서 망녕되이 화(禍)와 복(福)을 이야기 한다면 이것이 바로 번뇌 티끌인 삿된 견해인 것이다. 그러므로 단박 깨쳐 들어가는 이 진리의 문[法門]은 생각 없음[無念]을 세워 실천의 뼈대를 삼는 것이다.

선지식이여, 생각 없음[無]이란 무엇이 없다는 것이며, 생각함[念]은 무엇을 생각한다는 것인가? 없음이란 두 모습이 없다[無二相]는 것이니, 모든 번뇌 티끌인 허위의식이 없음이다. 그리고 생각함은 참되고 한결같은 본성품[眞如本性]을 생각한다는 것이니, 참되고 한결같음[眞如]은 바로 생각의 '머묾 없는 바탕[念之體]'이요, 생각은 바로 참되고 한결같음의 '살아 움직여 씀[用]'이다. 참되고 한결같은 자기 성품[眞如自性]이 생각을 일으키는 것이지 눈이나 귀, 코, 혀가 생각을 낼 수 있는 것이 아니다. 참되고 한결같음에 공덕의 성품이 갖춰 있으므로[眞如有性] 생각을 일으키는 것이다. 참되고 한결같은 성품이 없다면 눈과 귀, 빛깔과 소리는 바로 그 자리에서 무너지게 될 것이다.

선지식이여, 참되고 한결같은 자기 성품[眞如自性]이 생각을 일으키니, 인식주체[六根]가 비록 보고 듣고 깨달아 알지만, 만 가지 경계[六境]에 물들지 않으며 참성품이 늘 자재한 것이다[眞性自在].

그러므로 경은 '모든 존재의 모습[法相]을 잘 분별할 수 있되 으뜸가는
진리의 뜻[第一義]에서는 움직이지 않는다'고 하였다."

善知識 云何立無念爲宗 只緣口說見性 迷人於境上有念 念上便起邪見
一切塵勞妄想 從此而生 自性本無一法可得 若有所得 妄說禍福 卽是塵勞
邪見 故此法門立無念爲宗

善知識 無者無何事 念者念何物 無者無二相 無諸塵勞之心 念者念眞如
本性 眞如卽是念之體 念卽是眞如之用 眞如自性起念 非眼耳鼻舌能念 眞
如有性 所以起念 眞如若無 眼耳色聲當時卽壞

善知識 眞如自性起念 六根雖有見聞覺知不染萬境 而眞性常自在 故經云
能善分別諸法相 於第一義而不動

해 설

생각 없는 참생각은 능히 알되 아는 자와 알려지는 바 두 가지 모습이
없으므로 생각 없다[無念]고 말한다. 그러나 모습 없되 모습 없음마저 공
하므로 아는 자와 알려지는 바를 다시 창조적으로 드러내는 지혜의 작용
은 없지 않다.

아는 자와 알려지는 바가 공하여 얻을 것 없음을 진여본성(眞如本性)이
라 하고, 진여본성의 공함마저 공하여 앎이 없지 않으므로 혜능선사는 진
여(眞如)가 생각의 바탕[念體]이며 생각은 진여의 작용[眞如之用]이라 말
한다.

곧 생각하되 생각 속에 드러나는 존재의 모습과 삶 속의 모순이 실체
없음을 통달하면 생각 속에 두 가지 모습이 없고, 생각 속에 생각되어지는
두 가지 모습이 없으면 생각에 생각이 없으니, 그 뜻을 혜능선사는 생각하
되 진여본성을 생각함[念眞如本性]이라 한다.

하택신회선사 또한 스승 혜능선사의 뜻과 다름없이 이렇게 무념의 뜻
을 밝힌다.60)

말한 바 생각[念]이란 바로 진여의 작용이며, 진여는 곧 생각의 바탕이다. 이러한 뜻으로 생각 없음을 세워 종을 삼는 것이니, 만약 생각 없음을 본 자는 비록 보고 듣고 깨달아 알지만 늘 공적한 것이다.

하택선사의 위 법문처럼 생각[念]이 연기이므로 공함[緣起卽空]을 진여라 하고, 진여 또한 공하기 때문에 생각의 묘용이 일어나는 것이므로 진여자성(眞如自性)이라는 절대적인 성품이 따로 있어 생각을 일으킨다고 하면 연기법의 가르침에 맞지 않는다.

지금 아는 마음[六識]은 육근에도 없고 육경에도 없으며, 육근과 육경을 그냥 합한 곳에도 없지만, 육근과 육경을 떠나서도 없는 것이다. 그러므로 육근과 육경을 실체화하는 자나 공을 집착하는 자를 모두 부정하기 위해 혜능선사는 '진여자성이 생각을 일으킨다[眞如自性起念]'라고 했을 뿐이니, 생각에 머물러서 생각 속에 주어진 허망한 경계를 집착하는 자나 생각 너머에 생각을 일으키는 진여자성을 따로 찾는 자는 모두 무념(無念)의 종지를 보지 못할 것이다.

다만 생각에서 생각 없되 생각 없음마저 없는[念而無念無無念] 자가 생각 생각 늘 진여를 보며 모습과 모습 없음을 모두 넘어서서 머묾 없는 묘한 행을 발휘할 것이다.

---

60) 하택선사 또한 밝힌다 : 所言念者 是眞如之用 眞如者 卽是念之體 以是義故 立無念爲宗 若見無念者 雖有見聞覺知而常空寂

제5장 좌선의 참뜻

선지식이여, 무엇을 선정(禪定)이라 하는가? 밖
으로 모습을 떠남이 선(禪)이 되고, 안으로 어지
럽지 않음이 정(定)이 된다.

밖으로 만약 모습을 집착하면 안의 마음이 곧 어
지러워지며, 밖으로 만약 모습을 떠나면 마음이
곧 어지럽지 않아서 본성품이 스스로 깨끗하고
스스로 안정된다. 다만 객관경계를 보고 경계를
생각하면 곧 어지러워지니, 만약 여러 객관경계
를 보더라도 마음이 어지럽지 않으면 이것이 참
된 선정[眞定]이다.

선지식이여, 밖으로 모습 떠나면 곧 선이고, 안으
로 어지럽지 않으면 곧 정이 되니, 밖의 선[外禪]
과 안의 정[內定]이 바로 선정이다.

― 혜능조사가 보인 선정의 뜻 ―

1. 마음을 보고 깨끗함을 보게 하는 삿된 선정을 가려냄[簡別 看心看淨之邪禪]

대사께서 대중에게 가르쳐 보이셨다.

"이 단박 깨치는 문의 좌선은 원래 마음을 보지도 않고 깨끗함을 보지도 않으며, 또한 움직이지 않는 것도 아니다[不是不動].

만약 마음을 본다고 말한다면, 마음이란 원래 (연기된 것이므로) 허망한 것이니 마음이 헛깨비 같은 줄 알므로 볼 것이 없는 것이다.

만약 깨끗함을 본다고 말한다면 사람의 성품이 본래 깨끗한 것인데, 허망한 생각으로 말미암아 참되고 한결같음을 덮은 것이니, 다만 허망한 생각이 없으면 참성품이 스스로 깨끗하다. 그러므로 생각을 일으켜 깨끗함을 보면 도리어 '깨끗하다는 망념[淨妄]'을 내게 된다. 망녕됨[妄]은 있는 곳이 없고 보는 자가 이 망녕됨이며, 깨끗함이란 모습이 없는 것인데 도리어 깨끗한 모습을 세워 이것을 공부라 하니, 이러한 견해를 짓는 자는 스스로의 본성품을 막아 깨끗함에 얽매이게 된다.

선지식이여, 만약 참으로 움직이지 않음을 닦는 자는 다만 모든 사람을 볼 때 그 사람의 옳음과 그름, 선과 악, 허물과 병통을 실체적인 것으로 보지 않으니, 곧 이것이 자기 성품이 움직이지 않음이다.

선지식이여, 어리석은 사람은 몸은 비록 움직이지 않지만, 입만 열면 다른 이의 옳고 그름, 길고 짧음, 좋고 나쁨만을 말하여 움직임 없는 삶의 길과 어긋난다.

만약 마음을 보고 깨끗함을 보면 곧 바른 삶의 길을 가로막게 된다."

師示衆云 此門坐禪 元不看心 亦不看淨 亦不是不動

若言看心 心原是妄 知心如幻 故無所看也 若言看淨 人性本淨 由妄念故
蓋覆眞如 但無妄想 性自淸淨 起心看淨 却生淨妄 妄無處所 看者是妄 淨無

形相 却立淨相 言是工夫 作此見者 障自本性 却被淨縛

　善知識 若修不動者 但見一切人時 不見人之是非善惡過患 卽是自性不動

善知識 迷人身雖不動 開口便說他人是非長短好惡 與道違背 若看心看淨

卽障道也

해 설

　마음은 스스로 있는 것이 아니라 뭇 조건[衆緣]을 빌어서 일어나므로 알되 앎이 없고 나되 남이 없다. 마음이 알되 앎이 없음을 본래 깨끗함[本來淸淨]이라 하니, 따로 깨끗함을 보려 하면 보는 자[看者]가 도리어 허망함을 이루고, 앎에 앎 없되 앎 없음도 없음을 알면 참마음을 본 것인데, 따로 생각을 일으켜 참마음을 보려 하면 이런 견해가 도리어 망녕됨을 이룬다.

　또한 마음은 알되 앎이 없으므로 움직임[動]과 씀[用]을 떠나지 않고 고요하며, 앎 없되 앎 없음도 없으므로 고요함[靜]과 바탕[體]을 떠나지 않고 묘하게 씀[妙用]이 있으니, 다만 움직이지 않음을 구하면 본래 고요함을 알지 못한 것이다.

　간심(看心)에 대한 위 법문은 북종(北宗)의 선풍을 남종에서 비판하는 구절인데, 북종의 종지는 '마음을 고요히 하여 정에 들고 마음을 머물러서 깨끗함을 보며, 마음을 일으켜서 밖으로 비추며, 마음을 거두어서 안으로 깨쳐 얻음[凝心入定 住心看淨 起心外照 攝心內證]'으로 정식화된다.

　달마대사의 저술로 믿어왔던 『관심론(觀心論)』이 북종 신수선사의 저술로 판명되었음에서도 알 수 있듯이, 위에 '마음을 고요히 하여 정에 든다'는 주장은 북종에서 제시한 정수행(正修行)은 아니라고 볼 수 있다. 다만 번뇌 망상에 휘둘리는 범부들로 하여금 산란심(散亂心)을 조복하도록 하는 입도(入道)의 앞 방편[前方便]으로서 가르쳐졌을 것이다.

　비록 입도(入道) 이전의 방편적인 가르침이지만 위의 입장은 선정일 때 지혜인 바른 삼매가 아닌 것이니, 북종 신수선사를 '법문은 점교이며 스승에게 이음은 곁가지[法門是漸 師承是傍]'라고 비판한 하택선사는 다음과 같이 간심간정(看心看淨)의 잘못됨을 지적한다.

　　문: 왜 마음을 보지 않습니까?
　　답: 보는 것이 곧 이 허망함이니, 허망함이 없으면 곧 볼 것이 없다.
　　문: 왜 고요함을 보지 않습니까?
　　답: 때가 없으면 곧 깨끗함도 없으니, 깨끗함 또한 모습이다. 그러므
로 깨끗함을 보지 않는다.

　　問 何不看心
　　答 看卽是妄 無妄卽無看
　　問 何不看淨
　　答 無垢卽無淨 淨亦是相 是以不看

2. 돈교문의 바른 선정을 제시함〔提示頓敎門之正定〕

좌선의 뜻을 풀이하여 바른 선정을 드러냄〔釋坐禪義顯示正定〕

대사께서 대중에게 가르쳐 보이셨다.

"선지식이여, 무엇을 좌선이라 하는가? 이 법문(法門) 가운데는 막힘도 없고 걸림도 없으니, 밖으로 모든 선·악의 경계에 대해서 물든 생각을 일으키지 않음을 앉음〔坐〕이라 하고, 안으로 자신의 성품이 움직이지 않음을 보는 것을 선〔禪〕이라 한다."

師示衆云 善知識 何名坐禪 此法門中 無障無礙 外於一切善惡境界 心念不起 名爲坐 內見自性不動 名爲禪

해 설

참된 앉음〔坐〕은 다만 몸으로 앉아 있음이 아니라 모든 모습과 모든 객관대상에 막히거나 걸리지 않음이다. 이는 모든 움직임 속에서 고요함이며 모습에서 모습 떠남이니, 이것이 참으로 앉아 있음이다.

모습은 모습인 모습이 아니라 생각인 모습이니 모습에서 모습 떠나면 곧 생각에서 생각 떠나 생각하되 생각이 없게 된다. 그러므로 혜능선사는 이를 '안으로 자기 성품이 움직이지 않음을 보는 것'이라 하고 이것을 바로 선(禪)이라 한다.

『법화경』에서는 참된 앉음이란 여래의 방에 들어가 여래의 자리에 앉음이라고 하며, 그 여래의 자리〔如來座〕란 모든 법이 공함〔諸法空〕이라고 하여 다음과 같이 가르친다.61)

---

61) 『법화경』은 다음과 같이 가르친다 : 若人說此經 應入如來室 著於如來衣 而坐如來座 處衆 無所畏 廣爲分別說 大慈悲爲室 柔和忍辱衣 諸法空爲座 處此爲說法

만약 어떤 사람이 이 경을 설하려면 마땅히 여래의 방에 들어가 여래의 옷을 입고 여래의 자리에 앉아야 대중 가운데 있되 두려움이 없이 널리 분별하여 연설할 것이다.

크나큰 자비가 여래의 방이고, 부드럽고 잘 참음이 옷이며, 모든 법이 공함이 자리가 되니, 여기에서 대중을 위해 법을 설해야 한다.

선정의 뜻을 풀이하여 참된 선정을 보임〔釋禪定義卽顯眞定〕

"선지식이여, 무엇을 선정(禪定)이라 하는가? 밖으로 모습을 떠남이 선(禪)이 되고, 안으로 어지럽지 않음이 정(定)이 된다.

밖으로 만약 모습을 집착하면 안의 마음이 곧 어지러워지며, 밖으로 만약 모습을 떠나면 마음이 곧 어지럽지 않아서 본성품이 스스로 깨끗하고 스스로 안정된다. 다만 객관경계를 보고 경계를 생각하면 곧 어지러워지니, 만약 여러 객관경계를 보더라도 마음이 어지럽지 않으면 이것이 참된 선정[眞定]이다.

선지식이여, 밖으로 모습 떠나면 곧 선이고, 안으로 어지럽지 않으면 곧 정이 되니, 밖의 선[外禪]과 안의 정[內定]이 바로 선정이다.

이에 『보살계경(菩薩戒經)』에서는 '나의 본성품이 본래 스스로 깨끗하다'고 했으니, 선지식이여 생각 생각 가운데 스스로 본성품의 깨끗함[本性淸淨]을 보아 스스로 닦고 스스로 행하면 스스로 깨달음의 길 이룰 것이다."

善知識 何名禪定 外離相爲禪 內不亂爲定 外若著相 內心卽亂 外若離相 心卽不亂 本性自淨自定 只爲見境思境卽亂 若見諸境心不亂者 是眞定也 善知識 外離相卽禪 內不亂卽定 外禪內定 是爲禪定 菩薩戒經云 我本性元 自淸淨 善知識 於念念中 自見本性淸淨 自修 自行 自成佛道

해 설

안의 마음과 밖의 경계가 따로 있는 것이 아니라 마음일 때 법계는 오직 마음이니, 안에 물든 마음이 나면 바깥 경계가 따라 물들고, 바깥 경계를 실로 있는 것으로 보면 안의 마음이 경계에 얽매이고 경계에 물들여진다.

그러나 바깥 경계의 모습에서 모습을 떠나면 객관경계가 공하고, 객관이 공하므로 안의 마음이 고요해진다. 다시 안의 마음에서 마음을 떠나면 안의 마음이 공하고, 안의 마음이 공하므로 경계의 실체성이 따라 사라진다. 이렇게 밖의 선[外禪]과 안의 정[內定]이 함께 이루어지면 이를 혜능선사는 선정이라 한다.

선정은 곧 마음이 마음에 머물지 않고[心不住心] 법이 법에 머물지 않음[法不住法]을 통달하여, 안으로 얻을 것 없고 밖으로 구할 것 없는 곳에서 구현되니, 이를 혜능선사는 '안과 밖이 밝게 사무침[內外明徹]'이라 하고, '스스로 본성품의 청정함을 보아 스스로 깨달음의 길을 이룸[自見本性 淸淨 自成佛道]'이라 한다.

제6장 모습 없는 참회

반야의 진실한 법 뒤바뀌지 않으니
망상과 망상 끊는 관마저 다 사라져야
언어의 법 모두 다 깨끗이 없어지리.
언어의 법 모두 다 깨끗이 없어져야
한량없는 모든 죄업 남김없이 사라져
깨끗한 마음 언제나 한결 같으리니
이와 같이 높고 높아 미묘한 사람이
항상 밝은 반야를 볼 수 있게 되리라.

般若波羅密　實法不顛倒
念想觀已除　言語法皆滅
無量衆罪除　清淨心常一
如是尊妙人　則能見般若

- 모습없는 참회에 관한 대지도론의 게송 -

1. 오분법신향과 모습 없는 참회를 설하시다〔五分香及無相懺〕

자리에 올라 대중을 위해 모습 없는 참회법을 주다〔陞座爲衆授無相懺〕

어느 때 대사께서는 광주(廣州)와 소주(韶州)의 두 고을과 사방에서 선비와 백성이 산중에 함께 모여 법 듣고자 함을 보시고는 자리에 올라 대중에게 말씀하셨다.

"오라! 여러 선지식들이여, 이 일은 반드시 자신의 성품 가운데를 따라 일어나니 어느 때나 생각 생각 스스로 그 마음을 깨끗이 하고 스스로 닦고 스스로 행하면, 자기의 법신(法身)을 보고 자기 마음의 붇다[自心佛]를 보아 스스로 건지고 스스로 경계하여 구태여 여기까지 올 것이 없음을 비로소 얻게 될 것이다.

그러나 이미 멀리서 와 여기 함께 모인 것은 모두 법에 인연이 있음이다. 이제 각각 무릎 꿇도록 하라. 먼저 자신의 성품 속에서 피어나는 다섯 가지 법신의 향[自性五分法身香]을 전해주고 다음 모습 없는 참회법[無相懺悔]을 주겠다."

時大師 見廣韶泊四方士庶 駢集山中聽法 於是 陞座告衆曰

來 諸善知識 此事須從自性中起 於一切時 念念自淨其心 自修其行 見自己法身 見自心佛 自度自戒 始得不假到此

旣從遠來 一會於此 皆共有緣 今可各各胡跪 先爲傳自性五分法身香 次授無相懺悔

해 설

『육조단경(六祖壇經)』을 『단경』이라 이름함은 계단(戒壇)에서 대중에게 삼귀의계와 사홍서원을 주며 설법하신 단어(壇語)임을 뜻한다.

신수선사가 장안에 들어가 국사가 되어 화려한 제도불교(帝都佛敎)를 구가하고 있을 때, 혜능선사는 수도 장안에서 보면 변방이라 할 수 있는 광주(廣州)와 소주(韶州)에서 광범한 평민 대중들에게 일상생활 속에서 쉽게 받아지녀 실천할 수 있는 생활선(生活禪)과 생활 불교를 제창한다.

그리고 혜능선사는 누구나 알아들을 수 있는 일상의 언어로 선(禪)과 일상생활이 다름이 없고, 귀의(歸依)하고 참회(懺悔)하며 발원(發願)하는 생활이 선(禪)과 둘일 수 없음을 보인다.

이러한 선사의 모습은 대중이 전혀 알아들을 수 없는 언어로 선(禪)을 생활 밖의 오묘한 도리로 설명하거나 '조사선 가풍'을 불교 밖에 따로 있는 것으로 제창하는 말폐의 선풍과는 같지 않다.

오분법신향의 뜻을 해설하다〔解說五分法身香義〕

대중이 무릎 꿇으니 대사는 말씀하셨다.

"첫째는 계향(戒香)이니, 곧 자신의 마음 속에 그름이 없고 악함이 없으며, 시샘이 없고 탐냄과 성냄이 없으며, 빼앗고 해칠 뜻이 없으면 그것을 계의 향이라 한다.

둘째는 정향(定香)이니, 곧 좋고 나쁜 객관경계를 보더라도 스스로의 마음이 어지럽지 않으면 그것을 정의 향이라 한다.

셋째는 혜향(慧香)이니, 곧 스스로의 마음이 걸림 없어서 늘 지혜로 자신의 참성품[自性]을 살펴보아 여러 가지 나쁜 일 짓지 않고, 비록 뭇 좋은 일을 실천하되 마음으로 집착하지 않으며, 윗사람 공경하고 아랫사람 보살피며, 외롭고 가난한 이들 불쌍히 여기면 그것을 혜의 향이라 한다.

넷째는 해탈향(解脫香)이니, 곧 스스로의 마음에 물들게 아는 바가 없어서[無所攀緣] 선도 생각하지 않고 악도 생각하지 아니하여 자재해 걸림 없으면 그것을 해탈의 향이라 한다.

다섯째는 해탈지견향(解脫知見香)이니, 곧 스스로의 마음에 이미 선악의 경계에 대해 물들게 아는 바가 없되, 공함에 빠지거나 고요함을 지키지 [沈空守寂] 않고 반드시 널리 배우고 많이 들으며, 스스로의 머묾 없는 참 마음을 알아 모든 부처님의 이치를 통달하고, 빛을 누그러뜨려 사물을 만나되[和光接物] 나도 없고 너도 없이[無我無人] 곧바로 보리의 참성품이 바뀌지 않는 데 이르르면 그것을 해탈지견의 향이라 한다.

　선지식이여, 이 향은 각기 스스로 안으로 풍기는 것이니 밖을 향해 찾지 말라."

　衆胡跪 師曰 一戒香 卽自心中 無非無惡 無嫉妒 無貪瞋 無劫害 名戒香
　二定香 卽覩諸善惡境相 自心不亂 名定香
　三慧香 自心無礙 常以智慧觀照自性 不造諸惡 雖修衆善 心不執著 敬上 念下 矜恤孤貧 名慧香
　四解脫香 卽自心無所攀緣 不思善 不思惡 自在無礙 名解脫香 五解脫知 見香 自心旣無所攀緣善惡 不可沈空守寂 卽須廣學多聞 識自本心 達諸佛 理 和光接物 無我無人 直至菩提 眞性不易 名解脫知見香
　善知識 此香各自內薰 莫向外覓

해 설

　선종의 조사가 '붇다의 심인[佛心印]'을 전한 이라면 조사의 가르침[祖 師禪]은 결코 붇다의 가르침과 둘일 수 없다. 『잡아함경』 「존중경」에 보면 붇다는 성도하신 지 얼마 되지 않을 때, 우루벨라 숲에서 스스로 깨 친 법에 대한 공경을 다섯 가지 진리의 향을 통해 다음과 같이 술회한다.

　　어떤 하늘이나 악마, 브라만, 사문 브라마나, 하늘신이나 세상사람 에서도 내가 갖춘 계율보다 낫고, 삼매와 지혜, 해탈과 해탈지견보다 나아서 나로 하여금 공경하고 존중하며 받들어 섬기게 하여 그것을 의 지해 살 만한 것은 없다.
　　오직 바른 법이 있어서 나로 하여금 스스로 깨쳐 삼먁삼붇다를 이룩

하게 하였다. 나는 그것을 공경하고 존중하며 받들어 섬기고 그것을
의지해 살아가겠다.

왜냐하면 과거의 여래 올바로 깨달은 이도 바른 법을 공경하고 존중
하며 받들어 섬겨 그것을 의지해 살았고, 미래의 여래 올바로 깨달은
이도 바른 법을 공경하고 존중하며 받들어 섬기고 공양하며 그것을 의
지해 살 것이기 때문이다.

계·정·혜·해탈·해탈지견으로 표현된 바른 법은, 붇다가 모든 소외
된 대상에 대한 믿음과 우러름을 부정하고 참된 귀의처로 제시한 진리의
세계이다.

계·정·혜·해탈·해탈지견의 실천 속에서 모든 모습은 모습 아닌 모
습이 되고, 모습을 아는 마음도 마음 아닌 마음이 되니, 바른 법에 대한
공경은 진리의 대상화와 진리의 내면화를 함께 넘어선다.

바른 법은 연기되고 있는 존재의 실상(實相)이자 실상 그대로의 삶의
지혜[如實知]이니, 과거의 붇다도 여기에 의지해 위없는 깨달음을 성취했
고, 현재의 붇다도 여기에 의지해 깨달음을 이루며, 미래의 붇다도 여기에
의지해 해탈언덕에 오를 것이다.

선정(禪定)은 연기이므로 공한 존재의 실상에 부합된 삶의 평화이며,
다섯 가지 진리의 향 가운데 지혜(智慧)는 공에 머묾 없이 공하기 때문에
연기되는 존재의 모습을 비춰낸다. 곧 앎이 없이 앎을 지혜라 한다면, 선
정은 알되 앎이 없음이니, 바른 선정은 지혜 그대로 선정이며, 참지혜는
선정 그대로의 지혜이다.

선정과 지혜가 하나 되면 그 생활은 활동하되 고요하고 고요하되 고요
함에도 머묾 없으니, 선정과 지혜가 하나된 삶의 질서와 막힘 없는 해탈의
활동을 계(戒)라 한다. 달리 말하면 선정이 법신의 고요함이라면, 지혜는
법신이 어둡지 않은 반야며, 계율은 반야가 막힘 없으므로 일어나는 해탈
의 활동이다.

그러므로 오분법신향은 계·정·혜 삼학 다음에 해탈을 놓고 있으니,

이는 정혜가 쌍수[定慧雙修]되고 지관이 함께 행해질 때[止觀俱行] 계·
정·혜의 원인에 의해 해탈의 결과가 일어남을 뜻한다. 그러나 해탈의 활
동에는 원래 나[我]라는 모습과 내 것[我所]이라는 모습, 있음[有]의 모습,
공(空)의 모습이 끊어졌으니, 해탈의 활동은 자기 안에 닫혀진 행위가 아
니다.

　참된 해탈의 행위 속에서는 나의 행위가 모두에 회향되고 법계에 회향
[法界廻向]되니, 이것이 해탈지견(解脫知見)이다. 그래서 혜능선사는 선
악의 경계에 막힘 없이 스스로 자재함을 해탈이라 하고, 그러한 해탈의
활동이 나와 남이 없이 모든 이와 온갖 것에 회향되지만 늘 보리의 참성품
을 떠나지 않는 것을 해탈지견향이라 이름한다.

죄장을 없애주기 위해 모습 없는 참회법을 주다〔爲滅罪障授無相懺〕

　"이제 그대들에게 모습 없는 참회법을 주어 과거, 현재, 미래의 죄를 없
애고 몸과 입과 뜻의 세 가지 업[身·口·意 三業]이 깨끗해지도록 하겠다.
　선지식이여, 각기 내 말을 따라 한 때 같이 말하라.

　제자들은 앞 생각과 지금의 생각 나아가서는 뒷 생각을 좇아 생각 생각
어리석음과 헤매임에 물들지 않겠습니다.
　앞에 있어온 나쁜 업인 어리석음과 헤매임 등의 모든 죄 다 참회하오니,
그 죄들 한 때에 녹아 없어져 다시는 길이 일으키지 않아지이다.
　제자들은 앞 생각과 지금의 생각 나아가서는 뒷 생각을 좇아 생각 생각
교만함과 속임에 물들지 않겠습니다.
　앞에 있어온 나쁜 업인 교만함과 속임 등의 모든 죄 다 참회하오니, 그
죄들 한 때에 녹아 없어져 다시는 길이 일으키지 않아지이다.
　제자들은 앞 생각과 지금의 생각 나아가서는 뒷 생각을 좇아 생각 생각
시새워 미워함에 물들지 않겠습니다.

앞에 있어온 나쁜 업인 시새워 미워함 등의 모든 죄 다 참회하오니, 그 죄들 한 때에 녹아 없어져 다시는 길이 일으키지 않아지이다.

선지식이여, 위에 말한 것이 바로 모습 없는 참회법이다. 그런데 무엇을 돌아보아 뉘우침[懺]이라 하고 무엇을 내다보아 뉘우침[悔]이라 하는가?

돌아보아 뉘우침[懺]이란 앞에 지은 허물을 돌아보아 뉘우침이니, 앞에 지은 나쁜 업인 어리석음과 헤매임 교만함과 속임, 시새워 미워함 등의 죄를 모두 다 뉘우쳐서 다시는 길이 일어나지 않게 하므로 그것을 돌아보아 뉘우침이라 한다.

내다보아 뉘우침[悔]이란 뒤에 일어날 허물을 미리 내다보아 뉘우침이니, 지금부터 앞으로 있을 수 있는 나쁜 업인 어리석음과 헤매임, 교만함과 속임, 시새워 미워함 등의 죄를 이제 이미 깨우쳐서 모두 다 길이 끊어 다시 짓지 않으므로 그것을 내다보아 뉘우침이라 한다.

그러므로 앞일 돌아보아 뉘우치고 뒷일 내다보아 뉘우침을 참회라 말한다.

범부는 어리석고 헤매므로 다만 앞의 허물을 돌아보아 뉘우칠 줄은 알지만 뒤의 허물 내다보아 뉘우칠 줄 모른다. 내다보아 뉘우칠 줄 모르므로 앞의 허물이 없어지지 않고 뒤의 허물이 또 생긴다. 앞의 허물이 이미 없어지지 않고 뒤의 허물이 또 생기는데 어찌 참회라 할 수 있겠는가?"

今與汝等授無相懺悔 滅三世罪 令得三業淸淨
善知識 各隨我語 一時道
弟子等 從前念今念及後念 念念不被愚迷染 從前所有惡業愚迷等罪
悉皆懺悔 願一時消滅 永不復起
弟子等 從前念今念及後念 念念不被憍誑染 從前所有惡業憍誑等罪
悉皆懺悔 願一時消滅 永不復起
弟子等 從前念今念及後念 念念不被嫉妬染 從前所有惡業嫉妬等罪

悉皆懺悔 願一時消滅 永不復起

善知識 已上是爲無相懺悔 云何名懺 云何名悔

懺者 懺其前愆 從前所有惡業 愚迷憍誑嫉妬等罪 悉皆盡懺 永不復起 是名爲懺

悔者 悔其後過 從今已後 所有惡業 愚迷憍誑嫉妬等罪 今已覺悟 悉皆永斷 更不復作 是名爲悔 故稱懺悔

凡夫愚迷 只知懺其前愆 不知悔其後過 以不悔故 前罪不滅 後過又生 前罪旣不滅 後過復又生 何名懺悔

해 설

끊어야 할 죄업의 모습이 본래 공하기 때문에, 죄업을 끊되 끊음이 없기 때문에 모습 없는 참회[無相懺]라 한다.

지금 끊어야 할 죄업의 모습이 보장(報障 : 잘못된 행위의 결과로 주어진 삶의 장애)이라면, 보장의 원인이 업장(業障 : 삶을 소외시키는 행위의 장애)이며, 업장을 일으키는 근본요인은 번뇌장(煩惱障 : 반야를 가로막는 무명)이다. 번뇌장에 의해서 업장이 일어나고, 업장에 의해서 보장이 일어나며, 보장이 다시 번뇌장을 일으키므로 번뇌장, 업장, 보장은 모두 변치 않는 실체가 아니다.

그러므로 참회란 단순히 잘못된 행위를 조금씩 개선해가는 것으로 완성되지 않고, 반야에 돌아감으로써 죄업의 뿌리가 본래 없는 줄[罪業本空] 요달하고, 과거·현재·미래로 이어지되 실로 옮겨감이 없는[遷而不遷] 인간행위와 역사의 본질을 통달함으로써 이루어진다.

혜능선사는 참회 가운데서 참(懺)을 지난 일을 돌아보아 지난 잘못을 다시 짓지 않음이며, 회(悔)를 다가올 일을 내다보아 앞으로 있을 허물을 미리 끊는 것이라 가르친다. 이 뜻은 초기불교의 사정근(四正勤 ; catvāri-samyak-prahāṇāni)에 해당되니, 사정근이란 첫째 이미 생긴 악은 다시 생기지 않게 하고, 둘째 아직 생기지 않은 악은 생겨나지 않게 하며, 셋째 이미 생긴 선은 더욱 자라게 하고, 넷째 아직 생기지 않은 선은 생겨나게 함이다.

잘못된 행위는 다시 생기지 않게 하고 옳은 일은 늘 생겨나게 한다는 사정근의 정신은 지금 지은 어떤 행위의 모습이 실로 있다는 집착을 일으켜서도 실로 없다는 집착을 일으켜서도 구현되지 않는다. 지금 지은 잘못된 행위가 실로 있음이 아니기 때문에 그 잘못에 매몰되어 자책에 떨어져서도 안되지만, 그 잘못이 실로 없음이 아니기 때문에 이미 지은 잘못을 반성 없이 반복해서도 안된다. 또한 지금 지은 옳은 행위가 실로 있음이 아니기 때문에 한번 지은 옳은 일에 자만해서도 안되지만, 그 옳은 행위가 실로 없음이 아니기 때문에 그 옳음을 토대로 옳은 일을 늘려가고 발전시켜야 한다.

과거의 마음, 현재의 마음, 미래의 마음이 서로 이어지는 과정 속에서 과거의 마음은 실로 있는 것이 아니기 때문에 과거의 마음이 부정되고 현재의 마음이 생겨나지만, 과거의 마음이 실로 없음이 아니기 때문에 현재의 마음은 과거의 마음을 토대로 일어난다.

그러므로 과거에 지은 잘못을 살펴 그 뿌리가 공한 줄 사무쳐 보는 곳에서 모든 죄의식과 죄업의 그림자를 떨쳐내되, 공에 떨어짐 없이 다시 잘못을 반복하지 않고 늘 상황에 맞는 창조적인 일을 지어가는 자, 그가 참된 참회행자라 할 것이다.

『십주비바사론(十住毘婆沙論)』은 스스로 지은 잘못을 참회함으로써 창조적으로 전진해가는 보살의 삶을 다음과 같이 노래한다.

> 이미 생긴 악한 법 끊는 모습은
> 독한 뱀을 없애는 것과도 같고
> 아직 나지 않은 악 끊는 모습은
> 흐르는 물 미리 막는 것과 같아라.
> 이미 생겨난 선을 늘려가는 것
> 단 과일의 싹에 물을 대줌과 같고
> 아직 나지 않은 선 나게 하는 것
> 나무를 뚫어 불을 냄과도 같아라.

斷已生惡法　猶如除毒蛇
斷未生惡法　如預防流水
增長已生善　如漑甘果栽
未生善爲生　如鑽木出火

2. 사홍서원을 발하고 모습 없는 귀의 계를 주다〔與衆發願授無相戒〕

법 듣는 대중과 함께 사홍서원을 발하다〔與聽法衆發四弘誓願〕

"선지식이여, 이미 참회하여 마쳤으면 선지식과 더불어 네 가지 넓고 큰 서원[四弘誓願]을 발하겠다. 각기 반드시 마음을 써서 바로 들으라.

자기 성품 속의 중생 가 없지만 서원코 건지리.
자기 성품 속의 번뇌 다함 없지만 서원코 끊으리.
자기 성품 속의 법문 한량 없지만 서원코 배우리.
자기 성품 속의 불도 위 없지만 서원코 이루리.

선지식이여, 여러분들은 '중생이 끝이 없지만 서원코 건지리라'고 어찌 말하지 않겠는가? 이렇게 말하면 이는 혜능이 말한 건짐의 뜻이 아니다.

선지식이여, 마음 가운데 중생이란 삿되게 헤매는 마음, 헛되이 속이는 마음, 좋지 못한 마음, 시새워 미워하는 마음, 악독한 마음 등 이러한 마음이 모두 다 중생이니, 각기 반드시 자기 자신[自性]을 스스로 건지면 이것을 참된 건짐[眞度]이라 한다.

무엇을 자기 자신을 스스로 건짐이라 하는가? 곧 자기 마음 속 삿된 견해와 번뇌, 어리석음의 중생을 바른 견해로 건지는 것이다. 이미 바른 견해가 있으면 반야 지혜로 하여금 어리석음과 헛된 헤매임 등 마음 속의 중생을 깨뜨리게 하여 각각 스스로 건진다. 삿됨이 오면 바름으로 건지고 헤매임이 오면 깨달음으로 건지며, 어리석음이 오면 지혜로움으로 건지고 악함이 오면 선함으로 건지니, 이처럼 건지는 것을 참된 건짐이라 한다.

또 '번뇌가 끝 없지만 서원코 끊으리'라는 것은 자기 성품의 반야 지혜로 허망한 생각과 마음을 없애버림이 이것이다.

또 '법문이 다함 없지만 서원코 배우리'라는 것은 반드시 스스로 참성품 보아 늘 바른 법 행하는 것이니 그것을 참된 배움이라 한다.

또 '위없는 불도를 서원코 이루리'라는 것은 이미 늘 마음을 낮춰 참되고 바름을 행할 수 있으므로 어리석음을 떠나고 깨달음마저 떠나[離迷離覺] 늘 반야를 내며, 참됨[眞]도 없애고 허망함[妄]도 없애서 곧 불성을 보고 말 아래 단박 깨달음의 길을 이룸이다.

이와 같은 바른 수행을 늘 생각하면 이것이 바로 큰 원력(願力)의 법이 다."

善知識 旣懺悔已 與善知識發四弘誓願 各須用心正聽

自性衆生無邊誓願度
自性煩惱無邊誓願斷
自性法門無盡誓願學
自性佛道無上誓願成

善知識 大家豈不道衆生無邊誓願度 恁麼道 且不是惠能度 善知識 心中衆生 所謂邪迷心誑妄心不善心嫉妬心惡毒心 如是等心 盡是衆生 各須自性自度 是名眞度

何名自性自度 卽自心中邪見煩惱愚癡衆生 將正見度 旣有正見 使般若智打破愚癡迷妄衆生 各各自度 邪來正度 迷來悟度 愚來智度 惡來善度 如是度者 名爲眞度

又煩惱無邊誓願斷 將自性般若智除却虛妄思想心是也 又法門無盡誓願學 須自見性 常行正法 是名眞學 又無上佛道誓願成 旣常能下心 行於眞正 離迷離覺 常生般若 除眞除妄 卽見佛性 卽言下佛道成 常念修行是願力法

해 설

반야(prajñā)가 중생의 허위의식 너머에 있는 것이 아니라 허위의식을 이루고 있는 허망한 경계[妄境界]와 허망하게 물들이는 생각[妄念]의 지양이듯, 보살의 자비는 중생의 미워하고 화내는 마음의 새로운 전환이며, 보살의 크나큰 원[大願]은 중생의 탐욕과 애착이 머뭄 없고 닫혀짐 없는 마음으로 돌이켜질 때 발현된다.

중생은 중생이 아니라 여래장인 중생이다. 그런데 왜 중생이 나고 죽음의 얽매임 속에 빠지는가. 중생은 대상을 향한 실체적인 집착으로 인해 끝없이 대상을 내 것으로 구하고, 그 구함이 채워지지 못할 때 좌절한다. 그리하여 있음과 없음, 나고 죽음의 굴레에 갇히게 된다.

그에 비해 치우친 수행자[二乘]들은 공함으로 깨달음을 삼아 구할 것이 없고 원할 것이 없는 데 머무르거나 세상을 다만 관조함으로써 유아론적인 해탈을 즐긴다. 그러나 보살은 모습이 실로 있음 아닌 줄 요달함으로써 모습에 대한 실체적인 집착을 떠나고, 모습 자체가 모습 아님을 알므로 모습을 없애거나 버리지 않는다. 그러므로 그는 나고 죽음을 싫어해 버리지 않고 열반을 취해 즐거하지 않으며 나고 죽음에 물듦 없이 자비를 행한다.

그러므로 혜능선사는 '끝없는 중생을 건짐'이 내 생활 밖에 실체적인 대상으로 주어진 중생을 건지는 활동이 아니라, 자기 성품의 중생을 지혜와 자비로 돌이킴이 참된 건짐이라 말한다. 그러나 위의 말씀 또한 저 중생을 실로 있는 중생으로 보는 집착을 상대해 베풀어진 방편의 가르침이니 위의 말을 유아론적이고 주관적인 자기 마음의 구제가 구제의 완성이라고 풀이해서는 안 된다.

저 중생을 실로 있다고 보는 자도 실로 없다고 보는 자도 참된 성품을 본 자가 되지 못하니, 참된 성품을 본 자는 티끌 수 중생을 건져도 실로 건짐이 없고, 실로 건짐이 없되 널리 자비의 문을 여는 자이다.

중생은 나와 남을 실로 있는 것으로 집착하여 남을 향해 끝없이 미움과 사랑을 일으키는 자라면, 치우친 수행자는 나와 남이 공한 것으로 깨달음을 삼아 세상을 향한 자비행을 일으키지 않는 자이다. 그러나 보살은 나와 남의 중도실상을 깨달아 건짐 없이 중생을 건지며, 함이 없는 법에 머물지 않고 함이 있는 법을 다하지도 않는다.

이 뜻을 혜능선사는 '어리석음을 떠나고 깨달음마저 떠남'이라고 하니, 어리석음을 떠난다는 것은 이 세간의 모습에 탐착하지 않음이요, 깨달음마저 떠남이란 깨달음이 모습 너머에 있지 않으므로 모습 밖에 따로 깨달음을 구하지 않음이다. 곧 보살은 모습이 공한 줄 알아 구함 없고 원함이 없되 공도 공한 줄 알아 지음 없는 크나큰 원력으로 역사를 장엄하는 자이니, 천태선사의 『법계차제초문(法界次弟初門)』은 다음과 같이 네 가지 넓고 큰 서원(四弘誓願)을 말한다.62)

> 이제 보살은 잘 사제, 십이인연을 통달함으로 온갖 중생을 연민히 여겨 아들처럼 생각한다. 그러므로 중생을 위해 오래도록 나고 죽음 속에 처할 수 있으며, 온갖 사람을 짊어지고 함께 니르바나에 들어갈 마음을 낸다. 이에 반드시 크나큰 서원으로 장엄하여 마음을 물러서지 않게 해야 한다.
>
> 끝없는 중생 서원코 건지며, 다함 없는 번뇌 서원코 끊으며, 한량 없는 법문 서원코 배우며, 위없는 불도 서원코 이루리라는 이 네 가지를 모두 넓은 서원이라 말하는 것은 널리 두루하는 인연을 넓음(弘)이라 말하고, 그 뜻을 스스로 다지는 것을 뜻 세움(誓)이라 말하며, 간절한 뜻으로 만족함을 구하므로 원(願)이라 한다.

보살의 서원은 이처럼 나와 중생이 공함을 요달하였으되 공에 머묾 없이 중생을 보리의 길로 이끌어들이고, 우리들의 삶의 터전을 정토의 세계로 장엄해가는 크나큰 삶의 뜻이다.

그러나 자칫 다시 구해야 할 중생이 내 밖에 있고, 끊어야 할 번뇌가 실체로 있으며, 이루어야 할 불도가 실로 있다는 망집을 낼까 싶어, 다시 천태선사는 '어리석음과 탐애를 끊지 않고 모든 밝음과 해탈을 일으키라

---

62) 천태선사의 법계차제초문은 말한다 : 今菩薩善達四諦十二因緣 憐愍一切 同於子想 故能爲衆
生 久處生死 發心荷負一切共入涅槃 是以必須大誓莊嚴 要心不退也
此四通言弘誓願者 廣普之緣 謂之爲弘 自制其心 名之曰誓 志求滿足 故云願也

〔不斷癡愛 起諸明脫〕'고 가르친다. 혜능선사 또한 건져야 할 마음 밖의 중생을 세울까 싶어 '서원코 자성중생을 건지고 자성번뇌를 끊으며 자성법문을 배우고 자성불도를 이루되, 얻어야 할 참됨도 없고 버려야 할 허망함도 없다'고 말하고 있는 것이다.

자기 마음의 모습 없는 삼귀의계를 주다〔授自心無相三歸戒〕

"선지식이여, 이제 네 가지 큰 서원을 발하였으니 다시 선지식에게 모습 없는 삼귀의계[無相三歸依戒]를 주겠다.

선지식이여, 깨달아 두 가지 갖춘 분[佛]께 귀의하며, 올바라 욕심 떠난 법[法]에 귀의하며, 깨끗하여 무리 가운데 높은 이[僧]께 귀의할 것이니, 오늘부터는 깨달음으로 스승 삼아 다시 삿된 마[邪魔]와 바깥 길 걷는 자[外道]들에 귀의하지 말고 자기 성품의 삼보[自性三寶]로써 늘 스스로 증명하라.

선지식에게 권하여 자기 성품의 삼보께 귀의케 하니, 붇다란 깨달음이며 법이란 바름이고 승가란 깨끗함이다.

스스로의 마음이 깨달음에 귀의하면 삿된 헤매임이 생겨나지 않고, 욕심을 줄이고 만족함을 알아 재물과 탐욕을 떠날 수 있게 되니, 이것을 복과 지혜 두 가지 갖춘 분[兩足尊]이라 한다.

스스로의 마음이 바름에 귀의하면 생각 생각 삿된 견해가 없어지고, 삿된 견해가 없으므로 너와 나를 다투어 높은 체 함도 없고 애욕의 집착도 없으니, 이것을 욕심 떠난 묘한 법[離欲尊]이라 한다.

스스로의 마음이 깨끗함에 귀의하면 온갖 번뇌 티끌과 애욕의 세계에 자신의 생활이 물들어 집착하지 않게 되니, 이것을 무리 가운데 높은 이[衆中尊]라 한다.

만약 이러한 행을 닦으면 이것이 스스로 귀의하는 것인데, 범부는 알지 못하고 낮부터 밤이 되도록 삼귀의계를 받는다. 만약 밖의 부처님께 귀의

한다고 말하면 부처님은 어느 곳에 계시는가? 만약 밖으로 부처님을 볼 수 없다면 어느 곳에 의지하여 돌아갈 것인가? 말이 도리어 허망하게 된다.

선지식이여, 각기 스스로 살피어 그 마음을 잘못 쓰지 말라. 경의 글에 분명히 '스스로의 부처님께 귀의한다'고 말씀했지 '다른 부처님께 귀의한다'고 말씀하지 않으셨으니, 스스로의 부처님께 귀의하지 않으면 의지할 곳이 없다.

이제 이미 스스로 깨쳤으니 각기 반드시 자기 마음의 삼보에 귀의하여 안으로 생활의 중심[心性]을 고르게 하고 밖으로 다른 사람을 공경하면 이것이 스스로 귀의함이다."

善知識 今發四弘願了 更與善知識授無相三歸依戒
善知識 歸依覺 兩足尊 歸依正 離欲尊 歸依淨 衆中尊
從今日去 稱覺爲師 更不歸依邪魔外道 以自性三寶常自證明
勸善知識 歸依自性三寶 佛者 覺也 法者 正也 僧者 淨也 自心歸依覺 邪迷不生 少欲知足 能離財色 名兩足尊 自心歸依正 念念無邪見 以無邪見故 卽無人我貢高 貪愛執著 名離欲尊 自心歸依淨 一切塵勞愛欲境界 自性皆不染著 名衆中尊
若修此行 是自歸依 凡夫不會 從日至夜 受三歸戒 若言歸依佛 佛在何處 若不見佛 憑何所歸 言却成妄
善知識 各自觀察 莫錯用心 經文分明言自歸依佛 不言歸依他佛 自佛不歸 無所依處 今旣自悟 各須歸依自心三寶 內調心性 外敬他人 是自歸依也

해 설

붇다는 바른 삶의 길 찾는 이들에게 '스스로에게 귀의하고 법에 귀의하며, 스스로를 등불로 삼고 법을 등불로 삼으라(自歸依 法歸依 自燈明 法燈明)'고 가르친다. 그러므로 붇다와 붇다의 가르침에 대한 귀의와 참된 자기주체의 정립은 둘일 수 없으며, 삼보에 대한 우러름과 붇다와 법마저도 집착하지 않는 자주적인 삶은 둘이 아니다.

삼보에 복귀하는 삶은 대상에 매몰되는 삶이거나 대상을 떠나 고립된 내면에 침잠하는 삶이 아니다. 삼보에 옮겨 귀의하는 삶은 마음과 세계의 실체성을 모두 떠나되 세계를 마음인 세계로 마음을 세계인 마음으로 정립하는 삶이다. 그러므로 창조적인 인간은 삼보에 대한 귀의와 참된 주체에로의 복귀를 둘로 보지 않으니, 그 뜻을 혜능선사는 자기 성품의 삼보에 귀의한다고 말한다.

혜능선사는 붇다란 깨달음〔覺〕이고 법은 바름〔正〕이며 승보는 청정함〔淨〕이라 정의하고, 스스로의 부처님께 귀의하고 다른 부처님께 귀의하지 말라고 하니, 이는 다만 내 밖에 있는 대상을 우상화하고 생활 밖에 진리를 구하는 집착을 깨기 위해 방편으로 세운 가르침일 뿐 관념의 세계에 복귀하도록 함이 아니다.

붇다에 귀의함이란 깨달음에 돌아감이니 이는 보리회향(菩提廻向)이고, 법에 귀의함이란 실상에 돌아감이니 이는 실제회향(實際廻向)이며, 승보에 귀의함이란 관계로 주어진 우리들의 삶 속에 대립과 모순이 지양된 청정성을 구현함이니 이는 바로 중생회향(衆生廻向)이다.

그렇다면 삼보에 귀의하는 바른 뜻이란 다른 부처님에 대한 귀의를 돌이켜 내면에 돌아옴이 아니고, 나와 남, 나와 세계, 부르는 나〔能念〕와 불려지는 부처님〔所念〕이 하나이되 둘이고 둘이되 하나인 실상을 통달하여 실상 그대로의 지혜와 실상 그대로의 닫혀짐 없는 해탈의 삶을 발휘하는 일인 것이다.

한 바탕에 세 가지 몸인 자성의 부처님을 말하다〔說一體三身自性佛〕

"선지식이여, 이미 스스로의 삼보에 귀의하였으니 각각 마음을 가다듬으라. 내가 한 바탕에 세 가지 몸[一體三身]인 자기 성품의 부처님을 말하여 그대들이 세 가지 몸의 부처님을 보아 자신의 참성품을 스스로 깨닫도록 하겠다. 모두 나의 말을 따라 하라.

> 스스로의 몸 가운데 깨끗하신
> 법신(法身) 부처님께 귀의합니다.
> 스스로의 몸 가운데 원만하신
> 보신(報身) 부처님께 귀의합니다.
> 스스로의 몸 가운데 천백억의
> 화신(化身) 부처님께 귀의합니다.

선지식이여, 몸은 바로 집이니 여기에 돌아간다고는 말할 수 없으니, 세 가지 몸의 부처님은 자신의 참성품 가운데 있다. 세상 사람에게 다 있지만 스스로의 마음이 어리석으므로 안의 성품을 못보고, 밖으로 세 가지 몸의 여래를 찾아서 스스로의 몸 가운데 세 가지 몸의 부처님이 있는 줄 보지 못한다.

그대들은 내 말을 들으라. 그대들로 하여금 스스로의 몸 가운데에서 자신의 참성품에 세 가지 몸의 부처님이 있음을 보도록 하겠다. 이 세 가지 몸의 부처님은 자신의 성품[自性]을 따라 생겨남이요 밖에서 얻는 것이 아니다.

무엇을 깨끗한 법신의 부처님이라 하는가?

세상 사람의 성품이 본래 깨끗하여 만 가지 법이 본래 깨끗한 자기 성품 [自性] 따라 생겨나니, 모든 악한 일을 헤아리면 악한 행이 생겨나고 모든 착한 일을 헤아리면 착한 행이 생겨나 이러한 여러 법이 자신의 성품 가운데 있다.

그것은 마치 하늘이 늘 맑고 해와 달이 늘 밝으나 뜬구름이 덮으면 위는 밝지만 아래는 어두워지다, 문득 바람이 불어 구름 흩어지면 위 아래가 함께 밝아져 만 가지 것이 모두 나타나는 것과 같으니, 세상사람의 생활이 늘 들떠 있는 것도 저 하늘의 구름과 같다.

선지식이여, 지(智)는 해와 같고 혜(慧)는 달과 같으니, 지혜가 늘 밝지만 밖으로 경계를 집착하면 자기 생각의 뜬구름이 자신의 성품을 덮어버려 밝게 빛나지 못하게 된다. 그러나 만약 선지식을 만나 참되고 바른 법을 들으면 스스로 헤매어 허망함을 없애고 안과 밖이 밝게 사무치므로[內外明徹] 자신의 성품 가운데 만 가지 법이 모두 나타나니, 성품을 본 사람도 또한 이와 같다. 이것을 깨끗한 법신의 부처님이라 하니, 선지식이여 스스로의 마음으로 자신의 참성품에 돌아가면 이것이 참 부처님께 귀의함이다.

스스로 귀의한다는 것은 곧 자기 생활 가운데 착하지 못한 마음, 시새워 미워하는 마음, 교만한 마음, 나를 내세우는 마음, 헛되이 속이는 마음, 남을 업신여기는 마음, 남에게 뻐기는 마음, 삿된 견해, 높은 체 하는 마음과 온갖 때에 좋지 못한 행동 등을 없애버리고 늘 자신의 허물을 스스로 보고 다른 사람의 좋고 나쁜 점을 말하지 않으면 이것이 스스로 귀의함이다. 그리고 반드시 늘 마음을 낮춰 널리 공경을 행하면 곧 참성품을 보아 통달하여 다시 막혀 걸림이 없을 것이니 이것이 스스로 귀의함이다.

무엇을 원만하신 보신의 부처님이라 하는가?

비유하면 한 등이 천년의 어둠을 없앨 수 있듯이 한 지혜가 만년의 어리석음을 없앨 수 있으니, 이미 지나간 일 얻을 수 없으므로 지나간 앞 일 생각하지 말고 오지 않은 뒷일 생각지 않아서 생각 생각 두렷이 밝으면 스스로 본성품을 보게 된다.

선과 악이 비록 다르지만 그 본성품은 둘이 없으니 둘 없는 모습을 실다운 성품[實性]이라 한다. 둘 없는 실다운 성품 가운데서 선과 악에 물들지 않으면 이것을 원만하신 보신의 부처님이라 한다.

자신의 생활 속에서 한 생각 악을 일으키면 만겁의 착한 씨앗을 없애고, 자신의 생활 속에서 한 생각 착함을 일으키면 강가강 모래수 같은 악이 다함을 얻어 곧바로 위 없는 보리에 이르게 되니, 생각 생각 스스로 보아 반야의 근본 생각[本念] 잃지 않으면 그것을 보신이라 한다.

무엇을 천백억 화신의 부처님이라 하는가?

만약 만 가지 법을 생각하지 않으면 성품[性]이 본래 허공과 같지만, 한 생각 헤아리면 이것을 변화라 한다. 악한 일 헤아려 생각하면 변화하여 지옥되고, 착한 일 헤아려 생각하면 변화하여 천당되며, 독으로 해치면 변화하여 용과 뱀이 되고, 자비로우면 변화하여 보살이 되며, 지혜로우면 변화하여 높은 곳이 되고, 어리석으면 변화하여 낮은 곳이 된다.

자기 성품의 변화가 이처럼 한량없이 많은데, 헤매는 사람은 능히 깨우치지 못하고 생각 생각 악을 일으키며 늘 나쁜 길[惡道]로만 떠돌아 다닌다. 그러나 이제 한 생각 착함을 돌이켜내면 지혜가 곧 생길 것이니 이것을 자기 성품 속의 천백억 화신 부처님이라 한다.

선지식이여, 법신은 본래 갖춰 있으니 생각 생각 자신의 성품을 스스로 보면 이것이 보신의 부처님이다. 보신을 좇아 헤아려 생각하면 곧 이것이 화신의 부처님이니, 자기 성품의 공덕[自性功德]을 스스로 깨닫고 스스로 닦으면 이것이 참된 귀의다.

가죽과 살은 몸[色身]이고 몸은 바로 깃드는 집이므로 귀의한다고 말하지 않는다. 다만 자기 성품 속에 있는 세 가지 몸의 부처님을 깨달으면, 곧 자신의 성품의 부처님[自性佛]을 알게 된다."

善知識 旣歸依自三寶竟 各各志心 吾與說一體三身自性佛 令汝等見三身 了然自悟自性 總隨我道

　　　於自色身歸依淸淨法身佛

　　　於自色身歸依圓滿報身佛

　　　於自色身歸依千百億化身佛

善知識 色身是舍宅 不可言歸向者 三身佛在自性中 世人總有 爲自心迷 不見內性 外覓三身如來 不見自身中有三身佛 汝等聽說 令汝等於自身中見

自性有三身佛 此三身佛 從自性生 不從外得

何名淸淨法身佛 世人性本淸淨 萬法從自性生 思量一切惡事 卽生惡行 思量一切善事 卽生善行 如是諸法在自性中 如天常淸 日月常明 爲浮雲蓋 覆 上明下暗 忽遇風吹雲散 上下俱明 萬象皆現 世人性常浮遊 如彼天雲

善知識 智如日 慧如月 智慧常明 於外著境 被自念浮雲蓋覆自性 不得明 朗 若遇善知識 聞眞正法 自除迷妄 內外明徹 於自性中萬法皆現 見性之人 亦復如是 此名淸淨法身佛

善知識 自心歸依自性 是歸依眞佛 自歸依者 除却自性中 不善心嫉妬心 諂曲心吾我心誑妄心輕人心慢他心邪見心貢高心 及一切時中不善之行 常 自見己過 不說他人好惡 是自歸依 常須下心 普行恭敬 卽是見性通達 更無 滯礙 是自歸依

何名圓滿報身 譬如一燈能除千年暗 一智能滅萬年愚 莫思向前 已過不可 得 常思於後 念念圓明 自見本性 善惡雖殊 本性無二 無二之性 名爲實性 於實性中 不染善惡 此名圓滿報身佛 自性起一念惡 滅萬劫善因 自性起一 念善 得恒沙惡盡 直至無上菩提 念念自見 不失本念 名爲報身

何名千百億化身 若不思萬法 性本如空 一念思量 名爲變化 思量惡事 化 爲地獄 思量善事 化爲天堂 毒害化爲龍蛇 慈悲化爲菩薩 智慧化爲上界 愚 癡化爲下方 自性變化甚多 迷人不能省覺 念念起惡 常行惡道 回一念善 智 慧卽生 此名自性化身佛

善知識 法身本具 念念自性自見 卽是報身佛 從報身思量 卽是化身佛 自 悟自修自性功德 是眞歸依 皮肉是色身 色身是舍宅 不言歸依也 但悟自性 三身 卽識自性佛

해 설

혜능선사는 자기 생활 속의 삼보에 귀의케 하고, 다시 세 가지 몸〔三身〕이 한 몸인 붇다의 참된 몸을 보여 깨닫도록 한다.

다만 혜능선사는 내 생활 밖에 따로 붇다와 진리를 찾고 몸과 모습을 탐착하는 중생의 망집을 깨기 위해, 몸은 성품이 깃드는 집일 뿐 참된 부

처는 자신의 성품 가운데 있다고 말하고 있지만, 이러한 표현은 범부들의
몸의 집착을 깨기 위한 방편설이거나 『단경』 편집 과정에 나타난 치우
친 견해의 반영일 것이다.

　모습은 밖에 있고 성품은 안에 있는 것이 아니라 안의 모습〔內色〕, 밖의
모습〔外色〕, 안팎이 만나는 모습〔內外色〕이 연기된 것이라 실로 그렇다 할
것 없음이 성품이니, 성품은 모습의 성품이며 모습은 성품의 모습이다.

　이 뜻을 여래의 몸에 대입하면, 여래의 모습이 모습 아닌 성품을 법신이
라 한다면, 여래의 복덕과 지혜 모두 갖춘 거룩한 모습은 보신이며, 모습
이 모습 아니므로 일어나는 한량 없는 작용과 여래의 교화행은 화신이다.

　이 뜻을 우리들의 생활에 가져와 해석해 보면, 실로 일어남이 없으므로
사라짐이 없는 나의 삶의 터전은 법신이고, 몸과 마음이 공적하되 허무에
빠짐없이 만법을 살피는 지혜가 분명함은 보신이며, 지혜가 있되 공하므
로 발휘되는 갖가지 묘용은 화신이다.

　그러므로 늘 알되 앎이 없으면 법신에 돌아감이며, 앎이 없되 앎 없음도
없이 늘 만법을 비추면 보신에 돌아감이며, 모든 인연을 따르고 상황의
변화를 따라 갖가지 묘용을 일으키되 늘 고요하면 화신에 돌아감이다. 이
와 같은 세 몸은 세 몸이되 한 바탕〔三身一體〕이니, 그 뜻을 혜능선사는
'자기 성품 속에 있는 세 가지 몸의 부처님을 깨달으면, 곧 자신의 성품의
부처님을 알게 된다'고 말한다.

3. 모습 없는 노래로써 돈교의 참된 참회법을 거듭 말하다〔以頌重說頓敎眞懺〕

게송을 바로 설해 죄장을 없애주다〔正說偈頌消滅罪障〕

"나에게 한 모습 없는 노래[無相頌]가 있으니 외워 지닐 수 있으면 말 아래 그대들이 오랜 겁에 쌓은 어리석음의 죄를 한 때에 녹여 없앨 것이다."

노래는 이렇다.

> 어리석은 이들은 복만을 닦고
> 참된 도는 생활 속에 닦지 않아서
> 복을 지음 도라고 말해버리네.
> 보시하고 공양한 복 끝이 없지만
> 마음 속 세 가지 악 원래 짓나니
> 복을 닦아 죄를 모두 없애려 하나
> 뒷 세상 복 얻고도 죄가 남으리.
> 다만 마음 향해 죄의 인연 없애면
> 자기 생활 속의 참된 참회가 되니
> 대승의 참된 참회 문득 깨달아
> 삿됨을 다 없애고 바름 행하면
> 죄가 모두 사라져 없어지리라.
>
> 진리의 길 배우려면 자성 살피라
> 그러면 부처님과 한 무리 되니
> 우리 조사 돈교문의 이 법만 전해

널리 중생 참된 성품 모두 보아서
부처님과 한 몸 되길 원하셨도다.

오는 세상 법신을 찾고자 하면
법의 모습 모두 떠나 마음 씻고서
힘 기울여 스스로 사무쳐 보고
부질없이 그럭 저럭 노닐지 마라.
뒷 생각 갑자기 끊겨 다하면
이 한 생을 쉬어서 마치게 되니
대승법을 깨달아 성품 보려면
경건하고 공손하게 두 손 모으고
지심으로 간절히 법을 구하라.

吾有一無相頌 若能誦持 言下令汝積劫迷罪 一時消滅 頌曰

迷人修福不修道	只言修福便是道
布施供養福無邊	心中三惡元來造
擬將修福欲滅罪	後世得福罪還在
但向心中除罪緣	各自性中眞懺悔
忽悟大乘眞懺悔	除邪行正卽無罪
學道常於自性觀	卽與諸佛同一類
吾祖唯傳此頓法	普願見性同一體
若欲當來覓法身	離諸法相心中洗
努力自見莫悠悠	後念忽絶一世休
若悟大乘得見性	虔恭合掌至心求

해 설

생활 속의 죄업과 죄를 짓게 하는 마음의 뿌리는 복을 짓는 것만으로 없어지지 않는다. 죄업의 소멸은 죄(罪)와 복(福)에 붙들어 쥐어야 할 실체 없음을 통달하고 죄를 복된 일로 돌이켜 쓸 때 이루어진다.

생활 속에 죄업과 복업의 자취가 남아 있다면, 복된 일을 아무리 짓는다해도 복된 일이 다하고 죄업이 되살아날 수가 있으며, 죄와 복, 괴로움과 즐거움의 끊임없는 순환이 그치지 않게 된다.

죄에서 죄를 벗어나 다시는 죄업의 굴레에 빠지지 않으며, 복에서 복의 모습을 떠나 복을 짓되 복 짓는 자취가 없을 때, 비로소 죄의 그늘에서 벗어나 지혜와 복덕으로 역사를 장엄하고 우리가 뿌리 대고 있는 삶의 터전을 정토로 변화시킬 수 있는 것이다.

그렇다면 인연으로 일어나는 복과 죄의 모습 단박 사무쳐보는 돈교문의 지혜만이 참된 대승의 참회라 할 수 있으니, 반야가 삶 속에 현전할 때 죄업의 자취가 사라지고 생활 속에서 짓는 복은 써도 다함 없는 공덕으로 전환될 것이다. 『대지도론』의 게는 이렇게 말한다.

> 반야의 진실한 법 뒤바뀌지 않으니
> 망상과 망상 끊는 관마저 다 사라져야
> 언어의 법 모두 다 깨끗이 없어지리.
> 언어의 법 모두 다 깨끗이 없어져야
> 한량없는 모든 죄업 남김없이 사라져
> 깨끗한 마음 언제나 한결 같으리니
> 이와 같이 높고 높아 미묘한 사람이
> 항상 밝은 반야를 볼 수 있게 되리라.

> 般若波羅密　　實法不顚倒
> 念想觀已除　　言語法皆滅
> 無量衆罪除　　淸淨心常一
> 如是尊妙人　　則能見般若

게송에 의지해 수행하길 대중에게 당부하다〔當付大衆依持修行〕

대사께서 말씀하셨다.

"선지식이여, 모두 반드시 이 게송 외워 지니라. 여기 의지해 수행하여 말 아래 성품을 보면 비록 나에게서 천리나 떨어져 있더라도 늘 내 곁에 있는 것과 같지만, 이 말 아래 깨치지 못하면 얼굴을 마주하고 있어도 천리나 떨어져 있는 것이니, 어찌 힘들여 멀리서 올 것 있겠는가. 편안히 잘 가거라."

자리에 함께 한 대중이 법을 듣고 깨달음을 열지 않은 자 없었으니, 모두 기뻐하여 받들어 행하였다.

師言 善知識 總須誦取 依此修行 言下見性 雖去吾千里 如常在吾邊 於此言下不悟 卽對面千里 何勤遠來 珍重好去
一衆聞法 靡不開悟 歡喜奉行

해 설

참된 진리의 스승과 그를 따르는 제자의 모습은 이해관계를 함께 하는 자이거나 닫혀진 모습으로 서로 마주하는 자들이 아니라 선정과 반야 속에 함께 하는 자들이다.

그러므로 선정과 반야가 삶의 터전이 되고 삶의 활력이 되면 몸으로 함께 않더라도 늘 같이 있는 것이지만, 뜻이 다르고 삶의 길이 다르면 비록 같이 있어도 함께 있음이 아니다.

그처럼 진리의 뜻 안에서 스승을 우러르는 자, 그는 스승의 모습을 눈으로 직접 대면해도 봄이 없고 마주함이 없으며, 스승과 멀리 떨어져 그 모습 서로 볼 수 없어도 실로 보지 않음도 없는 것이다.

제7장 제자들과 문답한 기연

법화경을 삼천부 읽어 외움이
조계의 한 구절에 다 없어졌네.
부처님이 나신 뜻 못 밝힌다면
오랜 생의 미친 뜻 어찌 쉬리요.
양과 사슴, 소의 수레 방편 베풀어
처음과 가운데와 끝이 다 좋은
한 맛의 바른 법 잘 드날리었네.
뉘라 알리 삼계의 불난 집 속이
원래부터 진리의 왕이라는 것을.

― 혜능조사의 가르침 받고 깨친 법달선사의 게송 ―

1. 오조께서 그치고 숨으라 한 부촉을 이루다〔遂成五祖止藏之 喝〕

대사께서 황매로부터 법을 얻고 돌아와 소주 조후촌에 이르니 아무도 아는 사람이 없었다.

유가의 선비 유지략(劉志略)이라는 이가 있어 매우 두텁게 예우하였다. 지략에게 고모가 있어 비구니가 되었는데, 이름이 무진장(無盡藏)이었다. 늘 『대열반경(大涅槃經)』을 외웠는데 대사께서 잠깐 듣고 곧 묘한 뜻을 아시고 드디어 그를 위해 풀이해 주었다. 비구니가 책을 들고 와서 글자를 물었다. 대사께서 말씀하셨다.

"글자는 모르지만 뜻은 물어보시오."

비구니가 말했다.

"글자도 모르는데 어떻게 뜻을 알 수 있겠습니까?"

대사께서 말씀하셨다.

"모든 부처님의 묘한 이치는 문자에 관계없소."

비구니가 놀라 달리 여겨서 마을 가운데 나이 들고 덕 높은 이들에게 널리 말했다.

"이 분은 반드시 도 있는 분이니 잘 받들어 모셔야 한다."

위무후(魏武侯)의 먼 후손[系孫] 되는 조숙량과 주민들이 다투어 와서 우러러 절하였다. 그 무렵 보림의 옛절은 수나라 말엽의 전쟁통에 불타 이미 없어졌는데, 옛터에 도량을 다시 세워 대사를 맞아 거기 계시게 하니 얼마 안되어 절[寶坊]이 이루어졌다.

대사께서 여기 머문 지 아홉달 남짓 되어 또 악한 무리들에게 쫓기게 되었다. 대사께서 이에 앞산에 숨으셨는데 그들이 불을 놓아 풀과 나무를 태워버렸다. 대사께서는 돌 가운데를 밀고 들어가 몸을 숨기어 어려움을 피하셨다. 돌에는 지금도 대사가 가부좌하여 앉은 무릎 자취와 옷자락 무늬가 있어서 그 돌을 피난석이라 한다.

대사께서는 오조께서 회(懷)를 만나면 머물고 회(會)를 만나면 숨으라고 하신 부촉을 기억하시고, 드디어 그 부촉을 행하여 회집현(懷集縣)과 사회현(四會縣)에서 숨으셨던 것이다.

師自黃梅得法 回至韶州曹侯村 人無知者 有儒士劉志略 禮遇甚厚

志略有姑爲尼 名無盡藏 常誦大涅槃經 師暫聽 卽知妙義 遂爲解說 尼乃執卷問字 師曰 字卽不識 義卽請問 尼曰 字尙不識 焉能會義 師曰 諸佛妙理 非關文字 尼驚異之 遍告里中耆德云 此是有道之士 宜請供養 有魏武侯玄孫 曹叔良及居民 競來瞻禮

時寶林古寺 自隋末兵火 已廢 遂於故基重建梵宇 延師居之 俄成寶坊 師住九月餘日 又爲惡黨尋逐 師乃遁於前山 被其縱火焚草木 師隱身挨入石中得免 石今有師趺坐膝痕 及衣布之紋 因名避難石 師憶五祖懷會止藏之囑 遂行隱於二邑焉

해 설

여기서는 혜능선사께서 인종법사를 만나 구족계를 받기 전 숨어지내던 인연을 말하고 있다.

선사는 처음 황매산에서 법을 얻은 뒤 나이 서른 무렵에 소주 조후촌에 이르러 유지략(劉志略)과 의형제를 맺고 숨어지냈다. 그때 지략의 고모인 비구니 무진장에게 『열반경』의 대의를 설해준다. 조후촌의 주민들이 수나라 때 불탄 옛 절터를 다시 세워 선사로 하여금 머물게 하니, 이 도량이 나중 보림사(寶林寺)라는 이름을 받게 되었다. 선사는 이 보림사에서 3년쯤 머물다 또다시 악한 무리들에게 쫓기어 광주 사회현(四會縣)과 회집현(懷集縣)에서 사냥꾼들 사이에서 묻혀 지내니, 이것이 바로 '회(懷)를 만나면 머물고 회(會)를 만나면 숨으라(逢懷則止 遇會則藏)'고 한 오조 홍인선사의 부촉을 이룸이다.

2. 여러 큰 제자들이 조사를 찾아와 법을 물은 기연〔諸大弟子參 請機緣〕

소주 법해선사가 조사에게 찾아와 묻다〔韶州法海參請祖師〕

승려 법해(法海)는 소주(韶州) 곡강(曲江) 사람이다. 처음 조사를 뵙고 물었다.

"곧 마음 그대로가 붇다[卽心卽佛]인 뜻을 가르쳐 주십시오."

조사께서 말씀하셨다.

"앞 생각이 나지 않으면 곧 참마음이며, 뒷 생각이 사라지지 않으면 곧 붇다이다. 온갖 모습을 이룸이 곧 참마음이며 온갖 모습 떠남이 곧 붇다이니, 내가 다 갖춰 말하려면 겁을 다해도 다 말할 수 없다. 나의 게를 들으라."

곧 마음 그대로를 지혜라 하고
곧 붇다 그대로가 선정법이니
선정과 밝은 지혜 같이 지니면
그 뜻이 언제나 깨끗하리라.
나의 이 돈교 법문 깨치는 것은
닦아가는 너의 성품 말미암으나
지혜 작용 본래부터 남이 없으니
선정지혜 함께 닦음 올바름이네.
법해가 말씀 아래 크게 깨치고 게로써 찬탄하였다.
곧 마음 그대로가 원래 붇다인데
못 깨달아 스스로 낮게 살았네.
내 이제 선정 지혜 근본 알아서

선정 지혜를 함께 닦아 모습 떠나네.

僧法海 韶州曲江人也 初參祖師 問曰 卽心卽佛 願垂指諭

師曰 前念不生卽心 後念不滅卽佛 成一切相卽心 離一切相卽佛 吾若具
說 窮劫不盡 聽吾偈曰

　　　卽心名慧　　卽佛乃定

　　　定慧等持　　意中淸淨

　　　悟此法門　　由汝習性

　　　用本無生　　雙修是正

法海 言下大悟 以偈讚曰

　　　卽心元是佛　　不悟而自屈

　　　我知定慧因　　雙修離諸物

해 설

소주 법해선사는 혜능선사가 입적할 때 법을 부촉한 열 분의 제자 가운
데 맨 윗자리이며 『단경』을 최초로 편집한 제자이다. 곧 『단경』의 여
러 판본은 법해선사가 집성해 놓은 기본 자료를 자기 문파의 입장에서
첨삭한 것이다.

법해선사가 '마음 그대로가 붇다'인 뜻을 물음에, 혜능선사는 한 생각이
본래 남이 없음을 요달하면 그것이 참마음이며, 참마음이 원래 남이 없으
므로 사라짐이 없음을 붇다라 답한다. 이 뜻을 견성성불(見性成佛)에 대
입하면, 한 생각이 본래 실로 일어남이 없음을 요달함이 바로 견성이며,
견성일 때 반야와 해탈의 작용이 어둡지 않음이 바로 성불이다. 또 중생의
헛된 생각이 실로 일어남이 없음을 요달하면 선정이며, 실로 일어남이 없
되 일어나지 않음도 없으면 지혜이다. 생각 일어남[生生]과 일어나지 않음
[無生], 있음[有]과 공(空)에 모두 머묾 없으면 이것이 정혜쌍수(定慧雙修)
이며 정혜등지(定慧等持)이다.

그런데 모든 법의 모습이 일어남을 없애고 일어나지 않음이 아니라 일어남 그대로 일어나지 않음[卽生無生]이므로, 지혜는 늘 선정인 지혜이며 선정은 지혜인 선정이니, 혜능선사는 남이 없는 참마음이 바로 지혜라 답하고, 남이 없으므로 사라짐이 없는 붇다의 묘용이 바로 선정이라 말한다.

이처럼 혜능조사는 지혜의 작용이 본래 남이 없이 고요하므로 지혜 그대로가 선정인 뜻을 붇다 그대로가 선정법이라 가르친다. 스승의 말 아래 크게 깨친 법해는 '선정과 지혜의 근본 알아서 선정지혜를 함께 닦아 모든 모습 떠난다'라는 게문을 바쳐 스승이 끼친 법은(法恩)을 찬탄한다.

혜능조사와 법해선사의 문답에 등장한 '마음이 곧 붇다'라는 화두는 선가(禪家)에서 널리 알려진 법문이다. 그러나 이 법문은 말폐의 선풍에서 갈수록 주관적이고 관념적인 뜻으로 이해되고 있으니, '마음이 곧 마음이 아니고 붇다가 곧 붇다 아닌 뜻[非心非佛義]'을 바로보지 못하는 한 '마음이 붇다'라는 조사의 뜻은 땅에 묻히게 될 것이다.

혜능과 법해 이후 '마음이 바로 붇다'라는 법어에서 깨친 고조사의 기연으로는 마조선사(馬祖禪師)와 문답하여 깨친 대매법상선사(大梅法常禪師)의 이야기가 있다. 『전등록』을 인용하면 다음과 같다.63)

> 명주 대매법상선사가 물었다.
> "어떤 것이 부처입니까?"
> 마조선사가 답했다.

---

63) 전등록에 말한다 : 明州大梅法常禪師問 如何是佛
　　祖云 卽心是佛 師言下契 直入大梅山 住二十年
　　祖令一僧去問 和尙見馬祖 得個什麼 便住此山
　　師云 馬祖向我道 卽心是佛
　　僧云 馬祖近日佛法又別
　　師云 作麼生別
　　僧云 近日又道 非心非佛
　　師云 這老漢惑亂人去 任他非佛非心 我秖卽佛卽心
　　僧廻擧似馬祖
　　祖曰 梅子熟也

"곧 마음이 바로 부처다."

대매선사가 말씀 아래 계합하였다. 그 뒤 곧장 대매산에 들어가 20년을 머물렀다.

마조가 한 승려를 보내 물었다.

"화상께서는 마조스님을 뵙고 무엇을 얻었길래 이 산에서 머물고 계십니까?"

대매선사가 말했다.

"마조께서 나에게 곧 마음이 부처라 말씀하셨다."

그 승려가 말했다.

"마조선사의 요즈음 불법은 또 달라졌습니다."

대매선사가 물었다.

"어떻게 달라졌는가?"

그 승려가 말했다.

"요즈음 마조선사는 마음도 아니고 부처도 아니라고 말씀하십니다."

대매선사가 말했다.

"저 늙은이가 사람들을 어지럽히고 있으니, 마음도 아니고 부처도 아니라 함은 저에게 그대로 맡겨두고, 나는 다만 마음이 바로 부처이다."

그 승려가 돌아가 마조에게 들어보이니 마조선사가 말했다.

"매실이 익었구나."

위 법문 가운데서 대매법상은 '곧 마음이 부처'라고 말하고, 마조선사는 '마음도 아니고 부처도 아니다'라고 하니, 이 두 말이 같은 것인가, 다른 것인가.

이 뜻은 마음이 마음 아니되 마음 아님도 아니며, 부처가 부처 아니되 부처 아님도 아님을 볼 때 마음과 부처를 한꺼번에 막고〔雙遮心佛〕한꺼번에 살려내〔雙照心佛〕생각 생각 위없는 보리를 실현하고 걸음 걸음 보현의 만행을 일으킨다는 뜻인가.

취암종(翠岩宗)선사는 다음과 같이 노래한다.

쇠소가 신선의 산 갈아 엎어 깨뜨리니
복사꽃 조각조각 깊은 골을 나오네.
진의 사람 한번 간 뒤 소식 없으나
천고의 봉우리들 빛깔 더욱 새롭네.

鐵牛耕破洞中天　桃花片片出深源
秦人一去無消息　千古峰巒色轉新

홍주 법달선사가 『법화경』의 종지를 묻다〔洪州法達問法華旨〕

○ 승려 법달(法達)은 홍주(洪州) 사람이다. 일곱살에 출가하여 늘 『법화경』을 외웠다. 와서 조사께 절하는데 머리가 땅에 닿지 않았다. 조사께서 꾸짖어 말씀하셨다.

"절이 땅에 닿지 않으니 어찌 절하지 않음만 같지 않은가. 네 마음 가운데 반드시 한 물건이 있다. 그 동안 무슨 일을 익혀왔느냐?"

법달이 말했다.

"『법화경』을 외워 이미 삼천부에 미쳤습니다."

조사께서 말씀하셨다.

"네가 만부까지 외워 경의 뜻을 얻어도 빼어나다고 생각하지 않으면 나와 함께 갈 것이다. 그러나 너는 이제 이 일을 저버리고 도무지 허물을 모르고 있다. 나의 게를 들으라."

절은 본래 아만의 깃발 꺾으려는 것
머리가 어찌 땅에 닿지 않는가.
나라는 모습 두면 죄가 곧 나고
공(功) 잊으면 그 복 견줄 수 없게 되리.

조사께서 또 물으셨다.

"너의 이름이 무엇인가?"

"법달입니다."

조사께서 말씀하셨다.

"너의 이름은 법을 통달함이지만 어찌 일찍이 법을 통달했겠는가. 나의 게를 들으라."

> 네가 이제 이름이 법달이지만
> 부지런히 외웠을 뿐 쉬지 못했네.
> 괜히 외워대면 소리만을 따르고
> 참된 마음 밝혀야 보살이 되리.
> 네가 이제 진리에 인연 있어서
> 내가 너를 위하여 말해주나니
> 부처님이 말없는 줄 믿기만 하면
> 연꽃이 입을 좇아 피어나리라.

법달이 게를 듣고서는 뉘우쳐 말했다.

"이제부터는 마땅히 온갖 분을 뜻을 낮춰 받들겠습니다. 제자가 『법화경』을 외워도 경의 뜻을 아직 몰라 마음에 늘 의문이 있습니다. 화상은 지혜가 넓고 크시니 경의 뜻과 이치를 간략히 말씀해 주십시오."

조사께서 말씀하셨다.

"법달아, 법은 곧 깊이 통달해 있는데 너의 마음이 통달하지 못했으며, 경은 본래 의심이 없는데 너의 마음이 스스로 의심하고 있다. 너의 생각에 이 경은 무엇으로 종취[宗]를 삼고 있는가?"

법달이 말했다.

"배우는 제가 근기가 어둡고 무디어 여태껏 글만 의지해 외웠으니, 어찌 경이 보인 종취(宗趣)를 알겠습니까?"

조사께서 말씀하셨다.

"나는 글자를 모른다. 경을 가져와 한번 외워 보라. 내가 마땅히 너를 위해 해설해 주겠다."

법달이 큰소리로 경을 외워 「비유품(譬喩品)」에 이르니 조사께서 말씀하셨다.

"그치라. 이 경은 원래 붇다가 세상에 오신 인연으로써 종(宗)을 삼는다. 비록 여러 가지 비유를 들어 말씀하고 있지만 이것을 넘지 않는다.

무엇이 붇다가 세상에 오신 인연인가? 경에 '모든 붇다 세존께서는 오직 한 큰 일을 위해 세상에 출현하신다'고 하셨으니 한 큰 일[一大事]이란 붇다의 지견이다.

세상 사람들이 밖으로 헤매어 모습을 집착하고 안으로 헤매어 공(空)을 집착하니, 만약 모습에서 모습을 떠날 수 있고 공에서 공을 떠날 수 있으면 곧 안과 밖으로 헤매지 않게 된다.

만약 이 법을 깨달아 한 생각 지혜의 마음이 열리면 이것이 붇다의 지견을 연 것이다.

붇다란 깨달음이니 나누면 네 가지 문이 있다. 네 가지란 깨달음의 지견을 열고 깨달음의 지견을 보이며, 깨달음의 지견을 깨닫게 하고 깨달음의 지견에 들어가게 함이니[開示悟入 覺知見], 만약 깨달음의 지견을 열어 보임을 듣고 곧 깨쳐 들어갈 수 있으면 깨달음의 지견인 본래의 참성품[本來眞性]이 나타남을 얻게 되니, 너는 삼가 경의 뜻을 잘못 알지 말라.

경에서 붇다의 지견을 열어 보이고 깨달아 들게 한다고 말한 것을 보고, 이는 붇다의 지견이라 우리들은 깨칠 분수가 없다는 이런 견해를 지으면 이는 경전을 비방하고 붇다를 허물어뜨리는 일이다. 저 붇은 이미 붇다이시고 이미 지견을 갖추었는데 무엇하러 다시 열 것인가?

네가 이제 마땅히 붇다의 지견을 믿으면 다만 너 스스로의 마음이라 다시 다른 붇다가 없는 것인데, 대개 모든 중생은 스스로 밝은 빛을 가리고 객관경계를 애착하여 밖으로 끄달리고 안으로 시끄러워 내달림을 달게 받는다. 그리하여 저 세존이 수고롭게 삼매에서 일어나 갖가지 간곡한 말씀으로 중생이 편안히 쉬도록 권하게 하였다.

밖을 향해 구하지 않으면 붇다와 더불어 둘이 없으므로 붇다의 지견을 연다고 하신 것이다.

나도 또한 모든 사람에게 자기 마음 가운데서 늘 붇다의 지견을 열라고 권한다. 세상 사람의 마음이 삿되어 어리석음과 헤매임으로 죄를 짓고, 입은 착하나 마음은 악하여 탐내고 성내는 마음, 시새워 미워하는 마음, 속여 아첨하는 마음, 자기만 잘났다는 마음이 사람을 해치고 물건을 해친다. 그리하여 스스로 중생의 잘못된 지견을 여니, 만약 마음을 바르게 하여 늘 지혜를 내서 스스로의 마음을 살펴 비추어 악을 그치고 선을 행하면 이것이 스스로 붇다의 지견을 여는 것이다.

너는 반드시 생각 생각 붇다의 지견을 열고 중생의 잘못된 지견을 열지 말라. 붇다의 지견을 열면 곧 세간을 벗어남이요, 중생의 잘못된 지견을 열면 곧 세간에 얽매임이다. 네가 만약 힘들여 외움만을 집착하여 공(功)을 삼고 성과를 삼으면, 설산의 꼬리 긴 소[犛牛]가 제 꼬리 사랑하는 것과 무엇이 다르겠는가?"

법달이 말했다.

"만약 그렇다면 뜻 알기만 하면 되지 힘들게 경을 외우지 않아야 합니까?"

대사께서 말씀하셨다.

"경에 무슨 허물이 있어서 너의 외움을 가로막겠느냐. 다만 헤매임과 깨달음이 사람에게 있고 손해됨과 이익됨이 자기에 달렸으니, 입으로 외우고 마음으로 행하면 바로 내가 경을 굴리는 것이요, 입으로만 외우고 마음으로 행하지 않으면 바로 내가 경에 굴림을 받는 것이다. 나의 게를 들으라."

마음이 헤매임에 법화에 굴리우고
마음이 깨달음에 법화를 굴리도다.
경 외운 지 오래나 참모습 못 밝히면
법화경의 뜻과는 원수집 되고 마네.
생각이 없으면 경 외움이 곧 바르고
생각이 있으면 경 외움이 삿됨 되니
있음 없음 모두 다 헤아리지 않으면
흰소의 큰 수레 길이 끌어 몰아가리.

僧法達 洪州人 七歲出家 常誦法華經 來禮祖師 頭不至地 祖訶曰 禮不投地 何如不禮 汝心中必有一物 蘊習何事耶 曰 念法華經已及三千部 祖曰 汝若念至萬部 得其經意 不以爲勝 則與吾偕行 汝今負此事業 都不知過 聽吾偈曰

　　　禮本折慢幢　頭奚不至地
　　　有我罪卽生　亡功福無比

師又曰 汝名什麼 曰 法達 師曰 汝名法達 何曾達法 復說偈曰

　　　汝今名法達　勤誦未休歇
　　　空誦但循聲　明心號菩薩
　　　汝今有緣故　吾今爲汝說
　　　但信佛無言　蓮花從口發

達聞偈 悔謝曰 而今而後 當謙恭一切 弟子誦法華經 未解經義 心常有疑 和尙智慧廣大 願略說經中義理

師曰 法達 法卽甚達 汝心不達 經本無疑 汝心自疑 汝念此經 以何爲宗
達曰 學人根性暗鈍 從來但依文誦念 豈知宗趣
師曰 吾不識文字 汝試取經誦一徧 吾當爲汝解說 法達卽高聲念經 至譬喻品
師曰止 此經元來以因緣出世爲宗 縱說多種譬喻 亦無越於此 何者因緣

經云 諸佛世尊 唯以一大事因緣故出現於世 一大事者 佛之知見也 世人外
迷著相 內迷著空 若能於相離相 於空離空 卽是內外不迷

若悟此法 一念心開 是爲開佛知見 佛 猶覺也 分爲四門 開覺知見 示覺知
見 悟覺知見 入覺知見 若聞開示 便能悟入 卽覺知見 本來眞性而得出現 汝
愼勿錯解經意 見他道開示悟入 自是佛之知見 我輩無分 若作此解 乃是謗
經毀佛也 彼旣是佛 已具知見 何用更開 汝今當信佛知見者 只汝自心 更無
別佛 蓋爲一切衆生 自蔽光明 貪愛塵境 外緣內擾 甘受驅馳 便勞他世尊 從
三昧起 種種苦口 勸令寢息 莫向外求 與佛無二 故云開佛知見

吾亦勸一切人 於自心中 常開佛之知見 世人心邪 愚迷造罪 口善心惡 貪
嗔嫉妬 詔佞我慢 侵人害物 自開衆生知見 若能正心 常生智慧 觀照自心 止
惡行善 是自開佛之知見 汝須念念開佛知見 勿開衆生知見 開佛知見 卽是
出世 開衆生知見 卽是世間 汝若但勞勞執念 以爲功課者 何異犛牛愛尾

達曰 若然者 但得解義 不勞誦經耶

師曰 經有何過 豈障汝念 只爲迷悟在人 損益由己 口誦心行 卽是轉經 口
誦心不行 卽是被經轉 聽吾偈曰

　　　心迷法華轉　　心悟轉法華
　　　誦經久不明　　與義作讐家
　　　無念念卽正　　有念念成邪
　　　有無俱不計　　長御白牛車

○ 법달이 게를 듣고 자신도 모르게 슬피 울며 말씀 아래 크게 깨치고
대사께 말했다.

"법달이 실로 여지껏 법화를 굴리지 못하고 법화에 굴리어 왔습니다."
다시 여쭈었다.

"경에 여러 성문승이나 보살까지라도 모두 함께 생각 다해 헤아려도 붇
다의 지혜를 가늠할 수 없다고 하였는데, 범부들로 하여금 스스로의 마음
만 깨치게 하면 곧 붇다의 지견이라 하시니, 스스로 높은 근기가 아니고서

는 의심하거나 비방하지 않을 수 없을 것입니다.

또 경에 세 수레를 말씀했는데 양, 사슴, 소수레와 흰 소수레를 어떻게 구별해야 합니까? 화상께서는 다시 열어 보여주십시오."

대사께서 말씀하셨다.

"경의 뜻이 분명한데 네가 스스로 헤매어 저버리고 있다. 모든 삼승의 사람들이 붇다의 지혜를 가늠하지 못하는 것은 그 병통이 따져 헤아리는 데 있다. 억지로 저들이 생각을 다해 함께 미루어 가게 되면 더욱 더 아득히 멀어질 뿐이다.

붇다는 본래 범부를 위해 말씀하시지 붇다를 위하여 말씀하시지 않으니, 이 이치를 만약 기꺼이 믿지 못하는 자에 대해서는 저가 자리에서 물러나는 데로 둔다. 그런 이들은 흰 소의 수레[白牛車]에 앉은 채 다시 문 밖에 세 수레를 찾고 있는 줄 아주 알지 못한다. 그러니 하물며 경의 글 가운데 너희에게 분명히 '오직 하나인 불승[一佛乘 : 하나뿐인 붇다의 수레]이 있을 뿐 다른 수레인 이승(二乘), 삼승(三乘)이 없다'고 하셨고, 나아가서는 '셀 수 없는 방편과 갖가지 인연, 비유의 말씀들이 모두 하나인 불승을 위함이다'라고 말씀함이겠는가?

너는 어찌 깨우치지 못하는가? 세 수레는 거짓[假]이니 어리석던 옛 때[昔時]를 위하기 때문이며, 일승인 흰 소의 수레는 진실[實]하니 깨달은 지금의 때[今時]를 위하기 때문이다. 다만 너에게 거짓을 버리고 진실에 돌아가도록 가르치지만[去假歸實] 진실에 돌아간 뒤에는 진실 또한 이름이 없다.

있는 바 보물과 재산이 다 너에게 속하고 네가 마음대로 받아쓸 수 있는 것인 줄 마땅히 알아서, 다시는 아버지라는 생각 짓지 않고 아들이라는 생각도 짓지 않으며, 또한 쓴다는 생각도 없으면 이것을 『법화경』을 지님이라 말한다. 또한 이것이 겁을 좇아 겁에 이르도록 손에 책을 놓지 않고 낮부터 밤에 이르도록 외우지 않는 때가 없음이다."

법달이 깨우쳐 주심을 입고 기뻐 뛰며 게로써 찬탄했다.

> 법화경을 삼천부 읽어 외움이
> 조계의 한 구절에 다 없어졌네.
> 부처님이 나신 뜻 못 밝힌다면
> 오랜 생의 미친 뜻 어찌 쉬리요.
> 양과 사슴, 소의 수레 방편 베풀어
> 처음과 가운데와 끝이 다 좋은
> 한 맛의 바른 법 잘 드날리었네.
> 뉘라 알리 삼계의 불난 집 속이
> 원래부터 진리의 왕이라는 것을.

대사께서 말씀하셨다.

"너는 오늘부터 바야흐로 경을 외우는 사람이라 말할 수 있다."

법달이 이로 좇아 깊은 뜻을 알았으면서도 또한 경 외우기를 쉬지 않았다.

達聞偈 不覺悲泣 言下大悟 而告師曰 法達從昔已來 實未曾轉法華 乃被法華轉 再啓曰 經云 諸大聲聞乃至菩薩 皆盡思共度量 不能測佛智 今令凡夫但悟自心 便名佛之知見 自非上根 未免疑謗 又經說三車 羊鹿牛車 與白牛之車 如何區別 願和尙再垂開示

師曰 經意分明 汝自迷背 諸三乘人 不能測佛智者 患在度量也 饒伊盡思共推 轉加縣遠

佛本爲凡夫說 不爲佛說 此理若不肯信者 從他退席 殊不知坐却白牛車更於門外覓三車 況經文明向汝道 唯一佛乘 無有餘乘 若二若三 乃至無數方便 種種因緣 譬喻言詞 是法皆爲一佛乘故

汝何不省 三車是假 爲昔時故 一乘是實 爲今時故 只敎汝去假歸實 歸實之後 實亦無名 應知所有珍財 盡屬於汝 由汝受用 更不作父想 亦不作子想

亦無用想 是名持法華經 從劫至劫 手不釋卷 從晝至夜 無不念時也
　達蒙啓發 踊躍歡喜 以偈讚曰

　　經誦三千部 曹溪一句亡
　　未明出世旨 寧歇累生狂
　　羊鹿牛權設 初中後善揚
　　誰知火宅內 元是法中王

師曰 汝今後方可名念經僧也 達從此領玄旨 亦不輟誦經

　해 설

　홍주법달선사는 『법화경』을 삼천부나 외운 법화행자(法華行者)이다.
그러나 혜능선사를 만나기 전까지 그의 법화행은 아직 외움[誦]이 선(禪)
이 되지 못하고, 교(敎)가 관(觀)이 되지 못한 송문법사(誦文法師) 문자법
사(文字法師)의 행이었지만, 선사를 만남으로 인해 비로소 그의 법화행은
'선정과 외움이 하나[禪誦一如]'되고 '가르침과 살핌이 일치[敎觀一致]'하
게 되었다.
　『법화경』을 천태선사는 교화형식[化儀四敎]에 의하면 돈・점・비
밀・부정(頓・漸・秘密・不定)의 어떤 틀에도 매이지 않는 순일한 가르
침[非頓・非漸・非秘密・非不定]이며, 가르침의 내용[化法四敎]에 의하
면 장교・통교・별교(藏敎・通敎・別敎)위에 세워진 원교(圓敎)라 말한
다.
　『법화경』을 원교라 한 뜻은 무엇인가? 『마하지관』에 의하면 두렷
함이란 말은 법화의 가르침이 두렷이 묘하고[圓妙] 두렷이 가득하며[圓
滿] 두렷이 갖추어 있고[圓足] 단박 두렷이 깨치게 함[圓頓]을 뜻한다[圓
名圓妙圓滿圓足圓頓故名圓敎也].
　여기서 두렷이 묘함[圓妙]이란 실상 그 자체가 원융하고 걸림 없음이
고, 두렷이 가득함[圓滿]이란 모든 법을 갖추어 빠뜨림이 없음이며, 두렷
이 갖춤[圓足]이란 하나를 들면 곧 온갖 것이 됨이고, 두렷이 단박 깨치게

함[圓頓]이란 실천의 첫걸음과 끝의 이르름이 다름 없는 것이다.

남악혜사선사(南嶽慧思禪師)는 법화문자와 실상 그 자체가 둘 없으며 차제가 없이 단박 깨쳐들게 하는 원교의 뜻을 『법화안락행의(法華安樂行義)』 첫머리에서 이렇게 말한다.64)

> 『법화경』은 대승의 단박 깨치는 법이며, 스승 없이 스스로 깨쳐 빨리 불도 이루게 하니, 모든 세간 사람들이 믿기 어려운 법문이다. 새로 배우는 이들이 대승을 구해 온갖 보살의 차제적인 지위를 뛰어넘어 빨리 불도 이루고자 하면, 반드시 계를 지키고 욕됨을 참고 정진하며 부지런히 선정을 닦고 마음을 오로지 하여 법화삼매를 힘써 배워야 한다.

혜사선사에 있어 『법화경』은 원교(圓教)인 법화문자이자 실상(實相) 그 자체이며 일승(一乘)의 실천인 법화삼매(法華三昧)이다.

법달은 비록 『법화경』을 3천부나 외웠지만 아직 법화삼매를 얻지 못하고 불지견(佛知見)을 열지 못했다. 혜능선사는 법달에게 『법화경』의 종지는 여래가 한 큰 일을 위해 세상에 오신 뜻 밝힘에 있으며, 한 큰 일이란 붇다의 지견을 열고 보이며 깨달아 들어가게 하는 것[開示悟入]임을 보여 그를 법화삼매의 길에 바로 들어서도록 한다.

혜능선사에 의하면 불지견이란 모습에서 모습 떠나고 공에서 공을 떠나 안으로 마음에 매이지 않고 밖으로 모습에 걸리지 않음이니, 혜능선사의 뜻과 같이 천태선사는 있음과 공(空)을 떠난 일체종지가 바로 불지견임을 『법화문구』에서 다음과 같이 보인다.

> 붇다는 일체종지로써 알고, 붇다는 중도의 바른 견해인 불안(佛眼)으로 본다. 이 지혜의 눈을 열므로 불지견이라 한다.

---

64) 법화경안락행의는 말한다 : 法華經者 大乘頓覺 無師自悟 疾成佛道 一切世間 難信法門 凡是一切新學菩薩 欲求大乘 超過一切諸菩薩 疾成佛道 須持戒忍辱精進勤修禪定 專心勤學法華三昧

佛以一切種智知 佛以佛眼見 開此智眼 乃名佛知見

또한 온릉선사(溫陵禪師)는 『법화요해(法華要解)』에서 불지견(佛知見)을 다음과 같이 정의한다.[65]

불지견이란 실상의 진여를 사무쳐 깨친 진여이며 참된 견해이다. 법에 있으면 이름이 하나인 붇다의 수레이고, 수행의 원인에 있으면 하나의 큰 일이며, 깨달음의 과위에 있으면 일체종지이다.

그러므로 모든 붇다는 한 큰 일을 인해 세상에 나오시며, 하나인 불승을 위해 법을 설하시며, 중생으로 하여금 불지견을 열도록 하여 끝내 일체종지를 얻도록 한다.

이 참된 지견은 중생과 부처에게 평등하게 있어 본래 청정하나, 오직 사람이 허망한 경계에 물들고 무명에 덮이어 스스로 헤매어 잃은 것이다.

혜능선사는 '『법화경』의 종지는 여래가 세상에 출현하신 한 큰 일의 인연을 밝힘이라 가르쳐 보인 뒤, 한 큰 일이란 곧 붇다의 지견을 열어보이고 깨달아 들게 하는 것'이라고 가르쳐 법화문자에 걸려 불지견을 열지 못한 법달을 말 아래 단박 깨치게 한다.

이처럼 혜능선사는 『법화경』의 큰 뜻이 여래가 세상에 오신 한 큰 일의 인연을 열어 보이심이라 보여주지만, 천태의 풀이에 의하면 『법화경』은 서품(序品)에서부터 안락행품(安樂行品)까지 앞의 14품에서는 부처님의 인연출세(因緣出世)의 뜻을 밝히고, 종지용출품(從地湧出品)에서 보현보살권발품(普賢菩薩勸發品)까지 14품에서는 나고 사라짐이 없는 여래의 참몸을 밝히니, 앞의 14품을 적문(迹門)이라 하고, 뒤의 14품을 본문(本門)이라 한다.

---

65) 법화요해는 말한다 : 佛知見 徹了實相眞如眞見也 在法名一佛乘 在因名一大事 在果名一切種智 故曰諸佛因一大事故出興 爲一佛乘故說法 欲令衆生開佛知見 而究竟皆得一切種智也 此眞知見 生佛等有 本來淸淨 唯人以妄塵所染 無明所覆 而自迷失

여래는 중생으로 하여금 불지견을 열게 하려는 큰 인연으로 세상에 나오므로[因緣出世故] 실로 남이 없고, 실로 남이 없기 때문에 사라짐이 없다. 그리고 실로 남이 없기 때문에 나지 않음도 없으며, 실로 사라짐이 없기 때문에 열반을 보이지 않음도 없으니, 영축산에서 열반에 드심을 보이나 참몸은 늘 머물며[眞身常住], 참몸은 늘 머무나 인연으로 세상에 나는 것[因緣出世]이다.

이에 고려 백련결사(白蓮結社)의 2세 법주인 정명천인선사(靜明天因禪師)는 적문 본문이 둘이 없고, 인연으로 출세하심과 사라짐 없는 여래의 참몸이 서로 다름 없는 뜻을 다음과 같이 노래한다.

세존 목숨 실로 헤아릴 수 없으니
진묵겁전 이미 깨쳐 이룬 바이네.
범부의 아주 낮은 지위로 좇아
참되고 영원한 깨침을 얻어
여러 생을 거듭하여 남을 보이니
강물 위에 비치는 달과 같아라.

만 강물에 달 그림자 분명하건만
만 강의 달 비춰내는 근본 바탕은
만고 허공 밝고 밝은 한 달 뿐이네.
부처님의 다함없는 생명의 몸은
태어남이 아니지만 남을 보이고
사라짐이 아니지만 열반 보이니
생겨나고 사라짐이 모두 다하고
사라져 다함마저 또한 다하면
고요한 열반락이 현전하리라.

世尊壽量實無量　塵默劫前所修得
一從博地證眞常　世世示生如水月
雖然萬水影分明　萬古虛空唯一月

非生現生非滅滅　生滅滅已寂滅樂

　법달선사는 지금껏 경만을 외웠을 뿐 불지견에 돌아가지 못했던 잘못을 버리고, 혜능선사의 한 말 아래 선(禪)과 송(誦)이 둘 없는 법화삼매를 얻고 비로소 법화문자를 굴리는 참된 법화행자가 된다. 그리고는 다시 혜능선사께 삼승(三乘)의 방편과 일승(一乘)의 실상, 양·사슴·소의 수레〔羊鹿牛三車〕와 흰 소가 끄는 수레〔白牛大車〕의 관계를 묻는다. 세 수레는 불난 집에 놀고 있는 어린아이들을 밖으로 끄집어내기 위한 장자의 방편이며, 흰 소의 수레는 세 수레의 방편을 통해 불난 집에서 벗어난 아이들에게 주어진 백 가지 보배로 장식된 최상의 수레이다.

　양과 사슴, 소의 수레는 성문승(聲聞乘)·연각승(緣覺乘)·보살승(菩薩乘)을 비유하며, 흰 소의 수레는 오직 하나인 붓다의 수레〔一佛乘〕를 나타낸다. 경전에서는 세 가지 수레의 방편으로 설득하여 불난 집에 노는 아이들을 삼계의 불난 집에서 나오게 하였지만, 집을 벗어 나온 뒤에는 세 수레는 본래 없고 오직 흰 소수레만이 있었다 한다. 이것은 일승의 실상에서 삼승의 방편이 일어나니, 삼승의 방편을 통해 일승의 실상에 당도하면 삼승에는 취할 자취가 없음을 보인다. 『법화경』「방편품」은 다음과 같이 말한다.

　　　　나에게는 방편의 힘이 있어서
　　　　삼승의 법 널리 열어 보여주나니
　　　　온세상 여러 분의 세존께서는
　　　　모두 다 일승의 길 말씀하도다.

　　　　지금 이제 여기 모인 여러 대중은
　　　　모두 다 마땅히 의혹 없애라.
　　　　부처님의 말씀에는 다름 없나니
　　　　오직 하나인 불승 있을 뿐이요
　　　　이승이나 삼승의 법 본래 없도다.

我有方便力　開示三乘法
一切諸世尊　皆說一乘道
今此諸大衆　皆應除疑惑
諸佛語無異　唯一無二乘

　『법화경』 게송의 뜻처럼 일승(一乘)의 길 열기 위해 방편의 힘으로 삼승(三乘)을 열고, 삼승의 방편을 통해 일승의 길을 구현하는 것이니, 삼승은 일승을 위한 삼승이며 일승은 삼승을 통해 밝혀지는 일승이다. 삼승의 방편 속에서 방편에 떨어짐이 없이 일승의 길을 구현하되 일승이라는 집착도 두지 않으면, 이것이 '거짓을 버리고 실상에 돌아가되 실상에 돌아간 뒤에는 실상 또한 이름 없음'이다.

　법화삼매(法華三昧)는 삼승의 방편에 떨어짐이 없이 크고 곧은 길을 바로 가 생각 생각 불지견을 온전히 드러내는 삼매행이니, 대혜선사(大慧禪師)는 말과 침묵에 걸림 없고 대상을 마주하되 마주함이 없는 법화삼매 선다라니(法華三昧旋陀羅尼)를 다음과 같이 노래한다.

　　　법화경의 선다라니 묘한 삼매는
　　　말과 침묵에 원래 걸림 없어라.
　　　옷을 마구 헤치고 나막신 신고
　　　시끄러운 저자거리에 달려나가서
　　　세상사람 웃음거리 되어주도다.
　　　어느 곳에 그치고 머물러 있나
　　　저에게 가만히 물어보나니
　　　나와 너는 서로 알지 못한다 하네.
　　　앞에 나가 그 뜻 따져 알려고 하니
　　　안타깝! 저 칠통의 답답함이여.

　　旋陀羅尼三昧　語默元無罣礙
　　攪依著履走街　剛被時人笑怪
　　問伊住止何處　向道我儂弗會

進前擬議思量　咄哉漆桶不快

지통선사가『능가경』의 세 가지 몸, 네 가지 지혜의 뜻을 묻다〔智通問 三身四智義〕

○ 승려 지통(智通)은 수주(壽州) 안풍(安豊) 사람이다. 처음 『능가 경』을 천번 남짓 보았는데 세 가지 몸과 네 가지 지혜[三身四智]를 알 수 없어서 대사께 절하고 그 뜻 풀어주길 구했다.

대사께서 말씀하셨다.

"세 가지 몸에서 깨끗한 법신이란 너의 성품[性]이요, 원만한 보신이란 너의 지혜[智]요, 천백억 화신이란 너의 행(行)이다.

만약 자신의 본성품[本性]을 떠나 따로 세 가지 몸을 말하면 곧 몸은 있되 지혜가 없음이라 하나, 만약 세 가지 몸에 자기 모습이 따로 없는 줄[無自性] 깨치면 곧 네 가지 지혜인 보리(菩提 ; bodhi)라 말한다. 나의 게를 들으라."

> 자기 성품 세 몸을 갖추었으니
> 밝혀내면 네 가지 지혜 이루어
> 보고 들어 아는 활동 떠나지 않고
> 단박에 붇다의 땅 뛰어 오르리.
> 내가 이제 너를 위해 말해주리니
> 깊이 믿어 길이 길이 헤매지 말고
> 밖으로 내달려서 구하는 자가
> 하루 해가 다하도록 보리 말하는
> 잘못된 뜻 따라서 배우지 말라.

僧智通 壽州安豊人 初看楞伽經 約千餘遍 而不會三身四智 禮師求解其

義 師曰 三身者 淸淨法身 汝之性也 圓滿報身 汝之智也 千百億化身 汝之
行也 若離本性 別說三身 卽名有身無智 若悟三身無有自性 卽名四智菩提
聽吾偈曰

> 自性具三身　　發明成四智
> 不離見聞緣　　超然登佛地
> 吾今爲汝說　　諦信永無迷
> 莫學馳求者　　終日說菩提

○ 지통이 다시 여쭈었다.

"네 가지 지혜의 뜻을 얻어 들을 수 있겠습니까?"

조사께서 말씀하셨다.

"이미 세 가지 몸을 알았으면 곧 네 가지 지혜를 밝힘인데 왜 다시 묻느
냐? 만약 세 가지 몸을 떠나 따로 네 가지 지혜를 말하면, 이것을 지혜는
있으나 몸이 없다고 말하니, 이렇게 지혜 있는 것은 도리어 지혜 없음이
된다. 다시 게를 말하겠다."

> 제8식 돌려 얻은 대원경지는
> 그 성품이 깨끗하여 티끌이 없고
> 제7식 돌려 얻은 평등성지는
> 마음에 아무런 병이 없으며
> 제6식 돌려 얻은 묘관찰지는
> 보되[見] 봄 없으니 공(功)이 아니고
> 앞의 오식 돌려 얻은 성소작지는
> 대원경지 깨끗함과 서로 같도다.
> 전오식과 여덟번째 아라야식은
> 원인 뒤의 결과로 돌이켜지고

제육식과 일곱번째 마나스식은
결과 내는 원인으로 돌이켜지나
돌이킴의 이름과 말만을 쓸 뿐
돌려지는 실다운 성품 없으니
돌리는 곳에 돌리는 뜻 두지 않으면
여러 갈래 어지러이 난다 하여도
나가의 선정 속에 길이 있도다.

지통이 성품의 지혜 단박 깨닫고 드디어 게를 바쳐 말했다.

세 가지 몸 원래 나의 바탕이요
네 지혜 본마음의 밝음이도다.
몸과 지혜 원융하여 걸림 없으니
사물 응해 자유롭게 모습 따르네.
닦음을 일으켜서 얻으려 하면
그 모두가 허망한 움직임 되고
머무름을 가만히 지킨다 해도
또한 다시 참다운 법이 아니네.
묘한 뜻 스승으로 인해 깨치니
물들어 더럽혀짐 끝내 없도다.

通再啓曰 四智之義 可得聞乎 師曰 旣會三身 便明四智 何更問耶 若離三身 別談四智 此名有智無身 卽此有智 還成無智 復說偈曰

大圓鏡智性淸淨　平等性智心無病
妙觀察智見非功　成所作智同圓鏡
五八六七果因轉　但用名言無實性
若於轉處不留情　繁興永處那伽定

通頓悟性智 遂呈偈曰

三身元我體　四智本心明
身智融無礙　應物任隨形
起修皆妄動　守住匪眞精
妙旨因師曉　終亡染汚名

해 설

　지통선사가 『능가경』을 읽다 법·보·화 삼신(法·報·化 三身)과
네 지혜〔四智〕의 뜻을 물으니, 혜능선사는 법신은 너의 성품〔性〕이요, 보신
은 너의 지혜〔智〕요, 화신은 너의 행(行)이라 답한다.

　법·보·화 삼신은 체·상·용(體·相·用) 삼대에 상응하고, 체·
상·용 삼대를 열반의 과덕에 대입하면 법신, 반야, 해탈의 세 가지 덕〔涅
槃三德〕이 된다.

　체(體)는 모습 너머에 있는 절대의 성품이 아니라 생각이 생각 아님이
고 모습이 모습 아님이며, 상(相)은 생각과 모습의 연기적인 성취이며, 용
(用)은 생각이 생각 아니되 생각 아님도 아니므로 일어나는 생각과 모습
의 창조적인 활동이다. 그러나 다시 생각과 모습이 연기되는 작용은 나되
실로 일어남이 없으므로 용(用)은 다시 체(體)가 된다. 이처럼 체·상·용
은 각기 고립된 자기모습이 없으며 서로가 서로를 이루며 서로 하나되어
떨어지지 않는다.

　이에 혜능선사는 생각이 생각 아닌 성품이 바로 법신이며, 생각 아니되
생각 아님도 아닌 지혜가 보신이며, 지혜의 막힘 없는 활동 곧 머묾 없는
행(行)이 화신이라 말한다.

　네 가지 지혜란 대원경지(大圓鏡智), 평등성지(平等性智), 묘관찰지(妙
觀察智), 성소작지(成所作智)인데, 이는 중생이 쓰는 앎 활동〔識〕 밖에 따
로 있는 것이 아니라 '앎〔識〕을 돌이켜서 지혜를 이룸〔轉識得智〕'이다.

　여덟 가지 식〔八識〕은 인간의 감각적인 활동으로서 전오식(前五識 : 眼

識·耳識·鼻識·舌識·身識)과 이성적 활동인 제6의식(第六意識)과 세계를 지향하는 인식 주체의 의식성으로서 제7식(第七識 : 意根)과 인간의 의식성[제8식 見分]과 의식되어지는 세계상[제8식 相分]이 의지해 있는 제8식(第八識)이다.

감각적이고 이성적인 활동으로서 전오식과 제6식은 제8식을 근거해서 일어나되, 제8식은 전오식과 제6식을 통해 인간적인 활동으로 구성되며 인간적인 세계로 표현된다. 제6식과 제7식의 관계를 보면 제7식은 의식활동의 내적 근거이지만, 육식의 의식활동을 통해서만 자신을 표현하는 자성 없는[無自性] 근거이다.

그러므로 인식 주체[六根]와 인식 대상[六境]이 서로 의지해 있는 총체적인 활동의 장인 제8식에서 주·객의 실체적 대립이 사라지면, 제8아라야식은 마음 아닌 마음과 세계 아닌 세계의 열려진 관계성으로 전환되니 이것이 대원경지이다. 다시 세계를 지향하는 의식성[意根] 자체에 실로 그렇다 할 것이 없는 줄 깨달으면 제7식은 나라는 견해를 뛰어넘고 나라는 집착이 지양되니 이것이 타자와 더불어 평등한 지혜인 평등성지(平等性智)이다.

나와 내 것이 실로 있다는 근본무명의 활동[業相]에 의해 인간의 감성적 활동과 이성적 활동[依他起相]은 허위의식[妄想]과 허망한 경계[妄境界]가 서로 맞물려 물들이고 물들여지는 끝없는 과정[遍計所執相]이 된다. 그러나 객관을 상대하고 있는 '나[六根]' 속에서 '실로 있는 나'라는 견해가 사라지면 인간의 감성적 활동[前五識]은 마땅히 해야할 바를 이루어내는 창조적 활동[成所作智]이 되고, 인간의 이성적 활동[第六意識]은 사물의 현상에 가려짐이 없이 존재의 실상을 묘하게 살피는 지혜[妙觀察智]로 전환된다.

이렇게 보면 나와 내 것의 실체가 사라진 대원경지(大圓鏡智 : 圓成實相)는 바로 생각에 생각 없고 모습에 모습 없는 법신(法身)이고, 인식 주체의 폐쇄성과 실체성이 지양된 평등성지는 바로 보신(報身)이며, 모습에 가려짐 없는 인간의 감성적 활동과 이성적 활동인 성소작지와 묘관찰지는 바로 화신(化身)이며 해탈의 활동이다.

이 뜻을 대주혜해선사의 『돈오입도요문론(頓悟入道要門論)』은 다음과 같이 말한다.66)

> 묻는다: 네 가지 지혜를 묶어 세 가지 몸을 이룬다 하니, 몇 개의 지혜가 함 께 한 몸을 이루며 몇 개의 지혜가 홀로 한 지혜를 이룹니까?
>
> 답한다: 대원경지는 홀로 법신을 이루고, 평등성지는 홀로 보신을 이루며, 묘관찰지와 성소작지는 함께 화신을 이룬다.
>
> 이 세 가지 몸도 또한 거짓 이름을 세워 나눈 것이니, 다만 알지 못하는 자들이 볼 수 있도록 한 것일 뿐이다.
>
> 만약 거짓 이름 세운 이치를 요달하면 또한 세 가지 몸의 응용도 없는 것이다.
>
> 왜 그런가? 세 가지 몸 그 자체에 고정된 모습이 없어서 머뭄 없는 근본을 좇아 이름을 세웠지만, 머뭄 없는 근본이란 것도 없기 때문이다.

위에서 대원경지로 전환되는 제8아라야식은 인식 주체와 인식 대상이 서로 의지해 있는 식(識)인데, 인식 주체와 인식 대상은 의지해서 자기모습을 이루므로 공하고, 공하기 때문에 서로 의지해서 자기모습을 이룬다. 제8식 속에 실체로서의 나와 내 것이라는 분별이 붙어〔無明業相〕 능히 보는 모습〔能見相 ; 轉相〕을 일으켜 보여지는 것을 실체화하고, 실체화된 대상의 모습〔境界相 ; 現相〕이 다시 능히 보는 자를 물들이면 제8식은 모든 생사와 소외의 근본이 된다. 그러나 그러한 분별이 없으면 제8식은 대원경지가 되고 법신이 되는 것이다.

그러므로 『기신론(起信論)』은 제8식은 '나고 사라짐과 나고 사라지지 않음이 화합하여 이루어져서 참됨과 허망함, 어리석음과 깨달음의 근본이 되고, 나고 죽음과 범부 성인의 근본이 된다〔生滅與不生滅 和合而成

---

66) 돈오입도요문론은 말한다: 問 束四智成三身者 幾個智共成一身 幾個智獨成一身
　　答 大圓鏡智獨成法身 平等性智獨成報身 妙觀察智與成所作智 共成化身 此三身亦假立名字
　　分別 只令未解者看 若了理 亦無三身應用 何以故 爲體性無相 從無住本而立 亦無無住本

乃眞妄迷悟之根 生死凡聖之本]'고 말한다.

이때 제8식에서 아는 자[見分 : 意根]와 알려지는 것[相分 : 根, 身, 器界]
의 소외와 대립은 스스로 오는 것이 아니라, 아는 자를 실로 있는 것으로
국집하는 제7식[Manas : 意根의 遍計所執相]과 사물을 실로 있는 것으로
분별하는 물든 의식활동[第六意識의 遍計所執相]에 의해서 일어나니,
『기신론』은 제7식과 제6식의 물든 활동을 다음과 같이 말한다.67)

> 다시 나고 사라지는 인연이라는 것은 곧 중생이 마음[心 : 제8식]을
> 의지하여 뜻[意 : 제7식]과 앎[識 : 六識]이 구르기 때문이다. 이 뜻은
> 무엇인가. 아라야식에 의지해 무명(無明)이 있음이다.
> 못 깨침으로 분별이 일어나니 능히 보고 능히 드러내, 경계를 실로
> 있는 것으로 취하여 생각을 일으켜 서로 이어가므로 이를 뜻[意 : 제7
> 식]이라 한다.
>
> ······
>
> 의식이라고 말하는 것은 곧 이 서로 이어지는 앎이 여러 범부들의
> 집착이 점점 깊어짐을 의지하여 나와 내 것을 헤아리고, 갖가지 헛된
> 집착으로 사물을 따라 나아가 생각하고 여섯 가지 경계를 분별하므로
> 의식이라 한다.
> 또한 이 식은 분리식(分離識)이라고도 하고 사물을 분별하는 식[分
> 別識]이라고도 하니, 견애번뇌(見愛煩惱)에 의해 늘어나고 커가기 때
> 문이다.

위 『기신론』의 가르침에 의하면 인간의 닫혀진 의식성[意]과 모습에
물든 의식활동[意識]은 마음[心]으로 표현된 생활의 총체성[제8아라야식]
에서 일어나지만, 제8식은 다시 물든 의식활동과 닫혀진 의식성을 통해

---

67) 기신론은 말한다 : 復次生滅因緣者 所謂衆生依心意識轉故 此義云何 以依阿黎耶識 說有無明
不覺而起 能見能現 能取境界 起念相續故說爲意
　　······
　　復次言意識者 卽此相續識依諸凡天 取著轉深 計我我所 種種妄執 隨事攀緣 分別六塵 名爲意
識 亦名分離識 又後說名分別事識 此識依見愛煩惱 增長義故

소외되고 닫혀진다. 제8식은 스스로 분별하는 식이 아니고 전오식 또한 대상을 감각적으로 수용하는 식이므로 모든 허위의식과 소외의 근본은 바로 육식과 제7식이다.

그런데 육식과 제7식은 서로 동떨어진 식이 아니라 육식은 7식을 근거로 하되 7식은 제육식을 통해 활동하므로, 결국 번뇌의 소멸과 지양은 제6의식의 새로운 전환 속에서 성취된다.

혜능선사는 6식과 7식은 원인으로 전환되고, 5식과 8식은 결과로 전환된다고 하니, 이 뜻은 6식과 7식의 아집과 물든 의식활동이 지혜로 전환될 때 5식과 8식이 그 결과로 전환된다는 뜻이다.

또 6식과 7식을 물든 활동으로 규정하는 번뇌는 자아와 세계를 실체화하는 근본무명을 통해 생활 속에서 부차적으로 주어지는 허위의식〔枝末無明〕이지만, 생활 속의 허위의식이 다시 5식과 8식을 소외시키는 근본무명을 일으키므로, 실천과정〔因位〕에서 지말번뇌가 소멸될 때 그 결과로 근본번뇌가 소멸된 해탈의 과위(果位)가 주어진다는 뜻도 된다.

『기신론』의 가르침이나 혜능선사의 가르침을 볼 때 모든 번뇌와 소외가 일어나는 현실적인 장(場)은 6식과 7식이다. 그런데 해탈은 번뇌가 일어나는 곳에서 번뇌를 뒤집어 밟아 구현되므로 온갖 번뇌를 일으키는 현실의 장이 되는 제6의식을 통해서 다시 지혜와 해탈의 활동이 일어난다.

그 뜻을 남악혜사선사는 '제6의식으로 진여의 청정한 마음〔眞如心〕을 의지하여 지관을 수행한다'고 말하니, 남악선사의 『대승지관(大乘止觀)』을 인용하면 다음과 같다.[68]

---

68) 남악 대승지관에 말한다 : 問曰 以何依止此心修止觀

答曰 以意識依止此心修行止觀也 此義云何 謂以意識能知名義故 聞說一切諸法 自性寂靜 本來無相 但以虛妄因緣故有諸法 然虛妄法 有卽非有 唯一眞心 亦無別眞相可取 聞此說已 方便修習知法本寂 唯是一心

然此意識 如此解時 念念熏於本識 增益解性之力 解性增已 更起意識 轉復明利 知法如實 久久熏心故 解性圓明 自照己體 本唯眞寂 意識卽息 爾時本識轉成無分別智 亦名證智 以是因緣故 以意識依止眞心 修止行也

묻는다: 무엇으로 청정한 마음에 의지하여 지관을 닦는가?

답한다: 의식으로써 이 마음에 의지해서 지관을 수행한다. 이 뜻은 무엇인가. 곧 의식이 이름과 뜻[名義]을 알기 때문이다.

어떤 선지식이 말해주기를 '온갖 모든 법의 자성이 고요하여 본래 모습이 없지만, 다만 허망한 인연으로 여러 가지 법이 있다. 그러나 허망한 법도 그 있음이 곧 있음이 아니어서 오직 한 마음이지만 또한 따로 참모습 취할 것이 없다'고 하면, 이렇게 설함을 듣고서 방편으로 닦아 법이 본래 고요하여 오직 한마음인 줄 알게 된다.

이 의식이 이와 같이 알때 생각 생각 근본식[本識]을 훈습하여 아는 힘을 더욱 늘리고, 아는 성품의 힘이 늘어나면 다시 의식을 일으켜 더욱 밝고 날카로워져 법의 실다운 모습을 알게 된다.

오래도록 본마음을 훈습하므로 아는 성품이 두렷이 밝아져 자기 바탕이 본래 오직 참으로 고요함인 줄 스스로 비추면 의식이 곧 쉰다. 이 때 본식(本識 : 제8식)은 분별 없는 지혜[無分別智 ; 大圓鏡智]가 되니, 또한 이 지혜를 깨친 지혜[證智]라 한다.

이러기 때문에 의식으로 참마음에 머물러 그치는 행(止行)을 닦는다 한다. 그러므로 『기신론』은 말한다.

"본디 깨쳐 있음[本覺]을 의지하므로 못 깨침[不覺]이 있고, 못 깨침을 의지하므로 허망한 마음이 있다. 이름과 뜻을 알 수 있어서 그를 위해 본디 깨쳐 있음을 말해주므로 새로 깨침[始覺]을 얻게 된다. 그러면 곧 본디 깨쳐 있음과 같아져서 실다웁게 새로 깨침의 다름이 있지 않다."

제6의식은 모든 허위의식의 뿌리이자 지관을 수행하는 근본이다. 제6의식이 알고 볼 때 그 앎 가운데 실체적인 앎과 봄을 두면 그것이 바로 무명일 뿐[知見立知 卽無明本] 무명은 다른 바탕이 있는 것이 아니다. 제6의식의 앎을 닫혀진 앎으로 규정하는 것은 앎의 토대가 되는 아는 자[제8

是故論言 以依本覺故有不覺 依不覺故而有妄心 能知名義 爲說本覺故得始覺 卽同本覺 如實不有始覺之異也

식 견분]와 알려지는 것[제8식 상분]이 실로 있음으로 굳어지기 때문이니, 생각에 생각 없고 모습에 본래 모습 없다는 가르침을 듣고[聞慧] 의식을 돌이켜 비추면[思慧修慧] 아는 마음과 알려지는 세계에 실로 그렇다 할 것이 없음을 통달하게 된다. 그러면 제6의식의 앎은 앎 아닌 앎[無念之念]으로 전환되고, 제8식은 분별 없는 지혜 곧 대원경지로 전환된다. 이 뜻을 혜능선사는 '근본식의 자기 바탕이 본래 오직 참으로 고요함인 줄 스스로 비추면 의식이 곧 쉰다'고 말한다.

그러나 모습에 본래 모습 없으므로 생각과 모습을 없애고 생각 없음과 모습 없음을 얻는 것이 아니므로, 식(識)을 지혜(智慧)로 돌이킨다 해도 돌이켜지는 모습이 없다. 이를 혜능선사는 5식과 8식은 결과로 돌이켜지고 6식과 7식은 원인으로 돌이켜지지만, 다만 돌이킨다는 이름만 있을 뿐 돌이키는 실다운 자기 모습이 없다 말한다. 그리고 다시 앎을 돌이켜 지혜를 얻되, 돌이키는 곳에서 돌이킨다는 분별이 없으면 나가(nāga)의 큰 선정에 있음이라 말한다.

혜능선사가 용(龍 : nāga)으로 비유한 크나큰 선정은 들고 남이 없는 선정이며, 시끄러움을 없애지 않고 늘 고요한 선정이며, 못 깨침[不覺]·본디 깨쳐 있음[本覺]·새로 깨침[始覺]에 정해진 자기 모습이 없음을 통달했으므로 중생의 번뇌를 떠나지 않고 보리를 증득한 선정이며, 비록 방편으로 차제의 이름을 쓰되 차제에 떨어짐이 없는 돈오(頓悟)의 선정인 것이다.

지상선사의 없다는 견해의 병을 깨뜨려 주다[打破智常無見之病]

○ 승려 지상(智常)은 신주(信州) 귀계(貴溪) 사람이다. 어려서 출가하여 뜻을 다해 성품 보기[見性]를 구하였다. 하루는 찾아와 절하므로 대사께서 물으셨다.

"너는 어디서 왔으며 무슨 일을 구하고자 하는가?"

대답했다.

"학인은 얼마전 홍주(洪州) 백봉산(白峯山)에 가 대통(大通)화상께 인사드리고 성품을 보아 깨달음 이루는 뜻[見性成佛之義]에 대해 가르쳐주심을 받았으나, 여우같은 의심을 끊지 못해서 멀리서 와 절합니다. 엎드려 화상께서 자비로 가르쳐 주시길 바랍니다."

대사께서 말씀하셨다.

"그에게 무슨 말이 있었던가? 한번 말해 보아라."

대답했다.

"지상이 거기 이르러 석달이 지나도록 가르침을 입지 못했습니다. 법을 위하는 뜻이 간절하므로 하루 저녁 홀로 방장에 들어 물었습니다.

'어떤 것이 저의 본마음이며 본성품입니까?'

이에 대통께서 이렇게 말씀했습니다.

'너는 허공을 보는가?'

제가 대답했습니다.

'봅니다.'

그 화상이 이렇게 말씀했습니다.

'너는 허공에 모습 있음을 보는가?'

'허공이 형상이 없는데 무슨 모습이 있겠습니까?'

그 화상이 말씀했습니다.

'너의 본성품도 허공과 같으니 한 물건도 볼 것이 없는 줄 사무치면 이것을 바른 견해라 하고, 한 물건도 알 것이 없는 줄 사무치면 이것을 참된 앎이라 한다. 푸르고 누름, 길고 짧음이 있지 않으니 다만 본원이 깨끗하고, 깨달음 자체가 두렷이 밝음을 보면 이것을 성품을 보아 깨달음을 이룸이라 하고 또한 여래의 지견이라 한다.'

학인이 비록 이런 말씀을 들었으나 오히려 아직 깨닫지 못하고 있습니다. 화상께서는 열어 보여주십시오."

대사께서 말씀하셨다.

"그 스님의 말한 바가 오히려 봄과 앎을 두어서 너로 하여금 깨치지 못하게 한 것이다. 내가 이제 너에게 한 게를 보이겠다."

> 한 법도 볼 것이 없다고 하여
> 없다는 견해를 남겨둠이여
> 뜬 구름이 밝은 해를 가림과 같고
> 한 법도 알 것이 없다고 하여
> 비었다는 알음알이 지켜냄이여
> 저 허공에 번갯불이 생김과 같네.
> 이런 지견 잠깐이라도 일어나면
> 참된 성품 바로 보지 못한 것이니
> 바른 방편 어찌 일찍 깨칠 것인가.
> 네가 만약 한 생각에 그른 줄 알면
> 자신의 신령한 빛 늘 나타나리.

僧智常 信州貴谿人 髫年出家 志求見性 一日參禮

師問曰 汝從何來 欲求何事 曰 學人近往洪州白峰山禮大通和尙 蒙示見性成佛之義 未決狐疑 遠來投禮 伏望和尙慈悲指示

師曰 彼有何言句 汝試擧看

曰 智常到彼 凡經三月 未蒙示誨 爲法切故 一夕獨入丈室 請問如何是某甲本心本性

大通乃曰 汝見虛空否 對曰見 彼曰 汝見虛空有相貌否 對曰 虛空無形 有何相貌 彼曰 汝之本性 猶如虛空 了無一物可見 是名正見 無一物可知 是名眞知 無有靑黃長短 但見本源淸淨 覺體圓明 卽名見性成佛 亦名如來知見

學人雖聞此說 猶未決了 乞和尙開示

師曰 彼師所說 猶存見知 故令汝未了 吾今示汝一偈

不見一法存無見　大似浮雲遮日面

　　不知一法守空知　　還如太虛生閃電
　　此之知見瞥然興　　錯認何曾解方便
　　汝當一念自知非　　自己靈光常顯現

○ 지상이 대사의 게송을 듣고서는 마음이 환히 열리어 이렇게 한 게송
을 지었다.

　　까닭없이 없다는 지견 일으켜
　　모습에 집착하여 보리 구했네.
　　자기 뜻에 한 생각 깨달음 두면
　　옛날의 어리석음 어찌 넘으리.
　　까닭없이 이와 같이 지견 낸다면
　　모습 없는 깨달음의 자기 근원이
　　비춤 따라 이리저리 옮겨 가리니
　　조사의 방에 들지 못하였다면
　　아득히 두 머리로 나아갔으리.
　　지상이 하루는 대사께 물었다.

"부처님께서는 삼승법(三乘法)을 말씀하시고 또 최상승(最上乘)을 말
씀하시니 제자는 알 수 없습니다. 가르쳐 주십시오."

대사께서는 말씀하셨다.

"너는 스스로 머뭄 없는 본마음을 보고 밖의 법의 모습을 집착하지 말
라. 법에는 네 가지 진리의 수레[四乘]란 없으나 사람의 마음이 스스로 차
등이 있을 뿐이다. 보고 듣고 마냥 외우기만 하는 것은 소승이요, 법을 깨
쳐 뜻을 아는 것은 중승이며, 바른 법에 의지하여 수행하는 것은 대승이고,
만 가지 법을 다 통하고 만 가지 법을 다 갖추어 온갖 것에 물듦 없이 모든

법의 모습 떠나 하나라도 얻은 바가 없으면 최상승이라 한다.

수레[乘]란 실천[行]의 뜻이라 입으로 다투는 데 있지 않다. 너는 반드시 스스로 닦고 나에게 묻지 말라. 어느 때나 자신의 참성품은 스스로 한결같다[自性自如]."

지상이 절하고 물러나 대사께서 세상을 마칠 때까지 곁에서 모셨다.

常聞偈已 心意豁然 乃述偈曰

> 無端起知見　著相求菩提
> 情存一念悟　寧越昔時迷
> 自性覺源體　隨照枉遷流
> 不入祖師室　茫然趣兩頭

智常一日問師曰 佛說三乘法 又言最上乘 弟子未解 願爲敎授

師曰 汝觀自本心 莫著外法相 法無四乘 人心自有等差 見聞轉誦是小乘 悟法解義是中乘 依法修行是大乘 萬法盡通 萬法具備 一切不染 離諸法相 一無所得 名最上乘

乘是行義 不在口爭 汝須自修 莫問吾也 一切時中 自性自如

常禮謝 執侍終師之世

해 설

신주 지상선사는 백봉산 대통선사에게 본마음[本心]과 본성품[本性]에 대해 법문을 들은 뒤에 의심이 끊어지지 않아 다시 혜능선사를 찾아 중도의 바른 눈[中道正眼]을 얻게 된다

본마음과 본성품은 지금 쓰고 있는 앎[知]과 모습[相]을 없애고 얻는 것이거나 앎과 모습 너머에 있는 것도 아니다. 앎에 앎이 없고 모습에 모습 없으면 앎과 모습 여의지 않고 본마음을 밝혀내는 것이니, '한 법도 볼 것 없고 한 법도 알 것 없다'는 견해를 두면 있고 없음을 떠난 중도의 참 지혜가 없다는 견해[無見]에 가려 드러나지 못한다.

그러므로 혜능선사는 없다는 견해가 잠깐 일어나면 뜬 구름이 밝은 해를 가리움 같다고 일깨워준다.

본마음이란 앎이 없지만 앎 없음도 없으며, 모습이 아니지만 모습 아님도 아니다. 본마음을 사무쳐본 자는 바로 한 생각 속에 만법을 다 통하고 만법을 다 갖추어 쓰되 온갖 것에 물듦 없어서 '모든 법의 모습 떠난〔離諸法相〕' 최상승의 사람이라 할 것이니, 최상승의 사람만이 조사의 방에 들어 조사의 인가를 얻게 될 것이다.

숭숭공선사(崇勝珙禪師)는 다음과 같은 게송으로 앎 없음〔無知〕과 봄 없음〔無見〕에도 떨어짐이 없는 중도의 바른 눈을 열어준다.

> 눈 속에 수미산은 겹겹이 솟구쳤고
> 귀 가운데 큰 바다 물결 높이 치도다.
> 말 없는 어린 아이 입 열지 않았는데
> 문 밖에 뇌성소리 벌써 울려 떨도다.

> 眼裏須彌重嶪峻　耳中大海疊波瀾
> 無言童子未開口　門外雷聲早戰寒

지도선사가 『열반경』의 항상함〔常〕과 덧없음〔無常〕의 뜻을 묻다〔志道請問常無常義〕

○ 승려 지도(志道)는 광주(廣州) 남해 사람인데 대사께 여쭈었다.

"학인이 출가해서부터 『열반경』을 본 지 십년 남짓 되지만 아직 큰 뜻을 밝히지 못했습니다. 화상께서는 가르쳐 주십시요."

대사께서 말씀하셨다.

"너는 어느 곳을 밝히지 못했는고?"

"모든 행은 항상함이 없으니
이것은 나고 사라지는 법이다.
나고 사라짐 없어져 다하면

고요하여 언제나 즐거우리.

이렇게 말씀한 곳에 의혹이 있습니다."

대사께서 말씀하셨다.

"너는 어떻게 의혹하는가?"

지도는 답했다.

"모든 중생에게는 다 두 가지 몸이 있으니 색신과 법신입니다. 색신은 항상함이 없어서 나고 사라짐이 있지만, 법신은 항상함이 있으니 앎도 없고 느껴 깨달음도 없습니다. 경에 '나고 사라짐 없어져 다하면 고요하여 언제나 즐거우리라'고 했는데, 어떤 몸이 고요하며 어떤 몸이 줄거움을 받는지 모르겠습니다.

만약 색신이 그렇다면 색신이 없어질 때 사대가 나뉘어 흩어지므로 온전히 괴로움일 것이니, 괴롭다면 즐겁다고 말할 수 없을 것입니다. 만약 법신이라면 고요하여 곧 풀이나 나무, 기와조각이나 돌맹이와 같을 것이니 누가 마땅히 줄거움을 받겠습니까?

또 이렇게 의혹하기도 합니다. 법성(法性)은 나고 사라짐의 바탕이요, 오온은 나고 사라지는 작용이니, 나고 사라지지 않는 한 바탕에 나고 사라지는 다섯 작용이라면 나고 사라짐이 항상함이 될 것입니다. 이 때 생겨난다는 것은 나고 사라짐이 없는 바탕을 쫓아 작용을 일으킴이요, 사라진다는 것은 작용을 거두어 나고 사라짐 없는 바탕에 돌아감이니, 만약 다시 생겨난다는 말을 들어주면 곧 뜻이 있는 뭇 삶들[有情]은 끊어지지 않고 없어지지 않음이 되는 것이요, 만약 다시 생겨난다는 말을 들어주지 않는다면 곧 길이 고요함에 들어가 뜻이 없는 사물[無情]과 같을 것입니다.

이렇다면 모든 법은 나고 사라짐 없는 열반에 갇히게 되어 생겨남도 오히려 얻을 수 없거니 무슨 즐거움이 있겠습니까?"

僧志道 廣州南海人也 請益曰

學人自出家 覽涅槃經 十載有餘 未明大意 願和尙垂誨

師曰 汝何處未明 曰 諸行無常 是生滅法 生滅滅已 寂滅爲樂 於此疑惑
師曰 汝作麼生疑 曰 一切衆生皆有二身 謂色身法身也 色身無常 有生有
滅 法身有常 無知無覺 經云 生滅滅已 寂滅爲樂者 不審何身寂滅 何身受樂
若色身者 色身滅時 四大分散 全然是苦 苦 不可言樂 若法身寂滅 卽同草木
瓦石 誰當受樂

又法性是生滅之體 五蘊是生滅之用 一體五用 生滅是常 生則從體起用
滅則攝用歸體 若聽更生 卽有情之類 不斷不滅 若不聽更生 則永歸寂滅 同
於無情之物 如是 則一切諸法被涅槃之所禁伏 尙不得生 何樂之有

○ 대사께서 말씀하셨다.

"너는 붇다의 제자인데 어찌 아주 끊어짐[斷見]과 늘 있음[常見]이라는
외도의 삿된 견해를 익혀서 최상승법을 의논하려 하느냐. 너의 말에 의거
하면 곧 색신 밖에 따로 법신이 있게 되고 나고 사라짐을 여의고 고요함을
구하는 것이 된다. 또 열반이 항상하고 즐겁다[涅槃常樂]는 말을 미루어
어떤 몸이 있어서 받아 쓴다고 말하니, 이것은 나고 죽음을 집착하여 세간
의 즐거움을 탐착함인 것이다.

너는 이제 마땅히 알아야 한다.

붇다는 모든 어리석은 사람들이 다음과 같이 헤매임을 위하시니, 모든
어리석은 사람들은 오온의 화합을 인정하여 자기 모습으로 삼고, 온갖 법
을 분별하여 자기 밖에 실로 있는 객관의 모습으로 삼아, 생겨남은 좋아하
고 죽음은 싫어하여 생각 생각 옮겨 흘러, 모든 법이 꿈이나 헛깨비처럼
거짓 일어난 것인 줄 알지 못하고 윤회(輪廻)를 받아서, 항상하고 즐거운
열반을 뒤집어 고통스런 모습을 삼아 날이 다하도록 밖으로 내달려 구한
다.

붇다는 이것을 불쌍히 여기시므로 열반의 참된 기쁨은 찰나에도 나는
모습이 없고 찰나에도 사라지는 모습이 없어 다시 나고 사라짐 없앨 것도
없는 것이 바로 고요함이 현전함이라는 것을 보여주신다. 고요함이 현전

할 때도 현전한다는 헤아림이 없으므로 이것을 '항상하고 즐겁다'고 한 것이다.

그렇다면 열반의 이 즐거움은 받는 자도 없고 받지 않는 자도 없으니, 어찌 하나의 바탕이니 다섯 가지 작용이니 하는 이름이 있을 것인가? 하나의 바탕이니 다섯 작용이니 하는 이름도 없는데, 어찌 하물며 열반이 모든 법을 가두어 길이 나지 못하게 한다 말하겠는가.

이러한 생각은 붇다를 비방하고 법을 헐어내는 일이다. 나의 게를 들으라."

> 위 없고 큰 열반의 참된 모습은
> 두렷 밝아 늘 고요히 비치는데
> 어리석은 이는 이를 죽었다 하고
> 바깥길을 맴도는 여러 무리는
> 집착하여 끊어져 없음 삼으며
> 성문 연각 이승의 길 구하는 자들
> 지음 없음이라고 이름을 짓네.
> 이 모두 다 뜻으로 헤아림이라
> 예순두 가지 사견의 근본이 되네.
> 색신이나 법신이나 모든 이름도
> 거짓 이름 허망하게 세운 것이니
> 참되고 실다운 뜻 어찌 되겠나.
>
> 헤아림을 벗어난 그 사람만이
> 존재의 참된 모습 깊이 통달해
> 취하거나 버림이 없게 되어서
> 오온법과 오온법 가운데 나와

밖으로 나타난 여러 모습과
울려나는 낱낱의 음성 모습들
모두가 평등하여 꿈결과 같고
헛깨비 같은 줄 사무쳐 알아
범부 성인 하는 견해 내지를 않고
열반이란 알음알이 짓지 않으며
두 가지 치우침과 삼제가 끊겨
언제나 모든 근을 응하여 쓰되
쓴다는 생각도 내지 않도다.
온갖 법을 잘 가리어 분별하지만
분별한다는 생각도 내지 않으리.

하늘 땅이 무너지는 괴겁의 때에
겁의 불이 바다 밑까지 태우고
바람이 불어닥쳐 산끼리 쳐도
열반의 기쁨 참되고 한결같도다.
열반의 모습은 이와 같음을
내가 이제 억지로 말을 내어서
그대가 삿된 견해 버리게 하니
말을 따라 알음알이 내지 않으면
조금쯤 알았다 허락하리라.

지도가 게를 듣고 크게 깨쳐서 기뻐 뛰며 절을 하고 물러났다.

師曰 汝是釋子 何習外道 斷常邪見 而議最上乘法 據汝所說 卽色身外別
有法身 離生滅 求於寂滅 又推涅槃常樂 言有身受用 斯乃執吝生死 耽著世
樂

汝今當知佛爲一切迷人 認五蘊和合爲自體相 分別一切法爲外塵相 好生惡死 念念遷流 不知夢幻虛假 枉受輪廻 以常樂涅槃 翻爲苦相 終日馳求

佛愍此故 乃示涅槃眞樂 刹那無有生相 刹那無有滅相 更無生滅可滅 是則寂滅現前 當現前時 亦無現前之量 乃謂常樂

此樂無有受者 亦無不受者 豈有一體五用之名 何況更言涅槃禁伏諸法 令永不生 斯乃謗佛毀法 聽吾偈曰

無上大涅槃	圓明常寂照
凡愚謂之死	外道執爲斷
諸求二乘人	目以爲無作
盡屬情所計	六十二見本
妄立虛假名	何爲眞實義
惟有過量人	通達無取捨
以知五蘊法	及以蘊中我
外現衆色像	一一音聲相
平等如夢幻	不起凡聖見
不作涅槃解	二邊三際斷
常應諸根用	而不起用想
分別一切法	不起分別想
劫火燒海底	風鼓山相擊
眞常寂滅樂	涅槃相如是
吾今强言說	令汝捨邪見
汝勿隨言解	許汝知少分

志道聞偈大悟 踊躍作禮而退

해 설

연기중도를 바로 보지 못한 치우친 견해는 단견(斷見)과 상견(常見)으로 요약된다. 단견이 어떤 것이 생겨났다 아주 없어진다〔起滅相〕고 집착하는 견해라면, 상견이란 어떤 것이 변치 않고 늘 머물러 있다〔常住相〕고 집착하는 견해이다.

그리고 단견이 극단적인 상대주의와 허무주의에 떨어진 견해라면, 상견이란 절대주의적인 견해이다. 그런데 있음을 실로 있는 있음으로 봄으로 해서 없음이 아주 없음으로 실체화되므로 단견과 상견은 서로 의지해 있는 견해이다.

제행무상(諸行無常)과 열반의 진상〔涅槃眞常〕을 보인 『열반경(涅槃經)』 사구게(四句偈)의 대의는 바로 단견과 상견을 모두 떠날 때 열반의 기쁨이 현전함을 보인다. 게송 가운데 '모든 행이 항상함이 없으니 이것이 나고 사라지는 법이다〔諸行無常是生滅法〕'라고 한 구절은 모든 법이 제 스스로 있음이 아니라, 연기하므로 자성이 없고 자성이 없으므로 인연을 좇아 생겨나고 사라짐을 보인다.

이때 생겨나고 사라짐은 인연으로 생겨나고 인연으로 사라지므로 실로 생겨남이 아니고 실로 사라짐이 아니다. 그러므로 나되 남이 없음을 체달하면 사라지되 사라짐이 없으니, 이것이 게송에서 말한 바 '나고 사라짐이 없어져 다함〔生滅滅已〕'이다. 그런데 생겨남〔生生〕이 곧 생겨남이 아님〔無生〕을 깨달으면 생겨나지 않음도 없으니, 생겨남과 생겨나지 않음에 모두 머물지 않으면 니르바나의 참된 기쁨이 늘 현전하니, 그 뜻을 게송은 '고요하여 언제나 즐거우리라'고 한 것이다.

지금 우리가 눈으로 보는 색신(色身)은 인연으로 생기고 사라지는 몸이다. 붇다는 인연으로 일어나 있는 몸과 모습에 집착하여 남이 없고 사라짐이 없는 존재의 실상을 보지 못하는 범부의 망집을 깨기 위해 나고 사라짐이 없는 법신(法身)을 말한다. 그러나 법신은 색신 너머에 있는 절대적 실체이거나 나고 사라지는 작용을 일으키는 본체와 같은 것이 아니라, 색신이 나되 실로 남이 없고 사라지되 실로 사라짐이 없는 실상을 법신이라 이름붙였을 뿐이다.

그러므로 법신은 눈에 보이는 몸이 아니지만 몸 아님도 아니며, 오온이 아니지만 오온을 떠난 것도 아니니, 나고 사라지는 색신에서 나고 사라지는 모습을 떠나면, 색신의 나고 사라짐을 여의지 않고 법신의 고요함 속에 있게 되는 것이다.

이와 달리 몸[身]과 모습[相]이라는 변화하는 존재의 영역이 있고, 불성(佛性) 법신(法身)이라는 변치 않는 영역이 있어 변화를 근거지운다고 말하거나, 나고 사라지는 변화를 떠나 나고 사라짐이 없는 법신의 영역에 돌아가야 한다고 말하면, 이것은 단견과 상견의 허물을 모두 짊어진 외도의 견해일 뿐이다.

중도의 바른 견해는 남이 곧 남이 아니고 사라짐이 사라짐이 아님을 사무쳐 보므로, 찰나에도 나는 모습이 없고 찰나에도 사라지는 모습이 없으며, 생멸을 없앨 것도 없고 적멸함을 따로 구할 것도 없는 것이니, 이것이 바로 '나고 죽음에도 머물지 않고 열반의 고요함에도 머물지 않는 보살의 지혜와 자비의 삶[菩薩有智慧故 不住生死 菩薩有慈悲故 不住涅槃]'인 것이다.

쌍림부대사는 늘 머물러 있는 모습도 없고 덧없이 사라져버림도 없는[無有常住 亦無起滅] 존재의 실상과 실상에 부합된 중도적인 자유의 길을 다음과 같이 한 송으로 보인다.

> 빈 손에 호미자루 쥐고
> 걸어가면서 물소를 타네.
> 사람이 다리 위를 지나는데
> 다리는 흐르고 물은 흐르지 않네.
>
> 空手把鋤頭　步行騎水牛
> 人從橋上過　橋流水不流

행사선사가 계급에 떨어지지 않는 뜻을 묻다[行思問不落階級義]

행사(行思)선사는 성은 유(劉)씨인데 길주 안성(吉州 安城)사람이다.

조계의 법석이 크게 성하다 함을 듣고 곧장 찾아와 절하고 물었다.

"마땅히 어떤 일을 해야 곧 계급에 떨어지지 않습니까?"

조사께서 말씀하셨다.

"너는 일찌기 무슨 일을 지어 왔는가?"

"거룩한 진리(聖諦)도 또한 짓지 않았습니다."

조사께서 말씀하셨다.

"무슨 계급에 떨어졌는가?"

"거룩한 진리도 오히려 짓지 않았는데 무슨 계급이 있겠습니까?"

조사께서 깊이 그릇임을 아시고 행사로 하여금 대중의 윗머리를 삼았다.

하루는 조사께서 말씀하셨다.

"너는 마땅히 한 지방을 나누어 교화하여 끊어져 다함이 없게 .하라."

행사가 이미 법을 얻음에 드디어 길주(吉州) 청원산(靑原山)으로 돌아와 법을 넓히고 교화를 이었다. 나라에서 홍제선사(弘濟禪師)라 호를 내렸다.

行思禪師 生吉州安城劉氏 聞曹溪法席盛化 徑來參禮

遂問曰 當何所務 卽不落階級

師曰 汝曾作什麼來 曰 聖諦亦不爲

師曰 落何階級 曰 聖諦尙不爲 何階級之有

師深器之 令師首衆 一日 師謂曰 汝當分化一方 無令斷絶

思旣得法 遂回吉州靑原山 弘法紹化 謚弘濟禪師

해 설

행사선사는 길주 안성 분인데, 깨친 뒤 청원산(靑原山)에서 교화하였으므로 청원행사선사라 한다.

행사선사는 혜능선사를 뵙고 계급에 떨어지지 않고 차제가 없는 해탈의 길을 묻는다. 이에 혜능선사가 지어온 바 일을 물으니, 행사선사는 성제도 짓지 않는다고 답변한다.

성제란 고·집·멸·도 사성제(四聖諦)이니, 그것은 곧 붇다가 괴로움의 바다에 빠져 헤어날 줄 모르는 중생에게 괴로움과 괴로움의 원인이 없지 않음을 보이고, 해탈의 실천을 통해 니르바나의 결과가 이루어짐을 보인 가르침이다. 괴로움이 인연을 좇아 일어나고 사라지며 해탈이 실천의 원인을 통해 구현됨을 보이면 이는 생멸사제(生滅四諦)이다. 다시 괴로움이 인연을 따라 일어나므로 실로 일어남이 없고, 괴로움이 본래 남이 없으므로 얻을 것도 없음을 보이면 이는 무생사제(無生四諦)이다. 그러나 괴로움이 본래 공하나 괴로움의 연기되는 모습이 없지 않으므로, 그 괴로움에 상응하는 한량없는 해탈의 실천이 없지 않음을 보이면 이는 무량사제(無量四諦)이다. 이때 무량사제문에서 해탈의 실천은 짓되 지음 없는 실천이니, 그 실천 자체에도 머묾 없어서 번뇌를 실로 끊지도 않고 도를 닦지도 않으며 열반을 따로 얻지도 않으면 무작사제(無作四諦)이다.

행사선사가 '거룩한 진리(聖諦)도 짓지 않는다'고 한 것은 바로 지음 없는 사제를 보임이니, 이는 중생의 지위(理卽)를 떠나지 않고 구경의 깨달음(究竟卽)을 쓰며, 한 티끌 속에서 다함없는 법륜을 굴리며 번뇌를 끊지 않고 삶을 바로 청정케 함이다.

번뇌를 끊지 않고 구경의 깨달음을 바로 쓰므로 차제와 계급에 떨어지지 않는 행을 『법화경』은 이렇게 말한다.

> 바로 모든 방편을 버리고
> 다만 위없는 도만을 말한다.
> 오직 하나의 실상일 뿐이니
> 나머지 둘은 참됨 아니네.
>
> 正直捨方便　但說無上道
> 唯此一事實　餘二則非眞

또한 천태선사는 차제가 없이 단박 여래의 땅에 드는 지관을 '크고 곧은 길을 행하여 치우침에 나아가 바로 중도다(行大直道 卽邊而中)'라고 말한다.

그렇다면 행사선사의 '성제도 하지 않음'과 천태선사의 '크고 곧은 길을 행함'은 둘이 아니라 할 것이니, 행사선사의 계급 없는 해탈의 길은 바로 상대 속에서 상대가 끊어지고 첫걸음 내딛는 곳에서 맨끝의 이르름이 늘 현전하는 삶이라 할 것이니, 단하순(丹霞淳)선사는 다음과 같이 노래한다.

> 우뚝하여 바른 눈으로도 엿볼 수 없고
> 옛과 지금 아득히 벗어나 걸림 없으니
> 무엇으로 견주어 그와 같다 할건가.
> 옛집에 이끼 끼어 돌보는 이 없는데
> 푸른 오동에 달 걸려 봉황새 오지 않네.

> 卓爾難將正眼窺　逈超今古類何齊
> 苦封古殿無人侍　月鎖蒼梧鳳不栖

회양선사가 조사의 인가를 받다〔懷讓禪師受祖師印〕

회양(懷讓)선사는 금주(金州) 두(杜)씨의 아들이다.

처음 숭산(嵩山) 혜안국사(慧安國師)를 찾아뵈니 혜안은 회양을 조계로 보내어 참배하게 하였다. 회양이 이르러 예배하자 대사께서 말씀하셨다.

"어디서 왔는가?"

"숭산에서 왔습니다."

"무슨 물건이 이렇게 왔는가?"

"한 물건이라 말해보여도 곧 맞지 않습니다."

대사께서 말씀하셨다.

"도리어 닦아 깨달을 수〔修證〕 있는가?"

"닦아 깨침은 곧 없지 않으나 물들어 더럽혀지지는 않습니다."

대사께서 말씀하셨다.

"다만 이 물들어 더럽혀지지 않음이 모든 붇다가 보살펴 생각하는 바이다. 네가 이미 이와 같으니 나도 또한 이와 같다. 서천(西天)의 반야다라존자가 미리 적어 보이시되[識] '너의 발 아래 한 망아지가 나와 천하 사람을 밟아 죽인다'고 하셨으니, 마땅히 네 마음 속에 새겨두고 반드시 빨리 말하려 하지 말라."

회양이 훤칠하게 조사의 뜻을 알아듣고 좌우에서 십오년을 모시면서 날로 그윽하고 깊음을 더해갔다. 뒤에 남악(南嶽)으로 가 선종을 크게 떨쳤다. 왕이 대혜선사(大慧禪師)라 호를 내렸다.

懷讓禪師 金州杜氏子也 初謁嵩山安國師 安發之曹溪參叩 讓至禮拜

師曰 甚處來 曰 嵩山 師曰 什麼物 恁麼來 曰 說似一物卽不中 師曰 還可修證否 曰 修證卽不無 汚染卽不得

師曰 只此不汚染 諸佛之所護念 汝旣如是 吾亦如是 西天般若多羅讖 汝足下出一馬駒 踏殺天下人 應在汝心 不須速說

讓豁然契會 遂執侍左右一十五載 日臻玄奧 後往南嶽 大闡禪宗 勅諡大慧禪師

해 설

회양선사는 형주 옥천사에서 홍경율사(弘景律師 : 곧 龍興弘景禪師)에 의해 출가하니, 형주 옥천사는 천태지자선사가 창건하여 『마하지관』을 강설한 도량으로 천태 이후 법성(法盛), 홍경(弘景), 진(眞)선사 등이 선법을 이어왔으며 북종 신수, 보적선사가 머물렀던 도량이다.

회양선사는 옥천사에서 동학(同學)인 탄연(坦然)의 권고로 숭산 혜안(慧安)을 찾아 뵙고 그의 가르침을 받은 뒤 혜능선사를 찾는다. 이렇게 보면 회양선사는 천태선과 북종선의 여러 종장들의 가르침을 받은 뒤 혜능을 참방한 것이 된다.

혜능조사의 인가를 받은 뒤 나중 남악으로 가 선종을 크게 떨쳤다 했으니, 곧 남악으로 가 혜사선사(慧思禪師)가 머물러 선풍을 펼쳤던 반야사(般若寺)의 옛 터를 복구하고, 혜사선사가 『반야경』을 설하던 곳에서 마조도일(馬祖道一)을 만나 그를 교화한 것을 말한다. 반야다라존자가 예언한 '한 망아지'란 마조도일을 뜻한다.

처음 형주 옥천사로부터 혜능선사를 찾아간 회양은 '무슨 물건이 이렇게 왔는가'라는 혜능의 물음 앞에 어찌할 줄 모른다〔罔知所措〕.

8년이 지난 뒤에야〔經八年〕69) 진리의 눈을 활짝 열고 '한 물건과 같다

---

69) 팔년이 지난 뒤에야 : 필자가 출가 초기에 보던 단경 판본에는 혜능선사와 회양선사의 문답에서 '무슨 물건이 이렇게 왔는가'라고 묻자 회양이 '어쩔 줄 모르다 팔년이 지나서야[罔知所措經八年]'라는 구절이 있었다. 그런데 요즈음 발간된 단경 판본에는 이 구절이 모두 빠져있다. 그러나 두 선사의 문답에 대해서는 불조정전고금첩록(佛祖正傳古今捷錄)과 남악단전기(南嶽單傳記)에 자세하게 그 내용이 기록되어 있다.

불조정전고금첩록(佛祖正傳古今捷錄, 속장경제146권)에서는 이렇게 말하고 있다.

육조가 말했다. '무슨 물건이 이렇게 왔는가'
회양이 말이 없다가 8년이 지나서 홀연히 깨닫고는 조사에게 아뢰었다.
'제가 아는 곳이 있습니다.'
육조가 말했다. '어떠한가'
회양이 말했다. '한 물건과 같다 해도 맞지 않습니다.'

祖曰 甚麽物恁麽來 師無語 遂経八載忽然有省
乃白祖曰 某甲有箇會處
祖曰 作麽生
師曰 說似一物卽不中

남악단전기(南嶽單傳記, 속장경 제146권)에서는 다음 같이 말하고 있다.

혜능이 말했다. 무슨 물건이 이렇게 왔는가.
회양이 말이 없다가 8년이 지나서 홀연히 깨닫고 혜능선사에게 아뢰었다.
'제가 아는 곳이 있습니다.'
'어떠한가.'
회양선사가 말했다.
'한 물건과 같다 해도 맞지 않습니다.'

能曰 代麽物恁麽來 師無語 経八載 忽然悟

말해도 곧 맞지 않습니다'고 답한다.

조사가 '도리어 닦아 깨칠 수 있는가'를 물으니, 이는 공(空)으로써 증득함을 삼아 이름 없고 모습 없어서 깨칠 것 없는 데 머물러 있는 것이 아닌가 점검한 것이다. 이에 '닦아 깨침은 없지 않으나 물들여 더럽혀지지 않는다'라고 함은 번뇌가 본래 공함을 깨쳤기에 무명 번뇌에 다시 물들여지지 않으나, 공에 떨어짐이 없으므로 깨달음의 행과 보리의 과덕이 없지 않음을 보인다.

그러므로 회양선사가 '닦아 깨침이 없지 않다'고 한 것은 본래 청정만을 믿어 닦을 것 없고 깨칠 것 없는 데에만 머물러 있는 치우침을 깨뜨리기 위함일 뿐 닦아 얻는 모습을 세우는 것이 아니다. 회양선사의 뜻은 닦을 것도 없고 닦지 않을 것도 없으며, 깨쳐 얻을 것이 없지만 깨쳐 얻을 것 없음도 없는 중도적 실천을 보인 것이니, 이 중도행이 바로 붇다가 보살펴 생각하는 바이며 혜능조사가 인가해준 바이다.

중생은 스스로 고통 속에 있음을 알지 못하여 번뇌를 다스리지 않는 모습〔不調伏相〕에 떨어져 있으므로 붇다와 조사는 닦음〔修〕을 보이고 해탈의 인과를 보인다. 반면 번뇌가 실로 일어남이 없는 줄 모르고 번뇌를 억지로 끊고 깨달음을 얻으려는 치우친 수행자들은 번뇌를 억지로 다스리는 모습〔調伏相〕에 떨어져 있으므로 그를 대치하려고 단박 깨침〔頓悟〕을 보이고 진여 가운데 실로 얻을 것이 없음〔無證生〕을 보인다.

공(空)으로써 깨침을 삼는 수행자는 다시 본래 깨끗함을 관조하거나 공(空)에 머물러 아무 것도 짓지 않고 하지 않음으로 해탈을 삼는다. 그러므로 붇다와 조사는 '닦아 깨침이 없지 않음'을 말해 '번뇌를 조복하지 않는 모습과 조복하는 모습에 모두 머뭄 없는〔不住不調伏相 不住調伏相〕' 해탈의 한 길을 보인다.

이렇게 보면 회양선사의 '닦아 깨침이 없지 않다'고 함은 공에 떨어진 수행자의 병폐를 부정하여 '모든 법이 실로 남이 없기 때문에 나지 않음도

乃白能曰 某甲有箇會處
能曰 作麼生 師曰 說似一物卽不中

없음'을 보여 닦음 전체가 깨달음의 성품이 되며〔全修卽性〕깨달음의 성품
이 온통 닦음을 일으키는〔全性起修〕중도행을 보여준 것이라 할 것이다.
　해인신(海印信)선사는 다음과 같이 노래한다.

　　　무쇠말 거꾸로 타고 번뇌울 벗어나서
　　　하늘문을 뒤흔들어 옛 가풍 떨치도다.
　　　보배집 구슬 누각 거들떠 보지 않고
　　　진흙 먼지 가득한 거리에 들어감은
　　　어린아이 꺼내어 이끌기 위함이네.

　　倒騎鐵馬出煩籠　　撥轉天關振古風
　　寶殿瓊樓曾不顧　　入塵應爲誘童蒙

영가현각선사가 남이 없는 뜻을 묻고 답하다〔永嘉玄覺問答無生〕

　영가현각선사(永嘉玄覺禪師)는 온주(溫州) 대(戴)씨의 아들이다.
　젊어서 경론을 익혀 천태지관법문(天台止觀法門)에 정통하였는데『유
마경』을 보다가 심지(心地)를 밝혀 내었다.
　마침 대사의 제자 현책(玄策)과 서로 만나 그와 함께 깊은 뜻을 격렬히
말하였는데, 말을 내는 것이 가만히 여러 조사의 뜻에 합치하였다.
　현책이 말했다
　"인자가 법을 얻은 스승은 누굽니까?"
　"내가 방등경론을 들을 때는 각기 스승으로부터 이어 받음[師承]이 있
었으나, 뒤에 『유마경』에서 불심종(佛心宗)을 깨치고서는 증명해준 분
이 없습니다."
　현책이 말했다
　"위음왕불 이전에는 그럴 수 있지만 위음왕불 이후에는 스승없이 스스
로 깨달음은 모두 타고난 외도입니다."

"원컨대 인자는 나를 위해 증거해 주오."

현책이 말했다.

"나의 말은 가볍소. 조계에 육조대사가 계시어 사방에서 배우는 이들이 구름처럼 모여드는데, 모두 이 법을 받는 이들입니다. 만약 그곳에 가겠다면 함께 가겠소."

현각이 드디어 현책과 함께 와 뵈었는데, 대사의 주위를 세번 돌고 석장을 떨치고 서 있었다.

대사께서 말씀하셨다.

"사문이란 삼천 가지 위엄있는 자태와 팔만 가지 작은 행동거지들을 다 갖추어야 하는데, 대덕은 어디서 왔기에 큰 아만을 내오."

현각이 말했다.

"나고 죽음의 일이 크고, 덧없음이 빠르고 빠릅니다."

대사께서 말씀하셨다.

"어찌 남이 없음을 체달하지 못하며, 빠름 없음을 깨닫지 못하오?"

"체달함에 곧 남이 없고, 깨달음에 본래 빠름이 없습니다."

대사께서 말씀하셨다.

"그렇소, 그렇소."

현각이 바야흐로 위엄있는 자태를 갖추어 절하고 곧 하직하니 대사께서 말씀하셨다.

"도리어 너무 빠르지 않은가?"

"본래 스스로 움직임이 아니니 어찌 빠름이 있겠습니까?"

대사께서 말씀하셨다.

"누가 움직이지 않음을 아는가?"

"인자께서 스스로 분별을 내십니다."

대사께서 말씀하셨다.

"그대는 깊이 남이 없는 뜻을 얻었구나."

"남이 없는데 어찌 뜻이 있겠습니까?"

대사께서 말씀하셨다.

"뜻이 없는데 누가 마땅히 분별하는고."

"분별함도 또한 뜻이 아닙니다."

조사께서 말씀하셨다.

"훌륭하다 잠깐 하루밤이라도 쉬어가라."

이런 까닭에 당시 사람들은 현각을 하룻밤 자고 깨친 이[一宿覺]라고
하였다. 나중 『증도가(證道歌)』를 지어 세상에 크게 성행하였다.

永嘉玄覺禪師 溫州戴氏子 少習經論 精天台止觀法門 因看維摩經 發明
心地 偶師弟子玄策相訪 與其劇談 出言暗合諸祖

策云 仁者得法師誰 曰 我聽方等經論 各有師承 後於維摩經 悟佛心宗 未
有證明者

策云 威音王已前卽得 威音王已後 無師自悟 盡是天然外道

曰 願仁者 爲我證據

策云 我言輕 曹溪有六祖大師 四方雲集 竝是受法者 若去 則與偕行

覺遂同策來參 繞師三匝 振錫而立

師曰 夫沙門者 具三千威儀 八萬細行 大德自何方而來 生大我慢

覺曰 生死事大 無常迅速 師曰 何不體取無生 了無速乎

曰 體卽無生 了本無速 師曰 如是如是

玄覺方具威儀禮拜 須臾告辭 師曰 返太速乎 曰 本自非動 豈有速耶

師曰 誰知非動 曰 仁者自生分別 師曰 汝甚得無生之意 曰 無生豈有意耶

師曰 無意誰當分別 曰 分別亦非意 師曰 善哉 少留一宿 時謂一宿覺

後著證道歌 盛行於世 謚曰無相大師 時稱爲眞覺焉

해 설

영가선사는 혜능선사를 만나 하룻밤 쉬고 큰 깨달음을 얻었다고 하여

하룻밤 자고 깨친 이〔一宿覺〕라고 이름하지만, 영가는 혜능을 만나기 전에
이미 천태법문(天台法門)에서 크게 깨쳐 불심종(佛心宗)을 얻었다. 『전
등록(傳燈錄)』은 다음과 같이 말한다.70)

> 온주 영가선사는 영가 사람이며 성은 대씨이다. 십세에 출가하여
> 삼장을 탐구하였다. 천태지관의 원묘한 법문에 정통하여 네 가지 위의
> 가운데 늘 선관(禪觀)에 하나 되었더니, 나중 좌계현랑선사의 격려로
> 동양현책과 함께 조계로 갔다.

단경처럼 위 전등록의 기록에도 영가선사는 조계혜능에 가기전 이미
천태지관 법문을 정통하고 행주좌와에 늘 삼매에 머물렀다고 하고 있다.
그런데 영가선사가 지은 『증도가(證道歌)』 가운데는 '내가 조계의 길을
얻음으로부터 생사가 서로 간섭하지 않은 줄 요달했다〔自從證得曹溪路
了知生死不相干〕'라고 하여 혜능을 만나 크게 깨친 것으로 표현되어 있으
며, 증도가 안에 이미 삼십삼조사설이 등장하고 있다.

그러나 삼십삼조사설(卅三祖師說)은 하택신회가 육대전의설(六代傳衣
說)을 주장한 뒤 나중 보림전(寶林傳)에서나 완성된 설이므로 이 구절들
은 모두 후대에 증도가에 삽입된 것으로 보아야 한다.

또 단경에서도 영가선사와 동양현책선사와의 문답에서 혜능조사를 만
나기 전에 『유마경』에서 불심종을 깨쳤다 하고, 『전등록』의 기록에도
천태문하의 조사인 좌계현랑선사가 그에게 혜능선사를 만나도록 격려하
였다고 하였다. 그러므로 영가는 천태선문에서 깨쳐 조계문하에서 인가받
은 선사임을 알 수 있다.

『불조통기(佛祖統紀)』에서는 그에 대해 다음과 같이 논평한다.71)

　　『좌계본기』에 진각선사를 같은 스승 문하의 벗이라고 말하고, 진
각의 전기 가운데 좌계선사가 격려하여 조계에 찾아갔다고 말하며, 또
천태지관의 도에 정통하였다고 말하고 있다.
　　이로써 좌계와 영가가 같이 천궁혜위선사에게 배웠음은 의심할 것이
없음을 알아야 한다. 하물며 『영가집』 가운데서 지관의 함께 막고
함께 비추는 뜻을 온전히 쓰고 있음이겠는가.

　동양현책선사는 스스로 깨쳤다는 영가선사의 말에 '스스로 깨치되 스
승의 인가가 없으면 모두 타고난 외도'라고 비판하며 영가선사를 혜능선
사에게 인도한다. 그러나 스승과 선지식의 인연을 통해 깨치되, 스승을
통해 새로 깨친 그 지혜는 본래 밝은 반야 그 자체이므로 '스승 없는 지혜
〔無師智〕'이며, 새로 깨친 제자는 이미 깨친 스승에게 검증받고 인가받되
인가받은 지혜는 '스스로 그러한 지혜, 자발적인 지혜〔自然智〕'이다.
　영가선사는 혜능선사를 찾아가 번거로운 예절과 형식을 세우지 않고
조사의 주위를 세번 돌고 석장을 떨치고 우뚝 서니, 이는 잎을 따거나 가
지를 찾지〔摘葉尋枝〕 않고 곧 바로 근원을 끊어드는〔直截根源〕 최상승의
선풍을 온통 드러내보인 것이다.
　법진일(法眞一)선사는 혜능선사와 영가선사의 만남을 이렇게 노래한
다.

　　　　영가선사 만리 지나 조계에 이르러서
　　　　세번 절하는 위의 어찌 줄여 하지 않았나.
　　　　선상을 세차례 빙 둘러 돌고 난 뒤에
　　　　석장 떨쳐 우뚝 서는 그것이 위의로다.

　　　永嘉萬里到曹溪　三拜云何略不施
　　　却遶禪狀三匝後　卓然振錫底威儀

　영가선사가 혜능선사 앞에 석장을 짚고 우뚝 서니 이는 곧 '눈 마주치자
곧 도가 있음〔目擊道存〕'이며 우러러 볼 것도 없고 낮춰 볼 것도 없는 본바

탕의 예를 바로보임이니, 다시 무슨 번거로운 예절을 세울 것인가.

능히 절함과 절한 바가 공적한 곳에서 이렇게 묻고 저렇게 답하니, 혜능 조사는 덧없음을 말하는 영가에게 '어찌 남이 없음을 체달하지 않는가'를 바로 묻는다. 혜능조사의 이러한 물음에 영가선사는 인연으로 나는 법에 실로 남이 없음을 요달하면 나고 죽음이 본래 없고 제행무상(諸行無常)의 참뜻을 바로 보아 그 덧없음에 실로 감이 없는 줄 깨달으면 본래 빠름이 없음을 저렇게 답한다.

이렇게 묻고 저렇게 답하는 곳에서 혜능이 영가를 검증했을 뿐 아니라 영가가 혜능을 인증했으니, 영가는 혜능을 만나기 전에 한 법도 모자람이 없었기에 혜능을 만난 뒤에도 한 법도 얻음이 없었다.

조계산에 하룻밤 쉬어간 뜻을 조계명(曹溪明)선사는 다음과 같이 노래 한다.

> 조계에 이르기 전 무슨 의심 있었던가.
> 둥근 달 당당하니 다시 이 누구런가.
> 하루 쉼에 돌아가기 이미 늦어졌으니
> 늙은 혜능 채찍 더디 들음과 관계 없네.
>
> 曹溪未到有何疑　月面堂堂更是誰
> 一宿已成歸計晚　不干盧老擧鞭遲

지황선자가 조사를 뵙고 깨달음을 열다〔智隍禪者參祖開悟〕

○ 선자(禪者) 지황(智隍)은 처음 오조께 참예하고 스스로 바른 삼매〔正受〕를 이미 얻었다 말하고, 암자에서 살면서 눕지 않고 길이 앉기〔長坐〕를 20년 동안이나 하였다.

조사의 제자 현책이 여러 곳을 돌아다니던 중 하삭(河朔)에 이르러 지황의 이름을 듣고 암자에 찾아가서 물었다.

"당신은 여기서 무엇을 하고 있소?"

지황이 말했다.

"선정에 드오."

현책이 말했다.

"당신이 선정에 든다 하니 마음 있음[有心]으로 들어가오, 마음 없음[無心]으로 들어가오? 만약 마음 없음으로 든다면 모든 무정물인 풀과 나무, 기와조각과 돌맹이도 마땅히 선정을 얻을 것이요, 만약 마음 있음으로 든다면 뜻과 알음알이를 지닌 모든 삶들도 또한 선정을 얻을 것이오."

지황이 말했다.

"내가 바로 선정에 들 때는 있고 없는 마음이 있는 것을 보지 않소."

현책이 말했다.

"있고 없는 마음이 있는 것을 보지 않으면 곧 항상 선정인 것이니 어찌 들고 나옴이 있겠소. 만약 들고 나옴이 있다면 곧 큰 선정이 아닙니다."

지황이 대꾸하지 못하고 잠자코 있다 물었다.

"스님은 누구의 법을 이었소?"

현책이 말했다.

"나의 스승은 조계의 육조입니다."

지황이 말했다.

"육조는 무엇으로 선정을 삼습니까?"

현책이 말했다.

"나의 스승께서 말씀하신 바는, 묘하게 맑은 참된 성품이 두렷이 고요하여 바탕과 작용이 한결같아 오음이 본래 공하고 여섯 가지 객관 경계가 있지 않으니, 나오지도 않고 들어가지도 않으며 고요함도 아니고 어지러움도 아닙니다. 선의 참모습[禪性]이 머뭄 없으므로 선의 고요함[禪寂]에도 머물지 않으며, 선의 참모습이 남이 없으므로 선을 한다는 생각[禪想]도 내지 않아서 마음이 허공과 같되 허공 같다는 헤아림도 없습니다."

禪者智隍 初參五祖 自謂已得正受 庵居長坐 積二十年

師弟子玄策 遊方至河朔 聞隍之名 造庵問云 汝在此作什麼 隍曰 入定

策云 汝云入定 爲有心入耶 無心入耶 若無心入者 一切無情草木瓦石 應合得定 若有心入者 一切有情含識之流 亦應得定

隍曰 我正入定時 不見有有無之心

策云 不見有有無之心 卽是常定 何有出入 若有出入 卽非大定

隍無對 良久 問曰 師嗣誰耶 策云 我師曹溪六祖 隍云 六祖以何爲禪定

策云 我師所說 妙湛圓寂 體用如如 五陰本空 六塵非有 不出不入 不定不亂 禪性無住 離住禪寂 禪性無生 離生禪想 心如虛空 亦無虛空之量

○ 지황이 이 말을 듣고 곧장 대사께 와서 뵈오니 대사께서 물으셨다. "인자는 어디서 오시오."

지황이 앞의 인연을 갖춰 말씀드리니 대사께서 말씀하셨다.

"참으로 그 말과 같소. 그대의 마음이 다만 허공과 같되 허공 같다는 견해에도 집착하지 않으면 응하여 쓰되 걸림 없으며, 움직이고 고요함에 마음이 없으며, 범부니 성인이니 하는 뜻이 사라지고, 주체[能] 객체[所]가 모두 없어지며, 성품[性]과 모습[相]이 한결 같아서 선정 아닐 때가 없을 것이오."

지황이 이에 크게 깨달으니 20년 동안 닦아 얻은 마음이 도무지 그림자나 메아리조차 없었다.

그날 밤 하북의 선비와 백성들이 허공 가운데서 나는 소리를 들었는데 '지황선사가 오늘에야 도를 얻었다'고 하였다.

지황이 뒤에 대사께 절하고 물러난 뒤 하북에 돌아와 사부중을 열어 교화하였다.

隍聞是說 徑來謁師 師問云 仁者何來 隍具述前緣

師云 誠如所言 汝但心如虛空 不著空見 應用無礙 動靜無心 凡聖情忘 能所俱泯 性相如如 無不定時也

隍於時大悟 二十年所得心 都無影響 其夜河北士庶聞空中有聲云 隍禪師

今日得道

隍後禮辭 復歸河北 開化四衆

해 설

선(禪)은 실재의식[所得心]을 가지고 닦아서 얻는 신비한 경지가 아니라, 아는 마음[能觀心]과 알려지는 경계[所觀境]에 실체 없음을 통달하여 모든 실재의식에서 바로 놓여남에 있다.

있음이 있음 아니므로 있음을 버리지 않고 공(空)에 들며[從假入空], 있음 아님이 있음 아님도 아니므로 공(空)을 버리지 않고 있음을 쓰므로[從空入假], 들어가고 나옴이 없고 모습에 모습 없는 체(體)와 모습 없음이 모습되는 용(用)이 둘이 아니다.

선(禪)은 경험의 심화발전이 아니라 경험에서 경험의 실재성을 해방하여 경험을 창조적으로 굴려쓰는 일이므로 선이라는 모습[禪相]과 선 한다는 생각[禪想]을 내면 참된 선정이 아니다.

지황선사는 오래도록 오조 홍인선사를 참방하여 오래도록 모신 선사로 선정을 닦아 스스로 삼매를 얻었다고 생각하고 있었으나, 닦아가는 선정의 모습에 머물러 선의 모습마저 남이 없는[禪性無生] 참된 선정을 알지 못했다.

지황은 동향현책선사의 인도로 혜능선사를 뵙고 혜능선사의 한마디 아래[一言之下] 20년 수행한 소득심을 놓아버린다. 모든 소득심을 놓아버림이란 모습에 물든 마음뿐 아니라 공(空)에 집착하는 마음, 참선수행 과정에서 나타나는 온갖 경계[禪相]마저 한꺼번에 버림이니, 이것이 바로 움직임과 고요함, 있음과 없음에 모두 머물지 않는 참된 선정인 것이다.

『열반경(涅槃經)』은 다음과 같이 말한다.72)

---

72) 열반경에 말한다 : 有所得者 名生死輪 一切凡夫 輪廻生死 故有所得 菩薩永斷一切生死 是故菩薩名無所得

얻을 바가 있음이란 나고 죽음의 수레바퀴이니, 모든 범부는 나고 죽음에 윤회하므로 얻을 바가 있음이다.

그러나 보살은 나고 죽음이 본래 없으므로 길이 온갖 나고 죽음을 끊는다. 그러므로 보살은 얻을 바가 없음이라 말한다.

어떤 스님이 물음에 불법을 알지 못한다 말함〔因僧問說不會佛法〕

한 스님이 대사께 여쭈었다.

"황매의 뜻을 어떤 사람이 얻었습니까?"

대사께서 말씀하셨다.

"불법을 아는 사람이 얻었다."

그 스님이 말했다.

"화상께서는 얻으셨습니까?"

대사께서 말씀하셨다.

"나는 불법을 알지 못한다."

一僧問師云 黃梅意旨 甚麼人得 師云 會佛法人得

僧云 和尙還得否 師云 我不會佛法

해 설

불법은 앎과 알지 못함에 속하지 않으며, 황매조사의 뜻은 얻음과 얻지 않음에 갇히지 않는다. 불법을 안다 하면 법은 생활 밖에 소외된 사물이 될 것이요, 불법을 다만 알지 못한다 하면 법은 아무 것도 없음에 빠져 산 눈〔活眼〕의 활력이 나오지 못할 것이다.

영명연수선사(永明延壽禪師)는 다음과 같이 말한다.[73]

73) 영명연수선사는 다음 같이 말한다 : 若悟其道 則可以承紹 可以傳衣
   如有人問南泉和尙云 黃梅門下有五百人 爲甚盧行者 獨得衣鉢
   師云 只爲四百九十九人 皆解佛法 只有盧行者一人 不解佛法 只會其道 所以得衣鉢 故先德偈

만약 그 도(道)를 깨치면 황매의 뜻을 이어받을 수 있고 가사를 전해 받을 수 있다.

이것은 다음과 같으니 어떤 사람이 남전화상에게 물었다.

"황매 문하에 오백 사람이 있었는데 왜 노행자 홀로 가사와 바루를 전해 받았습니까?"

이에 남전화상은 이렇게 답했다.

"다만 사백구십인은 모두 불법을 알았고 노행자 한 사람만이 불법을 알지 못하고 다만 도만을 알았으므로 가사와 바루를 얻은 것이다. 그러므로 선덕의 게송에 말했다.

  있고 없고 오고 감에 마음 길이 다해 쉬니
  안과 밖 가운데도 도무지 모두 없네.
  여래께서 참으로 머무는 곳 보려는가
  돌염소가 망아지 낳는 소식 볼지니라.

이와 같이 묘하게 통달한 뒤에도 도(道)가 오히려 있지 않은데, 어찌 알음알이로 안다 모른다는 헛된 생각 다시 논할 수 있겠는가."

지팡이로 샘을 뚫고 서천의 방변을 만나다[卓錫鑿泉會逢方辯]

대사께서 하루는 오조께서 주신 가사[法衣]를 빨려고 하는데 마땅한 좋은 샘이 없었다. 그래서 절 뒤로 오리쯤에 이르러 숲이 우거지고 서기가 감도는 곳을 보시고 조사께서 쇠지팡이를 떨쳐 땅에 꽂으니 샘이 손을 따라 솟구쳐서 물이 어느새 쌓여 못을 이루었다.

대사께서 무릎을 꿇고 돌 위에 옷을 빠는데 홀연히 한 승려가 앞에 와서

云
  有無去來心永息 內外中間都捴無
  欲見如來眞住處 但看石羊生得駒
如此妙達之後 道尙不存 豈可更論知解會不會之妄想乎

절하면서 말씀드렸다.

"저는 방변이라고 하는데 서촉 사람입니다. 어제 남천축국에서 달마대사를 뵈었는데 이 방변더러 이렇게 당부하셨습니다.

'어서 당나라에 가라. 내가 전한 대가섭의 정법안장(正法眼藏)과 승가리가 육대까지 전해졌으니 소주 조계로 너는 가서 우러러 절하라.'

이에 방변이 멀리서 왔사오니 저희 조사께서 전하신 옷과 바루를 보여 주십시오."

대사께서 내보여 주시고 물으셨다.

"그대는 무슨 일을 해왔는가?"

"흙으로 상을 잘 빚습니다."

대사께서 얼굴빛을 바로 하시며 말씀하셨다.

"네가 한번 내 모습을 만들어 보라."

방변이 어쩔 줄 몰라하다 며칠이 지나 흙으로 빚어 진짜 모습에 가깝도록 하였는데, 높이가 칠촌(七寸)쯤이니 그 묘함을 온통 다하였다.

대사께서 웃으시며 말씀하셨다.

"너는 다만 흙으로 빚는 법만 알 뿐 불성은 모르는구나."

대사께서 손을 펴 방변의 이마를 만지시면서 말씀하셨다.

"길이 사람과 하늘의 복밭이 되라."

대사께서 이에 옷으로써 노고를 갚으시려 옷을 가져다 세 조각으로 나누어 하나는 흙으로 된 상 위에 걸치고, 하나는 자신에게 남겨 두시고, 하나는 상자로 싸서 땅 속에 묻고 이렇게 서원하셨다.

"뒤에 이 옷을 얻으면 내가 세상에 나와 이 곳에서 주지하여 법당을 다시 세우리라."

師一日欲濯所授之衣 而無美泉 因至寺後五里許 見山林鬱茂 瑞氣盤旋
師振錫卓地 泉應手而出 積以爲池 乃膝跪浣衣石上
忽有一僧來禮拜 云方辯 是西蜀人 昨於南天竺國 見達摩大師 囑方辯速

往唐土 吾傳大迦葉正法眼藏 及僧伽梨 見傳六代 於韶州曹溪 汝去瞻禮 方
辯遠來 願見我師傳來衣鉢

師乃出示 次問上人攻何事業 曰 善塑 師正色曰 汝試塑看 辯罔措 過數日
塑就眞相 可高七寸 曲盡其妙

師笑曰 汝只解塑性 不解佛性 師舒手摩方辯頂 曰 永爲人天福田

師仍以衣酬之 辯取衣分爲三 一披塑像 一自留 一用椶裏瘞地中 誓曰 後
得此衣 乃吾出世 住持於此 重建殿宇

해 설

이 이야기는 역사적인 사실과는 무관하며 혜능선사가 달마조사의 심인
을 이은 정통계승자임을 나타내기 위해 붙여진 이야기일 수 있다. 그러나
앞대의 달마가 뒷대의 혜능을 격려하고, 만리 밖 서천의 방변이 혜능조사
앞에 나타나 혜능의 모습을 흙으로 빚어 바쳤다고 하는 이 설화는 불법이
시간의 앞 뒤와 공간의 멀고 가까움에 막히지 않음을 보인다.

방변이 빚어 바친 조사의 상은 조사의 진상 그대로가 아니지만 조사의
진상을 떠난 것도 아니며, 방변의 손과 흙을 통해 빚어졌지만 손에서 온
것도 아니다. 빚어 바친 조사의 상이 온 곳이 없으므로 간 곳이 없는 줄
알면 그 사람이 조사의 진면목을 본 자이며 불성을 안 자이다.

지해일(智海逸)선사는 다음과 같이 노래한다.

> 구구한 일곱치 모습 애써 만들어 바치니
> 손 재주가 어찌 눈썰미의 친함 같으리.
> 빚은 모습 그 어느 곳으로 간 줄 알 수 없으나
> 조계의 천고에 꽃 물결은 새로움네.

> 區區七寸謾勞陳　無巧爭如眼巧親
> 塑着不知何處去　曹溪千古浪花新

와륜선사의 게를 고쳐 바른 종지를 보이다〔改臥輪頌提示正宗〕

한 승려가 와륜선사(臥輪禪師)의 게송을 외우는데 그 게송은 이렇다.

> 와륜은 뛰어난 기량이 있어
> 백 가지 여러 생각 끊어 없애네.
> 경계를 대해 마음 일지 않으니
> 보리가 나날이 자라나도다.

대사께서 이 게송을 듣고 말씀하였다.

"이 게송은 머뭄 없는 마음 자리를 밝히지 못했다. 만약 여기 의지해 행하면 얽매임만 더할 것이다."

그리고는 한 게송을 이렇게 보이셨다.

> 혜능은 뛰어난 기량 없어서
> 백 가지 여러 생각 끊지 않도다.
> 경계를 대해 마음 자주 이나니
> 보리가 어떻게 자라나리요.

有僧擧臥輪禪師偈云

> 臥輪有伎倆　能斷百思想
> 對境心不起　菩提日日長

師聞之 曰 此偈未明心地 若依而行之 是加繫縛 因示一偈曰

> 惠能沒伎倆　不斷百思想
> 對境心數起　菩提作麽長

해 설

와륜선사가 백 가지 생각을 끊어 없애고 보리를 키워 얻어가려 하므로 그 허물을 깨뜨려 준다.

보리는 아는 생각과 생각이 아는 모습에 실로 그렇다 할 것이 없음을 요달할 때 구현되므로, 보리는 생각과 생각을 끊임없이 이어감도 아니고 생각을 끊고 생각 없음에 돌아감도 아니다.

경계는 마음이 아는 대상이자 마음으로 떠오르는 모습이다. 그러므로 생각 아닌 참생각이 현전할 때 모습은 모습 아닌 참모습이 된다.

혜능선사가 생각을 끊지 않고 경계를 대해서 마음이 난다고 함은 망상과 허망한 경계를 그대로 두어두라는 뜻이 아니라, 생각을 억지로 끊고 경계에 물든 마음을 억지로 누르려는 병통을 대치하려는 것이다. 지금 저 보여지는 바 모습이 모습 아닌 줄 사무치면〔於相離相〕모습 보는 앎을 없애지 않고 반야의 큰 지혜를 현전할 수 있으니, 망상에 그대로 머무르지도 않고 망상을 끊고 따로 참됨을 구하지도 않는 중도적인 실천을 한암승(寒岩升)선사는 이렇게 노래한다.

> 마음 본래 남 없으나 허망함 따라 나타나니
> 허망 참됨 둘 떠나면 한 덩어리 이루리.
> 흘러가는 바람 매고 움직이는 구름 묶으며
> 울려치는 우뢰 막고 번개를 가두지만
> 눈 앞에 어지럽게 갖가지로 벌린 것들
> 튕기지 아니해도 제 스스로 굴러가네.
> 급한 물에 떠나는 공 몇이나 판단할까
> 맞은 편 산 둘러엎고 다만 이렇듯 서로 보네.

心本無生　乃從妄現
妄眞二離　打成一片
繫風縛雲　關雷鏁電
雜然前陳　不撥自轉

急水毬子　幾人能辨
拈却案山　只恁相見

제8장 단박 깨침과 점차 닦아 깨침

법 들음에는 단박 깨침 가운데 점차가 있고
법 깨침에는 점차 가운데 단박 깨침 있네.
수행에는 단박 깨침 가운데 점차 닦음 있고
과를 얻음은 단박 깨쳐 단박 닦음이네.
깨달음 가운데는 번민하여 헤맴 없네.

　　　　　－ 깨침과 닦음에 관한 하택의 물음에
　　　　　　　혜능조사가 답한 게송 －

1. 돈점 두 문이 거짓 세워진 것임을 보이다〔提示頓漸二門假立〕

어느 때 조사께서 조계 보림(寶林)에 계시고 신수대사는 형남(荊南) 옥천사에 계셨다. 그 때 두 종이 융성하니 사람들이 모두 '남에는 혜능, 북에는 신수'라 하였다.

그러므로 남북의 두 종에 단박 깨침과 점차로 깨침의 갈라짐이 있게 되니, 배우는 이들이 종지의 돌아가는 바[宗趣]를 알지 못했다.

조사께서 대중에게 말씀하셨다.

"법은 본래 한 종인데 사람에 남과 북이 있고, 법은 곧 한 가지인데 견해에 더딤과 빠름이 있다.

무엇을 단박 깨침과 점차로 깨침이라 하는가? 법에는 본래 단박 깨침과 점차로 깨침이 없지만, 사람에 날카로움과 무딤이 있으므로 단박 깨침과 점차로 깨침이라 이름하는 것이다."

時祖師居曹溪寶林 神秀大師在荊南玉泉寺 於時兩宗盛化 人皆稱南能北秀 故有南北二宗頓漸之分 而學者莫知宗趣

師謂衆曰 法本一宗 人有南北 法卽一種 見有遲疾 何名頓漸 法無頓漸 人有利鈍 故名頓漸

해 설

존재의 실상에 모습 있는 속제(俗諦)의 영역과 모습이 모습 아닌 진제(眞諦)의 영역이 서로 갈라져 있는 것이 아니지만, 모습과 모습 없음에 대한 중생의 망집을 깨기 위해 진제와 속제의 언교가 세워진다.

그렇듯 깨달음에는 점차 닦아감과 단박 들어감의 자취가 붙지 않지만, 중생의 집착과 근기의 높낮이에 따라 점(漸)과 돈(頓)의 이름이 세워진다. 참된 돈오(頓悟)는 점교에 대한 돈교가 아니라 돈점의 두 모습에 모두 머

몸 없음이지만, 수행의 인과에 떨어진 이의 집착을 깨기 위해 단박 깨침의
이름을 세우고, 본래 깨끗함을 새롭게 실체화하는 망집을 깨기 위해 수행
의 인과가 없지 않음을 보이고, 본래 깨끗함이 수행의 인과가 공한 것 자
체임을 보여준다.

또한 사람의 근기를 중심으로 말하면 집착이 깊고 번뇌가 무거운 중생
은 들음〔聞〕을 통해 믿음과 바른 이해를 일으키고〔思〕 그 믿음과 이해로써
바른 수행〔修〕을 일으켜 깨달음에 들어간다. 그에 비해 근기가 높은 중생
은 한 번 들은 곳에서 단박 남이 없는 존재의 실상을 깨달아 해탈의 묘용
을 일으킨다. 그러므로 근기의 높낮이에 따라 돈(頓)과 점(漸)의 이름이
분별된다.

이에 혜능선사는 남종의 돈법과 북종의 점법을 구별하지만, 종 자체에
차이가 있는 것이 아니라 사람에게 남과 북의 차이가 있고 사람의 견해에
더디고 빠름의 차이가 있다고 말한다.

혜능선사와 신수선사의 남돈북점(南頓北漸)의 논쟁 이전, 수행에 있어
서 돈점(頓漸)의 차이를 천태선사의 『마하지관』은 다음과 같이 이야기
한다.74)

> 점(漸)은 차제를 말하니 얕음을 의지하여 깊음을 따름이다.
> 돈(頓)은 단박 갖춤〔頓足〕이고 단박 지극해짐〔頓極〕이다.
> 돈점이란 것도 또한 다른 뜻이 없고 치우침과 원만함을 도와 이루어
> 준다.
> 장교, 통교, 별교의 세 가지 지관은 모두 점이고, 원교의 지관은 이를
> 돈이라 한다. 이렇게 말한 것은 이름을 살피어 풀이한 것인데, 돈과
> 점의 뜻이 이미 드러났으므로 이제 다시 요간(料簡)을 넓히어 나머지가
> 없고 막힘이 없도록 하겠다.

---

74) 『마하지관』은 이야기 한다 : 漸名次第 藉淺由深 頓名頓足頓極 此亦無別意 還扶成偏圓
　　三敎止觀悉皆是漸 圓敎止觀名之爲頓 此是按名解釋其義已顯 今更廣料簡使無遺滯 若前二敎
　　止觀 是漸而非頓 力不及遠但契偏眞 圓敎止觀是頓而非漸 行大直道卽邊而中 別敎止觀亦漸亦
　　頓 何以故 初心知中故名亦頓 涉方便入故名亦漸

앞의 장교와 통교의 지관은 바로 점이라 돈이 아니니, 힘이 멀리 미치지 못하고 다만 치우친 진제(眞諦)에 계합할 뿐이다.

원교지관은 바로 돈이라 점이 아니니, 크고 곧은 길을 행하여 치우침에 나아가 바로 중도이다.

별교지관은 점이며 또한 돈이다. 왜 그런가? 첫 마음에 바로 중도를 알았으므로 돈이라 이름하고, 방편을 거쳐 실상에 들어가므로 또한 점이라 이름한다.

천태선사의 해석에 따르면 원래 하나의 실다운 원돈지관이지만, 중생을 실상에 끌어들이기 위해 세 가지 방편의 지관을 세워준 것이니, 깨침을 얻기 위해 닦음의 방편을 세우는 선법은 장교지관(藏敎止觀)에 해당되며, 닦아감이 있다는 견해를 대치하기 위해 닦을 것 없음을 말하는 돈오선은 통교지관(通敎止觀)에 해당되니, 이는 모두 방편이며 차제가 있는 선〔次第禪〕이다.

중도를 단박 해오(解悟)하되 방편으로 닦음을 일으켜 증오(證悟)해가는 선법은 별교지관(別敎止觀)에 해당되니, 이는 돈과 점을 함께 하는 선법이다.

그에 대해 닦을 것도 없고 닦지 않을 것도 없으며 번뇌를 끊지도 않고 열반을 얻지도 않는 최상승의 선법이 바로 원교지관(圓敎止觀)이니, 원교지관만이 참된 돈오선이다.

원교지관은 '바로 방편을 버리고 다만 위없는 도만을 말하는(正直捨方便 但說無上道)' 원융한 관〔圓觀〕이며, '하나의 행이 여래의 행이 되는(一行是如來行)' 원융한 행〔圓行〕이며, '깨친 바 중도가 하나인 구경의 도라 여래께서 얻은 법신과 다름 없고 차이가 없는(所見中道卽一究竟 同於如來所得法身 無異無別)' 원만한 깨침〔圓證〕이니, 이것이 바로 번뇌를 끊음도 없고 보리열반을 따로 세우지 않는 돈오돈수(頓悟頓修)의 선관인 것이다.

2. 북종의 문도들이 혜능선사에게 귀의하다〔北宗門徒歸依慧能〕

신수선사가 지성을 조계에 보내다〔令使志誠往曹溪參〕

그러나 신수의 무리들은 자주 남종(南宗) 조사를 헐뜯어서 '글 한자도 모르거니 무슨 대단한 점이 있겠는가'라고 했다.

신수대사는 이렇게 말씀하셨다.

"그 분은 스승 없는 지혜를 얻고 깊이 최상승을 깨쳤으나 나는 그렇지 못하다. 또 나의 스승이신 오조께서 몸소 가사와 법을 전하셨으니 어찌 헛되이 그러했겠는가. 나는 멀리서 가 가까이 할 수 없어서 헛되이 나라의 은혜 받음을 한스러워 한다. 너희들 여러 사람은 여기서 머물러 있지 말고 조계에 가서 배워 의심을 끊도록 하라."

하루는 문인 지성에게 이렇게 명하였다.

"너는 총명하고 지혜가 많으니 나를 위해 조계에 가서 법을 들으라. 네가 만약 법을 들으면 마음을 다해 기억해 두었다가 나를 위해 말해주라."

지성이 명을 받고 조계에 이르러 대중을 따라 공부에 함께 하였는데, 온 곳을 말하지 않았다. 그 때 조사께서 대중에게 이르셨다.

"지금 법을 훔치러 온 사람이 이 모임에 숨어 있다."

지성이 곧 나와 절하고 그 일들을 갖춰 다 말씀드렸다.

조사께서 말씀하셨다.

"네가 옥천에서 왔다니 반드시 염탐꾼이겠구나."

지성이 대답했다.

"그렇지 않습니다."

조사께서 말씀하셨다.

"왜 그렇지 않은가?"

지성이 대답했다.

"말씀드리지 않았을 때는 그렇다 할 수 있지만, 말씀드렸으니 그렇지 않습니다."

조사께서 말씀하셨다.

"너의 스승은 어떻게 대중에게 보이는가?"

지성이 대답했다.

"늘 대중에게 가르쳐 주시되 '마음을 머물러 고요함을 살피고 길이 앉아 눕지 말라'고 하십니다."

조사께서 말씀하셨다.

"마음을 머물러 고요함을 살피는 것은 병이지 선이 아니다. 길이 앉아 몸만을 얽매는 것이 바른 이치에 무슨 이익이 있겠는가. 나의 게를 들으라."

　　　살아서는 앉아서 눕지 못하고
　　　죽어서는 누워서 앉지 못하네.
　　　한 덩어리 냄새나는 뼈다귀로
　　　깨침의 공 어찌 세울 수가 있으리.

然秀之徒衆 往往譏南宗祖師 不識一字 有何所長

秀曰 他得無師之智 深悟上乘 吾不如也 且吾師五祖 親傳衣法 豈徒然哉 吾恨不能遠去親近 虛受國恩 汝等諸人毋滯於此 可往曹溪參決

一日 命門人志誠曰 汝聰明多智 可爲吾到曹溪聽法 若有所聞 盡心記取 還爲吾說

志誠稟命至曹溪 隨衆參請 不言來處 時祖師告衆曰 今有盜法之人 潛在此會 志誠卽出禮拜 具陳其事 師曰 汝從玉泉來 應是細作 對曰不是 師曰 何得不是 對曰 未說卽是 說了不是

師曰 汝師若爲示衆 對曰 常指誨大衆 住心觀淨 長坐不臥

師曰 住心觀淨 是病非禪 常坐拘身 於理何益 聽吾偈曰

生來坐不臥　死去臥不坐
一具臭骨頭　何爲立功課

해 설

'번뇌의 티끌 때때로 부지런히 털라(時時勤拂拭)'고 가르친 대통신수
(大通神秀)선사와 '본래 한 물건도 없다(本來無一物)'고 말한 대감혜능(大
鑑慧能)선사에 대해 『종경록(宗鏡錄)』은 '대감선사는 외짝눈만 갖추었
고 대통선사는 두 눈이 두렷이 밝았다(大鑑止具一隻眼 大通則雙眼圓明)'
고 평한 바 있다. 이는 혜능의 본래 한 물건도 없다는 뜻이 닦을 것도 없고
닦지 않을 것도 없음인 줄 모르고, 다만 닦을 것 없음으로 보고 공(空)으로
써 깨달음을 삼는 시대의 병폐를 깨뜨리기 위함이다.

신수의 때때로 털고 닦아 티끌먼지 일어나지 않도록 하라는 가르침은,
물론 수행의 인과가 없지 않는 곳에서 방편으로 설한 법문이므로 번뇌가
본래 남이 없는 실상을 바로 설하지 못한 가르침이다. 그러나 신수선사
또한 오조 홍인선사로부터 '내가 제도한 사람이 많으나 깨달음에 그를 미
칠 이가 없다'라고 크게 인가받은 제자이다.

사제법에서 도제는 멸제를 위한 도제이며, 멸제는 도제를 통해서 구현
되며 도제의 자기전환으로 발현된다. 그러므로 깨침으로 드러나지 않는
닦음은 닦음의 이름을 얻지 못할 것이다. 그렇다면 혜능선사의 '본래 한
물건도 없음'은 신수선사의 '늘 닦아감'을 부정할 뿐 아니라 긍정하는 것
이니, 혜능은 있음에 실로 있음 없는 것을 들어 있음을 없앨 것도 없는
중도실상을 열며, 닦을 것 없음을 들어 닦지 않을 것도 없는 참된 닦음을
열어보인다.

이렇게 보면 신수의 닦음이 실로 닦을 것 있음이 아니고 혜능의 닦을
것 없음이 본래 청정에 안주함이 아닌 것이다. 그렇다면 신수선사는 다만
점문(漸門)의 선법(禪法)만을 가르쳤고 돈오선은 오직 혜능의 선문이라는
도식적인 이해는 신수 혜능이 모두 불심종(佛心宗)을 깨친 오조 홍인(弘

忍)으로부터 인가받은 제자라는 사실을 부인함이 된다.

신수선사가 오래 머물렀던 형주 옥천사(玉泉寺)는 신수의 제자 보적, 대복 등이 신수로부터 선법을 전수받았던 북종선의 근본도량이지만, 그곳은 천태지자선사가 『마하지관』을 강설한 천태선(天台禪)의 도량이며 홍경, 혜진 등이 천태선관을 전승해온 도량이다.

남악회양도 천태 홍경선사에게서 출가한 뒤 혜안선사를 친견하고 혜능을 만났으며, 하택신회 또한 옥천사에서 수행하였으며, 지성 또한 옥천사로부터 조계산에 들어와 혜능의 법문을 듣고 혜능에게 귀의하였으니, 당시 형주 옥천사는 천태선과 북종선의 근본도량이자 선문의 중심도량 가운데 하나였음을 알 수 있다.

이처럼 신수선사가 옥천사에서 오래도록 주석하고 일행삼매를 수행하여 법의 요체로 제시하며, 천태관심론(天台觀心論)을 따라 『관심론(觀心論)』을 저술한 점을 보면 신수의 북종가풍과 천태선과는 깊은 관계가 있었던 것 같다. 다만 신수의 선풍으로 보아 천태가 제시한 점차지관(漸次止觀), 부정지관(不定止觀), 원돈지관(圓頓止觀) 이 세 가지 지관 가운데 점차지관을 계승하고 있음을 알 수 있다.

앞에서 이미 인용한 바 있는 『능가사자기』에 나오는 신수와 측천무후의 문답을 다시 이끌어 보자.75)

신수선사의 속성은 이씨이며, 변주 위씨현 사람이다. 멀리 장강지방을 거쳐 스승을 찾고 도를 사모하여 그 발걸음이 기주 쌍봉산 홍인선사 계신 곳에 이르렀다. 그 곳에서 선법을 얻어 받고 법의 등불을 전하여 말없이 고요히 비추니, 말 길이 끊어지고 마음 가는 곳이 사라져 글자로 된 기록을 내지 않았다.

---

75) 『능가사자기』에 말한다 : 其秀禪師俗姓李 汴州尉氏人 遠涉江上 尋師慕道 行至蘄州雙峰山 忍禪師所 受得禪法 傳燈默照 言語道斷 心行處滅 不出文記 後居荊州玉泉寺 大足元年 召入東都 隨駕往來 兩京敎授 躬爲帝師 則天大聖皇后問神秀禪師曰 所傳之法 誰家宗旨 答曰 稟蘄州東山法門 問 依何典誥 答曰 依文殊說般若經一行三昧 則天曰 若論修道 更不過東山法門 以秀是忍門人 便成口實也

    나중 형주 옥천사에서 머물다 대족 원년 황제의 부름으로 동도에 들어가 천자의 수레를 따라 오고 가시며 장안과 낙양 두 수도에서 가르치고 몸소 황제의 스승이 되었다.

    측천무후가 신수선사에게 물었다.

    "전해받은 법은 어느 분의 종지입니까?"

    신수선사가 답했다.

    "기주 동산법문을 이어 받았습니다."

    "어떤 경전에 의지하십니까?"

    "『문수설반야경』의 일행삼매에 의지합니다."

    측천이 말했다.

    "만약 수도를 말하면 다시 동산법문을 지나지 않는다. 신수선사는 홍인선사의 문인이니 말씀이 진실함을 이루는 것이다."

    위 기록을 보면 신수선사는 처음 스승을 찾아 장강일대를 유력하다 기주 쌍봉산 홍인 문하에서 선법을 받고, 그 뒤 천태선의 근본도량의 하나인 형주 옥천사에서 머물다 황제의 부름으로 장안 낙양에 들어가 종지를 폈다. 이렇게 보면 신수를 중심으로 한 북종선의 침체는 점수를 강조했던 사상적 측면과 함께 혜안(慧安), 신수(神秀)를 비호했던 측천무후의 정치적 몰락과 무관하지 않을 것이다.

    신수선사는 『문수설반야경』의 일행삼매에 의지하여 수행한다 하였으니, 일행삼매는 바로 천태의 상좌삼매(常坐三昧)이며 좌선행법이다. 곧 신수선사는 도신 홍인으로 이어져온 동산법문의 충실한 계승자로서 제도·불교(帝都佛敎)의 중심에 선 선사로서 입도방편(入道方便)으로 좌선행(坐禪行)을 강조했음을 알 수 있다.

    그에 비해 혜능선사는 수행 방편[權]인 일행삼매를 실상[實]인 반야와 둘 아님으로 파악하여, 좌선을 통해 깨끗함을 살피는 것은 병일 뿐 선이 아니라 비판한다. 혜능을 육조로 현창한 하택신회선사는 북종의 선풍을 『남종정시비론(南宗定是非論)』에서 다음과 같이 비판한다.76)

원법사가 물었다.

"혜능선사와 신수선사는 홍인선사에게서 함께 배운 이가 아닙니까?"

"그렇소."

"이미 함께 배운 이라면 사람들을 가르치는 것은 같습니까, 같지 않습니까?"

"같지 않소."

"이미 함께 배운 이들인데 왜 같지 않습니까?"

"이제 같지 않다고 말하는 것은 신수선사는 사람들에게 '마음을 모아 정에 들고 마음을 머물러 깨끗함을 보며, 마음을 일으켜 밖을 비추고 마음을 거두어 안으로 깨닫는다'고 가르치기 때문이오."

  신수 혜능이 모두 동산법문의 계승자이지만 신수선사가 앉음의 입도방편과 차제문에 떨어진 선사이므로 혜능과 같지 않다고 말한 하택신회선사는 다시 신수선사의 좌선방편을 다음 같이 크게 비판한다.77)

원법사가 물었다.

"무엇이 좌선입니까?"

화상이 답했다.

"만약 사람들에게 가르치기를 '마음을 모아 정에 들고 마음을 머물러 깨끗함을 보며, 마음을 일으켜 밖을 비추고 마음을 거두어 안으로 깨닫는다'고 하면 이것은 보리를 장애하는 것이오.

  지금 앉음이라 말한 것은 생각을 일으키지 않음이 앉음이며, 지금 선이라 말한 것은 본성품을 보는 것이 선78)이오.

---

76) 남종정시비론에서는 이렇게 말한다 : 遠法師問 未審能禪師與秀禪師 是同學不
    答是 又問 旣是同學 敎人同不同 答言不同
    又問 旣是同學 何故不同
    答今言不同者 爲秀禪師 敎人凝心入定 住心看淨 起心外照 攝心內證

77) 하택선사는 다음 같이 크게 비판한다 : 何名坐禪 和上答 若敎人坐 凝心入定 住心看淨 起心外照 攝心內證者 此是障菩提
    今言坐者 念不起爲坐 今言禪者 見本性爲禪 所以不敎人 坐身住心入定 若指彼敎門爲是者 維摩詰不應訶舍利弗宴坐

그러므로 사람들에게 몸으로 앉아 마음을 머물러 정에 들라고 가르
치지 않으니, 만약 저 가르침의 문을 옳다고 한다면 유마힐이 사리불이
앉아 있는 것을 마땅히 꾸짖지 않았을 것입니다."

위와 같은 신회의 비판에서도 볼 수 있는 것처럼 신수선사의 가르침은
흩어진 마음을 거두어 지혜를 발휘하도록 하는 방편행에 그 주된 힘이
모아지고 있으니, 장설(張說)의 「형주 옥천사 대통선사비명병서(荊州玉
泉寺大通禪師碑銘并序)」에서는 다음과 같이 신수의 선풍을 요약한다.79)

신수선사가 법을 여는 큰 줄기는 곧 생각을 오로지 하여 망상을 쉬며
힘을 지극히 하여 마음을 거둠이다. 그 들어감은 지위에 있어 범부와
성인을 가지런하게 하고, 그 이르름은 행에 앞과 뒤가 없다.
선정에 나아가기 전에 만 가지 반연이 모두 막아지고 지혜를 발한
뒤에는 온갖 것이 다 진여가 된다.

위에서 본 바처럼 신수선사는 생각을 연기시키는 인식 주체와 인식 대
상이 본래 공하므로 생각에 생각 없음을 단박 통달케 하는 돈오문에 대중
을 바로 세우지 않고, 산란심을 거두어들이는 방편행을 통해 점차 선정의
힘을 키운 뒤 지혜를 발휘하도록 한다.
자성청정심(自性淸淨心)은 마음으로 살펴서 직관하는 실재가 아니라
능히 비추고[能照] 비춰지는 바[所照]가 서로 의지해 있으므로 비추되 본
래 공함이 자성청정심이다. 곧 비추고 비춰지는 인식운동 속에서 능히 비
춤[能照]은 비춘 바[所照]를 의지해 있으므로 능히 비추되 실로 비춤이
없을 때80) 참된 청정을 구현하지만 그 청정에도 머묾 없어야 고요하되

---

78) 본성품을 보는 것이 선[見本性爲禪] : 본성을 본다, 불성을 본다는 이 뜻도 실체적인 성품을
    본다는 뜻으로 풀이하면 크게 그릇된 것이니, 모든 법의 있되 공한 실상을 통달한다는 뜻으로
    보아야 한다.
79) 대통선사비명에 말한다 : 開法大略 則專念以息想 極力以攝心 其入也品均凡聖 其到也行無前
    後 趣定之前 萬緣盡閉 發慧之後 一切皆如
80) 비추되 실로 비춤이 없을 때 : 이 뜻을 승찬대사의 신심명(信心銘)은 '비춤을 따르면 종지를

비추는 지혜를 발휘할 수 있는 것이다.

북종의 선사들은 마음을 모아 깨끗함을 보도록 하고〔看淨〕마음을 일으켜 밖으로 비추도록 하므로〔外照〕혜능선사는 그를 병통으로 규정하며 앉아 있음의 형식에 걸린 치우친 수행이라 비판한다.

혜능의 뜻을 이어 하택신회는 그의 단어(壇語)에서 북종선을 법에 묶이고 깨끗함에 묶인 허망한 마음이라 다음과 같이 비판한다.81)

> 마음으로 보리를 들으면 마음을 일으켜 보리를 취하고, 열반을 들으면 마음을 일으켜 열반을 취하며, 공(空)을 들으면 마음을 일으켜 공을 취하고, 깨끗함을 들으면 마음을 일으켜 깨끗함을 취하며, 선정을 들으면 마음을 일으켜 선정을 취하니, 이것들은 모두 허망한 마음이다. 또한 이러한 마음들은 법에 묶임이며 법에 집착된 견해이다.
>
> 만약 이러한 마음을 쓰면 해탈을 얻을 수 없으며 본래 스스로 고요한 마음이 아니다.
>
> 지어서 열반에 머물면 열반에 묶이고, 깨끗함에 머물면 깨끗함에 묶이며, 공에 머물면 공에 묶이고, 선정에 머물면 선정에 묶이니, 이렇게 지어 마음을 쓰면 모두 다 보리의 도를 장애하는 것이다.

혜능선사가 최상승문의 계 · 정 · 혜를 보이다〔示上乘門戒定慧法〕

지성이 다시 절하고 말씀드렸다.

"제자가 신수대사 계신 곳에서 9년간 도를 배웠으나 계합해 깨치지 못했으나, 이제 화상의 한 말씀을 듣고 곧 본마음[本心]에 계합하였습니다. 제자의 나고 죽음의 일이 크오니 화상께서는 큰 자비로써 다시 가르쳐 주

잃고 뿌리에 돌아가야 뜻을 얻는다[隨照失宗歸根得旨]'고 말한다.

81) 하택선사 단어에 말한다 : 心聞菩提 起心取菩提 聞說涅槃 起心取涅槃 聞說空 起心取空 聞說淨 起心取淨 聞說定 起心取定 此皆是妄心 亦是法縛 亦是法見
若作此用心 不得解脫 非本自寂靜心 作住涅槃 被涅槃縛 住淨被淨縛 住空被空縛 住定被定縛 作此用心 皆是障菩提道

십시요."

조사께서 말씀하셨다.

"내가 들으니 너의 스승이 배우는 이들에게 계·정·혜 법을 가르친다는데, 너의 스승이 말하는 계·정·혜의 행하는 모습이 어떤지 알지 못하니 나에게 말해보라."

지성이 말씀드렸다.

"신수대사는 말씀하시기를 '모든 악 짓지 않는 것'을 계라 하고, '모든 선 받들어 행함'을 혜라 하며, '스스로 그 뜻 깨끗이 함'을 정이라 하십니다. 그 분의 말씀하시는 것은 이와 같은데 화상께서는 어떤 법으로 사람들을 가르치십니까?"

조사께서 말씀하셨다.

"내가 만약 어떤 법을 사람에게 주는 것이 있다고 말한다면 곧 너를 속이는 것이 된다. 또한 다만 곳[方]을 따라 얽힘 풀어주는 것을 삼매라고 거짓 이름한 것이다. 너의 스승이 말씀한 계·정·혜도 실로 불가사의하지만 내가 보는 바 계·정·혜는 또 다르다."

지성이 말씀드렸다.

"계·정·혜는 다만 한 가지가 될 것인데, 어떻게 다시 다릅니까?"

조사께서 말씀하셨다.

"너의 스승의 계·정·혜는 대승의 사람을 제접하는 것이고, 나의 계·정·혜는 최상승의 사람을 제접하는 것이다. 깨닫고 앎이 같지 않으므로 견해에 더디고 빠름이 있는 것이다. 너는 내가 설하는 바가 그 스님과 같은가 다른가 들어보아라.

내가 설한 법은 자신의 참성품[自性]을 떠나지 않으니, 존재의 참모습[體] 떠나 법을 설하는 것을 모습에 얽힌 설법[相說]이라 하니 자신의 성품이 늘 혜매게 된다. 반드시 온갖 모든 법이 자신의 참성품[自性]을 좇아 작용 일으킴을 알아야 하니 이것이 참된 계·정·혜 법이다. 나의 게를 들으라."

　　마음 땅에 그릇됨이 없으면 자기 성품의 계요
　　마음 땅에 어리석음 없으면 자기 성품의 지혜며
　　마음 땅에 어지러움 없으면 자기 성품의 정이네.
　　늘지 않고 줄지 않음 스스로의 금강이요
　　몸이 가고 몸이 오는 것 본래의 삼매로다.

지성이 게를 듣고 깊이 뉘우쳐 다음의 한 게송을 지어 바쳤다.

　　오온으로 된 헛깨비 몸이여
　　헛깨비가 어찌 구경이리요.
　　그렇다고 진여를 따로 찾으면
　　법이 도리어 깨끗하지 않음 되리.

조사께서 '그렇다'하시고 다시 지성에게 말씀하셨다.
"너의 스승의 계·정·혜는 작은 근기의 지혜를 지닌 사람을 권하는 법이요, 나의 계·정·혜는 큰 근기의 지혜를 가진 사람을 권하는 법이다."

志誠再拜曰 弟子在秀大師處 學道九年 不得契悟 今聞和尙一說 便契本心 弟子生死事大 和尙大慈 更爲敎示
師曰 吾聞汝師敎示學人戒定慧法 未審汝師說戒定慧行相如何 與吾說看
誠曰 秀大師說 諸惡莫作名爲戒 諸善奉行名爲慧 自淨其意名爲定 彼說如此 未審和尙以何法誨人
師曰 吾若言有法與人 卽爲誑汝 但且隨方解縛 假名三昧 如汝師所說戒定慧實不可思議也 吾所見戒定慧又別
志誠曰 戒定慧只合一種 如何更別 師曰 汝師戒定慧接大乘人 吾戒定慧

接最上乘人 悟解不同 見有遲疾 汝聽吾說 與彼同否 吾所說法 不離自性 離
體說法 名爲相說 自性常迷 須知一切萬法 皆從自性起用 是眞戒定慧法 聽
吾偈曰

> 心地無非自性戒
> 心地無癡自性慧
> 心地無亂自性定
> 不增不減自金剛
> 身去身來本三昧

誠聞偈 悔謝 乃呈一偈曰

> 五蘊幻身　幻何究竟
> 迴趣眞如　法還不淨

師然之 復語誠曰 汝師戒定慧 勸小根智人 吾戒定慧 勸大根智人

해 설

옥천 신수선사의 문하에서 온 지성이 조사에게 귀의하니, 육조는 신수
선사의 계·정·혜 삼학에 대해 최상승문의 삼학을 보인다. 혜능선사는
삼학은 생활 밖에서 오는 것이 아니고, 존재의 실상 그대로의 삶이 최상승
문의 삼학이자 늘고 줆이 없는 금강삼매(金剛三昧)임을 보인다. 그러나
신수선사 또한 듣는 사람의 근기에 따라 그에 맞는 법을 설하고 있을 뿐
존재의 실상 밖에 따로 삼학을 세운 것은 아니다. 북종 계통의 문헌으로
알려진 『대승무생방편품(大乘無生方便品)』 가운데 '보살계를 주는 의
식〔授菩薩戒儀〕'에 보면 다음과 같이 보살계가 바로 불성임을 보인다.[82]
　　너희들이 참회를 마치면 삼업이 깨끗해짐이 마치 밝은 유리와 같아
　　안팎이 밝게 사무쳐져서 깨끗한 계를 받을 수 있다.

보살계는 곧 마음의 계를 지님이니 불성으로 계를 삼는다.

마음이 조금만 일어나도 불성에 어긋나는 것이니, 이것이 바로 보살계를 깨뜨리는 짓이다.

마음이 일어나지 않도록 잘 보살펴 지니면 불성에 따르는 것이니, 이것이 바로 보살계를 지니는 것이다.

단박 깨쳐 단박 닦는 견성법문〔頓悟頓修見性法門〕

"만약 자신의 참성품을 깨달으면 보리 열반도 세우지 않고 또한 해탈지견도 세우지 않으니, 한 법도 이루 얻을 것이 없어야 바야흐로 만 가지 법을 건립할 수 있게 된다. 만약 이 뜻을 알면 붇다의 몸〔佛身〕이라 이름하고, 또한 보리 열반이라 이름하며 해탈지견이라 이름한다.

성품을 본 사람은 세워도 되고 세우지 않아도 되니, 오고 감이 자유로워 막힘 없고 걸림 없어서 작용에 응하여 따라 짓고 물음에 응하여 따라 답하여, 널리 화신(化身)을 나투되 자신의 참성품 떠나지 않아서 곧 자재한 신통과 마음대로 노니는 삼매를 얻게 되니 이것이 참성품 봄〔見性〕이다."

지성이 다시 조사께 여쭈었다.

"무엇이 세우지 않는 뜻입니까?"

대사께서 말씀하셨다.

"자신의 참성품은 그름이 없고 어리석음이 없으며 어지러움이 없으니, 생각 생각 반야로 살펴 비추어 늘 법의 모습을 떠나면 자유자재하여 가로세로 그 어디에서나 모두 얻으니 무엇을 이루 세울 것이 있겠는가.

자신의 참성품이 스스로 깨달아 단박 깨닫고 단박 닦아버리므로 또한 점차가 없는 것이다. 그러므로 온갖 법을 세우지 않으니 모든 법이 고요함에 무슨 차제가 있겠는가."

지성이 절하고 곁에서 모시기를 원하여 아침 저녁으로 게으르지 않았다.

若悟自性 亦不立菩提涅槃 亦不立解脫知見 無一法可得 方能建立萬法
若解此意 亦名佛身 亦名菩提涅槃 亦名解脫知見

見性之人 立亦得 不立亦得 去來自由 無滯無礙 應用隨作 應語隨答 普見
化身 不離自性 卽得自在神通 遊戲三昧 是名見性

志誠再啓師曰 如何是不立義

師曰 自性無非 無癡無亂 念念般若觀照 常離法相 自由自在 縱橫盡得 有
何可立 自性自悟 頓悟頓修 亦無漸次 所以不立一切法 諸法寂滅 有何次第

志誠禮拜 願爲執侍 朝夕不懈

해 설

돈오돈수(頓悟頓修)는 어떤 절대의 성품을 깨쳐 얻어서 다시 닦을 것
없는 경지에 안주한다는 뜻이 아니다. 또한 돈오돈수는 제8식 무명망식까
지 끊고 얻는 대무심(大無心)이라는 또 하나의 경지가 아니다. 혜능선사
의 가르침에 의하면 돈오(頓悟)란 한 법도 얻을 것이 없음을 깨쳐 중생의
번뇌도 설 곳이 없고 보리열반과 해탈지견도 세우지 않는 것이라면, 돈수
(頓修)는 얻을 것 없음에 머물거나 열반의 모습 없음에 안주하지 않고 함
이 없이 만법을 건립할 수 있는 행을 말한다.

이것이 곧 청원행사선사가 '성제도 하지 않거니 무슨 계급이 있겠는가'
라고 답한 차제가 없는 최상승의 선문인데, 천태선사는 이를 원돈지관(圓
頓止觀)이라 규정한다.

법계(法界)는 오직 하나인 실상〔一實諦〕이지만, 중생이 존재를 실로 있
는 것으로 보면 진제(眞諦)를 설해 있음의 집착을 깨고, 중생이 존재를
공(空)으로 집착하면 속제(俗諦)를 설해 공(空)의 집착을 깨뜨린다. 그렇
듯이 존재의 실상과 반야가 둘 아니며 선정과 지혜가 다름 없는 참된 실천
의 길은 닦아 얻음도 없고 닦지 않음도 없으며, 번뇌를 조복하지 않음에도
머물지 않고 번뇌를 조복함에도 머물지 않지만, 중생이 번뇌를 조복할 방
편이 없이 번뇌에 얽매이면 점차 닦음〔漸修〕을 보이고, 번뇌가 실로 남이
없음을 모르고 억지로 번뇌를 끊으려 하면 본래 깨끗함을 단박 깨치라〔頓

悟〕고 말하며, 공(空)으로써 깨침을 삼아 공에 머물면 단박 깨치되 점차 닦아감이 없지 않다〔頓悟漸修〕고 가르친다.

그러나 점차 닦음〔漸修〕과 닦을 것 없음〔頓悟〕, 단박 깨쳐 점차 닦음〔頓悟漸修〕은 닦음이 온통 성품의 깨침이 되고〔全修卽性〕 성품의 깨침이 온통 닦음을 내는〔全性起修〕 돈오돈수의 한 길에 이끌기 위한 방편이다. 그런데 방편은 늘 실상에 들기 위한 방편이되 실상은 중생의 병통에 따르는 방편을 통해 구현되니, 돈오점수의 닦음 또한 그 닦음에 차제와 점차의 자취가 사라지고 닦음에 닦음의 모습이 끊어지면 바로 돈오돈수의 상승 선법인 것이다.

이와 같이 돈오점수가 돈오돈수를 이루기 위한 방편이라는 입장에서 보면, 돈오점수란 해오(解悟)를 가지고 깨달음을 삼으려는 잘못된 입장이 아니라, 오히려 해오의 차원에서 본래 청정을 깨닫고서 해오의 자취에 머물러 있는 이들의 치우침을 깨기 위해 본래 청정을 단박 깨치되 본래 청정을 취하지 말고 점차 닦아 끝내 성품과 닦음이 둘 없음을 증득하라는 가르침으로 볼 수 있는 것이다.

신수선사와 혜능선사의 사상논쟁에서 혜능선을 돈오선으로 판정하고 돈오의 상승선문을 제창한 이는 하택신회선사다. 그런데 한국불교에서는 신회를 규봉(圭峯) 보조(普照)의 해석에 따라 돈오점수론자로 규정하며, 돈오돈수의 조사선 가풍에서는 정통이 아니며 종문의 서자라고 정의한다. 하택이 말하는 돈오의 정의를 살펴보기로 한다.

문헌에 보면 하택은 우리가 보통 알고 있듯이 단순한 돈오점수론자가 아니라 점수(漸修), 점수돈오(漸修頓悟), 돈오점수(頓悟漸修), 돈오돈수(頓悟頓修)에 해당되는 개념을 모두 사용하고 있으며 돈오돈수를 최고의 실천 강령으로 보고 있다.

하택신회선사가 묻고 혜능이 답한 법문 가운데 네번째 문답을 보자.83)

83) 하택과 혜능조사의 문답 :

　　〔第四問〕
　　　先頓而後漸　先漸而後頓

하택의 네번째 물음
　　단박 깨침이 먼저 있고 점차 닦음 나중인가.
　　점차 닦음 먼저 있고 단박 깨침 나중인가.
　　단박 깨침 점차 닦음의 뜻 알지 못한 사람
　　마음 속은 언제나 번민 속에 헤맵니다.
혜능의 답
　　법 들음에는 단박 깨침 가운데 점차가 있고
　　법 깨침에는 점차 가운데 단박 깨침 있네.
　　수행에는 단박 깨침 가운데 점차 닦음 있고
　　과를 얻음은 단박 깨쳐 단박 닦음이네.
　　단박 깨침 점차 닦음 항상 원인이 되니
　　깨달음 가운데는 번민하여 헤맴 없네.

　위 게송 가운데 법을 들음은 문혜(聞慧)이고, 법을 깨침은 사혜(思慧)이
며, 수행은 수혜(修慧)이다. 중생이 바로 여래장이라는 가르침〔敎〕을 듣고
바로 믿음을 내서 방편 수행을 일으키므로 '돈 가운데 점〔頓中漸〕'이고,
방편 수행을 통해 중생의 번뇌가 공한 이치〔理〕를 단박 깨치므로 '점 가운
데 돈〔漸中頓〕'이며, 번뇌가 공한 이치를 깨쳐 닦음 없는 참된 수행을 계속
지어가므로 '돈 가운데 점〔頓中漸〕'이다. 그러나 구경의 깨달음은 닦아 얻
음이 없고 깨침에 깨침의 자취마저 없으므로 '돈 가운데 돈〔頓中頓〕'이다.
　곧 관행(觀行) 가운데서 돈(頓)은 점과 상대한 돈(頓)이지만, 증과(證
果)에서 돈은 점과 상대하지 않으므로 '돈 가운데 돈'이라 한다. 수행에서
돈(頓) 가운데 점(漸)이라 한 이 입장은 천태의 사교지관〔四敎止觀 : 藏敎
止觀, 通敎止觀, 別敎止觀, 圓敎止觀〕 가운데서 별교지관(처음 실상을 단

─────────────

不悟頓漸人　心裏常迷悶
〔答曰〕
　聽法頓中漸　悟法漸中頓
　修行頓中漸　證果頓中頓
　頓漸是常因　悟中不迷悶

박 해오한 뒤 방편을 거쳐 증오함)이고 삼종지관(三種止觀 : 漸次止觀, 不
定止觀, 圓頓止觀) 가운데서 돈과 점을 겸한 부정지관(不定止觀)이다.
　하택의 선관 가운데 돈오점수(頓悟漸修), 별교지관(別敎止觀)으로 규정
될 수 있는 부분을 보면 다음과 같다.[84]

　　　원법사가 물었다.
　　"북종 선사들의 이와 같은 가르침의 문은 어찌 불법이 아닙니까?
왜 허락하지 않습니까?"
　　화상아 답했다.
　　"모두 돈교와 점교가 같지 않으므로 허락하지 않으니, 우리 육대조사
는 낱낱이 이렇게 말씀하신다.
　　단칼에 끊어 바로 들어가 곧 견성함에 단계적인 점수를 말하지 않는
다. 도를 배우는 이는 단박 불성을 보아 점차 닦는 인연으로 이 생을
떠나지 않고 해탈한다. 비유하면 어머니가 단박 아들을 낳아서 젖을
주고 점점 기르면 그 아들의 지혜가 스스로 늘어나고 자라남과 같다.
단박 불성을 보는 자도 또한 이와 같이 지혜가 스스로 점점 늘어나고
자라난다. 그러므로 허락하지 않는다."

　또한 하택선사는 실체적인 인과에 떨어진 점차문과 돈오문에서 점차
아닌 점차가 서로 같지 않음을 다음 같이 말한다.[85]

---

84) 남종정시비론에 말한다 : 遠法師問 如此敎門豈非佛法 何故不許
　和上答 皆爲頓漸不同 所以不許 我六代大師 一一皆言 單刀直入 直了見性 不言階漸
　夫學道者 須頓見佛性 漸修因緣 不離是生而得解脫 譬如母頓生子 與乳漸漸養育 其子智慧自
然增長 頓悟見佛性者 亦復如是 智慧自然漸漸增長 所以不許
85) 하택어록에 말한다 : 志德法師問 禪師今敎衆生 唯令頓悟 何故不從小乘而引漸修 未有昇九層
之臺 不由階漸而登者也
　答曰 只恐畏所登者 不是九層之臺 恐畏漫登者 土堆胡塚 若是實九層之臺 此卽頓悟義也 今於
頓中而立其漸者 卽如登九層之臺也 要藉階漸 終不向漸中 而立漸義
　事須理智兼釋 謂之頓悟並不由階漸自然是頓悟義 自心從本已來空寂者是頓悟 卽心無所得者
爲頓悟 卽心是道爲頓悟 卽心無所住爲頓悟 存法悟心 心無所得是頓悟 知一切法是一切法爲頓
悟 聞說空不著空卽不取不空是頓悟 聞說我不著我卽不取無我是頓悟 不捨生死而入涅槃是頓悟

지덕법사가 물었다.

"선사는 지금 사람들이 오직 돈오하도록 가르치시는데, 왜 소승에서부터 점차 닦음을 이끌어들이지 않습니까? 9층의 누대에 오르는데 계단에 말미암지 않고 오르는 이는 없습니다."

하택선사가 답하였다.

"다만 오르는 곳이 9층의 누대가 아닌가를 걱정하며, 천천히 오르는 것이 흙으로 쌓은 오랑캐의 무덤인가를 걱정한다. 만약 참으로 9층의 누대라면 이것은 점차가 아니라 돈오의 뜻이다.

이제 돈법 가운데 점차를 세우는 것은 바로 9층의 누대에 오르는 것과 같다. 점차적인 단계를 의지하지만 끝내 점차 가운데 점차 닦는 뜻을 세우지 않는다.

인과와 차제가 없지 않은 사법[事]은 반드시 인과와 차제가 공한 진리[理]와 지혜[智]를 겸해서 풀이해야 하니, 이것을 돈오라 한다.

점차적인 단계를 말미암지 않고 스스로 그러함이 바로 돈오의 뜻이다.

스스로의 마음이 본래부터 공적한 것이 바로 돈오다.

마음에 얻을 바가 없는 것이 돈오다.

곧 마음이 바로 도인 것이 돈오다.

마음에 머무는 곳 없음이 바로 돈오다.

법을 없애지 않고 두어둔 채 마음을 깨쳐 마음에 얻을 바가 없음이 바로 돈오이다.

온갖 법이 바로 온갖 법임을 실답게 아는 것이 돈오다.

공(空)이라고 말함을 듣고 공(空)을 집착하지 않고 공 아님도 취하지 않는 것이 돈오다.

나[我]라고 말함을 듣고 나[我]에 집착하지 않으며 나 없음[無我]도 취하지 않는 것이 돈오다.

나고 죽음을 버리지 않고 열반에 드는 것이 돈오다."

하택에 있어서 점차[漸]의 뜻은 닦아 올라가 깨달음을 얻는 점차 수행의 뜻이 아니고, 본래 닦아 얻을 것이 없음을 단박 깨친 뒤 세워지는 방편 인연이기 때문에 '돈 가운데 점'이 있고 '점 가운데 돈'이 있다.

그것은 흙덩이로 된 누대는 첫발을 내디딜 때 무너져 내리기 때문에 첫 계단이 마지막 계단과 하나되지 못하지만, 튼튼한 9층의 누대는 첫 계단을 밟을 때 끝 계단이 거기 없지만 끝 계단을 떠나지 않고, 마지막 맨 끝 계단이 첫 계단을 떠나지 않지만 끝 계단에 첫 계단이 실로 있지 않음과 같다.

그러나 여기서 단박 깨침 가운데 세워지는 점차의 인연도 단박 깨침을 새롭게 실체화하는 허물을 없애거나 이론적인 이해[文字卽]에 머물러 있는 치우침을 깨기 위해 세워진 것이다. 그러므로 방편 인연에 집착하지 않으면 끝내 닦음이 온통 반야가 되고 반야가 바라밀행으로 전개되는 '단박 깨침 가운데 단박 행함[頓中頓]'의 실천이 된다.

하택선사 또한 '단박 깨침 가운데 점차 행함[頓中漸]'만을 세우지 않고 방편이 지양된 '단박 깨침 가운데 단박 행함[頓中頓]'을 다음과 같이 말한다.86)

> 발심에 돈과 점이 있으므로 헤매임과 깨달음에 더디고 빠름이 있다. 헤매이면 오랜 겁이지만 깨치면 곧 잠깐이다.
>
> 비유하면 한 타래 실이 그 수가 한량 없지만 만약 묶어서 줄을 만들어 나무 위에 두고 날카로운 칼로 한번 자르면 한 때에 모두 끊어져 실의 수가 비록 많지만 한 칼을 이기지 못함과 같다.
>
> 보살의 마음을 낸 사람도 또한 이와 같다.
>
> 만약 참으로 바른 선지식이 여러 가지 방편으로 곧 바로 진여 보여줌을 만나면, 금강의 지혜를 써서 모든 지위의 번뇌를 끊어 활연히 밝게

---

86) 하택어록에 말한다 : 發心有頓漸 迷悟有遲疾 迷卽累劫 悟卽須臾
   譬如一綟之絲 其數無量 若合爲繩 置於木上 利劍一斬 一時俱斷 絲數雖多 不勝一劍
   發菩薩心人亦復如是 若遇眞正善知識 以諸方便直示眞如 用金剛慧 斷諸位地煩惱 豁然曉悟
   自見法性本來空寂 慧利明了 通達無礙
   證此之時 萬緣俱絶 恒沙妄念一時頓斷 無邊功德應時等備

깨쳐 스스로 법성이 본래 공적한 줄 보아 지혜가 밝아지면 통달하여 걸림 없게 된다.

이와 같음을 증득할 때 만 가지 반연이 모두 끊어지고 강가강 모래알 같은 망념이 한 때에 모두 사라져 끝없는 공덕을 그때에 곧 평등히 갖추게 된다.

반야의 보검으로 한번 끊어 온갖 번뇌를 끊고 끝없는 공덕을 한 때에 갖춘다는 하택선사의 위 표현은 망념이 본래 공적함을 한번 깨쳐 온갖 공덕을 모두 발현해 쓰는 돈오돈수의 법문에 해당된다. 또한 이 법문은 곧 『단경』에서 혜능선사가 말하고 있는 바, '자신의 참성품이 스스로 깨달아 단박 깨닫고 단박 닦아버리므로 또한 점차가 없다'한 그 선풍인 것이다.

곧 점수문이란 범부의 지위에서 닦아 올라 십신(十信), 십주(十住), 십행(十行), 십회향(十廻向), 십지(十地)의 지위로 구경각(究竟覺)에 까지 차제를 밟아 닦아가는 수행문이라면, 점수문을 대치하기 위해 방편으로 돈오를 말하는 입장은 '적멸한 진여 가운데 무슨 차제가 있겠는가(寂滅眞如有何次位)'라고 말하는 차제 없음이다.

별교지관(別教止觀) 돈오점수문(頓悟漸修門)에서는 다시 적멸한 진여에 안주함을 방비하여 '온갖 성현이 모두 함이 없는 법으로써 차별된다(一切聖賢 皆以無爲法而有差別)'고 말하며, '삼악도가 깨끗해지면 함이 없는 법 가운데 차별이 있으니 차제를 어찌 싫어할 것인가(三道若淨 於無爲法中而有差別 次位何嫌)'라고 말한다.

그에 비해 원돈지관(圓頓止觀) 돈오돈수문(頓悟頓修門)에서는 하나를 끊어 온갖 것을 끊고 한 지위에서 온갖 지위를 쓰니 깨달음의 성품과 닦음이 둘이 없는 이 수행문에서는 '사십이위가 모두 보배수레를 타고 바로 도량에 이르는 것〔凡四十二位 同乘寶乘 直至道場〕'이다.

영가선사는 『증도가(證道歌)』에서 이렇게 노래한다.

모두 부처님의 법신이 나에게 들고
나의 성품 다시 여래와 하나가 되어
한 지위에 온갖 지위 모두 갖추니
물질 마음 아니고 업도 아니네.
잠깐 사이 팔만문을 두렷 이루고
찰나에 아비업을 모두 없애네.

諸佛法身入我性　我性還共如來合
一切見足一切智　非色非心非行業
彈指圓成八萬門　刹那滅却阿鼻業

강서 지철선사가 허물을 뉘우치고 깨치다〔志徹悔過歸依開悟〕

○ 승려 지철은 강서사람이다. 본래 성은 장씨이고 이름은 행창인데 젊었을 때에는 건달이었다.

혜능과 신수가 남북으로 나뉘어 교화하면서부터 비록 두 종주는 너·나가 없었지만, 그 따르는 무리들은 서로 다투어 미움과 사랑을 일으켰다.

그 때 북종의 문인들은 스스로 신수스님을 세워서 제 육조로 삼는 한편, 조사께서 법의(法衣)를 전해 받음이 천하에 알려지는 것을 꺼렸다. 그래서 행창을 시켜서 조사에게 와 칼로 찌르게 하였다.

조사께서는 타심통으로 미리 이 일을 아시고 돈 열냥을 자리 사이에 준비하고 계셨다. 밤이 깊어지자 행창이 조사의 방에 뛰어들어 조사를 해치려 하였다. 조사가 목을 펴 내미시니 행창은 칼을 휘둘러 세 차례 조사의 목을 내리쳤지만 조금도 다치지 않았다.

조사께서 말씀하셨다.

"바른 칼은 삿되지 않고 삿된 칼은 바르지 않다. 나는 너에게 다만 돈을 빚졌을 뿐 목숨을 빚지지 않았다."

행창은 놀래 쓰러졌다가 한참만에 깨어나서 슬피 허물을 뉘우치고 출가를 원하였다. 조사는 행창에게 돈을 내어 주시면서 말씀하셨다.

"너는 우선 가거라. 대중이 도리어 너를 해칠까 두렵다. 네가 뒷날 모습을 바꾸어서 올 수 있으면 내 마땅히 너를 받아들이겠다."

행창은 조사의 뜻을 받고 밤중에 달아났다.

그후 행창은 승가에 몸을 던져 출가하여 계를 받고 정진하였다.

하루는 조사의 말씀을 생각하고 멀리서 와 찾아뵈오니 조사께서 말씀하셨다.

"내가 너를 생각해온 지 오래다. 왜 이다지도 늦었느냐?"

행창이 여쭈었다.

"지난 날에 화상께서 죄를 용서하여 주심으로 비록 지금 출가하여 고행한다 해도 그 은덕은 끝내 갚기 어려우니, 은혜에 보답하는 길은 오직 법을 전하여 중생을 제도함 뿐인가 합니다.

제자가 일찍이 『열반경』을 보았으나 아직 항상함[常]과 덧없음[無常]의 뜻을 알지 못합니다. 바라오니 화상께서는 자비를 베풀어 간략히 가르쳐 주십시오."

대사께서 말씀하셨다.

"덧없음이란 곧 불성이요, 항상함이란 곧 모든 착하고 악한 온갖 모든 법과 분별하는 마음이다."

"화상의 말씀은 경의 글에 크게 어긋납니다."

대사께서 말씀하셨다.

"나는 붓다의 심인(心印)을 전했는데 어찌 붓다의 경전에 어긋날 수 있겠는가?"

"경에는 불성이 항상함이라 하였는데 화상께서는 도리어 덧없음이라 하시며, 착하고 악한 모든 법과 나아가서는 보리심까지도 모두 덧없음인데 화상께서는 도리어 항상함이라 말씀하십니다. 이것은 경의 글과 서로 다르므로 배우는 이에게 의혹을 더욱 더해줍니다."

僧志徹 江西人 本姓張 名行昌 少任俠 自南北分化 二宗主雖亡彼我 而徒
侶競起愛憎 時北宗門人 自立秀師爲第六祖 而忌祖師傳衣爲天下聞 乃囑行
昌來刺師 師心通 預知其事 卽置金十兩於座間 時夜暮 行昌入祖室 將欲加
害 師舒頸就之 行昌揮刃者三 悉無所損

師曰 正劍不邪 邪劍不正 只負汝金 不負汝命 行昌驚仆 久而方蘇 求哀悔
過 卽願出家 師遂與金 言汝且去 恐徒衆翻害於汝 汝可他日易形而來 吾當
攝受 行昌稟旨宵遁 後投僧出家 具戒精進 一日 憶師之言 遠來禮覲

師曰 吾久念汝 汝來何晚 曰昨蒙和尙捨罪 今雖出家苦行 終難報德 其惟
傳法度生乎 弟子常覽涅槃經 未曉常無常義 乞和尙慈悲 略爲解說

師曰 無常者 卽佛性也 有常者 卽一切善惡諸法分別心也

曰 和尙所說 大違經文 師曰 吾傳佛心印 安敢違於佛經

曰 經說佛性是常 和尙却言無常 善惡諸法乃至菩提心 皆是無常 和
尙却言是常 此卽相違 令學人轉加疑惑

○ 대사께서 말씀하셨다.

"『열반경』은 내가 지난날 무진장 비구니가 한 편을 독송하는 것을 듣
고 곧 그를 위해 강설한 적이 있다. 나의 말은 한 자나 한 뜻도 경의 글에
맞지 않음이 없었으니, 이제 또한 너를 위함에도 끝내 두 말이 없다."

"학인은 헤아려 앎이 얕고 어두우니 바라옵건대 화상께서는 자세히 말
씀하여 주십시오."

조사께서 말씀하셨다.

"너는 아느냐? 불성이 만약 항상함이라면 다시 무슨 착하고 악한 모든
법을 말할 것인가. 나아가서 겁을 다해도 한 사람도 보리심을 발할 사람이
없을 것이다. 이 까닭에 내가 덧없음이라고 말함이 바로 부처님이 말씀하
신 참된 항상함의 도리다.

또한 온갖 모든 법이 만약 그냥 덧없음일진대 사물 하나 하나가 제각기
자기 모습[自性]이 있어서 나고 죽음을 받아들일 것이니, 그렇다면 '참으로

항상한 성품[眞常性]'은 두루하지 않는 곳이 있을 것이다. 그러므로 내가 항상함이라 말하는 것이 바로 부처님이 말씀하신 참된 덧없음의 뜻이다.

앞에서 범부와 외도는 삿된 항상함[邪常]에 집착하고 모든 이승들은 항상함에서 도리어 덧없음을 헤아려 함께 여덟 가지 뒤바뀜[八倒]을 이루기 때문에, 부처님께서는 그들을 위해 열반요의교(涅槃了義敎) 가운데서 그들의 치우친 견해를 깨뜨려 참된 항상함과 참된 기쁨, 참된 나와 참된 깨끗함[眞常, 眞樂, 眞我, 眞淨]을 밝혀 말씀하셨다.

네가 이제 말만을 의지하여 참뜻을 모르고, '끊어져 없어지는 덧없음[斷滅無常]'과 '굳어져 죽은 항상함[確定死常]'으로써 부처님의 원묘하고 가장 깊은 최후의 가르침을 그릇 알아들으니, 그러고서야 비록 천 편을 읽고 외운들 무슨 이익될 것이 있겠느냐."

이에 행창이 홀연히 크게 깨치고 게송으로 말씀드렸다.

덧없는 마음 지킴으로 인하여
부처님은 항상한 성품 말씀하셨다.
이것이 방편임을 모르는 이는
봄 못에서 조약돌을 주어 들고서
그것을 보석이라 여김과 같네.

나 이제 억지로 공 베풀지 않고
불성이 바로 앞에 나타났으니
이것은 스승께서 준 것 아니요
나도 또한 얻는 바 본래 없도다.

조사께서 말씀하셨다.
"네가 이제 사무쳤으니 마땅히 지철(志徹)이라 이름하라."

지철이 절하고 물러갔다.

師曰 涅槃經 吾昔聽尼無盡藏讀誦一遍 便爲講說 無一字一義不合經文
乃至爲汝 終無二說 曰學人識量淺昧 願和尙委曲開示

師曰 汝知否 佛性若常 更說什麼善惡諸法 乃至窮劫 無有一人發菩提心
者 故吾說無常 正是佛說眞常之道也 又 一切諸法若無常者 卽物物皆有自
性 容受生死 而眞常性有不徧之處 故吾說常者 是佛說眞無常義

佛比爲凡夫外道執於邪常 諸二乘人於常計無常 共成八倒 故於涅槃了義
敎中 破彼偏見 而顯說眞常眞樂眞我眞淨 汝今依言背義 以斷滅無常 及確
定死常 而錯解佛之圓妙最後微言 縱覽千徧 有何所益

行昌忽然大悟 說偈曰

因守無常心　佛說有常性
不知方便者　猶春池拾礫
我今不施功　佛性而現前
非師相授與　我亦無所得

師曰 汝今徹也 宜名志徹 徹禮謝而退

해 설

북종 문인들의 사주로 조사를 시해하려 했던 행창이 출가하니, 그가 강
서 지철선사이다.

지철은 덧없음〔無常〕과 항상함〔常〕의 뜻을 몰라 조사에게 묻는다. 불성
은 하나의 고정된 실체가 아니라 존재〔我〕와 존재를 이루는 여러 계기〔法〕
를 실체화하는 중생의 망집을 부정하는 뜻이며, 덧없음〔無常〕과 항상함
〔常〕의 두 가지 치우침을 떠난 중도의 실상을 나타낸다.

사람들은 인연으로 일어난 어떤 것을 실로 있는 것으로 집착하고 그것
이 늘 있다고 집착하므로, 붇다는 덧없음〔無常〕이라는 가르침을 통해 그러
한 집착을 깨뜨린다. 그러나 존재는 여기서 저기로 흘러가버리거나 있다

가 아주 없어지는 것이 아니라, 일어나되 실로 남이 없고 실로 남이 없기 때문에 인연으로 나는 것이다. 그러므로 붇다는 덧없음을 새롭게 집착하는 이들의 망집을 깨기 위해 항상함[常]을 보이니, 그 항상함은 남[生生]과 나지 않음[無生]을 모두 뛰어넘는 항상함이니, 불성은 덧없음과 항상함을 모두 부정하고[雙遮] 모두 긍정한다[雙照].

불성은 여기서 저기로 흘러가버리는 덧없음[斷滅無常]을 부정하고 늘 머물러 있는 항상함[確定死常]을 부정하여, 일어나되 남이 없는[生而無生] 참된 항상함[眞常]을 살려내고 남이 없이 나는[無生而生] 참된 덧없음[眞無常]을 살려낸다.

그러므로 혜능선사가 불성이 덧없다고 함은 바로 법신의 적멸함에서 발현되는 해탈의 활동이며, 온갖 법이 항상하다고 함은 모든 법이 일어나고 일어나되 본래 남이 없음을 뜻하니, 지철은 조사의 한마디에서 상(常)과 무상(無常), 아(我)와 무아(無我), 고(苦)와 락(樂), 정(淨)과 부정(不淨)의 두 가지 치우침을 넘어 '스승 없는 지혜', '얻을 바가 없는 지혜'를 깨닫게 된다.

혜능선사의 가르침과 같이 영가선사(永嘉禪師)는 모든 행의 무상함[諸行無常]이 바로 무아(無我)인 무상이며, 모든 생겨남이 남이 없는 남[無生之生]인 줄 사무쳐 알면 바로 여래의 원만한 깨침이 됨을 『증도가(證道歌)』에서 다음과 같이 노래한다.

> 모든 행이 무상하여 온갖 것이 공했으니
> 곧바로 여래의 크게 둥근 깨침이요
> 諸行無常一切空　即是如來大圓覺
> ・・・・・・
> 모습 없고 공도 없고 공하지 않음도 없으니
> 곧바로 여래의 진실한 모습이네.
>
> 無相無空無不空　即是如來眞實相

하택신회선사가 조계의 돈교를 크게 넓히다〔神會大弘曹溪頓教〕

○ 한 어린이가 있어서 이름이 신회였다. 양양 고씨의 자손인데 나이 십삼세에 옥천사에서 와서 참예하였다.

조사께서 말씀하셨다.

"네가 먼 곳에서 고생하며 왔으니 도리어 근본을 가지고 왔는가? 만약 근본이 있다면 합당히 주인을 알 것이다. 말해보라."

신회가 대답하였다.

"머뭄 없는 것으로 근본을 삼으니 봄이 바로 주인입니다."

조사께서 말씀하셨다.

"이 사미가 어찌 이런 경솔한 말을 함부로 하는가."

신회가 물었다.

"화상께서는 좌선하실 때 보십니까, 보지 않으십니까?"

조사께서 주장자로 세 번 때리고 말씀하셨다.

"내가 너를 때렸으니 아프냐 안 아프냐?"

"아프기도 하고 또한 아프지 않기도 합니다."

"나도 또한 보기도 하고 보지 않기도 한다."

"어떤 것이 보기도 하고 보지 않기도 하는 것입니까?"

"내가 보는 것은 항상 자기 마음의 허물을 보는 것이요, 다른 사람의 옳고 그름, 좋고 나쁨을 보지 않는다. 이러므로 또는 보고 또는 보지 못한다고 하는 것이다. 네가 말하기를 아프기도 하고 또한 아프지 않다고도 하니 어떤 것이냐? 네가 만약 아프지 않다면 이것은 나무나 돌과 같은 것이요, 만약 아프다면 즉 범부와 같아서 성냄과 한을 일으킬 것이다. 네가 앞서 보기도 하고 보지 않기도 한다는 것은 두 가지 대립이며, 아프기도 하고 아프지 않기도 한다는 것은 나고 사라짐이니, 네가 자기 성품을 아직 보지 못하고 감히 그렇게 사람을 놀리는가."

신회는 절하고 깊이 뉘우쳐 사과드리니 조사께서 또 말씀하셨다.

462 제3부 육조단경 해의

"네가 만약 마음이 어리석어 바로 보지 못하였다면 마땅히 선지식에게
물어서 길을 찾아야 할 것이다. 네가 만약 마음이 깨쳤다면 곧 스스로 성품
을 본 것이니 법에 의지해 수행하여야 할 것이다. 그런데 너는 스스로 미혹
하여 자기 마음을 보지 못하고도 도리어 와서 나에게 보고 안 보고를 묻는
가? 내가 보는 것은 스스로 아는 것이니 어찌 너의 헤매임을 내가 대신하
겠는가. 또한 네가 만약 스스로 자기 마음을 보았다면 또한 나의 헤매임을
네가 대신 하지도 않는다. 그런데 너는 어째서 스스로 보지도 못하고 알지
도 못하고서 나에게 보고 안 보고를 묻는 것이냐."

이에 신회는 다시 일어나 백여번 절을 한 다음 허물을 사죄하였고, 지성
을 다하여 조사를 모시며 좌우를 떠나지 않았다.

有一童子 名神會 襄陽高氏子 年十三 自玉泉來參禮
師曰 知識遠來艱辛 還將得本來否 若有本則合識主 試說看
會曰 以無住爲本 見卽是主 師曰 這沙彌爭合取次語
會乃問曰 和尙坐禪 還見不見 師以拄杖打三下 云 吾打汝是痛不痛 對曰
亦痛亦不痛 師曰 吾亦見亦不見 神會問如何是亦見亦不見
師云 吾之所見 常見自心過愆 不見他人是非好惡 是以亦見亦不見 汝言
亦痛亦不痛如何 汝若不痛 同其木石 若痛 則同凡夫 卽起恚恨 汝向前見不
見是二邊 痛不痛是生滅 汝自性且不見 敢爾弄人 神會禮拜悔謝
師又曰 汝若心迷不見 問善知識覓路 汝若心悟 卽自見性 依法修行 汝自
迷不見自心 却來問吾見與不見 吾見自知 豈代汝迷 汝若自見 亦不代吾迷
何不自知自見 乃問吾見與不見
神會再禮百餘拜 求謝過愆 服勤給侍 不離左右

○ 하루는 조사께서 대중에게 이르셨다.
"나에게 한 물건이 있으니, 머리로 없고 꼬리도 없고 이름도 없고 글자
도 없으며 등도 없고 낯도 없다. 여러 사람들은 알겠는가?"
그때 신회가 나와서 대답하였다.

"그것은 모든 부처님의 본원이며 신회의 불성입니다."

조사께서 말씀하셨다.

"너에게 이름도 없고 글자도 없다고 하였는데, 너는 곧 본원이니 불성이 니 하니 네가 앞으로 종사가 되어 교화하더라도 다만 지해종도(知解宗徒) 밖에 되지 않을 것이다."

신회가 뒤에 장안에 들어가 크게 조계의 돈교를 넓히고 또한 『현종 기』을 지어 세상에 유행하니, 이 분이 하택선사이다.

一日 師告衆曰 吾有一物 無頭無尾 無名無字 無背無面 諸人還識否
神會出曰 是諸佛之本源 神會之佛性
師曰 向汝道無名無字 汝便喚作本源佛性 汝向去有把茆蓋頭 也只成個知
解宗徒
祖師滅後 會入京洛 大宏曹溪頓教 著顯宗記 盛行於世 是爲荷澤禪師

해 설

신회선사는 13세의 어린 나이에 신수선사가 머물렀던 형주 옥천사에서 조계로 혜능선사를 찾아와 법을 물었다.

신회가 '머묾 없음을 근본으로 삼으니 봄이 바로 주인〔以無住爲本 見卽 是主〕'이라고 대답한 것은 생각과 모습이 머묾 없는 근본에서 머묾 없음에 도 머묾 없이 지혜를 발휘해 쓴다는 뜻인데, 혜능선사는 어린 신회가 지해 (知解)에 떨어져 넘칠까 걱정하여 크게 꾸짖고 있는 것이다.

신회선사는 혜능선사와 더불어 봄〔見〕과 보지 않음〔不見〕을 넘어선 중 도를 문답한 뒤 조사께 귀의하여 조사의 좌우를 떠나지 않고 지성을 다하 여 시봉하였다.

끝에 혜능선사가 신회에게 '앞으로 종사가 되어 교화하더라도 다만 지 해종도밖에 되지 않을 것이다'라고 한 구절은 돈황본이나 혜흔본에는 나 타나지 않고, 덕이본과 종보본에만 있는 구절이다. 그러므로 이 구절은 달마남종 곧 조계선의 법통이 남악회양, 청원행사 중심으로 편성된 이후 첨가된 내용으로 보아야 할 것이다. 오히려 혜능선사는 입적할 때 십대제자를 불러 법을 부촉하면서 '신회 사미만이 칭찬과 비방에 움직임 없음을 얻었다'라고 크게 인가하였다.

실로 조계의 돈오선문은 하택신회선사가 활대(滑臺)의 대운사(大雲寺)에서 종론(宗論)을 제창하여 신수의 북종에 대해 달마남종의 정통성을 확정함으로써 선문의 정통으로 자리잡게 되었다. 나아가 하택선사에 의해 결행된 북종 비판과 육조현창운동이 결국 선종을 하나의 독립된 종파로서 자리잡게 한 결정적 계기를 이룬다. 돈황본 『단경』은 활대에서 종론을 제창하여 조계돈교를 크게 넓히는 하택신회의 활동상을 예견한 기록을 다음과 같이 싣고 있다.[87]

> 제자 가운데 윗자리인 법해가 앞에 나와 물었다.
> "대사이시여, 대사께서 가신 뒤 가사와 법을 누구에게 부촉하시겠습니까?"
> 대사께서 말씀하셨다.
> "법은 곧 부쳐서 마쳤으니 너희는 반드시 묻지 말라. 내가 떠난 뒤 이십년 남짓에 삿된 법이 요란하여 나의 종지를 미혹할 것인데, 한 사람이 나와 몸과 목숨을 아끼지 않고 불교의 옳고 그름을 판정하여 종지를 세울 것이니 곧 나의 바른 법이다.
> 그러므로 가사는 합당히 전하지 않는다. 너희들이 믿지 못하거든 내가 앞 대의 오조께서 가사를 전하고 법을 부친 송(頌)을 외우겠다. 만약 제일조 달마선사의 송의 뜻에 의거하면 가사를 전하지 않는 것이 옳다. 들으라, 내가 너희를 위해 외우겠다."

제일조 달마화상 송(第一祖 達摩和尙 頌)

---

87) 법해가 나와 물었다 : 上座法海向前言 大師 大師去後 衣法當付何人
 大師言 法卽付了 汝不須問 吾滅後二十餘年 邪法搖亂 惑我宗旨 有人出來不惜身命 定佛教是非 堅立宗旨 卽是吾正法 衣不合傳 汝不信 吾與誦先代五祖傳衣付法頌 若據第一祖達摩頌意 卽不合傳衣 聽吾與誦

내가 본래 당나라에 온 것은
가르침 전해 미정 건지려 함이네.
한 꽃에 다섯 잎이 활짝 열리어
열매 맺음 스스로 이루어지리.

吾本來唐國　傳教救迷情
一花開五葉　結果自然成

제이조 혜가화상 송(第二祖 慧可和尙 頌)

본래에 땅이 있음으로 인하여
땅을 좇아 씨앗과 꽃 피어나도다.
만약 본래 땅이 없다 한다면
꽃은 어느 곳에서 피어날건가.

本來緣有地　從地種花生
當本元無地　花從何處生

제삼조 승찬화상 송(第三祖 僧璨和尙 頌)

꽃과 씨앗이 비록 땅을 인하여
땅 위에서 씨앗과 꽃 피어나지만
꽃과 씨앗 나는 성품 본래 없으며
땅에도 또한 생겨남이 없도다.

花種雖因地　地上種花生
花種無生性　於地亦無生

제사조 도신화상 송(第四祖 道信和尙 頌)

꽃과 씨앗에 나는 성품이 있어서
땅을 인해 씨앗과 꽃 생겨나지만
앞의 연들 서로 화합하지 않으면
온갖 곳에 모두 생겨남이 없도다.

花種有生性　因地種花生
先緣不和合　一切盡無生

제오조 홍인화상 송(第五祖 弘忍和尙 頌)

뜻이 있는 이가 와 씨앗을 뿌리니
뜻 없지만 꽃이 곧 피어나도다.
뜻이 없고 또 씨앗도 없으면
마음땅에 또한 생겨남이 없도다.

有情來下種　無情花卽生
無情又無種　心地亦無生

제육조 혜능화상 송(第六祖 慧能和尙 頌)

마음땅이 뜻의 씨앗 머금었으니
법의 비 내리면 곧 꽃이 피도다.
스스로 꽃과 뜻의 씨앗 깨치면
보리의 열매 절로 이루어지리.

心地含情種　法雨卽花生
自悟花情種　菩提果自成

혜능대사가 말씀하셨다.[88]
"너희들은 내가 지은 두 송을 들으라. 달마화상의 게송의 뜻을 취했으니, 너희들 헤매는 사람들이 여기 의지해 수행하면 반드시 견성할 것이다.

마음땅에 삿된 꽃이 피어나니
다섯 잎이 뿌리를 좇아 따르네.

---

88) 혜능대사가 말씀했다 : 能大師言 汝等 聽吾作二頌 取達摩和尙頌意 汝迷人 依此頌修行 必當見性

함께 같이 무명의 업을 지어서
업의 바람에 나부낌 입게 되도다.
마음땅에 바른 꽃이 피어나니
다섯 잎이 뿌리를 좇아 따르네.
함께 같이 반야의 지혜 닦으니
앞으로 올 부처님의 보리로다.

心地邪花放　五葉逐根隨
共造無明業　見被業風吹
心地正花放　五葉逐根隨
共修般若惠　當來佛菩提

3. 여러 종의 따짐에 응하여 선과 교 두 문을 보이다〔應諸宗詰示 禪敎門〕

조사께서는 여러 종들이 서로 꼬집고 따져 모두 악한 마음을 일으켜서 자리에 많이 모이는 것을 보시고 불쌍히 여겨 말씀하셨다.

"도를 배우는 사람은 온갖 착한 생각이나 악한 생각을 다 마땅히 없애야 한다. 이름이 가히 이름할 것 없음을 자신의 참성품이라 하며, 둘 아닌 성품이라 이름하니, 이 이름이 실다운 성품〔實性〕이다. 이 실다운 성품 위에 온갖 교문(敎門)을 세우는 것이니, 말 아래 곧 반드시 스스로 보아야 한다."

여러 사람들이 이 말씀을 듣고 모두 절을 하며 조사를 모셔서 스승 삼기를 청하였다.

師見諸宗難問 咸起惡心 多集座下

憫而謂曰 學道之人 一切善念惡念 應當盡除 無名可名 名於自性 無二之性 是名實性 於實性上 建立一切敎門 言下便須自見

諸人聞說 總皆作禮 請事爲師

해 설

말과 생각이 인연으로 일어났으므로 말과 생각의 실로 있는 모습 얻을 것 없음을 진여(眞如)라 이름하고, 실다운 성품〔實性〕이라 이름한다. 그러므로 실다운 성품은 말과 생각으로 붙잡을 수 없지만 말과 생각을 떠나지 않으니, 온갖 가르침의 문〔一切敎門〕이 제시하는 언어의 자취에 머물러서는 실상에 돌아가지 못하지만, 온갖 가르침의 문 밖에 따로 실다운 성품이 있다 해서도 안된다.

선지식의 한마디 말 아래 단박 스스로 보는 자 그는 언교(言敎)를 통해

바로 실상에 드는 자이자, 말과 모습이 끊어진 실상에서 온갖 언교를 세워
내는 자이다.

제9장 돈교법의 호법

바른 삶의 길[道]은 바른 마음으로 말미암아 깨
치는 것이니 어찌 앉는 데 있겠느냐! 경에 말씀하
시되 '만약 여래를 앉는다거나 눕는다거나 말한
다면 이것은 삿된 도를 행하는 것이다. 왜 그런
가? 여래는 좇아 온 곳도 없고 가는 곳도 없기 때
문이다'라고 하셨다.
생겨남도 없고 사라짐도 없는 것이 여래의 청정
한 선[清淨禪]이요, 모든 법이 공적한 것이 여래
의 청정한 자리[清淨坐]라 끝내는 깨침[證]도 없
거니 어찌 하물며 앉음이 있겠는가.

                    – 혜능조사가 설간에게 보인
                   여래 청정신에 관한 법어 –

1. 조사가 조정의 청을 사양하다〔祖師辭讓祖庭之請〕

표를 올려 병으로 사양하고 숲 속에 살기를 원함〔上表辭疾願終林麓〕

신룡 원년 상원일(上元日)에 측천황후와 중종(中宗)이 조서를 보내어 말했다.

"짐이 혜안, 신수 두 큰 스님을 청하여 궁중에서 모시고 공양하며, 만 가지 기틀[萬機]로 나라일을 하는 틈에 매양 일승을 탐구하였는데, 두 대사가 사양하며 이렇게 추천하였습니다.

'남방에 혜능선사가 계시는데, 가만히 인(忍)대사의 가사와 법을 받고 부처님의 심인(心印)을 전해 받았으니 그 분을 청하여 물으십시오.'

이제 내시 설간(薛簡)을 보내어 조서를 전하고 모시기를 청하오니, 바라건대 스님께서는 자비로 살피시어 빨리 서울로 올라와 주십시오."

조사께서는 표(表)를 올리어 병으로 사양하시며 숲 속에서 삶을 마치기를 원하셨다.

神龍元年上元日 則天中宗詔云
朕請安秀二師 宮中供養 萬機之暇 每究一乘
二師推讓云 南方有能禪師 密授忍大師衣法 傳佛心印 可請彼問
今遣內侍薛簡 馳詔請迎 願師慈念 速赴上京
師上表辭疾 願終林麓

해 설

북종선은 다만 신수선사의 가풍을 뜻하는 것이 아니라, 장안과 낙양의 제도(帝都)에서 홍인의 동산법문을 현창한 신수(神秀), 현색(玄賾), 혜안(慧安)선사 등의 선풍을 총칭한 말이다. 『능가사자기(楞伽師資記)』「신수장」은 다음과 같이 말한다.[89]

제7세는 당조 형주 옥천사의 대사로 이름을 신수라 하며, 안주 수산
사의 대사로 이름을 현색이라 하며, 낙주 숭산 회선사의 대사로 이름을
혜안이라 한다. 이 세 분의 큰 스님은 바로 측천무후 중종 예종을 앞
뒤로 삼대의 국사가 된 분들이다. 모두 홍인대사가 '뒤에 나의 도를
전할 사람은 다만 열사람 정도이다'라고 예언하였으니, 다 홍인선사의
뒤를 이어받은 이들이다.

위 『능가사자기』의 기록처럼 북종선의 대표격인 신수, 혜안 두 분의
선사는 측천무후의 존중을 받으며 제도불교를 주도하고 동산법문을 홍포
하였다.

혜안선사는 파조타(破竈墮), 등등화상(騰騰和尙), 자재화상(自在和尙)
등의 제자를 두고 100세토록 장수한 선사로 『경덕전등록(景德傳燈錄 卷
4)』에 다음과 같은 측천무후와의 문답이 실려 있다.90)

측천무후가 일찍이 혜안선사께 '나이가 얼마냐'고 물으니, 선사는 '기
억하지 못합니다'라고 대꾸하였다. 무후가 말하였다.

"왜 기억하지 못하십니까?"

대사가 대답했다.

"나고 죽는 몸은 돌고 도는 고리와 같으나, 돌고 돌아감에 일어나고
다함이 없으니 어찌 기억할 것이 있겠습니까? 하물며 이 마음이 흘러가
지만 중간에 틈이 없으니, 거품이 일고 짐을 보는 것은 망상일 뿐입니
다. 처음 거품이 일어남을 앞으로부터 움직이는 모습에 이르고, 그 거품
이 사라질 때에도 다만 이러할 뿐이니 무슨 해와 달을 기억할 것이 있겠

---

89) 능가사자기 신수장은 말한다 : 第七唐朝莉州玉泉寺大師諱秀 安州壽山寺大師諱賾 洛州嵩山
會善寺大師諱安 此三大師 是則天大聖皇后 應天神龍皇帝 太上皇前後爲三主國師也 並忍大師
授記云 後傳吾道者 只可十耳 俱承忍禪師後
90) 경덕전등록에 말한다 : 后嘗問師甲子 對曰不記 后曰 何不記耶
師曰 生死之身 其若循環 環無起盡 焉用記爲 況此流注 中間無間 見漚起滅者乃妄想耳 從初識
至動相 滅時亦只如此 何年月而可記乎
后聞稽顙信受

습니까?"

　무후가 듣고 고개를 숙여 믿어 받았다.

　이처럼 신수, 혜안 양선사는 제도에서 측천의 비호를 받으며 자신들의 선풍을 홍포하였으니, 『전법보기』에는 측천이 신수선사에게 바친 존숭을 표현하여 '신수선사가 종려나무 잎으로 지붕을 이은 가마를 타고 궐내에 들면, 무후는 뒤를 따라 전상에 오르고 머리 숙여 절하고 우러러 받들고 몸을 깨끗이 하였다'라고 하였다.

　측천은 홍인 문하 신수, 혜안 양선사를 존숭하며 두 선사의 추천으로 혜능선사를 제도에 초청한다. 그러나 혜능조사는 병으로 사양하고 먼 변방 소주에서 자신의 사상적 지조를 지키며 도속을 교화한다.

　동산법문의 정통성이 혜능선사에게 귀착되고 조계선문이 달마선종의 핵심으로 자리잡게 된 것은, 신수선사의 점문에 대해 혜능선사가 제창한 돈오선의 사상적 보편성과 우월성이 그 한 원인이 된다. 그러나 그보다는 북종의 다른 선사들이 제도황실의 존숭을 받으며 교화를 펴다 새로운 황실권력이 형성되면서 그 문파가 몰락함에 반해, 혜능선사는 소주변방에서 교화를 펴다 오히려 하택신회선사의 제도진출을 통해 새로운 황실권력의 비호로 동산법문의 정통계승자로 부각된 점이 더 큰 요인이다.

　또한 북종의 선사들이 높은 학문적 소양을 지니고 황실과 귀족층에게 법을 펴왔음에 반해, 혜능선사는 일반 대중 속에 함께 살며 평이한 대중적 언어로 대중교화에 진력했음이 혜능선의 생명력을 역사 속에 오래 전승해가도록 하는 큰 요인이 되었으리라 본다.

2. 설간이 조사에게 돈교의 심요를 묻다〔薛簡問師頓敎心要〕

좌선습정과 최상승선〔坐禪習定與上乘禪〕

설간이 여쭈었다.

"서울의 선덕들이 다 말씀하기를 '도를 알려고 하거든 반드시 좌선하여 정(定)을 익혀라. 선정을 인하지 않고 해탈한다는 것은 있을 수 없다'라고 하시는데, 스님께서 설하시는 법은 어떤지 모르겠습니다."

조사가 말씀하셨다.

"바른 삶의 길[道]은 바른 마음으로 말미암아 깨치는 것이니 어찌 앉는 데 있겠느냐! 경에 말씀하시되 '만약 여래를 앉는다거나 눕는다거나 말한다면 이것은 삿된 도를 행하는 것이다. 왜 그런가? 여래는 좇아 온 곳도 없고 가는 곳도 없기 때문이다'라고 하셨다.

생겨남도 없고 사라짐도 없는 것이 여래의 청정한 선[淸淨禪]이요, 모든 법이 공적한 것이 여래의 청정한 자리[淸淨坐]라 끝내는 깨침[證]도 없거니 어찌 하물며 앉음이 있겠는가."

薛簡曰 京城禪德皆云 欲得會道 必須坐禪習定 若不因禪定而得解脫者 未之有也 未審師所說法如何

師曰 道由心悟 豈在坐也 經云 若言如來若坐若臥 是行邪道 何故 無所從來 亦無所去 無生無滅 是如來淸淨禪 諸法空寂 是如來淸淨坐 究竟無證 豈況坐耶

해 설

좌선으로 선정을 익혀 해탈을 얻는다는 것은 선정의 방편으로 점차 번뇌를 끊어간다는 점수론이며, 수행의 원인이 깨달음의 결과와 바로 통하지 못한 수정주의(修定主義)이다. 그에 대해 혜능조사가 제시한 여래의 청정선은 선(禪)이 바로 반야(般若)이며 세계의 실상 자체인 선(禪)이다. 여래의 청정선에서 앉음이란 다만 몸으로 앉음이 아니라 모든 법이 공적한 청정한 자리에 앉음이니, 그 곳에서는 번뇌가 실로 있지 않고 보리 열반도 번뇌 밖에 따로 얻을 모습이 아니므로 본래 끊을 것도 없고 끝내 얻을 것이 없다.

『전등록』에서는 앉아 있음으로 해탈을 얻으려는 마조(馬祖)의 허물을 남악회양(南嶽懷讓)이 다음과 같이 경책하는 법문이 나온다.91)

개원 때에 사문 도일이 전법원에 머물러 하루내내 늘 좌선하고 있었다. 회양선사는 그가 법의 그릇임을 알고 가서 물었다.

"대덕은 좌선하여 무엇하려 하는가?"

"부처가 되려 합니다."

이에 대사는 벽돌 하나를 가져와서 암자 앞의 바위 위에다 갈았다. 도일이 보고 물었다.

"벽돌을 갈아 무엇 하시렵니까?"

"갈아서 거울을 만들려 한다."

도일이 말했다.

"벽돌을 갈아서 어떻게 거울이 되겠습니까?"

"좌선하여 어찌 부처를 이루겠는가?"

도일이 말했다.

"어떻게 해야 합니까?"

대사가 말했다.

"소가 수레를 메고 가는 것과 같으니, 수레가 가지 않으면 수레를 때려야 옳은가, 소를 때려야 옳은가?"

---

91) 전등록에 말한다 : 開元中有沙門道一 住傳法院 常日坐禪 師知是法器
　　往問曰 大德坐禪 圖什麽 一曰 圖作佛 師乃取一甎於彼庵前石上磨
　　一曰 磨甎作麽 師曰 磨作鏡 一曰 磨甎豈得成鏡耶 師曰 磨甎旣不成鏡 坐禪豈得成佛耶 一曰
　　如何卽是 師曰 如牛駕車 車不行 打車卽是 打牛卽是 一無對
　　師又曰 汝爲學坐禪 爲學坐佛 若學坐禪 禪非坐臥 若學坐佛 佛非定相 於無住法 不應取捨
　　汝若坐佛 卽是殺佛 若執坐相 非達其理

도일이 대답이 없으니 대사가 다시 말했다.

"그대는 좌선을 배우는가, 앉은 부처를 배우는가? 만약 좌선을 배운다면 선은 앉고 누움이 아니며, 만약 부처를 배운다면 부처는 정해진 모습이 아니다. 머뭄 없는 법에서 마땅히 취하거나 버리지 말라. 그대가 만약 앉는 부처라면 곧 부처를 죽이는 것이요, 만약 앉은 모습에 집착한다면 그 이치를 통달하지 못한 것이다."

위 법문에 의하면 마조가 앉음에 집착하므로 앉음의 모습을 깨뜨렸지만, 선(禪)은 앉고 누움이 아니나 앉고 누움을 떠남도 아니니, 좌선의 모습을 취해도 옳지 못하고 좌선의 모습을 버려도 또한 맞지 않는다.

그렇다면 수레가 가지 않을 때 수레를 때려야 옳은가, 소를 때려야 옳은가? 열재거사(悅齋居士)는 다음과 같이 노래한다.

> 수레를 치고 소를 침에 어느 것이 옳은가
> 귓밥을 만지다가 코를 도리어 잃었네.
> 그대에게 다시 한 줄기 통해 보여주나니
> 문수보살 큰 성인의 이름은 경희로다.

打車打牛何者是　摸着耳埵失却鼻
更通一線與君看　文殊菩薩名慶喜

설간이 대승의 바른 견해를 설하다〔祖說薛簡大乘見解〕

설간이 말씀드렸다.

"제자가 서울로 돌아가면 주상께서 반드시 물으실 것이니 바라건대 스님께서는 자비로써 심요를 가르쳐 주십시요. 그리하여 제자가 양궁께 전해 올리고 또한 서울에 있는 도를 배우려는 모든 사람에게도 말하여 마치 한 등불이 수천 등불을 불붙이듯 어두운 것이 다 밝아져 밝고 밝음이 다함이 없게 하여 주십시요."

조사께서 말씀하셨다.

"도에는 밝음과 어두움이 없다. 밝음과 어두움은 이것이 서로 엇바뀌어 없어지는[代謝] 뜻이니, 밝고 밝음이 다함이 없다고 하더라도 역시 다함이 있는 것이니, 서로 상대하여 그 이름을 세운 까닭이다. 이에『정명경』은 '법은 견줄 바가 없으니 상대가 없기 때문이다'라고 말씀한다."

설간이 여쭈었다.

"밝음은 지혜를 비유하고 어두움은 번뇌를 비유하니, 수도하는 사람이 만약 지혜로 번뇌를 비춰 깨뜨리지 않으면, 비롯없는 나고 죽음의 굴레를 무엇을 의지하여 벗어날 수 있겠습니까?"

조사께서 말씀하셨다.

"번뇌가 곧 보리라 둘이 없고 다름도 없다. 만약 그대의 말과 같이 지혜로써 번뇌를 비추어 깨뜨린다면 이것은 이승의 치우친 견해요, 양수레, 사슴수레 등의 낮은 근기인 것이니, 높은 지혜와 큰 근기는 모두 이와 같지 않다."

설간이 말씀드렸다.

"그렇다면 어떤 것이 대승의 견해입니까?"

조사께서 말씀하셨다.

"밝음과 밝음 없음을 범부들은 둘로 본다. 그러나 지혜 있는 이는 그 성품이 둘이 아님을 요달하나니, 둘이 아닌 성품이 곧 존재의 실다운 성품[實性]이다.

실다운 성품이라는 것은 범부에 있어도 줄지 않고 현성에 있어도 늘지 아니하며, 번뇌 속에 머물러도 어지럽지 않고 선정 속에 있어도 고요하지 않으며, 끊어짐도 아니고 늘 있음도 아니며, 오는 것도 아니고 가는 것도 아니며, 중간이나 안과 밖에 있지도 않으며, 생겨나지도 않고 없어지지도 아니하여 성품[性]과 모습[相]이 한결같아서 늘 머물러 옮겨가지 않으니[常住不遷] 이를 도(道)라고 이름한다."

설간이 말씀드렸다.

"스님께서 말씀하시는 생겨나지 않고 없어지지 않음은 외도와 어떻게 다릅니까?"

"외도가 말하는 생겨나지 않고 없어지지 않음이란, 없어짐을 가지고 생겨남을 그치고 생겨남으로써 없어짐을 다시 드러내니, 없어짐이 없어지지 않음과 같고 생겨남을 생겨나지 않음이라 말한다. 내가 말하는 생겨나지 않고 없어지지 않음은 본래 스스로 생겨남이 없으므로 지금 또한 없어짐도 없으니 이 까닭에 외도와 같지 않다.

그대가 만약 심요를 알고자 한다면 다만 온갖 선과 악을 도무지 생각하지 말라. 그러면 자연히 청정한 마음 바탕에 들어가 맑고 늘 고요하여 묘한 작용이 강가강 모래알과 같을 것이다."

설간이 가르침을 받고 활연히 크게 깨치고 조사께 절하고 하직한 뒤 대궐로 돌아가 조사의 말씀을 표로 사뢰었다.

簡曰 弟子回京 主上必問 願師慈悲 指示心要 傳奏兩宮 及京城學道者 譬如一燈 然百千燈 冥者皆明 明明無盡

師云 道無明暗 明暗是代謝之義 明明無盡 亦是有盡 相待立名 故淨名經云 法無有比 無相待故

簡曰 明喩智慧 暗喩煩惱 修道之人 倘不以智慧照破煩惱 無始生死 憑何出離

師曰 煩惱卽是菩提 無二無別 若以智慧照破煩惱者 此是二乘見解 羊鹿等機 上智大根 悉不如是

簡曰 如何是大乘見解 師曰 明與無明 凡夫見二 智者了達 其性無二 無二之性 卽是實性 實性者 處凡愚而不減 在賢聖而不增 住煩惱而不亂 居禪定而不寂 不斷不常 不來不去 不在中間 及其內外 不生不滅 性相如如 常住不遷 名之曰道

簡曰 師說不生不滅 何異外道 師曰 外道所說不生不滅者 將滅止生 以生顯滅 滅猶不滅 生說不生 我說不生不滅者 本自無生 今亦不滅 所以不同外

道 汝若欲知心要 但一切善惡 都莫思量 自然得入淸淨心體 湛然常寂 妙用
恒沙

簡蒙指敎 豁然大悟 禮辭歸闕 表奏師語

해 설

설간은 돈교의 심요를 물으면서 '마치 한 등불이 수천 등불을 불붙이듯
어두운 것이 다 밝아져서 밝고 밝음이 다함이 없게 하여 주십시오'라고
청한다. 이는 『유마경』에서[92] 유마거사가 '여러 자매들이여, 여기 법의
문이 있어서 다함 없는 등이라 하니 너희들은 마땅히 배워야 한다. 비유하
면 한 등이 백천 등을 불붙여서 어두운 것이 다 밝아져서 밝고 밝음이
다함이 없다'고 한 법문을 받아서 말한 것이다.

이에 혜능선사는 존재의 실상에 하나된 지혜는 밝음과 어두움의 대립
에 갇힌 밝음이 아니라, 밝음과 어두움의 대립을 넘어 밝음이 밝음 아니므
로 밝음에도 머물지 않고, 어두움이 어두움이 아니므로 어두움에도 머물
지 않는 참된 밝음임을 보여준다. 곧 어두움과 밝음은 서로 상대하여 주어
진다. 어두움은 늘 있는 어두움이 아니라 어두움을 밝히는 안팎의 인연이
갖춰지면 사라지는 어두움이며, 밝음은 늘 머물러 있는 밝음이 아니라 밝
음을 밝음이게 하는 인연에 의해서 밝혀지는 밝음이다.

그러므로 어두움 속에서 어두워지지 않고 밝음 속에서도 밝음을 밝혀
내는 인연에 머물지 않을 때 어두움과 밝음의 대립에 갇히지 않는 참된
밝음을 쓸 수 있는 것이다.

그와 같이 중생의 번뇌에 있어도 그 번뇌가 본래 남이 없으므로 어지럽
지 않고, 선정의 고요함 속에 있어도 그 선정이 다만 공적함이 아니므로
고요함에 빠지지 않으면 참된 선정을 쓰는 것이다. 또한 태어나도 본래
스스로 남이 없고 남이 없으므로 실로 사라짐이 없는 이가, 나고 죽음 속

---

92) 『유마경』에 말한다 : 諸姉 有法門 名無盡燈 汝等當學 無盡燈者 譬如一燈 然百千燈 冥者皆
明 明明不盡

에서 나지 않고 사라지지 않음을 구현하여 늘 머물러 옮겨가지 않게 되는 것〔常住不遷〕이다.

그런데 여기서 조사가 말한 '늘 머물러 옮기지 않음〔常住不遷〕'이란 '어떤 것이 고정불변하여 옮기지 않는다는 것〔常見〕'이거나 '모습은 있다가 없어지지만〔斷見〕 모습 너머에 성품은 없어지지 않는다〔常見〕'는 뜻이 아니라, 옮기되 실로 옮김 없음이며〔遷而不遷〕 나되 실로 남이 없음〔生而無生〕이다.

이에 비해 잘못된 삶의 길을 가는 자나 바른 진리의 길 밖에서 헤매는 이들은 없어짐을 통해서는 있는 것이 사라짐을 보고, 생겨남을 통해서는 없던 것이 생겨남을 본다. 그러므로 있는 것이 사라졌다고 할 때는 단견 (斷見)의 허물에 떨어지고, 없던 것이 생겨날 때는 없어진 것처럼 보이지만 없어지지 않는 것이 다시 나타나므로 상견(常見)의 허물을 안게 된다.

이와 같이 치우친 견해를 혜능선사는 '없어짐을 가지고 생겨남을 그치고 생겨남으로써 없어짐을 드러내니, 없어짐이 없어지지 않음과 같고 생겨남을 생겨나지 않음이라 말한다'고 한다.

그러나 실다운 성품이란 인연으로 나되 실로 남이 없는 존재의 실상(實相)이자 실상 그대로의 지혜〔如實智〕이니, 남악혜사선사의 『제법무쟁삼매법문』은 다음과 같이 말한다.

> 부처님의 뜻은 깊어 알 수 없으니
> 가르침 그대로 수행하여서
> 참다웁게 깨쳐야 비로소 알리.
> 이 성품은 공하여 생멸 없으나
> 선악의 업을 좇아 꼭 과보 있나니
> 저 허공에 밝음과 어둠 없으나
> 바람 구름 고요하고 어지러움 따라
> 밝아지고 어두워짐과 같도다.
> 평탄한 때 바람과 구름 없으면
> 허공에 해가 떠서 환히 밝으며

바람 구름 사납게 일어날 때에
저 허공은 티끌먼지 가득해져서
캄캄하여 어둔 바람 몰아치지만
허공 자체 물듦과 깨끗함 없어
밝음과 어두움에 물들지 않네.
중생의 심성 또한 이와 같아서
생사 열반이 물들이지 못하며
중생의 심성 또한 이와 같아서
단견 상견에 물들여지지 않도다.

佛意甚深難可知　　如教修行證乃解
此性雖空無生滅　　隨善惡業必有報
譬如虛空無明暗　　風雲靜亂有明暗
若平旦時無風雲　　日出虛空大明淨
若風黑雲暴亂起　　虛空塵霧大黑風
是虛空性無垢淨　　不爲明暗之所染
衆生心性亦如是　　生死涅槃不能染
衆生心性亦如是　　不爲斷常之所染

3. 조칙으로 조사의 덕을 찬양하고 국은사의 이름을 내리다〔有
詔獎師賜國恩名〕

중종이 조사의 도덕을 전해 듣고 은혜에 감사하다〔聞師道德感荷師恩〕

그해 9월 3일 조서를 내리어 대사를 이렇게 높이 추켜 찬양하였다.

"대사께서 늙고 병들었다 하여 짐의 청을 사양하고, 짐을 위하여 도를 닦으시니 나라의 복밭입니다. 대사의 이런 모습은 정명이 비야리에서 병을 의탁하여 대승을 천양하고 모든 붇다의 마음을 전하면서 둘 아닌 법을 담론하던 일과 같습니다.

설간이 대사께서 여래지견을 가르쳐 주신 것을 전하니, 짐이 선업을 쌓아〔積善〕 남은 보람과 지난 생에 선근을 심은 인연으로 대사께서 세상에 나오심을 만나 상승을 단박 깨달았으니, 대사의 은혜에 감사하여 머리에 받들어 마지 않습니다."

아울러 마납 가사와 수정 발우를 드리고 또한 소주 자사에게 명하여 절 건물을 고쳐서 꾸미게 하고 대사가 옛날 머무신 곳에 국은사라 이름을 내렸다.

其年九月三日 有詔獎諭師曰

師辭老疾 爲朕修道 國之福田 師若淨名 託疾毗耶 闡揚大乘 傳諸佛心 談不二法 薛簡傳師指授如來知見 朕積善餘慶 宿種善根 値師出世 頓悟上乘感荷師恩 頂戴無已

幷奉磨衲袈裟 及水晶鉢 勑韶州刺史 修飾寺宇 賜師舊居爲國恩寺焉

해 설

조사가 설한 돈교의 심요를 듣고 설간이 활연히 크게 깨친 뒤 대궐로

돌아가 최상승선의 심요를 전한다. 조사가 병을 들어 나라의 스승〔國師〕
되기를 사양하니, 중종은 조사를 저 비야리의 정명과 같다 찬탄하고 마납
가사와 수정발우를 바친다.

　국은사(國恩寺)라 이름받은 절은 조사가 살던 옛집인데 신룡 3년 법천
사(法泉寺)라 이름을 내렸고, 나중 탑을 세워 남화사(南華寺)라 이름을 고
쳤다.

제10장 돈교법을 제자들께 부촉함

도 배우는 여러 사람들께 이르니
힘을 써 모름지기 뜻에 새기어
넓고 곧은 대승의 문 가운데서
나고 죽는 지혜 도리어 집착 말라.
말 아래 만약 바로 서로 응하면
함께 부처님의 뜻 논하겠지만
만약 실로 서로 응하지 못한다면
두 손 모아 이 법문에 환희케 하라.

이 종에는 본래로 다툼 없으니
다툰다면 도의 뜻 잃을 것이며
거스름을 집착해 법문 다투면
자기 성품 나고 죽음 속에 들리라.

　　　　　－ 돈황본 단경의 혜능선사 송 －

1. 삼과법과 삼십육대를 보이다[示三科及三十六對]

여러 제자를 불러 법을 열어 말씀하다[喚諸大弟子開演法]

조사께서 하루는 문인(門人)인 법해, 지성, 법달, 신회, 지상, 지통, 지철, 지도, 법진, 법여 등을 불러 말씀하셨다.

"너희들은 다른 사람과 같지 않다. 내가 멸도한 후에 각각 한 지방의 스승이 될 것이므로 내 이제 너희들에게 법 설함을 가르쳐서 근본종지를 잃지 않도록 하겠다.

먼저 삼과법문과 움직여 쓰는 데 서른 여섯 가지 상대하는 법[對法]을 들어 말하리니, 나오고 들어감에 두 가지 치우침[兩邊]을 여의고 온갖 법을 설할 때 자기 성품을 여의지 말라.

갑자기 어떤 사람이 너희에게 법을 묻거든, 말을 내되 다 두 법으로 하여 서로 상대하는 법을 모두 취해서 오고 감이 서로 원인이 되게 하고, 마침내는 두 가지 법을 모두 없애되 다시 갈 곳마저 없게 하라."

師一日喚門人法海 志誠 法達 神會 智常 智通 志徹 志道 法珍 法如等 日 汝等不同餘人 吾滅度後 各爲一方師 吾今敎汝說法 不失本宗 先須擧三科法門 動用三十六對 出沒卽離兩邊 說一切法 莫離自性 忽有人問汝法 出語盡雙 皆取對法 來去相因 究竟二法盡除 更無去處

해 설

혜능선사는 입적의 때가 되자 법해, 신회 등 십대제자를 불러 중도법으로 대중교화할 것을 당부한다. 『신회어록』은 다음과 같이 혜능선사의 입적 과정을 서술하고 있다.[93]

---

93) 신회어록에 말한다 : 景雲二年 忽命弟子玄楷智本 遣於新州龍山故宅 建塔一所 至先天元年九

경운 2년(711)이 되자 홀연히 제자 현계 지본에게 신주의 용산에 있는 옛집에 가도록 명하여 한 곳에 탑을 세우도록 하였다.

선천 원년(712) 9월이 되자 조계로부터 신주로 돌아왔다.

선천 2년 8월 3일이 되자 홀연히 문도에게 말했다.

"나는 이제 크게 떠나갈 것이다."

제자 법해가 물었다.

"화상께서는 말씀하시기를 …… 라 하는데 뒤에 서로 잇는 자가 있습니까, 이 가사가 있는데 왜 전하지 않습니까?"

화상이 말했다.

"너희는 이제 묻지 말라. 뒤에 어려운 일이 일어남이 지극히 많을 것이다. 나도 이 가사 때문에 목숨을 잃을 뻔 하였다. 너희들이 때를 알려고 하면 내가 멸도한 뒤 사십년 밖에 종을 세워내는 이가 바로 그 사람이다."

그날 밤 엄연히 앉아서 돌아가시니 대사의 나이 76세였다.

위 기록에 의하면 혜능선사는 조계에 머물다 고향인 신주의 옛집을 절로 만든 뒤 신주로 돌아가 76세에 입적하였다.

열 분의 큰 제자를 불러 중도법을 부촉하였는데, 임종에 부촉받은 제자 가운데는 나중 오종(五宗)의 중심인물인 남악회양, 청원행사선사의 이름이 보이지 않는다.

혜능선사는 있음과 없음, 남과 죽음, 밝음과 어두움처럼 서로 상대하는 두 법은 서로 의지해서 비로소 있으므로 모두 실로 그것이라 할 자체가 없음을 알아 두 가지 법의 실체성을 모두 버리되, 대립되는 두 법이 본래 자성이 없으므로 없애는 모습, 버리고 가는 모습마저 없게 하라고 가르친다.

月 從曹溪 歸至新州 至先天二年八月三日 忽告門徒曰 吾當大行矣 弟子僧法海問曰 和尙曰 …… 以後有相承者否 有此衣何故不傳 和尙謂曰 汝今莫問 以後難起極盛 我緣此袈裟 幾失身命 汝欲得知時 我滅度後 四十年外 竪立宗者卽是 其夜菴然坐化 大師春秋七十有六

오온 십팔계 십이입의 삼과를 설하다〔說陰界入三科法門〕

"삼과(三科) 법문이라 하는 것은 음(陰)과 계(界)와 입(入)이다. 음은 바로 오음이니 색(色), 수(受), 상(想), 행(行), 식(識)이 이것이요, 입은 바로 십이입이니 밖으로 여섯 가지 객관대상[六塵]인 빛깔[色], 소리[聲], 냄새[香], 맛[味], 닿음[觸], 법(法)과 안으로 여섯 가지 문[六門]인 눈[眼], 귀[耳], 코[鼻], 혀[舌], 몸[身], 뜻[意]이 이것이요, 계는 바로 십팔계니 여섯 가지 객관대상[六塵]과 여섯 가지 문[六門]과 여섯 가지 식[六識]이 이것이다.

자신의 성품이 능히 만법을 머금으므로 함장식(含藏識)이라 하는 것이니, 만약 실체적으로 생각해 헤아림[思量]을 일으키면 이것이 전식(轉識)이라, 여섯 가지 식[六識]을 내어 여섯 가지 문[六門]을 나와 여섯 가지 객관경계[六塵]를 보게 된다. 이와 같은 십팔계 모두가 자기 성품으로부터 작용을 일으키므로, 자신의 성품이 만약 삿되면 열여덟 가지 삿됨이 일어나고, 자신의 성품이 만약 바르면 열여덟 가지 바름이 일어난다.

만약 악하게 쓰면 곧 중생의 작용이요, 착하게 쓰면 곧 붇다의 작용이다."

三科法門者 陰界入也 陰是五陰 色受想行識是也 入是十二入 外六塵色聲香味觸法 內六門眼耳鼻舌身意是也 界是十八界 六塵六門六識是也

自性能含萬法 名含藏識 若起思量 卽是轉識 生六識 出六門 見六塵 如是一十八界 皆從自性起用

自性若邪 起十八邪 自性若正 起十八正 若惡用卽衆生用 善用卽佛用

해 설

초기불교에서 오온(五蘊), 십이입(十二入), 십팔계(十八界)라는 교법은 연기되는 삶의 실상을 열어보이기 위한 법문이다. 온·처·계로 분류된 여러 가지 법(法)들이 어우러져서 존재의 자기 동일성[我]이 일어나므로 존재는 나 없는 나[無我之我]로 표시되며, 다시 존재의 자기 동일성을 이루어내는 여러 가지 법[諸法] 자체도 실로 있는 요소가 아니라 존재의 자기 활동에 의해 일어나며 인연으로 일어나는 법이므로 그 법들도 공하다[法空].

곧 오온, 십이입, 십팔계의 각 법들은 제 홀로 스스로 있지 못하고 다른 것을 의지해 있으므로 실로 있음이 아니지만[非有], 다른 것을 의지해서 자기 내용을 만들어 가므로 실로 없음이 아니다[非無].

이와 같이 인연으로 일어나는 삼과의 각 법[依他起相]들은 있음과 없음을 떠난 중도의 모습[圓成實相]이지만, 실로 있다는 집착을 내거나 실로 없다는 집착[遍計所執相]을 내므로 삶의 소외가 일어난다.

삼과법이 모두 존재에 대한 중생의 집착을 깨기 위한 가르침인데, 붇다는 아는 마음과 알려지는 모습 가운데 아는 마음[名]을 치우쳐 집착하는 이들을 위해서 오온법을 보여주니, 오온법은 아는 마음을 수·상·행·식으로 열고 알려지는 모습을 색법으로 줄여서[開心合色] 연기법을 해명한다.

십이입(十二入)은 신역에서는 십이처(十二處)라 옮겨지는데, 처(處)라고 번역할 때는 인식주체[六根]와 인식대상[六境]이 인간활동[六識]을 일으키는 토대[處]임을 강조한 것이고, 입(入)이라고 옮길 때는 육근과 육경이 지금 일어난 주체의 활동[六識]을 거두어들이고 새로운 활동을 예비하는 휴식처[入]임을 보여준다.

십팔계는 자아[六根], 세계[六境], 인간행위[六識]가 서로 의지해 있음을 단적으로 보이는 범주다. 인간행위는 자아와 세계의 산물이지만, 자아와 세계는 인간행위를 통해 구체화되며 행위 자체로 드러난다. 그러므로 육근·육경·육식은 하나도 아니고 다름도 아니며, 실로 있음도 아니고 아주 없음도 아니다. 육근·육경·육식이 있되 있음 아님을 법의 성품[法性]이라 하고, 육근·육경·육식이 실체 없되 인연으로 있는 모습을 법의 모습[法相]이라 한다.

이렇게 보면 만가지 법의 모습은 법의 성품을 떠나지 않고, 법의 성품이 만가지 법을 머금고 있는 것이 되므로 혜능선사는 이를 함장식(含藏識)이라 한다. 함장식은 육근 육식 육경이 서로 하나도 아니고 둘도 아닌 삶의 총체성 곧 제8아라야식의 있되 있음 아닌 모습을 나타낸다면, 전식(轉識)은 세계를 지향하여 세계를 인간화하는 의식성〔意根〕을 말한다. 다시 전식이 세계를 인간화하여 인간적 활동으로 드러난 것이 바로 육식(六識)이다.

이렇게 보면 십팔계가 바로 육식, 제7식, 제8식, 함장식으로 다시 구성된 것이니, 인연으로 일어난 여러 가지 앎〔識〕이 집착과 망상으로 물들면 이것이 '식의 변계소집상〔識邊計所執相〕'이고, 인연으로 일어난 여러 가지 앎에 소외와 대립이 사라지면 이것이 '식의 원성실상〔識圓成實相〕'이다.

이를 혜능선사는 십팔계가 모두 자성으로 좇아 일어나며, 자성이 삿되면 열여덟 가지 삿됨이 일어나고 자성이 바르면 열여덟 가지 바름이 일어난다고 말한다.

움직여 씀에 삼십육대법을 말하다〔說動用三十六對法〕

"작용은 무엇을 말미암아 이루어지는가? 모습 없는 자기 성품[自性]으로 말미암아 대립된 법이 있다. 대립된 법에는 무정물인 바깥 경계에 다섯 가지 대립이 있으니, 하늘은 땅과 더불어 상대며, 해는 달과 더불어 상대며, 밝음은 어두움과 더불어 상대며, 음은 양과 더불어 상대며, 물은 불과 더불어 상대니, 이것이 다섯 가지 상대이다.

법의 모습[法相]을 밝히는 언어에 열두 가지 상대가 있으니, 말[言]은 법(法)과 더불어 상대며, 있음[有]은 없음[無]과 더불어 상대며, 빛깔 있음[有色]은 빛깔 없음[無色]과 더불어 상대며, 모습 있음[有相]은 모습 없음[無相]과 더불어 상대며, 번뇌 있음[有漏]은 번뇌 없음[無漏]과 더불어 상대며, 색(色)은 공(空)과 더불어 상대며, 움직임[動]은 고요함[靜]과 더불어 상대며, 맑음[淸]은 흐림[濁]과 더불어 상대며, 범부[凡]는 성인[聖]과 더불어 상대며, 승(僧)은 속(俗)과 더불어 상대며, 늙음[老]은 어림[少]과 더불어 상대며, 큼[大]은 작음[小]과 더불어 상대니, 이것이 열두 가지 상대이다.

또한 자신의 참성품이 작용을 일으킴에 열아홉 가지 상대가 있으니, 긴 것[長]은 짧음[短]과 더불어 상대며, 삿됨[邪]은 바름[正]과 더불어 상대며, 어리석음[癡]은 지혜로움[慧]과 더불어 상대며, 어두움[愚]은 슬기로움[智]과 더불어 상대며, 어지러움[亂]은 고요함[定]과 더불어 상대며, 사랑함[慈]은 독함[毒]과 더불어 상대며, 옳음[是]은 그름[非]과 더불어 상대며, 험난함[險]은 평탄함[平]과 더불어 상대며, 번뇌(煩惱)는 보리(菩提)와 더불어 상대며, 항상함[常]은 덧없음[無常]과 더불어 상대며, 슬피 여김[悲]은 해침[害]과 더불어 상대며, 기쁨[喜]은 성냄[瞋]과 더불어 상대며, 줌[捨]은 아낌[慳]과 더불어 상대며, 나아감[進]은 물러섬[退]과 더불어 상대며, 생겨남[生]은 없어짐[滅]과 더불어 상대며, 법신(法身)은 색신(色身)과 더불어 상대며, 화신(化身)은 보신(報身)과 더불어 상대니, 이것이 열아홉 가지 상대이다."

用由何等 由自性有 對法外境無情五對 天與地對 日與月對 明與暗對 陰與陽對 水與火對 此是五對也

法相語言十二對 語與法對 有與無對 有色與無色對 有相與無相對 有漏與無漏對 色與空對 動與靜對 淸與濁對 凡與聖對 僧與俗對 老與少對 大與小對 此是十二對也

自性起用十九對 長與短對 邪與正對 癡與慧對 愚與智對 亂與定對 慈與毒對 戒與非對 直與曲對 實與虛對 險與平對 煩惱與菩提對 常與無常對 悲與害對 喜與瞋對 捨與慳對 進與退對 生與滅對 法身與色身對 化身與報身對 此是十九對也

해 설

삶 속에 주어진 모순과 대립은 다만 없애버리고 떠나가야 할 그 무엇이
아니라 서로 의지해서 일어나는 현실의 자기모습이다. 그러므로 모순은
그것의 참모습을 올바로 깨달아 모순 속에 취하여 붙들어 줄 것이 없고
버리고 떠날 것도 없는 줄 알 때 모순과 대립의 질곡에서 벗어날 수 있다.

혜능선사는 대립을 세 가지로 구분하고 있으니, 첫째 하늘과 땅, 음과
양처럼 객관의 사물에 주어진 대립이며, 둘째 공(空)과 유(有)처럼 존재를
표현하는 범주의 대립이며, 셋째 삿됨과 바름처럼 인간의 생활 속에 나타
난 대립이다.

삶 속의 모순은 모순의 한 쪽을 실로 있는 것으로 국집함으로써 모순의
다른 쪽도 실체로서 굳어지는 것이니, 삶 속의 모순이란 그 실체성을 철저
히 부정하되 그 연기적 활동성을 창조적으로 긍정할 때 모순에서 해탈하
는 길이 있다.

예를 들면 아(我)와 무아(無我), 상(常)과 무상(無常), 있음〔有〕과 없음
〔無〕이라는 범주의 대립은 바로 총체로서의 현실 속에 있는 모순을 반영
하고 있다. 이 때 범주가 반영하고 있는 실상 그 자체에는 있음에 실로
있는 있음이 없고, 없음에 실로 없는 없음이 없다. 그러므로 모순으로 표
현된 형식논리를 그대로 실체화하는 곳에서는 중도의 바른 삶이 구현될
수 없으니 『대지도론(大智度論)』은 다음과 같이 말한다.[94]

---

94) 대지도론은 말한다 : 常是一邊 斷滅是一邊 離是二邊行中道 是爲般若波羅蜜 又復常無常 苦樂
空實 我無我等 亦如是
　色法是一邊 無色法是一邊 可見法不可見法 有對無對 有爲無爲 有漏無漏 世間出世間等諸二
法 亦如是
　復次 無明是一邊 無明盡是一邊 乃至老死是一邊 老死盡是一邊 諸法有是一邊 諸法無是一邊
離此二邊行中道 是爲般若波羅蜜
　菩薩是一邊 六波羅蜜是一邊 佛是一邊 菩提是一邊 離是二邊行中道 是爲般若波羅蜜 略說內
六情是一邊 外六塵是一邊 離是二邊行中道 是名般若波羅蜜 此般若波羅蜜是一邊
　此非般若波羅蜜是一邊 離是二邊行中道 是名般若波羅蜜

항상함〔常〕이 치우친 한 쪽이고 아주 사라짐〔斷〕이 또 한 쪽이니, 이 두 가지 치우침을 떠나 중도를 행하면 이것이 반야바라밀이다.

항상함〔常〕과 덧없음〔無常〕, 괴로움〔苦〕과 즐거움〔樂〕, 공함〔空〕과 실다움〔實〕, 아(我)와 무아(無我) 등도 또한 이와 같다.

색법이 한 쪽이고 색 없는 법이 한 쪽이며, 볼 수 있는 법과 볼 수 없는 법, 상대 있음과 상대 없음, 함이 있음과 함이 없음, 샘이 있음과 샘이 없음, 세간과 출세간 등 여러가지 두 법도 또한 이와 같다.

거듭 다시 무명이 한 쪽이고 무명의 다함이 한 쪽이며, 나아가서 늙고 죽음이 한 쪽이고 늙고 죽음의 다함이 한 쪽이며, 여러 법 있음이 한 쪽이고 여러 법 없음이 한 쪽이니, 이 두 가지 치우침을 떠나 중도를 행하면 바로 반야바라밀이다.

보살이 한 쪽이고 육바라밀이 한 쪽이며, 붇다가 한 쪽이고 보디가 한 쪽이니, 이 두 가지 치우침을 떠나 중도를 행하면 바로 반야바라밀이다.

간략히 말해 안의 육식이 한 쪽이고 밖의 육진이 한 쪽이니, 이 두 가지 치우침을 떠나 중도를 행하면 이를 반야바라밀이라 한다.

다시 이것은 반야바라밀이라 함이 한 쪽이고, 이것은 반야바라밀이 아니라 함이 한 쪽이니, 이 두 가지 치우침을 떠나 중도를 행하면 이를 반야바라밀이라 한다.

2. 조사가 마주하는 법으로 근본 종지를 보이다[師擧對法直顯本 宗]

대법을 잘 쓰는 바른 수행법[善用對法之眞修行]

조사께서 말씀을 이으셨다.

"이 서른여섯 가지 마주하는 법을 만약 잘 알아 쓰면 곧 도가 온갖 경에서 가르친 법을 꿰뚫어, 들어가고 나옴에 곧 두 가지 치우침을 여의어 자기 성품을 움직여 쓰며, 사람과 더불어 이야기함에 밖으로 모습에서 모습 여의며, 안으로 공에서 공을 여의게 될 것이다.

그러나 만약 온전히 모습에 집착하면 곧 삿된 견해를 기를 것이며, 만약 온전히 공을 집착하면 곧 무명을 기를 것이다.

공을 집착하는 사람은 경을 비방하면서 바로 문자를 쓰지 않는다 말하나, 이미 문자를 쓰지 않는다[不用文字]고 말한다면 사람들은 마땅히 말하지도 않아야 한다. 그것은 다만 이 말하는 것도 바로 문자의 모습이기 때문이다. 또 바로 문자를 세우지 않는다고 말하나[95], 이 세우지 않는다[不立]는 두 글자도 또한 문자인 것이니, 대개 이런 사람은 남이 말하는 것을 보고 곧 그를 비방하여 '문자에 집착한다'고 말한다.

너희들은 반드시 알라. 스스로 헤매이는 것은 오히려 그럴 수 있지만 또 부처님 경전까지 비방할 것인가. 반드시 경을 비방하지 말아야 하니 이러한 자는 그 죄장이 헤아릴 수 없다.

만약 밖으로 모습을 집착하여 법을 지어[作法] 참됨을 구하거나 또는

---

95) 탄허화상은 '又云直道不立文字'라는 이 구절을 '곧은 도는 문자를 세우지 않는다고 말하나' 라고 뜻을 새기고 있으나, 본서에서는 '云'이 더 첨가된 것으로 보아 '바로 문자 세우지 않는다 고 말하나'라고 본다. 곧 앞에서 '直言不用文字'라는 뜻을 다시 받아 '直道不立文字'라 함으로 본 것이다.

널리 도량을 세워 있고 없는 허물과 걱정거리를 말한다면, 이와 같은 사람은 몇 겁을 지내도 참성품을 보지 못할 것이다.

너희들은 다만 법을 듣고 법에 의지하여 수행해서, 백 가지 것 생각하지 아니하여 도의 성품에 막혀 걸림이 있게 하지 말라.

만약 바르게 설함 듣고도 닦지 아니하면 사람으로 하여금 도리어 삿된 생각을 내게 하니, 다만 법에 의지하여 수행하여 모습에 머뭄이 없이 법을 베풀라. 너희들이 만약 바로 깨쳐 이를 의지하여 말하고 이를 의지하여 쓰며, 이를 의지하여 행하고 이를 의지하여 지으면, 곧 근본 종지[本宗]를 잃지 않을 것이다.

만약 어떤 사람이 너희에게 뜻을 묻되 있음을 물으면 없음으로 대하고, 없음을 물으면 있음으로 대하며, 범부를 물으면 성인으로 대하고, 성인을 물으면 범부로 대하여 두 가지 도가 서로 원인되어 중도의 뜻을 내게 하라. 너희가 이와 같이 한번 물음에 물음 따라 한번 대하고 다른 물음에도 한결같이 이를 의지해 지으면 곧 바른 이치를 잃지 않을 것이다.

설사 어떤 사람이 있어 '무엇이 어두움이냐?'고 묻는다면 '밝음은 바로 인(因)이요, 어두움은 바로 연(緣)이니, 밝음이 없어지면 곧 어두움이다'라고 답하라. 밝음으로써 어두움을 나타내며 어두움으로써 밝음을 나타내면, 오고 감이 서로 원인 되어 중도의 뜻을 이룰 것이니, 다른 물음에 대하여도 모두 다 이와 같이 하라.

너희들이 뒤에 법을 전할 때에는 이를 의지해 번갈아 서로 가르쳐 주어 종지를 잃지 말라."

師言此三十六對法 若解用 卽道貫一切經法 出入卽離兩邊 自性動用 共人言語 外於相離相 內於空離空

若全著相 卽長邪見 若全執空 卽長無明 執空之人有謗經 直言不用文字 旣云不用文字 人亦不合語言 只此語言 便是文字之相 又云 直道不立文字 卽此不立兩字 亦是文字 見人所說 便卽謗他言著文字

汝等須知自迷猶可 又謗佛經 不要謗經 罪障無數 若著相於外 而作法求
眞 或廣立道場 說有無之過患 如是之人 累劫不可見性

但聽依法修行 又莫百物不思 而於道性窒礙 若聽說不修 令人反生邪念
但依法修行無住相法施 汝等若悟 依此說 依此用 依此行 依此作 卽不失本
宗

若有人問汝義 問有將無對 問無將有對 問凡以聖對 問聖以凡對 二道相
因 生中道義 汝一問一對 餘問一依此作 卽不失理也

設有人問 何名爲暗 答云 明是因 暗是緣 明沒則暗 以明顯暗 以暗顯明
來去相因 成中道義 餘問悉皆如此

汝等於後傳法 依此轉相教授 勿失宗旨

해 설

말〔言〕과 법(法) 곧 언어와 현실은 상대하지만, 언어는 현실을 토대로
일어나며, 현실은 언어를 통해 인간적인 활동으로 드러난다. 그러므로 언
어 그대로를 현실이라 해도 안되지만, 언어 너머에 현실이 따로 있다 해도
안된다.

경전으로 남아 있는 붇다의 가르침은 붇다가 깨친 세계의 실상이 언어
화된 것이니, 언어의 신비화도 언어 너머에 진리를 따로 전하고 따로 구하
는 입장도 붇다의 중도설에 맞지 않는다.

문자를 세우지 않는다〔不立文字〕거나 가르침 밖에 법을 따로 전한다〔敎
外別傳〕고 말한 것은 언어 문자를 신비화하거나 가르침을 형식논리로 교
조화하는 이들의 망집을 깨기 위함이다. 그러므로 혜능선사는 문자를 세
우지 않는다는 주장을 가지고 경전을 비방하는 이들이나, 언어적인 가르
침과 존재의 실상을 철저히 이원화하려는 새로운 집착을 일으키는 사람
들을 경계한다.

현실세계가 연기되므로 현실세계의 있는 모습에 실로 그렇다 할 것이
없어서 현실은 언어화되고 인간의 행위 자체로 드러나지만, 언어는 오온
으로 표시된 총체적 현실의 일부이며 의식과 존재가 서로 겹쳐지는 생활

의 장 속에서 연기된다. 그러므로 현실을 언어 밖에 실체화하거나 언어를
언어 자체로 교조화하는 것은 모두 붇다의 중도 교설에 맞지 않으니, 형식
논리에 빠져 자기주체에 돌아오지 못하는 경전 연구가나 문자〔文字般若〕
로 드러난 해탈의 행위 밖에 진리가 따로 있는 것처럼 추구하는 치우친
수행자들은 모두 반야행에서 어긋난 자들이다.

중도의 길은 언어와 현실의 연기성을 통달하여 아는 마음과 알려지는
세계에 대한 실재의식을 함께 벗어나서 마음을 마음 아닌 마음으로 세계
를 모습 아닌 모습으로 발휘해 씀에 있으니, 이를 혜능선사는 밖으로 모습
에서 모습을 벗어나며 안으로 공(空)에서 공을 여의며, 문자에 집착하지
도 않고 문자를 버리지도 않는 행이라 한다.

연기를 통달한 지혜의 눈으로 보면 모순되는 두 법의 마주함은 서로
의지해 있고 서로 다른 것을 통해서 일어난 삶의 모순이다. 그러므로 모든
법의 마주함은 마주함에 실로 마주함이 없고, 실로 마주함이 없기 때문에
이것 저것의 연기적인 마주함이 있다. 그러므로 이것 저것의 모순에 실체
적으로 머물러도 해탈의 길이 아니며, 이것 저것의 모순을 버리고 초월적
인 제3의 영역에 들어가도 모두 중도적인 삶의 실상을 실현하지 못하게
된다.

대주혜해선사(大珠慧海禪師)의 『돈오입도요문론(頓悟入道要門論)』
은 다음과 같이 중도를 말한다.96)

　　묻는다: 어떤 것이 중도입니까?
　　답한다: 중간도 없고 또한 두 가지 대립도 없는 것이 곧 중도이다.

---

96) 돈오입도요문론은 말한다 :
　問 云何是中道
　答 無中間 亦無二邊 卽中道也
　問 云何是二邊
　答 爲有彼心 有此心 卽是二邊
　問 云何名彼心此心
　答 外縛色聲 名爲彼心 內起妄念 名爲此心 若於外不染色 卽名無彼心 內不生妄念 卽名無此心
此非二邊也 心旣無二邊 中亦何有哉 得如是者 卽名中道 眞如來道

묻는다: 어떤 것이 두 가지 대립입니까?

답한다: 저기에 떨어진 마음이 있고 여기에 떨어진 마음이 있는 것이 두 가지 대립이다.

묻는다: 어떤 것이 저기에 떨어진 마음이고 여기에 떨어진 마음입니까?

답한다: 밖으로 빛깔과 소리에 묶임을 저기에 떨어진 마음이라 하고, 안으로 허망한 생각을 일으킴을 여기에 떨어진 마음이라 한다. 만약 밖으로 빛깔에 물들지 않으면 저기에 떨어진 마음이 없음이라 하고, 안으로 허망한 생각을 내지 않으면 여기에 떨어진 마음이 없음이라 말한다. 이것이 바로 두 가지 대립이 없음이니, 마음에 이미 두 가지 대립이 없다면 가운데 또한 어떻게 있겠는가. 이와 같음을 얻으면 곧 중도라 말하니, 이것이 바로 참된 여래의 도인 것이다.

삶 속에 주어진 두 가지 대립물에 실로 실체가 있다는 집착 때문에 중도라는 이름을 세웠지만, 대립이 대립 아닌 대립인 줄 알면 중도라는 이름도 세울 것이 없다. 중도는 옳음과 그름의 대립 속에서 그 대립에 머물거나 닫히지 않되, 대립을 떠남이 없이 옳음을 반성을 통해 새롭게 정립하며 그름을 비판을 통해 늘 지양함에 있다. 대홍은(大洪恩)선사는 옳음과 그름의 모순 속에 구현되는 중도를 다음과 같이 보인다.

옳거니 그르거니 어찌 그리 소란한가.
살려내고 죽이는 일 넓고 넓어 아득하네.
오는 해에 다시금 새 가지 돋으리니
어지러운 봄바람 불고 불어 쉼 없도다.

或是或非何草草　能生能殺謔悠悠
來年更有新條在　惱亂春風卒未休

선사는 갑자기 주장자를 들고 말하였다.
"어느 곳으로 갔는가?"

師驀拈起柱杖云
甚麼處去也

3. 천화에 임박하여 제자들에게 부촉하다〔臨迫遷化付囑弟子〕

제자들에게 진가동정게를 보이다〔示弟子眞假動靜偈〕

조사께서 태극 원년(1712) 임자 7월에 문인에게 명하여 신주 국은사에 가서 탑을 세우게 하시고 또한 공사를 서두르도록 하여 이듬해 늦은 여름에 낙성하였다.

7월 1일 문도대중을 모아 말씀하셨다.

"나는 8월이 되면 세간을 뜨고자 한다. 너희들은 의심이 있거든 어서 서로 물으라. 너희들을 위해 의심을 깨뜨려 너희들이 헤매임을 다하도록 하겠다. 만약 내가 떠난 뒤에는 너희들을 가르칠 사람이 없을 것이다."

법해 등이 듣고 모두가 눈물을 흘리며 울었는데, 오직 신회만이 뜻을 움직이지 않고 또한 울지도 않았다. 조사께서는 말씀하셨다.

"신회 어린 사미가 도리어 좋음과 궂음이 평등하여 헐뜯음과 기림에 움직이지 않으며 슬픔이나 기쁨이 나지 않음을 얻었고, 나머지는 모두 그렇지 못하다.

몇 년이나 산에 있으면서 마침내 무슨 도를 닦았는가! 너희들이 이제 슬피 우는 것은 누구를 걱정해서 그러느냐. 만약 내가 가는 곳을 알지 못해 근심한다면 나는 스스로 갈 곳을 안다. 내가 만약 갈 곳을 알지 못한다면 끝내 미리 너희들에게 알리지 않았을 것이다.

너희들이 슬퍼함은 대개 내가 가는 곳을 알지 못하기 때문이니, 만약 가는 곳을 안다면 슬피 울 필요가 없다.

법의 성품[法性]은 본래 나고 사라짐과 오고 감이 없으니 너희들은 다 앉아라. 내 너희들에게 한 게송을 주겠으니 '참됨과 거짓, 움직임과 고요함의 뜻을 보인 노래[眞假動靜偈]'라 한다. 너희들이 이 게송을 외우면 나와 뜻이 같아질 것이니, 여기 의지해 수행하면 종지를 잃지 않을 것이다."

모든 대중이 다 일어나 절을 하고 조사께 게송 설해주기를 청하였다.
게송은 이렇다.

> 온갖 것에 참됨이란 있지 않으니
> 그러므로 참됨을 보려고 말라.
> 만약 참된 것을 보려고 한다면
> 이와 같이 봄이 다 참됨 아니네.
> 만약 스스로 참됨이 있을 수 있다면
> 거짓 여읨 곧 마음의 참됨이 되니
> 제 마음이 거짓을 여의지 않으면
> 참됨 없거니 어디서 참됨 찾으랴.
> 유정은 곧 움직임을 알고 있지만
> 무정물은 곧 움직이지 않나니
> 움직이지 않는 행을 만약 닦으면
> 무정물의 움직이지 않음 같으리.
> 만약 참으로 움직이지 않음 찾으면
> 움직임 위 움직이지 않음 있나니
> 가만히 움직이지 않음이 바로
> 움직이지 않는 선이라고 한다면
> 무정물은 부처의 씨앗이 없네.
> 참으로 움직이지 않음이란 곧
> 능히 모든 모습을 잘 분별하되
> 제일의에 움직이지 않는 것이니
> 다만 이와 같이 바른 견해 지으면
> 이것이 곧 진여의 작용이 되리.

도 배우는 여러 사람들께 이르니
힘을 써 모름지기 뜻에 새기어
넓고 곧은 대승의 문 가운데서
나고 죽는 지혜 도리어 집착 말라.
말 아래 만약 바로 서로 응하면
함께 부처님의 뜻 논하겠지만
만약 실로 서로 응하지 못한다면
두 손 모아 이 법문에 환희케 하라.

이 종에는 본래로 다툼 없으니
다툰다면 도의 뜻 잃을 것이며
거스름을 집착해 법문 다투면
자기 성품 나고 죽음 속에 들리라.

이 때에 문도대중이 게송 말씀하심을 듣고 나서는 모두 절하고, 아울러 조사의 뜻을 체달하여 각각 마음을 거두어 법을 의지해 수행하고 다시는 감히 다투지 아니하였다.

師於太極元年壬子 延和七月 命門人 往新州國恩寺建塔 仍令促工 次年夏末落成

七月一日 集徒衆曰 吾至八月 欲離世間 汝等有疑 早須相問 爲汝破疑 令汝迷盡 吾若去後 無人敎汝

法海等聞 悉皆涕泣 惟有神會 神情不動 亦無涕泣

師云 神會小師 却得善不善等 毁譽不動 哀樂不生 餘者不得 數年山中 竟修何道 汝今悲泣 爲憂阿誰 若憂吾不知去處 吾自知去處 若吾不知去處 終不預報於汝 汝等悲泣 蓋爲不知吾去處 若知吾去處 卽不合悲泣

法性本無生滅去來 汝等盡坐 吾與汝說一偈 名曰眞假動靜偈 汝等誦取此偈 與吾意同 依此修行 不失宗旨

衆僧作禮 請師作偈 偈曰

一切無有眞　不以見於眞
若見於眞者　是見盡非眞
若能自有眞　離假卽心眞
自心不離假　無眞何處眞

有情卽解動　無情卽不動
若修不動行　同無情不動
若覓眞不動　動上有不動
不動是不動　無情無佛種
能善分別相　第一義不動
但作如此見　卽是眞如用

報諸學道人　努力須用意
莫於大乘門　却執生死智
若言下相應　卽共論佛義
若實不相應　合掌令歡喜

此宗本無諍　諍卽失道意
執逆諍法門　自性入生死

時徒衆聞說偈已 普皆作禮 並體師意 各各攝心 依法修行 更不敢諍

해 설

　신주(新州) 국은사(國恩寺)는 혜능선사의 고향 옛집을 고쳐 절로 삼은
곳이니, 이곳에 탑을 세운 뒤 선사는 국은사에 돌아와 임종을 준비한다.
그 곳에서 여러 문인을 모아놓고 입적의 때를 알리니, 모두 슬피 울었으나
신회만 눈물 짓지 않으므로 선사는 신회 사미야말로 바깥 경계에 움직이
지 않는 크나큰 삼매를 얻은 이로 찬탄한다.
　마지막 부촉한 진가동정게(眞假動靜偈)는 진제와 속제가 둘 아닌 중도

와 움직임을 떠나지 않고 늘 고요한 참된 선정을 가르친다. 진제는 모습 있는 속제 너머에 따로 있는 실재가 아니라, 연기된 속제의 모습을 실로 있는 것, 참으로 있는 것으로 보는 망집을 깨기 위해 속제가 실로 있음 아닌 것을 진제라 이름 붙였다. 그러므로 인연으로 일어난 모든 것에 실로 있음을 보지 않는 자는 속제를 떠나지 않고 진제를 보는 것이니, 이를 게송은 '모든 것에 참됨이 있다는 마음 속의 거짓을 떠나는 것이 바로 참됨〔離假卽心眞〕'이라고 가르친다.

그처럼 선의 참된 고요함도 시끄러움과 움직임을 떠나 따로 얻는 고요함이 아니라, 움직이는 존재의 모습이 곧 움직임 아님을 통달하여 움직임 위에서 움직이지 않음을 구현하는 것이다.

이처럼 움직임을 떠나지 않고 움직이지 않음을 구현할 때만, 움직이지 않을 때에는 움직이지 않음에도 머물지 않고 삶의 역동성을 견지해갈 수 있다. 혜능선사는 움직임에서 움직임 떠나는 참된 선을 '모든 모습을 잘 분별하되 제일의에 움직이지 않음(能善分別相 第一義不動)'이라고 말한다. 또한 『유마경』은 이처럼 함이 있음〔有爲〕을 없애지 않고 함이 없음〔無爲〕이 되므로 함이 없음과 함이 있음이 둘이 아닌 묘한 행〔妙行〕을 '함이 있음을 다하지도 않고 함이 없음에도 머물지 않음〔不盡有爲 不住無爲〕'이라 가르친다.97)

옷과 바루를 전하지 않고 법에 의지하도록 가르치시다〔不傳衣鉢 教人依法〕

97) 유마경 보살행품에 말한다 : 부처님이 여러 보살에게 말씀하셨다. 다하고 다함없는 해탈의 법문이 있으니 그대들은 마땅히 배우라. 어떤 것이 다함인가. 곧 함이 있는 법이다. 무엇을 다함 없음이라 하는가. 함이 없는 법이다. 보살이라면 함이 있음을 다하지 않고 함이 없음에 머물지 않는다.

佛告諸菩薩 有盡無盡解脫法門 汝等當學 何謂爲盡 謂有爲法 何謂無盡 謂無爲法 如菩薩者 不盡有爲 不住無有

이에 대사께서 오래 세상에 머무시지 않음을 알고 법해(法海) 상좌가 앞으로 나와 다시 절하고 여쭈었다.

"화상께서 열반에 드신 뒤 마땅히 가사와 법을 누구에게 부치시렵니까?"

조사께서 말씀하셨다.

"내가 대범사에서 법을 설해 지금에 이르기까지 그 동안의 법문을 뽑아 기록한 것이 세상에 흘러 다녀서 『법보단경』이라 하고 있다. 너희들은 이것을 보살펴 지키고 번갈아 서로 전해주어 널리 모든 중생을 제도하라. 다만 이에 의지하여 설하면 바른 법이라 할 것이다.

이제 너희들을 위해 법을 설하고 가사를 부치지 않는다. 대개 이것은 너희가 이미 믿음의 뿌리가 무르익어서 결정코 의심이 없어 큰 일을 맡을 만하기 때문이다. 그러나 선조 달마대사께서 부쳐주신 게송의 뜻에 의한다 해도 가사는 마땅히 전하지 않아야 한다. 게는 이렇다."

> 내가 본래 이 땅에 오게 된 것은
> 법을 전해 미한 중생 구하기 위함
> 한 꽃에 다섯 잎이 활짝 열리니
> 열매 맺음 스스로 이루어지리.

乃知大師不久住世 法海上座 再拜問曰

和尙入滅之後 衣法當付何人

師曰 吾於大梵寺說法 以至於今 鈔錄流行 目曰法寶壇經 汝等守護 遞相傳授 度諸群生 但衣此說 是名正法 今爲汝等說法 不付其衣 蓋爲汝等信根淳熟 決定無疑 堪任大事

然據先祖達摩大師 付授偈意 衣不合傳 偈曰

> 吾本來茲土　傳法救迷情
> 一華開五葉　結果自然成

해 설

법해선사가 가사와 법의 부촉을 물으니, 조사는 다만 법에 의지할 뿐 가사를 전하지 말도록 당부한다.

그리고 '한 꽃에 다섯 잎이 활짝 열리니 열매 맺음 스스로 이루어지리 (一華開五葉 結果自然成)'란 달마선사의 말씀을 육조 이후로는 가사와 바루를 더 이상 전하지 말라는 부촉으로 전한다.

달마선사의 게송에서 앞의 두 구절은 달마선사가 불심종을 전해 중생을 구하기 위한 원력으로 중국에 들어온 것을 뜻한다면, 뒤의 두 구절에서 달마선사 자신은 한 꽃[一華]이고 다섯 잎은 달마를 이어 법을 받은 혜가, 승찬, 도신, 홍인, 혜능을 뜻하며, 결과가 절로 이루어진다는 것은 선종이 크게 일어난다는 뜻이다.

보통 다섯 잎을 육조 이후 선의 다섯 갈래 분파인 임제(臨濟), 조동(曹洞), 위앙(潙仰), 운문(雲門), 법안(法眼)의 오종(五宗)으로 해석하기도 하나, 육조 이후 가사를 전하지 말라는 뜻과 부합되지 않으므로 달마 밑의 오조(五祖)로 보는 것이 옳은 것이다.

그러나 한 꽃에 다섯 잎이 벌어진다는 뜻은 한 조사 밑에 다섯 조사가 이어 출현한다는 뜻만은 아닌 것이니, 꽃과 열매의 비유로 보인 조사의 송은 헛되지 않은 진리의 씨앗을 뿌리므로 반드시 꽃이 피니 그 결과가 허망하지 않으리라는 뜻을 머금고 있다. 그렇다면 그 말씀은 보디의 씨앗을 중생의 마음밭에 뿌림에 반드시 깨달음의 열매가 있고, 법의 등불을 중생 세간에 켬에 미혹의 세상이 등불 따라 밝아진다는 뜻인가.

『오등회원(五燈會元)』권10에는 다음과 같은 천태덕소선사(天台德韶禪師)의 법문이 실려 있다.[98]

어떤 승려가 덕소선사께 물었다.

---

98) 오등회원(五燈會元)권10에 말한다 : 問 一華開五葉 結果自然成 如何是一華開五葉 師曰 日出月明
日 如何是結果自然成 師曰 天地皎然

"한 꽃에 다섯 잎이 활짝 열리니 열매 맺음 스스로 이루어지리라 했으니, 어떤 것이 한 꽃에 다섯 잎이 활짝 열린 뜻입니까?"

대사가 말했다.

"해가 솟고 달이 밝음이다."

"어떤 것이 열매 맺음 스스로 이루어진다는 뜻입니까?"

대사가 말했다.

"하늘과 땅이 환해졌다."

일행삼매와 일상삼매를 말씀하고 전법게를 보이다〔一行三昧 一相三昧〕

대사께서 다시 말씀하셨다.

"여러 선지식이여 너희들은 각각 마음을 깨끗이 하여 나의 설법 들으라. 만약 일체종지를 성취하고자 한다면 반드시 일상삼매(一相三昧)와 일행삼매(一行三昧)를 통달하여야 한다.

만약 온갖 곳에서 모습에 머물지 않고, 또한 저 모습 가운데에서 미워하고 사랑하는 생각을 내지 않고 또한 취하고 버림이 없으며, 이익됨을 따지거나 이루어짐과 허물어짐 등의 일을 생각하지 아니하여 한가하고 고요하며 비어 통해 맑으면 이것을 일상삼매라 한다.

만약 온갖 곳에서 가고 머물고 앉고 누움에, 깨끗하고 한결같이 곧은 마음으로 도량을 움직이지 않고 참으로 정토를 이루면 이것을 일행삼매라 한다.

만약 어떤 사람이 위의 두 가지 삼매를 갖추면 마치 땅에 씨앗이 있으면 땅이 머금어 기르고 키워 그 열매를 이루는 것과 같이 일상삼매와 일행삼매도 또한 이와 같다.

내가 이제 법을 설하는 것은 마치 때 맞춘 비가 널리 큰 땅을 적셔주는 것과 같고, 너희의 불성은 비유하면 여러 씨앗이 빗물이 흠뻑 적셔줌을 만나 모두 피어나는 것과 같다. 그러므로 나의 뜻을 이어받는 자는 반드시 깨달음을 얻을 것이며, 나의 행에 의지하는 자는 반드시 묘한 해탈의 성과를 얻을 것이다. 내 게송을 들으라."

> 마음 땅이 모든 씨앗 머금었으니
> 널리 비가 내림에 모두 싹트리.
> 단박 깨쳐 꽃과 뜻이 다하면
> 보리의 묘한 열매 절로 이루리.

대사께서는 게송을 설하시고 나서 다시 말씀하셨다.

"그 법은 둘이 없으니 그 마음 또한 그러하며, 그 도는 깨끗하여 모든 모습 또한 없으니, 너희들은 부디 고요함을 살피거나 그 마음을 비우려고 하지 말라.

이 마음은 본래 깨끗하여 취하거나 버릴 수 없으니, 각각 스스로 노력하여 인연 따라 잘 가거라."

이 때 문도대중이 절하고 물러났다.

師復曰 諸善知識 汝等各各淨心 聽吾說法 若欲成就種智 須達一相三昧 一行三昧 若於一切處而不住相 於彼相中不生憎愛 亦無取捨 不念利益成壞 等事 安閒恬靜 虛融澹泊 此名一相三昧

若於一切處 行住坐臥 純一直心 不動道場 眞成淨土 此名一行三昧

若人具二三昧 如地有種 含藏長養 成熟其實 一相一行 亦復如是

我今說法 猶如時雨 普潤大地 汝等佛性 譬諸種子 遇茲霑洽 悉皆發生 承 吾旨者 決獲菩提 依吾行者 定證妙果 聽吾偈曰

> 心地含諸種 普雨悉皆萌
> 頓悟華情已 菩提果自成

師說偈已 曰 其法無二 其心亦然 其道淸淨 亦無諸相 汝等愼勿觀靜 及空 其心 此心本淨 無可取捨 各自努力 隨緣好去

爾時徒衆作禮而退

해 설

일체지(一切智)가 공(空)을 통달하여 존재의 있는 모습에 막히지 않는 지혜라면, 도종지(道種智)는 공도 공함을 통달하여 모습 없음에 머뭄 없이 존재의 새로운 변화에 옳게 대응하는 지혜이다. 일체종지(一切種智)는 일체지가 도종지가 되고 도종지 안에 일체지가 있어서 있음과 없음에 모두 치우침 없는 중도의 지혜〔中道智〕, 붇다의 지혜를 말한다.

『마하지관』은 붇다의 일체종지를 다음과 같이 말한다.99)

　　붇다의 지혜가 공제를 비춤이 이승의 보는 바와 같으니 이를 일체지라 한다. 붇다의 지혜가 가제를 비춤이 보살의 보는 바와 같으니 이를 도종지라 한다. 붇다의 지혜는 공·가·중 삼제를 비추어 실상을 모두 보니 이를 일체종지라 한다. 그러므로 세 가지 지혜를 한마음 가운데서 얻는다고 말한다.

혜능선사는 현재의 삶 속에서 붇다의 지혜인 일체종지를 이루려면 일상삼매(一相三昧)와 일행삼매(一行三昧)를 실천하라 가르치고, 일상삼매와 일행삼매의 실천은 마치 땅이 씨앗을 머금어 길러 열매를 맺듯 끝내 지혜의 열매를 맺게 된다고 말한다.

오직 '한 행인 삼매〔一行三昧〕'는 천태의 네 가지 삼매로 보면 늘 앉아 있는 삼매〔常坐三昧〕이고, 오직 '한 모습인 삼매〔一相三昧〕'는 늘 행하는 삼매〔常行三昧〕이다. 여기서 하나인 행〔一行〕의 역동성은 늘 앉음〔常坐〕으로 표현되고, 하나인 모습〔一相〕의 고요함은 늘 행함〔常行〕으로 표현되고 있으니, 일행삼매와 일상삼매는 바로 움직임과 고요함, 늘 행함과 늘 앉아 있음이 둘 아닌 최상승선을 나타낸다고 볼 수 있다.

---

99) 『마하지관』에 말한다 : 佛智照空 如二乘所見名一切智 佛智照假 如菩薩所見名道種智 佛智照空假中 皆見實相名一切種智 故言三智一心中得

게송 가운데 '마음땅이 모든 씨앗 머금었다'고 한 첫째 구절은 중생의
삶의 터전 곧 여래장의 땅에 모든 공덕의 씨앗과 깨달음의 씨앗이 갖추어
져 있음[性具]을 뜻하며, '널리 비가 내림에 모두 싹 튼다'고 한 둘째 구절
은 여래장에 갖춰진 깨달음의 씨앗이 안으로 주체의 보리심을 요인으로
하고, 밖으로 선지식의 가르침을 돕는 조건으로 하여 싹이 터 나옴을 뜻한
다.

그러면 게송의 뒷부분을 이루는 '단박 깨쳐 꽃과 뜻이 다하면 보리의
열매 절로 이룬다'고 한 뜻은 무엇일까? 지금 피어난 한 송이 꽃을 살펴보
면, 꽃씨를 뿌리는 사람의 뜻과 바깥 여건이 어울려 꽃이 피고, 다시 꽃이
요인이 되어 열매가 맺지만, 꽃이 져야 열매를 맺게 된다. 곧 열매 맺음은
뜻과 꽃이 있어야 하지만, 맺힌 열매에는 뜻도 없고 꽃도 없다. 그렇듯이
깨달음은 주체의 발심과 선지식의 가르침 수행이 있어야 이루어지지만,
참된 깨달음의 땅에는 끊어야 할 번뇌의 모습도 없고 닦는 수행도 없고
얻는 바 깨달음도 없는 것이니, 그것을 게송은 뜻과 꽃이 다할 때 보리의
열매 이루어진다고 말한다.

이에 담주심(潭州尋) 화상은 '단박 깨쳐 꽃과 뜻이 다한다[頓悟華悟已]'
는 구절을 '소리와 빛깔이 끝 없으니 반야 또한 끝없다(聲色無邊 般若無
邊)'고 주석하니, 이는 방편 인연으로 깨달음이 구현되지만, 깨친 반야에
는 방편 인연이 철저히 공하다'는 뜻인가.

장산원(蔣山元)선사는 육조선사가 부촉한 위 게송을 들어보이고 이렇
게 말한다.

> 지금 백 가지 꽃 모두 다 피었으니
> 어느 것이 열매를 맺을 수 있을까.
>
> 잠자코 말없이 있다 말하였다.
>
> 하늘 땅은 일찍이 힘을 썼으니
> 바람과 비 까닭없게 하지 말아라.

如今百花盡放　那箇堪結果

良久云
乾坤曾着力　風雨莫無端

신주에 돌아가시면서 정법안장을 전해 부치다〔欲歸新州傳付法藏〕

대사께서 7월 8일에 홀연히 문인에게 이르셨다.

"나는 신주로 돌아가려 한다. 너희들은 어서 배와 돛대를 준비하라."

이에 대중이 슬퍼하며 굳게 만류하니 다시 말씀하셨다.

"모든 부처님도 세간에 출현하시면 오히려 열반을 보이시는 것이다. 옴이 있으면 반드시 가는 것은 이치가 또한 늘 그러하니, 나의 이 몸도 돌아감에 반드시 곳이 있다."

대중이 여쭈었다.

"스님께서 이제 가신다면 언제 다시 돌아오십니까?"

"잎이 떨어져 뿌리로 돌아가니 올 때는 입이 없다."

또 물었다.

"정법안장(正法眼藏)은 누구에게 부치십니까?"

조사께서 말씀하셨다.

"도 있는 자가 얻고, 마음 없는 자가 통한다."

"나중에 어려움이 없겠습니까?"

"내가 입멸한 뒤 오륙년이 되면 한 사람이 와서 내 머리를 가져 갈 것이니, 내 예언을 들어 둬라."

　　머리 위로 어버이를 받들고
　　입 속에 먹을거리를 구하네.
　　만의 난을 만나게 될 때에

버드나무가 관리 되리라.

또 말씀하셨다.

"내가 간 지 70년이 되면 두 보살이 동방에서 올 것이니, 한 사람은 출가
인이고 다른 한 사람은 재가인이다. 한때 교화를 일으켜 나의 종을 건립하
고 가람을 지으며 법의 이어감을 번성케 할 것이다."

大師七月八日 忽謂門人曰 吾欲歸新州 汝等速理舟楫 大衆哀留甚堅

師曰 諸佛出現 猶示涅槃 有來必去 理亦常然 吾此形骸 歸必有所 衆曰
師從此去 早晩可回 師曰 葉落歸根 來時無口

又問曰 正法眼藏 傳付何人 師曰 有道者得 無心者通

又問後莫有難否 師曰 吾滅後五六年 當有一人來取吾首 聽吾記曰

　　頭上養親 口裏須餐
　　遇滿之難 楊柳爲官

又云 吾去七十年 有二菩薩 從東方來 一出家 一在家 同時興化 建立吾宗
締緝伽藍 昌隆法嗣

해 설

조사께서 입적의 때가 되어 고향 신주로 돌아가려 하자 대중이 다시
돌아오실 때를 물음에 조사는 '잎이 떨어져 뿌리에 돌아감에 올 때는 입이
없다'고 답변한다.

조사가 자신의 몸을 받은 신주로 돌아가는 것은 마치 잎이 떨어져 뿌리
에 돌아가는 것과 같다. 그런데 이 신주 땅에서 몸을 받을 때 좋아 온 곳이
없으니 가는 곳 또한 자취 없으며, 가는 곳에 붙잡아줄 것이 없음에 다시
올 때에도 오는 인연의 모습에 모습이 없다. 그래서 조사는 올 때에 입이
없다고 말하니, 이것은 말로써 이루 말해야 할 법의 실체가 없음〔無法可
說〕을 뜻한다.

이것을 법운수(法雲秀)선사는 '다만 올 때 입이 없을 뿐 아니라 갈 때에
도 콧구멍이 없다(非但來時無口 去時亦無鼻孔)'고 말하며, 법진일(法眞
一)선사는 이렇게 노래한다.

> 오온산 머리가 온통 다 공적하니
> 올 때 입 없고 갈 때 자취 없어라.
> 잎이 져 뿌리로 가는 뜻 알려 하면
> 맨 끝에서야 이 종지 통달하리라.
>
> 五蘊山頭一段空　來時無口去無蹤
> 要明葉落歸根旨　末後方能達此宗

그렇다면 이 종지 통달하게 되는 남이 없는〔無生〕맨 끝 자리는 어디인
가. 물결에 아득히 안개 내리고 먼 마을 뱃노래 흘러가는 지금 이 자리인
가. 송원(松源)선사는 다음과 같이 노래한다.

> 구름 열리니 하늘은 스스로 넓고
> 잎이 지면 곧 뿌리에 돌아감이네.
> 안개 낀 물결 속에 머리 돌리니
> 뱃노래는 먼 마을 지나가도다.
>
> 雲開空自濶　葉落卽歸根
> 廻首煙波裡　漁歌過遠村

혜능조사는 위와 같이 갈 때 자취 없으므로 올 때 입 없음을 말씀한
뒤, 정법안장의 부촉에 대해서는 생활 속에 바른 실천이 늘 있어〔有道〕
마음에 마음 없음〔於心無心〕을 통달한 자가 정법안장(正法眼藏)을 쓰는
자라고 가르친다.

그리고 입멸한 지 5~6년이 지나 조사의 머리를 베어가는 난(難)이 있
을 것을 예언한다. 예언처럼 개원(開元) 8월 3일 한밤중에 김대비(金大悲)

라는 신라 사람의 돈을 받은 장정만(張淨滿)이 탑에 모신 조사의 목을 베어가려다 도망친 사고가 일어났다.

게송 가운데 '머리 위로 어버이를 받든다'는 첫 구절은 김대비가 조사의 목을 가져다 공양하려는 뜻이 어버이를 섬김과 같다는 뜻이며, '입 속에 먹을거리를 구한다'는 둘째 구절은 장정만이 먹고 살 걱정거리 때문에 김대비로부터 2만냥을 받고 조사의 목을 베려 함을 나타낸다.

'만의 난을 만나게 될 때에 버들이 관리 되리라'는 셋째 넷째 구절은 장정만의 난이 일어날 때 양간(楊侃)이 현령이고 유무첨(柳無忝)이 자사임을 나타낸다.

그리고 다시 혜능선사는 동방에서 두 보살이 와 나의 종지를 건립할 것이라 말하고, 두 보살 중 한 사람은 출가보살이고 또 한 사람은 재가보살일 것이라고 한다. 그런데 이 두 보살에 대해서 어떤 이는 마조도일(馬祖道一)선사와 방온(龐蘊)거사라고 하고, 어떤 이는 황벽(黃檗)선사와 배휴(裴休)라고도 하며, 우리나라에서는 혜능선사의 법을 받아 이어온 이래로 동방에서 온 두 보살을 진감(眞鑑)선사와 최치원(崔致遠)이라고 한다.

삼십삼조사를 말하고 넓혀 이어가길 부촉하다〔說三十三祖付囑紹隆〕

대중이 여쭈었다.

"위로부터 부처님과 조사께서 이 세간에 응해 나오신 이래 몇 대를 전해주었는지 알지 못합니다. 원컨대 열어 보여주십시오."

조사께서 말씀하셨다.

"옛 부처님께서 세간에 응하신 것은 이미 수없이 많아 이루 헤아릴 수 없다. 이제 일곱 부처님을 처음을 삼아 말한다면, 과거 장엄겁에는 비바시불과 시기불, 비사부불이 계셨으며, 지금 현겁에는 구류손불과 구나함모니불, 가섭불, 석가모니불이 계셔 일곱 부처님이 된다.

석가모니불이 처음 마하가섭존자에게 전하니,

두번째는 아난존자요,
세번째는 상나화수존자요,
네번째는 우바국타존자요,
다섯번째는 제다가존자요,
여섯번째는 미차가존자요,
일곱번째는 바수밀타존자요,
여덟번째는 불타난제존자요,
아홉번째는 복타밀다존자요,
열번째는 협존자요,
열한번째는 부나야사존자요,
열두번째는 마명대사요,
열세번째는 가비마라존자요,
열네번째는 용수대사요,
열다섯번째는 가나제바존자요,
열여섯번째는 라후라다존자요,
열일곱번째는 승가난제존자요,
열여덟번째는 가야사다존자요,
열아홉번째는 구마라다존자요,
스무번째는 사야다존자요,
스물한번째는 바수반두존자요,
스물두번째는 마나라존자요,
스물세번째는 학륵나존자요,
스물네번째는 사자존자요,
스물다섯번째는 바사사다존자요,
스물여섯번째는 불여밀다존자요,
스물일곱번째는 반야다라존자요,

스물여덟번째는 보리달마존자이시니 이 땅의 초조이시다.

스물아홉번째는 혜가대사요,

서른번째는 승찬대사요,

서른한번째는 도신대사요,

서른두번째는 홍인대사니,

혜능은 바로 서른세번째 조사가 된다.

위로부터 모든 조사가 각각 이어받으심이 있으니 너희들도 뒤에 번갈아 흘러 전하여 어기거나 그르침이 없게 하라."

問曰 未知從上佛祖應現已來 傳授幾代 願垂開示

師云 古佛應世 已無數量 不可計也 今以七佛爲始 過去莊嚴劫 毘婆尸佛 尸棄佛 毘舍浮佛 今賢劫拘留孫佛 拘那含牟尼佛 迦葉佛

釋迦文佛 是爲七佛 釋迦文佛首傳摩訶迦葉尊者 第二 阿難尊者 第三 商那和修尊者 第四 優婆鞠多尊者 第五 提多迦尊者 第六 彌遮迦尊者 第七 婆須蜜多尊者 第八 佛馱難提尊者 第九 伏馱蜜多尊者 第十 脇尊者 十一 富那夜奢尊者 十二 馬鳴大士 十三 迦毘摩羅尊者 十四 龍樹大士 十五 迦那提婆尊者 十六 羅睺羅多尊者 十七 僧伽難提尊者 十八 伽耶舍多尊者 十九 鳩摩羅多尊者 二十 闍耶多尊者 二十一 婆修盤頭尊者 二十二 摩拏羅尊者 二十三 鶴勒那尊者 二十四 師子尊者 二十五 婆舍斯多尊者 二十六 不如蜜多尊者 二十七 般若多羅尊者 二十八 菩提達摩尊者 二十九 慧可大師 三十 僧璨大師 三十一 道信大師 三十二 弘忍大師 惠能是爲三十三祖

從上諸祖 各有稟承 汝等向後 遞代流傳 毋令乖誤

해 설

(1) 중국불교의 부법상승(付法相承)

스승이 제자에게 법을 부쳐서 스승과 제자가 서로 이어받아 왔다는 부법상승(付法相承)설은 중국불교의 주요한 특징 가운데 하나이다. 본 단에서처럼 인도에서 28조가 상승했고 인도 28조인 달마대사가 중국의 초조가 되어 육대를 이어 가사와 바루를 전해 법이 상승되어 왔다는 것은 돈황본 『단경』과 『하택어록』 등에서 주장되고 나중 『보림전(寶林傳)』에서 확정하여 선가의 정설(定說)이 되어왔다.

그러나 부법상승은 다만 선가만의 고유한 주장이 아니라 삼론종(三論宗)은 승랑(僧朗) - 승전(僧詮) - 길장(吉藏)으로 상승을 주장하며, 화엄종(華嚴宗)은 두순(杜順) - 지엄(智儼) - 현수(賢首) - 징관(澄觀) - 규봉(圭峯)으로의 상승을 말하고 있으니, 이는 종법(宗法)의 확립과 도통(道統)의 계승을 강조하는 중국인의 사유방식과 중국사회의 흐름이 불교에 깊이 반영된 것이라 할 수 있다.

중국 종파 안에 여러 가지 형태의 전승설과 부법상승설이 있지만, 불심인(佛心印)의 상승에 대해서 천태선의 법계와 달마선의 법계가 크게 대별된다. 곧 달마선에서는 인도 28조인 달마선사가 중국에 들어와 초조가 되어 이조 혜가 - 삼조 승찬 - 사조 도신 - 오조 홍인 - 육조 혜능으로 법의 등불이 전해졌다고 주장한다. 이에 비해 천태선에서는 인도에서 24조 사자존자까지의 전승은 붇다가 직접 말씀으로 상승을 예언한 계보[金口相承]이며, 북제 혜문선사가 용수의 『대지도론』과 『중론』에서 깨쳐 혜사(慧思) - 천태(天台) - 관정(灌頂) - 지위(智威) - 혜위(慧威) - 현랑(玄朗)으로 전한 법의 상승은 중국에서 살아 있는 스승과 제자끼리의 상승〔今師相承〕이라고 주장한다.

이화(李華)가 쓴 천태종 좌계현랑선사(左溪玄朗禪師)의 비문은 다음과 같이 혜능선사 당시 천태, 달마 양종에서의 부법상승의 계보를 밝혀주고 있다.[100]

---

100) 좌계현랑선사 비문은 밝힌다 : 如來諸大弟子 皆菩薩僧 大迦葉之頭陀 舍利弗之智慧 羅睺羅之密行 須菩提之解空 由此四者 皆最上乘 同趣異名 分流合體 舍利弗先佛滅度 佛以心法 付大迦葉 此後相承 凡二十九世 至梁魏間 有菩薩僧 菩提達摩禪師 傳楞伽法 八世至東京聖善寺宏正禪師 今北宗是也
又達摩六世 至大通禪師 大通又授大智禪師 降及長安山北寺融禪師 蓋北宗之一源也 又達摩五世 至璨禪師 璨又授能禪師 今南宗是也 又達摩四世 至信禪師 信又授融禪師 住牛頭山 今徑山禪師承其後也

여래의 여러 큰 제자들은 모두 보살승이다. 마하가섭의 두타, 사리불의 지혜, 라훌라의 밀행, 수보리의 해공, 이 네 분이 모두 최상승이므로 같이 나아가되 이름을 달리하고, 흐름을 나누되 진리의 바탕에 함께 합한다.

사리불이 부처님보다 먼저 입적하여 부처님이 마음의 법을 마하가섭에게 부치시니, 이 뒤로 서로 이어감이 무릇 29세였다. 양위(梁魏) 사이에 이르러 보살승이신 보리달마선사(菩提達摩禪師)가 있어서 능가법(楞伽法)을 전하여 8세에 동경 성선사의 굉정선사에 이르니 지금의 북종(北宗)이 이것이다.

또 달마 6세로 대통선사에 이르고 대통선사가 대지선사에게 전해주고 장안산 북사의 융선사에게 내려 미치니, 모두 북종의 한 근원이다.

또 달마 5세로 찬선사에게 이르고 찬선사가 또 능선사에게 전해주니 지금의 남종(南宗)이 이것이다.

또 달마 4세로 신선사에게 이르고 신선사가 융선사에게 전하니, 융선사는 우두산(牛頭山)에 머물렀다. 지금 경산선사가 그 뒤를 이었다.

양진(梁陳) 사이에 이르러 혜문선사가 있어서 용수의 법을 배워 혜사대사에게 전하니 남악조사(南嶽祖師)가 이 분이다. 혜사는 지자대사에게 전하니 천태법문(天台法門)이 이것이다. 지자는 관정대사에게 전하고 관정은 진운 위대사에게 전하고, 진운은 곧 동양 위대사에게 전하니 좌계의 법문이 이것이다.

또 굉경선사가 천태법을 얻어 형주 당양 옥천사에 살며 진선사에게 전하니, 세속에서 난야화상이라 부르는 이가 바로 이 분이다.

위 비문은 달마로부터 굉정선사(宏正禪師)에 이르는 북종(北宗)의 한 파와 홍인(弘忍) - 대통신수(大通神秀) - 대지의복(大智義福) - 융선사(融禪師)로 이어지는 북종의 또 한 파, 승찬(僧璨) - 도신(道信) - 홍인(弘忍) - 혜능(慧能)으로 이어지는 남종(南宗), 도신(道信) - 법융(法融) -

---

至梁陳間 有慧聞禪師學龍樹法 授惠思大師 南嶽祖師是也 思傳智者大師天台法門是也 智者傳灌頂大師 灌頂傳搐雲威大師 搐雲傳東陽威大師 左溪是也 又宏景禪師得天台法 居荊州當陽 傳眞禪師 俗謂蘭若和尙是也

경산(徑山)으로 이어지는 우두종을 달마선종(達摩禪宗)의 법계로 서술한다. 그리고 천태선문(天台禪門)에 대해서는 혜문(慧文) - 혜사(慧思) - 지의(智顗) - 관정(灌頂) - 지위(智威) - 혜위(慧威) - 좌계(左溪)로 이어지는 한 파와 지의(智顗) - 홍경(弘景) - 진선사(眞禪師)로 이어지는 옥천천태의 계보 이 두 파를 말한다.

위 기록을 보면 좌계현랑 당대에는 33조사로 대변되는 남종선의 법통이 선의 정통성을 독점적으로 주장하지 못하고, 천태선과 달마선, 달마문하에 우두종과 동산 법문, 동산 법문에 남종과 북종이 각기 불심인의 정통을 표방하던 때였다.

그러다가 하택신회선사가 육조현창운동을 통해 혜능을 달마선문의 정통으로 내세우고, 신수를 점문의 선사이며 동산법문의 방계로 공격함으로써 차츰 33조사설이 정설로 인정되어간 것이라 할 수 있다.

다만 형주의 옥천사(當陽 玉泉寺)는 원래 천태지자선사의 도량이며, 홍경 혜진으로 이어지는 천태선의 전승이 있었지만, 옥천사가 다시 북종선사들의 중심도량이 되고, 홍경 문하에서 출가한 남악회양선사가 혜능의 제자로 편입되고, 옥천사 출신인 하택신회 지성화상 등이 남종에 귀의한 것을 보면, 남악회양, 하택신회 이후 선의 주도권이 조계혜능을 중심으로 옮겨진 것을 알 수 있다.

(2) 삼십삼조사설

천태선문은 『부법장인연전(付法藏因緣傳)』에 의거하여 24조 사자존자까지는 부법상승이 끊어지지 않았으며, 이것은 여래의 금구(金口)로 예언된 바라 한다. 그러나 사자존자가 왕의 해를 입고 돌아감으로써 인도에서 사자존자 이후의 부법상승은 단절된 것으로 본다.

이에 비해 달마선문은 사자존자가 바사사다에게 바사사다는 불여밀다에게 법을 전하고, 불여밀다는 반야다라에게 반야다라는 보리달마에게 법을 전해 인도에서 28조가 서로 법을 상승한 것으로 본다. 다시 인도 28조인 보리달마선사가 양나라 때 중국에 들어와 혜가에게 법을 전하니, 달마가 중국의 초조가 되고 혜가는 이조가 되어 육대를 가사와 바루를 전해 법에 대한 믿음을 표시하였다고 말한다.

『선문염송』에 나오는 달마로부터 오조 홍인에게까지 법을 전한 기연을 소개해보면 다음과 같다.

○ 달마와 혜가의 문답101)

달마대사에게 혜가선사가 '모든 부처님의 법인을 들을 수 있습니까'라고 물으니 대사가 대답하였다.

"모든 부처님의 법인은 남에게서 얻을 수 있는 것이 아니다."

혜가가 말했다.

"제 마음이 편안치 못하니 스님께서는 편안케 해 주십시요."

대사가 말했다.

"마음을 가져오너라. 편안케 해주겠다."

혜가가 말했다.

"마음을 찾아보아도 얻을 수 없습니다."

대사가 말했다.

"네 마음을 편안케 해주었다."

○ 혜가와 승찬의 문답102)

---

101) 선문염송 달마와 혜가의 문답 : 達摩大師因慧可 問諸佛法印可得聞乎 師云 諸佛法印 匪從人得

　可曰 我心未寧 乞師與安 師云 將心來與汝安

　可曰 覓心了不可得 師云 與汝安心竟

102) 선문염송 혜가와 승찬의 문답 : 二祖慧可大師曰三祖問 弟子身纏風恙 請和尚懺罪

　師曰 將罪來與汝懺 祖良久云 覓罪了不可得

　師曰 與汝懺罪竟 宜依佛法住 祖云 某今見和尚 色知是僧 未審何名佛法

　師曰 是心是佛 是心是法 佛法無二 僧寶亦然

　祖曰 今日始知罪性不在內外中間 如其心然 佛法無二

　師深器之

이조 혜가대사에게 삼조가 물었다.

"제자가 몸에 풍병이 걸렸으니 화상께서는 죄를 참회케 해 주십시요."

이조가 대답했다.

"죄를 가져오너라. 너를 참회케 해 주리라."

삼조가 잠자코 있다 말하였다.

"죄를 찾아도 얻을 수 없습니다."

이조가 말했다.

"너의 죄를 모두 참회했으니 마땅히 불·법·승에 의지해서 머물라."

삼조가 말했다.

"제가 지금 화상을 뵙고 이미 승보를 알았으나, 무엇을 불보와 법보라 하는지 모르겠습니다."

이조가 말했다.

"마음이 곧 부처요 마음이 곧 법이다. 불과 법이 둘 없으니 승보도 또한 그렇다."

이에 삼조가 말했다.

"오늘에야 죄성이 안팎에도 없고 중간에도 있지 않음을 알았으니, 마음이 그런 것처럼 불보와 법보도 둘이 없습니다."

이조가 깊이 법의 그릇임을 알았다.

○ 승찬과 도신의 문답103)

사조 도신선사가 삼조에게 물었다.

"화상께서는 자비로써 해탈법문을 주십시요."

삼조가 물었다.

"누가 너를 묶었는가?"

사조가 대답했다.

---

103) 선문염송 승찬과 도신의 문답 : 四祖信大師問三祖曰 願和尙慈悲 乞與解脫法門
　　 三祖曰 誰縛汝　四祖曰 無人縛
　　 三祖曰 何更求解脫乎　四祖於言下大悟

"아무도 묶은 사람이 없습니다."
삼조가 말했다.
"그런데 어찌 해탈을 다시 구하는가."
사조가 말 아래 크게 깨쳤다.

○ 도신과 홍인의 문답104)

오조 홍인대사가 어린이였을 때 사조가 물었다.
"너는 성이 무엇인가?"
답했다.
"성은 있으나 보통 성이 아닙니다."
"무슨 성인가?"
"불성입니다."
"너는 성이 없는가?"
"성품이 공하기 때문입니다."
사조께서 그가 법의 그릇임을 가만히 아시고 곧 출가케 하여 나중 법을 부쳤다.

위에서 보인 바처럼 서천의 28조사들이 서로 법을 전승하고, 동토에서도 달마로부터 육조혜능까지 가사와 법을 서로 이어 전승하였다 하니, 조사와 조사가 법을 실로 부침이 있는가, 실로 부침이 없는가.

만약 법을 실로 부쳐줌이 있다면 법은 주고 받는 사물이 될 것이고, 법을 실로 부쳐줌이 없다면 미망과 혼돈의 세간 속에 깨달음을 검증할 진리의 지표를 세울 수 없게 될 것이다. 고목성(枯木成)선사는 다음과 같이 들어보인다.105)

---

104) 선문염송 도신과 홍인의 문답 : 五祖忍大師 作童子時 四祖問 子何姓耶 答 姓卽
有 不是常姓
曰 是何姓耶 答 是佛性 曰 汝無姓乎 答 性空故
祖默識其法器 卽便出家 後乃付法
105) 고목성선사는 들어보인다 : 諸禪德 且道 有分付無分付 若言有分付 涅槃妙心 人人具足 又何
假黃面老子 特地新條 若言無分付 二千餘年 祖祖相傳 燈燈相續 豈可徒然

"여러 선덕이여, 말해보라. 전해 부침이 있는가, 전해 부침이 없는가.

만약 전해 부침이 있다고 말하면 열반의 묘한 마음은 사람 사람이 갖추고 있는데 또 어찌 황면노자의 특별한 새 방도를 빌 것이 있겠는가.

만약 전해 부침이 없다고 말하면 이천여년에 조사와 조사가 서로 전하고 법의 등불과 등불이 서로 이어감이 어찌 헛되이 그러했겠는가.

산승이 오늘 여러 해 묵은 돈을 여러 사람 앞에 뿌리겠으니, 여러분 가운데 승당할 자가 없는가."

잠자코 있다 말했다.

"뉘라서 형산의 좋은 옥 감별할 자 없다고 말하는가. 나는 검은 용의 여의주는 이르는 곳마다 맑게 빛난다고 말하리라."

맨나중 작별하시며 자성진불게를 보이다〔最後作別示自性偈〕

○ 대사께서는 선천 2년 계축해(713) 8월 초3일에 국은사에서 재가 끝나자 여러 문도 대중에게 말씀하셨다.

"너희들은 각기 자리에 앉아라. 내 이제 너희들과 작별하고자 한다."

이때 법해가 말씀드렸다.

"화상께서는 어떤 교법을 머물게 하시어 뒷대의 헤매는 사람들로 하여금 불성을 보게 하십니까?"

대사가 말씀하셨다.

"너희들은 자세히 들으라. 뒷대의 헤매는 사람들이 만약 중생을 알면 곧 이것이 불성이지만, 만약 중생을 알지 못하면 만겁을 두고 붇다를 찾아도 만나기 어렵다.

나는 이제 너희들을 가르쳐 자기 마음[自心]의 중생을 알아 자기 마음[自心]의 불성을 보게 하니, 붇다를 보려 하면 다만 중생을 알라. 다만 중생

山僧今日 將多年滯貨 攤向人前 衆中莫有承當得底麽
良久云 誰言卞璧無人鑑 我道驪珠致處晶

이 붇다를 미혹케 한 것이요, 붇다가 중생을 미혹하게 한 것이 아니니, 자신의 참성품을 깨달으면 중생이 바로 붇다요, 자신의 참성품에 만일 헤매이면 붇다가 중생이다. 자신의 참성품이 평등하면 중생이 바로 붇다요, 자신의 참성품이 삿되고 험하게 되면 붇다가 바로 중생이니, 너희들의 마음이 만약 험하고 굽으면 곧 붇다가 중생 속에 있는 것이요, 한 생각이 평등하고 곧으면 곧 중생이 붇다를 이룸이다.

내 마음에 스스로 붇다가 있으니 이 자신의 붇다가 참 붇다다. 스스로에게 붇다의 마음이 없다면 어디에서 참 붇다를 구할 것인가!

너희들의 자기 마음이 바로 붇다이니, 다시는 여우처럼 의심하지 말라. 밖으로 한 물건도 세울 수 없으니, 모두 다 본마음이 만가지 법을 내는 것이다.

그러므로 경에 이렇게 말한다.

'마음이 나면 갖가지 법이 나고, 마음이 사라지면 갖가지 법이 사라진다.'

내가 지금 한 게송을 남기고 너희들과 작별할 것이니, 이름을 '자기 성품의 참 붇다를 보인 노래[自性眞佛偈]'라 한다. 뒷대의 사람들이 이 게송의 뜻을 알면 스스로 본마음을 보아 스스로 붇다의 도를 이룰 것이다."

大師先天二年癸丑歲 八月初三日 於國恩寺齋罷 謂諸徒衆曰 汝等各依位坐 吾與汝別

法海白言 和尙留何敎法 令後代迷人得見佛性

師言汝等諦聽 後代迷人 若識衆生 卽是佛性 若不識衆生 萬劫覓佛難逢 吾今敎汝識自心衆生 見自心佛性 欲求見佛 但識衆生 只爲衆生迷佛 非是佛迷衆生 自性若悟 衆生是佛 自性若迷 佛是衆生 自性平等 衆生是佛 自性邪險 佛是衆生 汝等心若險曲 卽佛在衆生中 一念平直 卽是衆生成佛

我心自有佛 自佛是眞佛 自若無佛心 何處求眞佛 汝等自心是佛 更莫狐疑 外無一物而能建立 皆是本心生萬種法 故經云 心生種種法生 心滅種種法滅

吾今留一偈 與汝等別 名自性眞佛偈 後代之人識此偈意 自見本心 自成
佛道

○ 게는 이렇다.

진여의 자기 성품 참된 붇다요
삿된 견해 세 가지 독 마왕이 되니
마음이 삿되게 헤매일 때는
마가 바로 집 가운데 있는 것이고
마음에 바른 견해 드러날 때엔
붇다께서 집 가운데 계신 것이네.
성품 속 사견으로 삼독이 나면
곧바로 마왕이 와 집에 머물고
바른 견해 스스로 삼독 없애면
마왕이 변화하여 붇다 이룸에
진실하여 거짓됨이 전혀 없으리.

법신과 보신 그리고 또 화신이여
세 가지 몸은 본래 곧 한 몸이니
성품 향해 스스로 볼 수 있으면
붇다 이룰 깨달음의 씨앗이 되리.
본래 화신 좇아 맑은 성품을 내니
깨끗한 성품은 늘 화신에 있네.
모습 없는 성품 화신으로 하여금
바른 길을 언제나 행하게 하면
앞으로 이루어질 원만한 보신

언제나 참되어 다함 없으리.106)

중생이 쓰고 있는 음욕의 성품
본래 바로 깨끗한 성품의 씨앗이라
중생의 음욕만 없애버리면
곧 깨끗한 성품의 몸이 되리니
성품 속에 스스로 오욕 떠나면
찰나 사이 성품 보아 참됨이 되리.

금생에 돈교 법문 만나게 되면
홀연히 성품 깨쳐 세존 뵙지만
수행하여 붇다 지음 찾고자 하면
그 어디서 참됨 구할까 알 수 없으리.

만약 마음 속의 참됨을 볼 수 있으면
참됨 있어 부처 이룰 씨앗이 되나
자기 성품 올바로 보지 못하고
밖을 향해 붇다를 찾으려 하면
마음을 일으켜서 구함이 바로
모두 크게 어리석은 사람이리라.

돈교 법문 이제 이미 머물러 두니
고통받는 세상 사람 구하려 함에

---

106) 화신과 깨끗한 성품 : 깨끗한 성품이 여래의 법신이라면 깨끗한 성품의 땅에서 연기한
    지혜와 복덕이 성취된 원만한 몸은 보신이며, 보신의 막힘 없는 활동이 화신이다. 그런데
    화신의 활동이 적멸하여 곧 깨끗한 성품이고 화신의 활동을 통해 깨끗한 성품이 드러나니
    화신을 좋아 맑은 성품을 낸다고 한 것이다.

반드시 제 스스로 힘써 닦으라.
너희들 오는 세상 도 배우는 이께
내가 이제 간절히 말해주나니
여기 말한 바른 견해 짓지 않으면.
그럭 저럭 한 세상 흘러 보내리.

偈曰

眞如自性是眞佛　邪見三毒是魔王
邪迷之時魔在舍　正見之時佛在堂
性中邪見三毒生　卽是魔王來住舍
正見自除三毒心　魔變成佛眞無假

法身報身及化身　三身本來是一身
若向性中能自見　卽是成佛菩提因
本從化身生淨性　淨性常在化身中
性使化身行正道　當來圓滿眞無窮

婬性本是淨性因　除婬卽是淨性身
性中各自離五欲　見性刹那卽是眞
今生若遇頓敎門　忽遇自性見世尊
若欲修行覓作佛　不知何處擬求眞

若能心中自見眞　有眞卽是成佛因
不見自性外覓佛　起心總是大癡人
頓敎法門已今留　救度世人須自修
報汝當來學道者　不作此見大悠悠

해 설

최후에 세상을 하직하면서 혜능선사는 자기 생활 밖에 따로 법을 구하는 허물을 깨뜨려주며 '중생의 참모습을 바로 보면 붇다의 보디요, 자기 생활 밖에 따로 깨달음을 구하는 것이 바로 중생의 미망'임을 보여준다.

곧 돈교의 선문에서는 중생의 미망과 생사가 본래 있지 않은 줄 깨칠 때 붇다를 보게 되지만, 닦아서 붇다를 짓고자 하거나 밖을 향해 붇다를 찾으려 하면 그것이 바로 무명의 원인이 된다. 중생의 탐욕과 번뇌에 머물러 있는 곳에서도 해탈이 없지만, 탐욕과 번뇌 밖에 따로 보디를 구하는 것도 해탈의 길이 아니다. 영가선사의 『증도가』는 이렇게 보인다.

> 무명의 실다운 성품이 곧 불성이며
> 헛깨비 같이 공한 몸이 곧 법신이네.
> 법신을 깨치면 한 물건도 없으니
> 본원의 자기 성품 타고난 부처로다.

> 無明實性卽佛性 幻化空身卽法身
> 法身覺了無一物 本源自性天眞佛

불성의 공덕은 중생에게 있어서 모자람이 없고 붇다에게 있어서 나머지가 없으므로 중생의 번뇌를 버릴 것이 없고 붇다의 보리를 따로 구할 것이 없다. 이 불성이 한량없는 공덕을 갖추어 불성의 땅에서 만법이 연기하나 또한 한 법도 얻을 것이 없으니 지비자는 다음 같이 노래한다.

> 두렷 비고 묘하게 맑아 법계에 두루하니
> 모자람과 남음 없고 걸림 또한 없도다.
> 가는 티끌 한번 일어 만 가지 법 생겨나니
> 눈 속 수미산이요 귀 속의 바다로다.

> 圓虛妙湛周法界 無欠無餘無罣礙
> 纖塵一起萬法生 眼裡須彌耳裡海

다시 한 게송을 말씀하여 뒷일을 당부하다〔復說一偈當付後事〕

대사께서 게송을 설하시고 나서 또 말씀하셨다.

"너희들은 잘 있거라.

내가 멸도한 뒤에 세상 인정을 지어 슬피 울어 눈물을 흘리거나 남의 조문을 받거나 몸에 상복을 입거나 하지 말라. 그렇게 하면 나의 제자가 아니며 또한 바른 법이 아니다.

다만 스스로 본마음을 알아서 자기 본성품을 보면 움직임도 없고 고요함도 없으며, 생겨남도 없고 사라짐도 없으며, 감도 없고 옴도 없으며, 옳음도 없고 그름도 없으며, 머무름도 없고 감도 없게 된다.

너희들의 마음이 헤매어 내 뜻을 알아듣지 못할까 걱정하므로 지금 다시 너희에게 부촉하여 너희들로 하여금 참성품 보도록 하겠다. 내가 멸도한 뒤에 여기 의지해 수행하면 내가 있는 때와 같지만, 만약 내 가르침을 어긴다면 비록 내가 세상에 있더라도 아무런 이익이 없을 것이다."

그러시고는 다시 게송을 이렇게 설하셨다.

> 우뚝하여 착한 일도 닦지 않고
> 높이 솟아 악한 일도 짓지 않네.
> 고요하여 보고 들음 모두 끊고
> 툭 트이여 그 마음에 집착 없네.

師說偈已 告曰 汝等好住 吾滅度後 莫作世情悲泣雨淚 受人弔問 身著孝服 非吾弟子 亦非正法

但識自本心 見自本性 無動無靜 無生無滅 無去無來 無是無非 無住無往

恐汝等心迷 不會吾意 今再囑汝 令汝見性 吾滅度後 依此修行 如吾在日 若違吾教 縱吾在世 亦無有益

復說偈曰

兀兀不修善　騰騰不造惡

寂寂斷見聞　蕩蕩心無著

해 설

혜능선사는 자성진불게를 설한 뒤 다시 한 게송을 말해 움직임과 고요
함을 모두 뛰어넘는 참된 선정의 길을 보인다.

게송에서 '선도 안 닦고 악도 짓지 않음'이란 선과 악의 성품이 공한
줄 알아 선을 짓되 지음 없고 악을 끊되 끊음 없음을 뜻하며, '고요하여
보고 들음 모두 끊음'이란 능히 보는 자와 보여지는 것, 능히 듣는 자와
들려지는 것이 실체 없음을 통달하여 보되 봄이 없고 듣되 들음 없음을
말한다.

그리고 '툭 트이여 그 마음에 집착 없음'이란 보고 들음에도 머뭄 없고,
봄 없고 들음 없음에도 머뭄 없어서 있음과 없음에 모두 묶이지 않는 자재
한 해탈의 활동을 뜻한다.

선(善)을 닦지도 않고 악(惡)을 끊지도 않는 참된 수행을 마조선사는
다음과 같이 보인다.107)

> 한 승려가 마조에게 물었다.
> "어떤 것이 도 닦음입니까?"
> "도는 닦음에 속하지 않는다. 만약 닦아서 얻는다고 말하면 닦아 이
> 룸은 도리어 무너질 것이니 성문의 법과 같다.
> 그러나 닦지 않는다고 말하면 곧 범부의 법과 같다."
> 또 물었다.
> "어떤 견해를 지어야 도를 통달할 수 있습니까?"
> 마조가 말했다.

---

107) 『마조어록』에 말한다 : 僧問 如何是修道 曰 道不屬修 若言修得 修成還壞 卽同聲聞 若言不
修 卽同凡夫
又問 作何見解 卽得達道 祖曰 自性本來具足 但於善惡事不滯 喚作修道人 取善取惡 觀空入定
卽屬造作 更若向外馳求 轉疏轉遠

"자기 성품 속에 본래 갖춰져 있으니 다만 선악의 일 가운데 걸리지 않으면 도 닦는 사람이라 할 만하다. 선을 취하고 악을 버리며 공함을 살펴 정에 들어가면 이것은 억지로 지어감에 속한다. 그렇다고 다시 만약 밖을 향해 내달려 구하면 더욱더 떨어지고 더욱 멀어질 뿐이다."

혜능선사는 실로 얻고 잃을 곳이 없는 곳에서 이와 같이 출가하여 이와 같이 수도하는 모습을 보이고, 법을 깨쳐 법을 받고 법을 설해 법 전하는 모습을 보이며, 대중에게 일행삼매 일상삼매의 최상승선을 설하였으나, 소주 대범사 계단에서 개당할 때로부터 신주 국은사에서 입적할 때까지 일찍이 한 글자도 설한 바 없었다.

혜능선사로부터 남종돈교(南宗頓敎)의 법을 이은 여러 제자들을 『전법정종기(傳法正宗記)』의 기록에서 보면 다음과 같다.

1. 서인도굴다삼장(西印度堀多三藏)
2. 소양법해선사(韶陽法海禪師)
3. 여릉지성선사(廬陵志誠禪師)
4. 변담산효료선사(區檐山曉了禪師)
5. 하북지황선사(河北智隍禪師)
6. 종릉법달선사(鐘陵法達禪師)
7. 수주지통선사(壽州智通禪師)
8. 강서지철선사(江西志徹禪師)
9. 신주지상선사(信州智常禪師)
10. 광주지도선사(廣州志道禪師)
11. 광주인종선사(廣州印宗禪師)
12. 청원행사선사(青原行思禪師)
13. 남악회양선사(南嶽懷讓禪師)
14. 온주현각선사(溫州玄覺禪師)
15. 사공산본정선사(司空山本淨禪師)
16. 무주현책선사(婺州玄策禪師)

17. 조계영도선사(曹溪令韜禪師)
18. 서경혜충선사(西京慧忠禪師)
19. 하택신회선사(荷澤神會禪師)
20. 소양기타선사(韶陽祇陀禪師)
21. 무주정안선사(撫州淨安禪師)
22. 숭산심선사(嵩山尋禪師)
23. 나부정진선사(羅浮定眞禪師)
24. 남악견고선사(南嶽堅固禪師)
25. 제공산도진선사(制空山道進禪師)
26. 선쾌선사(善快禪師)
27. 소산연소선사(韶山緣素禪師)
28. 종일선사(宗一禪師)
29. 진망산선현(秦望山善現)
30. 남악범행선사(南嶽梵行禪師)
31. 병주자재선사(并州自在禪師)
32. 서경함공선사(西京咸空禪師)
33. 협산태상선사(峽山泰祥禪師)
34. 광주법정선사(光州法淨禪師)
35. 청량산변재선사(淸凉山辯才禪師)
36. 광주오두타선사(廣州吳頭陀禪師)
37. 도영선사(道英禪師)
38. 지본선사(智本禪師)
39. 청원법진선사(淸苑法眞禪師)
40. 현해선사(玄楷禪師)
41. 담최선사(曇璀禪師)
42. 소주자사 위거(韋據)
43. 의흥손보살(義興孫菩薩)

끝으로 법해선사에 의한 『단경』의 편집과 법해 - 도제 - 오진으로 이어지는 전수과정을 돈황본 『단경』 후기에서 살펴보면 다음과 같

다.108)

이 『단경』은 법해상좌가 모은 것이다. 법해상좌가 돌아감에 같이 배우던 도제 스님에게 맡겨 부치고, 도제가 돌아감에 문인인 오진에게 맡겨 부치고, 오진은 영남 조계산 법흥사에 살면서 지금 이 법을 전해준다.

만약 이 법을 부쳐주려면 반드시 높은 근기의 지혜를 얻은 이라야 한다. 높은 근기의 지혜를 얻은 이가 마음으로 늘 법을 믿고 큰 자비의 뜻을 세워 이 경을 지녀 이 『단경』에 의지하여 이어옴으로써 지금까지 끊어지지 않았다.

법해화상은 본래 소주 곡강현 사람이다. 여래께서 열반에 드신 뒤 법의 가르침이 동토에 흘러들어와 여러 성인이 함께 머뭄 없음을 전하니 바로 내 마음의 머뭄 없음이다.

이 참된 보살이 참된 종지를 말하고 실다운 비유를 행하여 오직 크게 지혜로운 사람만을 가르쳐 이 뜻을 의지하도록 한다.

무릇 바라밀행을 서원하여 닦으며 닦아 행하여 어려움을 만나도 물러나지 않고, 괴로운 일을 만나도 능히 참으며 복덕이 깊고 두터운 이라야 이 법을 전할 것이다.

만약 근성이 견디지 못하고 재량이 없으며, 반드시 이 법을 구한다 해도 가르침을 어길 덕 없는 이에게는 망녕되게 『단경』을 부쳐주어서는 안 된다.

함께 도 닦는 이들에게 말하여 비밀한 뜻을 알게 하노라.

---

108) 돈황본 단경 후기에 말한다 : 此壇經 法海上座集 上座無常付同學道漈 道漈無常付門人悟眞 悟眞在嶺南曹溪山法興寺 見今傳授此法

如付此法 須得上根智 心信佛法 立大悲持此經 以爲依承 於今不絶

和尙 本是韶州曲江縣人也 如來入涅槃 法敎流東土 共傳無住 卽我心無住 此眞菩薩 說眞宗行實喩 唯敎大智人是旨依 凡度誓修修行行 遭難不退 遇苦能忍 福德深厚 方授此法 如根性不堪 材量不得 須求此法 違律不德者 不得妄付壇經 告諸同道者 令知密意

4. 단좌하여 천화하시니 온몸을 탑에 모시다〔端坐遷化全身奉塔〕

법을 부쳐 말씀한 뒤 단정히 앉아 천화하심〔付囑法已端坐遷化〕

대사께서 이 게송을 설하신 뒤 단정히 앉아 삼경에 이르자 홀연히 문인에게 '나는 간다' 하시고 문득 천화하셨다.

이때에 기이한 향기가 방안에 가득하고 흰 무지개가 땅에 걸리며, 나무숲이 흰 빛으로 변하고 새와 짐승들이 슬피 울었다.

11월에 공주, 소주, 신주의 세 군 관료와 문인(門人)들인 출가와 재가 신도들이 진신(眞身)을 모셔 가려고 다투어서 모실 곳을 결정하지 못하고 있었다. 이에 향을 살라 기도하기를 '향 연기가 가리키는 곳이 대사께서 돌아갈 곳입니다'라고 하였더니, 그 때 향연기가 곧 바로 조계로 뻗쳤다.

11월 13일 진신을 모신 단과 전해 받으신 가사와 바루를 조계 보림에 옮겨 돌아왔다. 이듬해 7월 25일, 진신을 단 밖으로 꺼내 제자 방변이 향기로운 칠을 올리고, 문인들은 '머리를 취해 간다'는 예언을 생각하여 쇠조각과 검은 베로 대사의 목을 단단히 싸서 탑에 모시니, 탑 속에서 홀연히 흰 빛이 곧 바로 하늘로 뻗쳐 올라간 지 사흘만에 비로소 흩어졌다.

소주 자사가 조정에 아뢰어 칙명을 받들어 비를 세워 대사의 도행을 기록하였다.

대사의 춘추는 76세였고, 24세에 가사를 전해 받으셨고, 39세에 머리를 깎으시니 법을 설하여 중생을 이익되게 하심이 37년이었다. 종지를 얻어 법을 이은 제자는 43인이고, 도를 깨쳐 범부의 자리를 넘어선 자는 그 수를 알 수 없었다.

달마 조사가 전하신 믿음의 가사〔信衣 : 서역의 굴순포로 만들었다〕와 중종이 드린 마납 가사와 보배 바루며, 방변이 만든 대사의 진상과 그 밖의 도구들은 탑을 주관하는 시자가 맡아서 길이 보림도량을 진정시키었고, 『단경』을 흘러 전하게 하여 종지를 드러내니, 이것은 모두 삼보를 융성하게 하여 널리 모든 중생을 이롭게 함이다.

師說偈已 端坐至三更 忽謂門人曰 吾行矣 奄然遷化

於時異香滿室 白虹屬地 林木變白 禽獸哀鳴 十一月 廣韶新三郡官僚 洎門人僧俗 爭迎眞身 莫決所之 乃梵香禱曰 香煙指處 師所歸焉 時香煙直貫曹溪

十一月十三日 遷神龕併所傳衣鉢而回 次年七月二十五日出龕 弟子方辯以香泥上之 門人憶念取首之記 遂先以鐵葉漆布 固護師頸入塔 忽於塔內白光出現 直上衝天 三日始散

韶州秦聞 奉勅立碑 紀師道行 師春秋七十有六 年二十四傳衣 三十九祝髮 說法利生三十七載 得旨嗣法者 四十三人 悟道超凡者 莫知其數

達摩所傳信衣 中宗賜磨衲寶鉢 及方辯塑師眞相 幷道具等 主塔侍者尸之 永鎭寶林道場 流傳壇經 以顯宗旨 此皆興隆三寶 普利群生者

해 설

혜능선사는 선사의 나이 24세에 홍인선사로부터 가사를 전해받고, 39세에 광주 법성사 계단에서 출가한 뒤 37년간을 법을 전해 중생을 요익케 하시고, 신주 국은사에 단정히 앉아 천화하시니 선사의 나이 76세 때였다.

선사가 입적하심에 그 문인들은 선사의 진신을 탑에 모시고 달마조사로부터 전해받은 가사와 왕이 바친 바루를 보림도량에 안치하셨다. 이처럼 선사의 육신이 이 세간을 떠났되 그 육신의 자취는 남아 도량에 안치되고, 가르친 돈교법문은 만세에 유전하여 중생을 요익케 하니, 선사는 실로 가신 것인가, 가시지 않은 것인가.

혜능조사가 멸도했다 하더라도 조계의 참된 제자가 아니며, 혜능조사가 멸도하지 않았다 해도 조계의 적손이 될 수 없을 것이다. 불감근(佛鑑勤)선사는 이렇게 한 송을 보인다.

한 바퀴 밝은 달 하늘 복판 비치니
온세상의 생령들이 그 빛을 받네.
하늬 바람 어찌 꼭 붉은 계수 흔들어
푸른 하늘에 거듭 가을 소식 보내나.

一輪明月映天心　四海生靈荷照臨
何必西風撼丹桂　碧霄重送九秋音

부　　록

◇◇◇◇◇

부록에 실린 세 가지 자료는 日本 駒澤大學 禪宗 史研究會 編著의 『慧能研究』(慧能의 傳記와 資料 에 관한 基礎的 研究)에 실린 자료를 그대로 옮겨 실은 것이다.

육조단경 이본 계통도는 『육조단경』의 많은 판본 들의 모본이 되는 돈황본, 혜흔본, 설숭본 『단경』 으로부터 다른 판본들이 갈라져 나온 것을 계통 별로 정리한 것이고, 육조단경 제본항문 대조표 는 현존하는 돈황본, 대승사본, 흥성사본, 덕이 본, 종보본 『단경』의 항목을 서로 같은 내용끼리 연결함으로써 각각 다른 판본들의 순서와 내용의 차이를 쉽게 비교해볼 수 있도록 한 것이다.

그리고 혜능대사 관계 연표는 혜능대사의 행장과 책의 발간 시기, 탑의 건립 등 대사와 관련된 사 건 등을 연대순으로 자세하게 기록하였고, 같은 내용일지라도 출전 자료마다 날짜 등이 조금씩 다른 것은 모두 함께 실어 비교할 수 있도록 하였다.

1. 육조단경 이본계통도(六祖壇經異本系統圖)

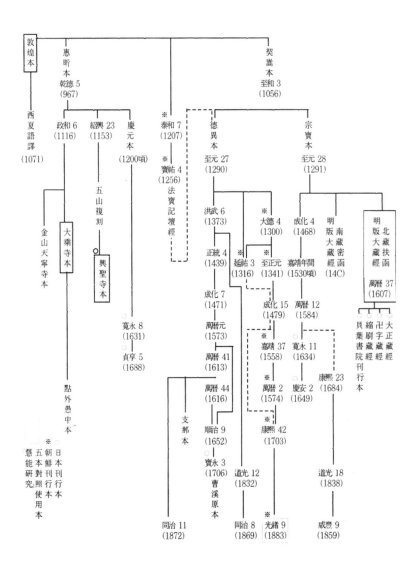

2. 육조단경 제본항문 대조표(六祖壇經諸本項門對照表)

金山天寧寺本 · 大乘寺本

卷上
一教示十僧
十南北二宗見性
九諸宗難問
八現西方相狀
七說摩訶般若波羅密
卷下
六說一體三身佛相
五說傳香懺悔發願
四教授坐禪
三爲時衆說定慧
二大師自說悟法傳衣
一韶州刺史韋璩等衆請說法

慶元本 · 興聖寺本

卷上
一教示十僧傳法門
十南北二宗見性門
九諸宗難問門
八問答功德及西方相狀門
七說摩訶般若波羅密門
卷下
六說一體三身佛相門
五說傳香懺悔發願門
四教授坐禪門
三爲時衆說定慧門
二悟法傳衣門
一緣起說法門

德異本

悟法傳衣第一
釋功德淨土第二
定慧一體第三
教授坐禪第四
傳香懺悔第五
參請機緣第六
南頓北漸第七
唐朝徵詔第八
法門對示第九
付囑流通第十
付囑第十一

宗寶本

行由第一
般若第二
疑問第三
定慧第四
坐禪第五
懺悔第六
機緣第七
頓漸第八
宣詔第九
付囑第十

宗寶本

自序品第一
般若品第二
決疑品第三
定慧品第四
妙行品第五
懺悔品第六
機緣品第七
頓漸品第八
護法品第九
付囑品第十

3. 혜능대사 관계 연표

알 아 두 기

1. 본 연표는 혜능선사의 전기에 관한 사항을 연대순으로 배열하였다. 원칙적으로 원자료에 충실하게 기재하기로 하였으며, 그 전거를 ( )안에 명기하였다. 따라서 원자료에서 기사와 연대순서상에 모순이나 잘못이 명료한 경우라 하더라도, 이것에 객관적인 정정은 더 하지 않았다.

2. 기록된 일을 뽑아 실은 범위는 다음과 같다.
　① 혜능의 출생 이전에 있어서 예언된 기록에 관한 사항
　② 혜능의 출생부터 입적까지 연월일과 나이가 분명히 기록된 사항
　③ 입적 후에 왕이 호를 내리고 탑을 세우며 비를 세운 것에 관한 사항
　④ 전기관계 기본자료 18 가지의 성립 시기의 기록
　⑤『육조단경』과『금강경해의』관계의 서문, 발문, 간행본 등의 성립 시기 기록

3. 원자료에 있어서 혜능의 연령만이 기록된 경우, 또 皇帝·干支에 의해서 표기된 경우 등은 그 해당 연대 순서의 자리에 실었다. 또 '次日'·'翌年' 등이 표기된 경우도 마찬가지로 취급하였다. 改元된 해에 기록된 일이 있는 경우는 복수의 연대순서를 함께 썼다.

4. 전거에 표시한 자료의 약칭은 다음과 같다.

瘞 - 瘞髮塔記	王 - 王維의 碑銘
神 - 神會語錄	歷 - 歷代法寶記
曹 - 曹溪大師傳	敦壇 - 敦煌本 六祖壇經
柳 - 柳宗元의 碑銘	劉 - 劉禹錫의 碑銘
圓 - 圓覺經大疏鈔	祖 - 祖堂集
鏡 - 宗鏡錄	宋 - 宋高僧傳
景 - 景德傳燈錄	傳 - 傳法正宗記
大壇 - 大乘寺本 六祖壇經	興壇 - 興聖寺本 六祖壇經
宗壇 - 宗寶本 六祖壇經	緣 - 緣起外紀
會元 - 五燈會元	會要 - 聯燈會要
稽古略 - 釋氏稽古略	廣 - 天聖廣燈錄
事苑 - 祖庭事苑	正宗贊 - 五家正宗贊
是非論 - 南宗正是非論	勅 - 勅文(曹溪通志 권3 所收)
通載 - 佛祖歷代通載	通論 - 隆興佛法編年通論
統紀 - 佛祖統紀	如如錄 - 如如居士三敎大全語錄
普 - 普燈錄	六學 - 六學僧傳

六祖傳贊 - 六祖大鑑眞空普覺圓明禪師傳贊(曹溪通志 권6 所收)

서기	황제	연 호	월 일	사 항
345	穆帝	永和初年		求那跋陀羅가 楞伽經을 지니고 건너와서 王園寺에 戒壇을 건립함 (光孝寺志 10, 重修六祖殿碑記)
502	武帝	天監元年壬午	정월 5일	智藥三藏이 韶州에 이르러 曹溪마을 사람들에게 사찰 건립을 권함(瘞·曹)
		天監初年		智藥三藏이 戒壇 곁에 보리수를 심고, 170년 뒤의 예언의 기록을 말함(重修六祖殿碑記)
503		2년		韶陽太守 敬中이 上奏하여 曹溪의 절을 寶林寺라고 이름함(西溪叢語 上)
504		3년		寶林寺가 낙성됨(緣·勅)
				寶林寺가 낙성됨(曹)
506		5년	2월 15일 4월	智藥三藏이 대궐에 들어가 寶林寺 이름의 유래를 아뢰고, 170년 뒤에 위없는 法寶가 있을 것을 예언함(曹)
511		10년		智藥三藏이 五臺山에 들어갔다가 中天竺國으로 돌아감(曹)
534		天平元年丁巳		樂昌縣令 李藏之가 寶林이라는 賜額을 청하고 절을 樂昌縣 靈溪村에 둠(曹)
617		大業13년丁丑		寶林寺가 荒亂해짐(曹)
				慧能의 父 行 가 新州로 좌천됨(緣)
620	高祖	武德3년庚辰	9월 이 해	慧能의 父 行 가 新州로 좌천됨(普 1·曹溪通志2·六祖大師傳)
		武德中		慧能의 父 行 가 新州로 좌천됨(宋·會元1·稽古略3·通載13·六學4·六祖傳贊)
				慧能 태어남(緣·六祖大師傳·如如錄)
638	太宗	貞觀12년戊戌	2월8일 子時	慧能 태어남(普1)
				慧能 태어남(宋·六學4)
640		14년	2월 8일 2월	이 무렵(3세) 부모를 잃음(曹), 이 무렵(3세) 아버지를 잃음(景·傳·普1 稽古略3·通載13·六祖大師傳)
649		23년		王園寺를 고쳐 法性寺라 함(重修六祖殿碑記)
650	高宗	永徽元年庚戌		
656		顯慶元年丙辰		

서기	황제	연 호	월 일	사 항
		(1월 개원) 顯慶4년		이 무렵(慧能 22세) 홍인에게 찾아가 묻다 (神·歷)
661		龍朔元年辛酉 (2월 개원)		慧能 24세에 金剛經을 듣고 깨우친 바가 있어 弘忍에게 찾아가 묻고 법을 받음(神·歷) 이 무렵(24세) 전한 가사를 받음(宗壇)
		龍朔初年		金剛經을 듣고 黃梅山에 이르러 五祖弘忍에 게 법을 얻음(重修六祖傳碑記)
664 666		麟德元年甲子 乾封元年丙寅 (1월 개원)		
668		總章元年戊辰 (3월 개원)		이 무렵(32세) 智遠에게서 弘忍에게 參學할 것을 권장 받음(傳) 이 무렵(32세) 弘忍에게 찾아가 물음(祖)
670		咸亨元年庚午 (3월 개원) 2년 3년 4년	이 해	유행하여 曹溪에 이르름(曹) 五祖弘忍에게 찾아감(景·會元1·稽古略3· 六祖大師傳) 五祖弘忍에게 찾아감(統紀 39) 이 무렵(30세) 조계촌 사람 劉志略과 의(義)를 맺음. 또 無盡藏 比丘尼에게 涅槃經의 뜻을 설함(曹) 이 무렵(33세) 마을사람의 요청으로 寶林寺에 머물러 3년이 지나니, 智藥三藏의 예언에 맞 음(曹)
674		5년		慧能 34세에 慧紀禪師가 五祖弘忍에게 가서 배울 것을 권함(曹)
			1월 3일	韶州를 떠나 東山에 이르러 弘忍을 찾고자 함 (曹)
		咸亨年間		五祖弘忍을 찾아감(景·廣7·普1·會元1· 六學4·通論14·通載12)
		上元元年甲戌 (8월 개원)		
676		3년		이 무렵(39세) 남방으로 피신하여 5년을 보냄 (曹)

서기	황제	연 호	월 일	사 항
		上元中 儀鳳元年丙子 (2월 개원)		이 무렵(39세) 삭발함(宗壇) 得法을 알리고 宗風을 開演함(宋)
			1월 8일	南海 法性寺에서 印宗을 만나, 바람과 깃발의 문답을 하다(瘞·祖·景·廣7·普1·會元1·正宗贊1·緣·稽古略3·通載13·六祖傳贊)
			이 해 봄	制旨寺에서 印宗을 만남(曹) 南海 法性寺에서 印宗을 만남(傳) 이 무렵(高宗朝) 印宗을 만나 바람과 깃발의 문답을 하다(興壇)
		儀鳳初年		바람과 깃발의 문답을 하다(事苑4·重修六祖殿碑記)
			1월 15일	바람과 깃발의 문답을 하다(曹)
			1월 15일	印宗에 이해 삭발함(瘞·祖·景·普1·會元1·緣·稽古略3·正統8·六祖大師傳)
			1월 16일	印宗에게 得法을 밝힘(曹)
			1월 17일	印宗에 의해 삭발함(曹)
				이 무렵(30세) 출가함(柳)
			2월 8일	法性寺에서 受戒함(瘞·祖·曹·景·普1·會元1·緣·稽古略3·正統8·六祖大師傳)
			4월 8일	대중을 위해 法門을 열어 연설하고, 13세의 神會에게 법을 부침(曹)
			4월 8일	法性寺 法才가 六祖의 삭발을 기념하여『瘞髮塔記』를 지음(瘞)
			이 해	法性寺에서 印宗을 만나 삭발 구족계를 받고 寶林寺로 돌아감(統紀39) 慧能 40세 무렵에 조계로 돌아감(曹)
677		儀鳳 2년	2월 3일	寶林寺로 가고자 함(祖)
			2월 8일	法性寺에서 구족계 받음(廣7)
			2월 8일	法性寺에서 寶林寺로 돌아감(景·普1·會元1·稽古略3·六祖大師傳)
			봄	寶林寺로 돌아감(緣)
			12월 19일	寶林寺를 고쳐 中興寺라 함(六祖大師傳)
			이 해	寶林寺로 돌아감(傳·廣7)

서기	황제	연 호	월 일	사 항
678		3년	11월 18일	中興寺를 거듭 수리하여 法泉寺로 삼고 新州의 옛 거처를 國恩寺로 삼음(六祖大師傳)
679		儀鳳中		曹淑良이 慧能에게 토지를 기부하여 그로 인해 曹溪라 이름함(事苑1·西溪叢語 上)
		調露元年己卯 (11월 개원)		
680		永隆元年庚辰 (8월 개원)	이 해	廣州 法性寺에서 바람과 깃발의 문답이 있었으며, 印宗을 만남. 慧能 39세(如如錄)
			정월 15일	삭발함(如如錄)
681		開耀元年辛巳 (10월 개원)		조계 寶林寺로 돌아감(如如錄)
682		永淳元年壬午 (2월 개원)		
683	中宗	弘道元年癸未 (12월 개원)		
684		文明元年甲申 (2월 개원)		
	(則天)	光宅元年甲申 (9월 개원)		
685		垂拱元年乙酉		
689		永昌元年己丑		
690		載初元年庚寅 (2월 개원)		
		天授元年庚寅 (7월 개원)		
692		如意元年壬辰 (4월 개원)		
		長壽元年壬辰 (9월 개원)	2월 20일	則天武后가 勅使 張昌期를 보내 慧能에게 대궐 안에 들라는 조칙을 내렸지만 사양함(歷)
694		延載元年甲午 (5월 개원)		
695		證聖元年乙未 天冊萬歲元年 乙未(9월개원)		

서기	황제	연 호	월 일	사 항
696		萬歲登封元年 丙申 萬歲通天元年 丙申(3월개원)	이 해	則天武后가 다시 조칙으로 慧能을 대궐 안에 들도록 명하였으나, 慧能은 병에 의탁하여 사양함. 그래서 전한 가사를 대궐로 보내도록 함(歷) 조칙으로 慧能에게 가사와 바루를 내림(統紀 39·勅)
697		神功元年丁酉 (3월 개원)		
698		聖曆元年戊戌		
700		久視元年庚子 (5월 개원)		
701		大足元年辛丑 長安元年辛丑 (10월 개원)		
703		3년		神秀가 京城의 雲花戒壇에 올라 慧能이 傳法袈裟를 지니고 있다는 뜻을 말함(是非論)
705	中宗	神龍元年乙巳 (1월 개원)	1월 15일	조칙을 내려서 대궐 안에 들도록 하였으나 사양함. 뒤에 칙사 薛簡과 문답함. (曹)에서는 高宗, (祖)에서는 孝和皇帝, (宗壇)에서는 則天武后와 中宗이라고 하였음.
			1월	中宗에 의해 조칙이 내려져 대궐 안에 들도록 하였으나 사양함(通論14)
			4월	中宗에 의해 조칙이 내려져 대궐 안에 들도록 하였으나 사양함(稽古略3)
			5월 8일	칙사 薛簡과 문답함(祖)
			9월 3일	조칙을 내려 가사와 황금 바루를 하사함(祖·宗壇)
			9월	대궐 안에 들라는 조칙이 내려졌으나 사양함 (勅)
			12월 19일	寶林寺를 고쳐 中興寺라 함(景·廣7·會元1·稽古略3·勅)
			이 해	中宗에 의해 대궐 안에 들라는 조칙이 내려졌으나 사양함(景·廣7·會元1·圓·通載12·

서기	황제	연 호	월 일	사 항
707		3년		統紀40·六祖大師傳)
			4월 2일	高宗이 가사 한 벌과 비단 500필을 하사(曹)
			11월 18일	寶林寺를 수리하여 法泉寺로 이름을 고치고 또 新州의 옛집을 國恩寺라 함(曹)
			11월 18일	中興寺를 거듭 수리하여 法泉寺라 하고 新州의 옛집을 國恩寺라 함(景·會元1·勅)
			11월 18일	寫經坊을 수리하여 法泉寺라 하고 新州의 옛집을 國恩寺로 삼음(廣7)
			이 해	머무르던 절을 수리하여 法泉寺라 함(宋)
			이 해	韶州에 칙을 내려 國恩寺를 수리케 함(六學4)
		神龍中		中宗이 입궐의 조칙을 내렸지만 사양하고 薛簡과 문답함. 조칙에 따라 寶林寺를 中興寺라 하고 다음 해에 法泉寺로 고침. 新州의 옛집을 國恩寺라 함(傳)
		4년		조칙으로 寶林寺를 中興寺로 고침(廣7)
		4년		中興寺를 廣果寺로 삼음(西溪叢語 上)
		景龍元年丁未 (9월 개원)	11월 18일	中興寺를 다시 수리하여 法泉寺로 삼고, 新州의 옛집을 國恩寺라 함(稽古略3)
			11월	則天武后가 받들어 올린 傳衣를 대신하여 가사 한 벌과 비단 500필을 하사함(歷)
709		3년	11월	西京 淸禪寺의 승려 廣濟가 전해받은 가사를 훔치려고 함(是非論)
710		景龍中		神會가 曹溪에 이르러 慧能으로부터 密語를 받음(圓)
		唐隆元年庚戌 (6월 개원)		
		景雲元年庚戌 (7월 개원)		
711	睿宗	2년		문인에게 명하여 國恩寺에 龕塔을 만들게 함 (神·歷·曹)
712		太極元年壬子 延和元年壬子 (5월 개원)	7월	國恩寺에 龕塔을 만들게 함(宋·宗壇)
			이 해	法泉寺에 龕塔을 만들게 함(六學4)
			이 해	新州에 돌아가 國恩寺를 수리하고 또 문인의

서기	황제	연 호	월 일	사 항
713	玄宗	先天元年壬子 (8월 개원)		물음에 답하여 靈振을 추천함(曹)
			6월 6일	國恩寺에 龕塔을 만들게 함(傳)
			7월 6일	國恩寺에 龕塔을 만들게 함(祖·景·六祖大師傳)
			7월 6일	國恩寺에 탑을 세우고 報恩塔이라 이름함(廣7·會元1)
			8월 3일	一行三昧에 들어가서 대중에게 보여 설하고 示寂함(通論15)
			여름끝에	國恩寺의 탑이 이루어짐(宗壇)
			9월	조계에서 전해받은 가사에 대하여 立楷·智海와 문답함(歷)
			9월	20년 뒤에 법을 선양할 자가 법을 전한 사람임을 예언함(歷)
			이 해	國恩寺에 탑을 세움(敦壇·大壇·興壇)
			이 해	傳法偈를 설함(廣7·如如錄·會元1·稽古略3·六祖大師傳)
			이 해	慧能이 입적함(通載13)
		先天年間 2년		六祖의 탑을 세움(曹溪通志5·重新祖塔記)
			7월 1일	조계에서 新州 國恩寺로 돌아가서 遺誡와 懸記를 말함(祖·景·會要2·普1·會元1·六祖大師傳·勅·稽古略3·宗壇)
			7월 8일	遺誡를 하고 傳法偈를 설함(敦壇·大壇·宗壇·興壇)
			7월	조계에서 國恩寺로 돌아가 偈를 설함(通載13)
			7월	國恩寺 수리를 재촉하고 또 가사 전함을 행하지 않는 이유를 말함(曹)
			8월	병이 들어 遺誡를 말함(曹)
			8월 2일	西天 28祖와 東土 6祖의 付法 차례를 말하고, 遺誡 1偈를 남김(大壇)
			8월 2일	慧能이 示寂함. 세상 나이 76세(傳)
			8월 3일	西天 28祖와 東土 6祖의 付法을 말하고, 遺誡를 함(敦壇·興壇)
			8월 3일	遺誡를 함(神·宗壇)
			8월 3일	병이 듦(宋)

서기	황제	연 호	월 일	사 항
			三更	慧能이 示寂함. 세상 나이 76세(敦壇·大壇·興壇·宗壇)
			밤	慧能이 示寂함. 세상 나이 76(歷·普1)
			8월 3일	慧能이 示寂함. 세상 나이 76(神·曹·圓·祖·景·敦壇·廣7·會要2·如如錄·會元1·通載13·稽古略3·六學4·正統8·六祖大師傳·勅)
				示寂 직후에 기이한 상서가 있음(王·神·歷·曹·敦壇·祖·宋·景·傳·大壇·興壇·宗壇)
			8월	三七齋를 마친 후 翁山寺의 승려 靈振이 示寂함(曹)
			11월	廣·韶·新의 세 郡이 遺體를 안치하려고 다툼(宗壇)
			11월 13일	神龕과 傳衣를 조계로 옮김(宗壇)
			11월 13일	慧能 示寂함(釋氏六帖 2)
			11월 13일	遺體를 탑에 넣음(曹·景·廣7·普1·傳·會元1·稽古略3·六祖大師傳·勅)
			11월	탑에 넣음(神·歷·敦壇·大壇·興壇·六學4)
713	玄宗	開元元年癸丑 (12월 개원)		
714		2년	3월	荊州의 자객인 張行昌이 慧能의 머리를 절취하러 옴(是非論)
			7월	眞身을 龕에서 꺼내고, 方辯이 여기에 香泥를 바름. 또 머리를 아교로 칠함(宗壇)
716		4년		廣州節度使 宋璟이 조계의 조사탑에 禮하자, 기이한 상서가 있음(通載13)
		7년		武平一이 韋據의 비문을 갈아버리고 스스로 비문을 찬술함(神·歷·曹·寶刻叢編19)
		9년		廣果寺(寶林寺)를 建興寺로 고침(廣7)
722		10년	8월 3일 밤	張行滿이 六祖의 머리를 절취하러 탑에 침입함(景·傳·廣7·會元1·宗壇·六學大師傳)
			5일	장행만이 체포됨(景·廣7·會元1·宗壇·六學大師傳)

서기	황제	연 호	월 일	사 항
723		11년		머리를 절취하러 온 자가 있음(宋)
739		27년		자객이 六祖의 머리를 절취하려 옴. 이로부터 行 가 전해받은 가사를 지킴(曹)
		開元中		張行滿이 六祖의 머리를 절취하러 옴(事苑6)
		開元中		廣州觀察使 宋璟이 六祖塔에 예함(廣7)
		開元中		廣果寺(寶林寺)를 建興寺로 고침(西溪叢語 上)
748		天寶七年戊子		神會가 宋鼎이 지은 『唐能大師碑』를 鉅鹿郡의 開元寺에 건립함(集古錄目)
750		天寶九年庚寅	봄	鑑眞이 韶州 法泉寺에 이르러 혜능의 影像에 예함(唐大和上東征傳)
752		天寶11年壬辰	2월	宋鼎이 지은 비문을 건립함(集古錄目註·金石錄7)
758	肅宗	乾元元年戊戌		가사와 바루를 궁중으로 들여서 공양함(通論17)
759		2년	1월 15일	行 가 궁중으로 들어오라는 조칙을 사양하고 惠象과 永和로 하여금 전해받은 가사를 바치게 함(曹)
			1월 17일	行 입적. 나이 89세(曹)
			4월 8일	조칙으로 惠象에게 가사를 내리고 永和를 출가시킴. 또 建興寺를 國寧寺로 삼고 화상의 蘭若를 寶福寺로 삼음(曹)
			이 해	가사와 바루를 궁중으로 들여 공양함(通載13)
760		3년	3월 8일	肅宗이 조칙으로 전해받은 가사를 궁중으로 들이게 함(僧史略 下)
	肅宗	上元元年庚子 (4월 개원)	11월 20일	孝感皇帝가 칙사 程京祀를 보내어 六祖의 龕 앞에서 공양하게 함(曹)
		乾元中		孝感皇帝가 절도사 張休의 건의에 따라 가사를 궁중으로 들여 공양케 함(血脈譜)
			이 해	肅宗이 조칙으로 전해받은 가사를 궁중으로 들이게 하고 공양케 함(景·廣7·會元1·稽古略3·宗壇·六祖大師傳·勅)
761		2년		廣州節度使 韋利見이 行 와 전해받은 가사가 대궐 안에 들어왔음을 아룀(曹)
			12월 17일	孝感皇帝가 조칙으로 전해받은 가사를 궁중

서기	황제	연 호	월 일	사 항
				에 들이도록 하여 이것을 공양케 하고 中使 劉楚江을 파견하여 水陸의 公乘을 공급함(曹) 이 무렵 神會의 의뢰로 王維가 『六祖能禪師碑 銘』을 지음.
		上元初年		肅宗이 조칙으로 전해받은 가사를 궁중에 들 이도록 하고 이를 공양케 함(事苑 3)
		上元中		肅宗이 조칙으로 전해받은 가사를 궁중에 들 이도록 하고 이를 공양케 함(傳)
				建興寺를 國寧寺라 함(西溪叢語 上)
765	代宗	永泰元年乙巳	5월 5일	代宗은 慧能이 전해받은 가사를 되돌려줄 것 을 요청하는 꿈을 꿈(景·傳·廣7·事苑3· 會元1·稽古略3·宗壇·六祖大師傳·勅)
			5월 7일	代宗이 전해받은 가사를 돌려주게 함(曹· 景·傳·廣7·事苑3·會元1·統紀41·宗 壇·勅)
775	代宗	大曆10年乙巳		이 무렵 『歷代法寶記』가 성립함
781	德宗	建中 2年辛酉		이 무렵 『曹溪大師傳』이 성립함
				이 무렵 敦煌本 『六祖壇經』이 성립함
786	德宗	貞元 2年丙寅	11월 22일 꼭두새벽	六祖塔 앞의 잣나무가 엿처럼 이어지는 일이 삼년(釋氏六帖 19)
812	憲宗	元和 7年辛未		憲宗이 조칙으로 大鑑禪師라 시호함.(勅)
815		10년	10월 13일	憲宗이 조칙으로 大鑑禪師라 시호함. 또 柳宗 元이 『賜諡大鑑禪師碑』를 지음(柳)
			모월 모일	憲宗이 조칙으로 大鑑禪師라 시호함.(劉)
			이 해	憲宗이 조칙으로 大鑑禪師라 시호하고, 탑에 元和靈照라는 이름을 내림(圓·稽古略3·統 紀41·通論21)
816		11년		憲宗이 조칙으로 大鑑禪師라 시호함(興壇)
819		14년		劉禹錫이 『六祖能禪師碑銘』을 지음
		元和中		憲宗이 慧能의 塔에 元和靈照라 이름을 내림 (重新祖塔記)
			憲宗代	憲宗이 大鑑禪師라 시호하고, 탑을 元和靈照 라 함(宗壇, 歷朝事蹟)
				이 무렵 『원각경대소초(圓覺經大疏鈔)』 성립 함(823-841 사이)

서기	황제	연　호	월　일	사　　　항
952		南唐保大10年 壬子		『祖堂集』 성립
961		建隆2년辛酉	5월 23일	『宗鏡錄』 성립
967	太祖	乾德5년丁卯		惠昕이 『六祖壇經』(2권)을 편집함(興壇, 惠昕序)
968		開寶元年戊辰 (11월 개원) 開寶初年		南漢의 병란으로 六祖塔이 불타 없어지자, 절을 수리하여 南華寺라 이름함(勅) 南海의 병란으로 탑이 소실되었으나, 六祖의 遺體는 손상되지 않음(廣7·會元1) 병란 때문에 훼손된 탑을 수리함(重新祖塔記)
976	太宗	太平興國元年 丙子		慧能의 탑을 다시 세우고, 또 大鑑眞空禪師라 追諡함(勅)
978		3년		太宗이 慧能塔을 중건함(宋) 法泉寺를 南華寺로 고침(六學 4)
982		7년 太平興國中		『宋高僧傳』 성립 太宗이 탑을 중건하고 太平興國塔이라 이름함(重新祖塔記)
			太宗朝	大鑑眞空禪師라 추가 시호하고, 탑을 太平興國塔이라 이름 지음(宗壇, 歷朝事蹟)
1004	眞宗	景德元年甲辰		『景德傳燈錄』 성립
1020	眞宗	天禧4년庚申		莊獻皇太后가 전해받은 가사를 궁중으로 들이게 하고, 普遂의 호와 智度禪師의 호를 내리고 藏經과 供器를 내림(勅)
1031	仁宗	天聖9년辛未		가사와 바루를 궁중으로 들이게 하고 淸淨堂에 봉안함. 兵部侍郎 晏殊가 『六祖衣鉢記』를 지음(勅)
1032		10년		眞身과 가사와 바루를 궁중에 들이게 함(勅) 仁宗이 眞身과 가사와 바루를 궁중에 들이게 하여 공양하고, 또 大鑑眞空普覺禪師라 추시함(宗壇, 歷朝事蹟)
1056	仁宗	至和 3年丙申	3월 19일	宋의 吏部侍郎 郎簡이 契嵩 편집의 『六祖壇經』(3권)에 序를 부쳐서 간행함.
1061	仁宗	嘉祐 6年		『傳法正宗記』 성립
1068	神宗	熙寧元年戊申		神宗이 大鑑眞空普覺圓明禪師라 추가 시호함(勅)

서기	황제	연 호	월 일	사 항
		神宗朝		神宗이 大鑑眞空普覺圓明禪師라 추가 시호함(宗壇, 歷朝事蹟)
1071		天賜禮盛國慶 2年壬子		敦煌本『六祖壇經』이 瓜州(돈황) 부근에서 西夏語로 번역됨(西夏語譯壇經)
1096	哲宗	紹聖 3年丙子		南華寺의 重辯이 蘇軾에게 청하여 柳宗元의 碑를 쓰게 함(大鑑碑後跋). 일설에는 紹聖 2년의 일이라고 함(統紀 46)
		政和 6年丙申	1월 1일	
1116	徽宗	紹興23年癸酉	6월 20일	存中이 惠昕本系『六祖壇經』에 序함(大壇, 存中序)
1153	高宗	24년	12월 15일	晁子健이 惠昕本『六祖壇經』에 序함(興壇, 晁子健序)
1154		32년		六祖塔이 화재를 만남(重新祖塔記)
1162		泰和7年丁卯	12월	새로 六祖塔을 건립함(重新祖塔記)
1207	寧宗	大安元年己巳		知訥이 『六祖壇經』에 다시 판각하는 발문을 부침(高麗本壇經跋)
1209		至元27年庚寅	2월	光孝寺 住持 祖中이 六祖殿을 다시 지음(光孝寺志 10, 重修六祖殿記)
1290	世祖		여름	德異가 『六祖壇經』(1권)을 편집하고, 敍를 부쳐서 간행함(德異本壇經序·宗壇序·高麗本壇經序)
1291		延祐 3年丙辰		宗寶가 契嵩本系『六祖壇經』(1권)을 편집하고 跋을 부쳐서 간행함(宗壇跋)
1316	仁宗	4년		高麗 報國秋谷老師가 德異本系『六祖壇經』에 필요한 跋을 부쳐서 간행함(高麗本壇經, 瑞光景瞻跋)
1317		5년		南華寺에 금으로 쓴 『孔雀經』이 하사됨(勅)
1318				南華寺를 잘 보살펴 지키라는 조칙이 내림(勅)

찾아보기

인명 · 지명 · 주요용어

『법보단경』을 우리말로 옮기고 강해한 학담(鶴潭)스님은 1970
년 도문화상(道文和尙)을 은사로 출가하여 동헌선사(東軒禪師)의
문하에서 몇 년의 선수업을 거친 뒤 상원사, 해인사, 봉암사, 백
련사 등 제방선원에서 정진하였다.
　　선(禪)이 언어적 실천, 사회적 실천과 둘이 아닌 창조적 선풍을
각운동(覺運動)의 이름으로 제창하며, 선(禪)의 대중화, 선원제도
개혁에 진력하고 있다.
　　2014년 한길사에서 학담평석 아함경 12책 20권의 방대한 해석
서를 발간하였으며, 그 밖에『원각경관심석』,『간화선입문』,『사십
이장경』등 30권에 이르는 저술이 있다.
　　2016년 사단법인 문화유산 가꾸기 푼다리카모임을 설립하여 우
리 사회에 조화와 상생의 문화, 평화와 소통의 문화를 펼치고자
노력하고 있다.

육조법보단경
(六祖法寶壇經)

제1판 1쇄 발행　/　1995년　9월 20일
제1판 2쇄 발행　/　2000년　4월 15일
증보판 1쇄 발행　/　2006년 12월　5일
증보판 2쇄 발행　/　2016년　5월 10일

해 석 /　학　　담

펴낸이 /　배 환 우
펴낸곳 /　도서출판 큰 수 레

　　　　　　　서울 종로구 종로63마길10 (숭인동)

전화, 팩스 /　02-764-3678, 02-3673-5741

이 메 일 /　daeseungsa@hanmail.net

출판등록 /　101-90-22365 (2000. 8. 10)

값 21,000 원
ISBN 89-87258-24-6　04220
* 잘못된 책은 바꾸어 드립니다.